Christina Müller

# Bewegte Kita

Anregungen für mehr Bewegung
in Krippe, Kindergarten und Hort

Onlineversion
Nomos eLibrary

**Die Deutsche Nationalbibliothek** verzeichnet diese Publikation in
der Deutschen Nationalbibliografie; detaillierte bibliografische
Daten sind im Internet über http://dnb.d-nb.de abrufbar.

ISBN 978-3-98572-008-8 (Print)
ISBN 978-3-98572-009-5 (ePDF)

1. Auflage 2021
© Academia – ein Verlag in der Nomos Verlagsgesellschaft mbH & Co. KG, Baden-Baden 2021.
Gesamtverantwortung für Druck und Herstellung bei der Nomos Verlagsgesellschaft mbH & Co.
KG. Alle Rechte, auch die des Nachdrucks von Auszügen, der fotomechanischen Wiedergabe und der
Übersetzung, vorbehalten. Gedruckt auf alterungsbeständigem Papier.

Besuchen Sie uns im Internet
**academia-verlag.de**

# Inhalt

| | | |
|---|---|---|
| | Vorwort | 7 |
| **1** | **Grundgedanken** | **9** |
| | 1.1 Bedeutungsaspekte der Bewegung für die kindliche Entwicklung | 9 |
| | 1.2 Bewegungsverhalten von Kindern | 13 |
| | 1.3 Bewegte Kita gestalten – eine Querschnittsaufgabe | 15 |
| | 1.4 Pädagogisches Konzept der bewegten Kita | 18 |
| | 1.5 Regelmäßige Bewegungsstunden | 23 |
| **2** | **Bewegungsräume und -möglichkeiten drinnen** | **31** |
| | 2.1 Räume für Bewegung gestalten und öffnen | 32 |
| | 2.2 Bewegte Lernsituationen in Bildungsbereichen | 37 |
| |     2.2.1 Mathematische Bildung | 39 |
| |     2.2.2 Kommunikative Bildung | 52 |
| |     2.2.3 Naturwissenschaftliche Bildung | 63 |
| |     2.2.4 Bereichsübergreifende Bewegungsprojekte | 75 |
| |     2.2.5 Hort: Bewegte Hausaufgaben | 84 |
| | 2.3 Spielformen zur Auflockerung und Koordinationsschulung | 86 |
| |     2.3.1 Spiel- und Bewegungsformen | 88 |
| |     2.3.2 Kleine Kunststücke | 99 |
| |     2.3.3 Bewegungsgeschichten | 102 |
| |     2.3.4 Rhythmisch-musikalische Bewegungsspiele | 106 |
| |     2.3.5 Darstellendes Spiel | 116 |
| | 2.4 Entspannungsphasen | 122 |
| |     2.4.1 Kennlern- und Kontaktspiele | 123 |
| |     2.4.2 Spiele mit der Ruhe | 126 |
| |     2.4.3 Wahrnehmungsspiele | 128 |
| |     2.4.4 Entspannungsspiele/-übungen | 135 |
| **3** | **Bewegungsräume und -möglichkeiten draußen** | **157** |
| | 3.1 Außengelände gestalten und sich erschließen | 157 |
| | 3.2 Zum Nutzen der Bewegungsmöglichkeiten im Außengelände anregen | 159 |
| |     3.2.1 Zum Bewegen motivieren und ermutigen | 159 |
| |     3.2.2 Impulse für Neues setzen | 163 |
| |     3.2.3 Bewegungsanlässe gemeinsam arrangieren | 164 |
| **4** | **Öffnung nach außerhalb** | **167** |
| | 4.1 Nutzung von Bewegungsräumen außerhalb | 168 |
| |     4.1.1. Koordinationsschulung und Entspannung | 169 |
| |     4.1.2 Bewegte Lernsituationen in Verbindung mit den Bildungsbereichen | 170 |
| |     4.1.3 Erlebnispädagogische Aktivitäten | 172 |
| | 4.2 Zusammenarbeit mit den Familien | 176 |
| |     4.2.1 Informationen zur Bewegungsthematik austauschen | 176 |
| |     4.2.2 Bewegungsaktivitäten gemeinsam erleben | 178 |
| |     4.2.3 Bewegte Kita gemeinsam gestalten | 183 |
| | 4.3 Kooperation mit (bewegten) Schulen | 186 |
| |     4.3.1 Kooperation von Kindergärten mit Grundschulen | 187 |
| |     4.3.2 Kooperation von (bewegten) Horten mit Schulen | 189 |

4.4 Gesellschaftliche Integration ................................................... 194
    4.4.1 Regelmäßige Kontakte zu anderen Kindertageseinrichtungen ... 194
    4.4.2 Kooperation mit Sportvereinen sowie Kreis- und Stadtsportbünden ... 195
    4.4.3 Enge Zusammenarbeit mit Einrichtungen der Kommune und Institutionen des Landes ... 199
    4.4.4 Exkurs: Feriengestaltung im Hort ... 200

**Literatur** ... 211

**Anhang** ... 219

# Vorwort[*]

Liebe Leserinnen, liebe Leser,

die Forschungsgruppe „Bewegte Schule" arbeitet seit Mitte der 1990er Jahre an der Zielstellung, Kindern und Jugendlichen in der Schule mehr Bewegung zu ermöglichen. Zuerst im Grundschulbereich und seit 2000 in weiterführenden Schulen und Förderschulen wurde ein pädagogisches Konzept entwickelt, erprobt und weiterbearbeitet. Die Ergebnisse (Müller & Petzold, 2002 sowie Müller & Petzold, 2014) berechtigen nicht nur, sondern fordern geradezu zur Weiterverbreitung des Konzeptes auf. Und das natürlich besonders in den Institutionen, die auf Schule vorbereiten (Krippe, Kindergarten) bzw. diese begleiten (Hort).

Dafür wurden in den vergangenen Jahren Veröffentlichungen von der Forschungsgruppe ausgearbeitet und von der Unfallkasse Sachsen herausgegeben. Diese Broschüren standen aber vorrangig nur den Einrichtungen zur Verfügung, die an dem Projekt „Bewegte und sichere Kita" teilnahmen. Umso mehr freut es uns, dass der Academia Verlag in der Nomos Verlagsgesellschaft auf Basis der drei Broschüren „Bewegte Krippe" (Müller, 2010b), „Bewegter Kindergarten" (Müller, 2015) und „Bewegter Hort" (Müller, 2009) nun mit dem Buch „Bewegte Kita" eine Zusammenfassung bei vollständiger Überarbeitung in der Reihe „Bewegtes Lernen" aufgenommen hat. Ergibt sich doch dadurch die Möglichkeit, deutlicher die Gestaltung von bewegten Kindertageseinrichtungen als Querschnittsaufgabe entlang des Bildungsweges auszuweisen.

Kita als Kurzform für Kindertageseinrichtungen ist für uns der Oberbegriff und umfasst Krippe, Kindergarten als auch Hort. Es wird der Krippenbegriff verwendet, auch wenn Personen in der Kindertagespflege ebenso angesprochen sind. So wird ebenfalls bei der in Sachsen dominierenden Bezeichnung Hort geblieben – pädagogische Fachkräfte gleichartiger Betreuungsangebote für Schulkinder sollten sich einbezogen fühlen. Anmerkung: Diese Strukturierung ist überdies im sächsischen Bildungsplan (2011) sowie im Gesetz über Kindertageseinrichtungen (SMK, 2020) erkennbar.

Die inhaltlichen Vorschläge sind natürlich nicht alle neu, sondern beruhen auch auf Ideen von Studierenden nach umfassenden Literaturstudium oder auf Erfahrungen von Erzieherinnen aus Kitas. Dies erschwert zum Teil den Nachweis der ursprünglichen Quellenangaben. Die angegebene Literatur ist teilweise auch als E-Book, als PDT-Datei zum Downloaden, als Hörbuch im Internet aufzufinden oder wird als Bücher im gebrauchten Zustand angeboten.

Die Einbindung von Praxisideen und Erfahrungen aus Kindertageseinrichtungen war für die Forschungsgruppe „Bewegte Schule" besonders wichtig. Viele gute Ideen konnten in den zertifizierten Einrichtungen gesammelt werden. Das ist als ein gegenseitiger Prozess des Gebens und Nehmens zu sehen. Dafür bedanken wir uns sehr herzlich.

Dank auch allen ehemaligen Studierenden der Universität Leipzig (s. Literatur), die viele Ideen zusammentrugen und bereits für die benannten drei Broschüren aufbereiteten. Besonders an den Ideen für Geschichte zur Bewegung, zur Entspannung u. a. haben sie mit Sachverstand und viel Kreativität gearbeitet.

In die Ausführungen des Buches sind viele Ideen und Hinweise von Mitgliedern der Verantwortlichen Forschungsgruppe eingeflossen – dafür herzlichen Dank.

---

[*] Anmerkung: Aus Gründen des Leseflusses und der zu erwartenden Mehrzahl der Leserinnen werden die weibliche Form sowie die Berufsbezeichnung der Erzieherin verwendet. Wir haben die Hoffnung, dass sich alle anderen pädagogischen Fachkräfte ebenso angesprochen fühlen.

## Vorwort

Mit dem Erscheinen des Buches ist die Hoffnung verbunden, dass Krippen, Kindergärten sowie Horte als Querschnittsaufgabe noch bewegungsorientierter gestaltet werden können.

Im Interesse der Kinder ist dies auf alle Fälle!

Leipzig, Mai 2021            Christina Müller
                             und die Forschungsgruppe „Bewegte Schule"

# 1 Grundgedanken

## 1.1 Bedeutungsaspekte der Bewegung für die kindliche Entwicklung

Auf die Bedeutung der Bewegung als ein Ausgangspunkt und Grundlage für sämtliche Leistungen und Werte der Menschen wie Intelligenz, Sprache, Denken, Sozialkompetenz, Selbstkompetenz u. a. wird von unterschiedlichen Vertretern der Anthropologie hingewiesen. Besonders Kinder brauchen Bewegung als Mittler zwischen sich und ihrer Mit- und Umwelt. Über Bewegung können sie Verbindungen knüpfen zwischen sich und den Dingen, zwischen den Dingen und zwischen sich und anderen Menschen. Durch Bewegung wird die Welt von den Kindern erlebt, erkannt und gleichzeitig geformt und gestaltet. Damit ist die Bewegung für die Kinder Erfahrungsorgan und Gestaltungsinstrument in einem. (Grupe, 1982, S. 75)

Aus der Tatsache, dass die menschliche Bewegung erworben ist (im Unterschied zur „Erbmotorik" der Tiere, s. Grupe & Mieth, 1998, S. 67) ergibt sich die Notwendigkeit einer Erziehung zur Bewegung. Das Kind muss lernen, die Welt über Bewegung zu erfahren und zu gestalten (Müller, 2010a, S. 18).

Der Oberbegriff „Bewegungsaspekte" wird durch uns von Grupe (1982, S. 76) übernommen und soll kennzeichnen, dass es durchaus verschiedene Bedeutungsdimensionen der Bewegung geben kann (Grupe, 1982, S. 77). Um Konkretisierungen vornehmen zu können, werden im Folgenden Bedeutungsaspekte der Bewegung bezogen auf die kognitive, soziale, emotionale, körperlich-motorische Entwicklung der kindlichen Persönlichkeit sowie auf das Selbstkonzept des Kindes im Einzelnen beschrieben (s. Anhang 1). Diese sind aber in ihren engen Verknüpfungen zu sehen, denn die „Bedeutung der Bewegung als entwicklungsförderndes Lebenselement ist nur an der ganzen Person zu bestimmen" (Größing, 1993, S. 148).

### Bewegung ermöglicht differenzierte Wahrnehmungen und vielfältige Erfahrungen

Wahrnehmung bildet mit Bewegung eine Einheit. Beide treten nicht parallel auf, sondern sind miteinander verschränkt (v. Weizsäcker, 1950, S. 163). Die Theorie des Gestaltungskreises sagt aus, dass sich in der Einheit von Wahrnehmung und Bewegung die Person-Umwelt-Wechselbeziehung realisiert.

Wiederholte Wahrnehmungen können durch Speicherung von Informationen zu Erfahrungen im Sinne von Resultat und Prozess führen (Clauss, 1995, S. 130), die wiederum als Einflussfaktoren auf Wahrnehmungsprozesse wirken.

Von besonderer Bedeutung für die kindliche Entwicklung ist die Gewinnung von Erfahrungen aus erster Hand. Gerade Spiel- und Bewegungssituationen bieten vielfältige Handlungsgelegenheiten für primäre Erfahrungen, die die Kinder „unmittelbar durch und mit ihren Bewegungen und mit und über ihren Körper machen" (Grupe, 1992, S. 27).

Je nach Zielsetzung ist zu unterscheiden:
- *Der eigene Körper und seine Bewegung werden selbst zum Gegenstand der Erfahrungssituation.*
  Das Kind kann durch wiederholte Bewegungen und damit durch Körper- und Bewegungswahrnehmungen ein Bild von seinem Körper entwickeln und erfahrener im Umgang mit dem eigenen Körper und seinen Bewegungen werden (An- und Entspannung differenzieren, wechselnde Belastbarkeit empfinden u. a.).
- *Bewegung ist das Mittel, um über Mit- und Umwelt Erfahrungen und damit Erkenntnisse zu gewinnen.*
  Durch die handelnde Auseinandersetzung mit seiner Umwelt sammelt das Kind materiale Erfahrungen über Eigenschaften und Verwendungsmöglichkeiten von Geräten/Materialien, auch in einem ungewöhnlichen Zusammenhang (Papprollen zum Balancieren, Korken oder

Knöpfe zum Werfen und Fangen u. a.). Auch Naturerfahrungen erweitern das Spektrum. Es gewinnt zunehmend Erkenntnisse, die für das Verstehen der Dinge, der Umwelt, der Natur von grundlegender Bedeutung sind. Des Weiteren können Kinder Erfahrungen des Miteinanders beim Bewegungshandeln sammeln. (Müller, 2010a, S. 20–21)

### Bewegung fördert die kognitive Entwicklung

- Kinder (be-)greifen durch sinnliche Wahrnehmungen ihre Umwelt und gewinnen so Erkenntnisse.
- Aufmerksamkeit und Motivation vergrößern sich, je mehr Kanäle für die Wahrnehmung benutzt werden. Wird neben den üblichen akustischen und optischen Analysatoren auch der „Bewegungssinn" im Lernen angesprochen, dann stehen dem Kind zusätzliche Informationen zur Verfügung. So können Kreise, Dreiecke u. a. auch umlaufen oder Ziffern abgehüpft werden.
- Neugeborene besitzen eine riesige Anlage an Nervenzellen (über 200 Milliarden), die nur erhalten bleiben, wenn deren Vernetzungen aktiviert werden. Dazu können komplexe motorische Handlungen, wie sie Aktivitäten mit koordinativem Anspruch darstellen, wesentlich beitragen. Der Drang von Kindern zur Bewegung ist also ein natürliches Bedürfnis zur Erhaltung von Nervenzellen, die im späteren Leben für die geistige Leistungsfähigkeit zur Verfügung stehen (Dickreiter, 2000, S. 15), Eriksson et al. haben 1998 nachgewiesen, dass entgegengesetzt der bisherigen Auffassung sich auch bei Erwachsenen Nervenzellen noch vermehren können. „Körperliche Bewegung erwies sich als der stärkste Stimulus zur Neuronenneubildung" (Hollmann et al., 2005, S. 7). Zusammenfassend resümieren Hollmann et al. (2003, S. 468) hinsichtlich der (lebenslangen) Gehirnentwicklung, dass „eine qualitativ und quantitativ geeignete körperliche Aktivität für das Gehirn als genauso wichtig an[zusehen ist] wie für das Herz-Kreislauf-System". Als geeignet wird von den genannten Autoren vor allem Übungsgut zur Schulung der aeroben Ausdauer sowie der Bewegungskoordination benannt.
- Bereits leichte Bewegungen können die Hirndurchblutung verbessern und dadurch auch die Sauerstoffversorgung und den Energiestoffwechsel im Gehirn (Dickreiter, 1997, S. 15). Lehrl & Fischer (1994, S. 182) schlussfolgern anhand von Untersuchungsergebnissen, dass körperliche Bewegung die geistige Leistungsfähigkeit begünstigt. „Wer sich bewegt, dem fällt das Denken leichter." Man könnte also von einer Optimierung der Informationsverarbeitung sprechen, wenn Zahlen, Begriffe u. a. in Verbindung mit dem Gehen durch den Raum, dem Zuspielen eines Softballes o. Ä. geübt werden (s. Abschnitt 2.2).
- Die Aktivierung des Gehirns, vor allem die Zusammenarbeit der linken Gehirnhälfte (verantwortlich für analytisches Denken, Sprache, logische Vorgänge) und der rechten Gehirnhälfte (verantwortlich für ganzheitliches Denken, Kreativität, Raumorientierung, bildliche Vorstellungen, Gefühle) kann gefördert werden, wenn Bewegungen über die Körpermittellinie als so genannte Über-Kreuz-Bewegungen verlaufen (Dennison & Dennison, 1991, S. 12). (Müller, 2010a, S. 21–23)
- Sprache und Bewegung beeinflussen sich gegenseitig (Zimmer, 2009, S. 16–17). Das Sprechen selbst ist eine komplexe motorische Handlung, bei der viele Muskeln aktiviert und koordiniert werden müssen (Zimmer, 2009, S. 66). Bewegungsanlässe wirken als Motor des Spracherwerbs und Bewegung ist auch ein Medium der Kommunikation (Gestik und Mimik, Körpersprache). Das Erlernen und Beherrschen der Sprache kann aber auch die Bewegungsförderung unterstützen, denn Sprache ist das Medium, in dem Bewegungshandlungen organisiert und begleitet, Bewegungserlebnisse mitgeteilt und reflektiert sowie komplexe Bewegungsbeziehungen ausgehandelt werden können (Zimmer, 2012b, S. 92–94). (Müller & Dinter, 2020 S. 25–28)

### Bewegung fördert das soziale Lernen

Bewegungs- und Spielsituationen bieten aus den folgenden Gründen für Kindergruppen vielfältige soziale Lernmöglichkeiten, bei denen die Wechselseitigkeit und Aufeinanderbezogenheit von Geben und Nehmen ausgewogen realisiert werden können.

- Bewegungssituationen sind Gelegenheiten für soziale Begegnungen, bei denen Kontakte aufgenommen und angenommen werden sowie bei denen die Fähigkeit entwickelt wird, sich verbal und nonverbal verständlich zu machen und andere zu verstehen.
- In vielen Bewegungs- und Spielaktivitäten wirken Kinder zunehmend in Gruppen oder Partnerschaften zusammen. Dabei ist das gegenseitige Einfühlen die Grundlage für gelungene „Bewegungs-Interaktionen".
- Die Ziele können oft nur durch gemeinsames Handeln realisiert werden und verlangen Kooperation, z. B. das Treffen und Akzeptieren sozialer Vereinbarungen, den Umgang mit unterschiedlichen, auch wechselnden Rollen, die Bewältigung von Konflikten, das Einbringen eigener Ideen, aber auch freiwillige und aktive Einordnung.
- Bewegungssituationen erfordern oft gegenseitige Hilfe und Akzeptanz sowie Vertrauen und Verlässlichkeit.
- Bewegungs- und Spielsituationen können das Bewusstsein der Zusammengehörigkeit fördern.
- Die Echtheit der Gefühle, die Offenheit der Selbstdarstellung, das Auslebenkönnen und -dürfen von Emotionsäußerungen, aber auch das Abwendenkönnen emotionaler Eskalationen kennzeichnen spezifische Interaktionen, erfordern aber auch mit Gefühlen anderer sensibel umgehen zu können.

(Müller, 2010a, S. 23–24)

### Bewegung regt das emotionale Erleben an

Die menschliche Bewegung ist gewiss nicht der alleinige Auslöser emotionalen Erlebens. Es kann aber davon ausgegangen werden, dass grundsätzlich ein positiver Zusammenhang zwischen als befriedigend erfahrenen Bewegungshandlungen und emotionalen Erleben besteht, allerdings stark abhängig von der konkreten Bewegungssituation und deren subjektiver Verarbeitung.

Das Spielen an sich, in Verbindung mit dem Ausleben des Bewegungsbedürfnisses insbesondere, ist durch Kriterien wie Spaß, Freude, Vergnügen gekennzeichnet und kann das Gefühl erfüllter Gegenwart vermitteln.

Das emotionale Erleben kann außerdem durch Kontrasterlebnisse bei Bewegungshandlungen, wie Sicherheit – Risiko, Mut – Angst, Erfolg – Misserfolg, Spaß/Freude – Ärger, Sieg – Niederlage, erweitert werden.

Bewegungssituationen und Bewegungshandlungen regen das emotionale Erleben an durch die Verbindung von Bewegungserlebnis mit Naturerlebnis, durch den Kontakt mit verschiedenen Medien (Schnee, Wasser, Luft), durch den Umgang mit unterschiedlichen Gegenständen sowie durch die Arbeit mit Partner und Gruppe u. v. a. m.

Bewegung hat nicht nur eine anregende Wirkung, sondern kann auch beruhigen durch den Abbau von Stresshormonen. (Müller, 2010a, S. 24–26)

### Bewegung ist die Voraussetzung für die motorische und gesunde körperliche Entwicklung

Im Ergebnis von Bewegungshandlungen kommt es bei Kindern zu positiven Einflüssen auf die *motorische Entwicklung*, besonders bei:

- elementaren motorischen Fertigkeiten, wie Gehen, Laufen, Springen, Werfen, Fangen, Balancieren, Rollen, Wälzen, Ziehen, Schieben u. a.

- motorischen Fähigkeiten, wie Ausdauer, Kraft, Schnelligkeit, Beweglichkeit sowie koordinative Fähigkeiten (s. Abschnitt 1.5)
- Besonders die Ausprägung koordinativer Fähigkeiten sollte einen Schwerpunkt darstellen, da sie Leistungsvoraussetzungen für die motorischen Fertigkeiten bilden. Vor allem aber können durch Aktivitäten mit koordinativem Anspruch Verschaltungen der Nervenzellen unterstützt werden.

Für die *gesunde körperliche Entwicklung* benötigen die Kinder möglichst tägliche Bewegungsreize. Dann können positive Wirkungen erzielt werden für:

- die Ausbildung leistungsfähiger Organe, z. B. Herz-Kreislauf-System, Atmungssystem, Muskelsystem
- die Vermeidung von Haltungsschwächen
- die Stärkung des Immunsystems und dadurch der Widerstandsfähigkeit der Kinder gegen Erkältungskrankheiten (bei Bewegung an frischer Luft)
- die Verbesserung des Wohlbefindens unter physischen, psychischen, sozialen Aspekten
- die Erhöhung der Bewegungssicherheit und dadurch Verringerung von Unfällen (Kunz, 1993a, S. 4)

**Bewegung unterstützt den Aufbau eines positiven Selbstkonzeptes**

Einstellungen und Überzeugungen zur eigenen Person (Selbstkonzept) können durch Bewegungssituationen positiv beeinflusst werden.

- Erkennen des Zusammenhanges zwischen eigener Anstrengung und Erfolg
- Gewinnen der Überzeugung, selbst etwas bewirken und verändern zu können
- Erleben schwieriger Situationen als Herausforderung
- Übertragen von positiven Erlebnissen beim Bewegungskönnen und dem daraus resultierenden Selbstvertrauen auf andere Bereiche
(Zimmer, 2006, S. 63–64)

Die dargestellten Bedeutungsaspekte der Bewegung sind für die harmonische Entwicklung, d. h. die Ausgewogenheit kognitiver, sozialer, emotionaler und körperlich-motorischer Aspekte der Persönlichkeitsentwicklung, unerlässlich. Wesentlich ist, dass Bedeutungsaspekte der Bewegung in ihren engen Verknüpfungen gesehen werden müssen. So wirken Bewegungshandlungen beispielsweise nicht isoliert nur auf die Verbesserung körperlich-motorischer Fähigkeiten, sondern gleichzeitig auch auf das Selbstkonzept (Selbstvertrauen), die soziale Anerkennung (Platz in der Gruppe), das emotionale Erleben (Erfolg oder Misserfolg) und weitere Bereiche der Persönlichkeitsentwicklung, wodurch die Wirkungen von Bewegungshandlungen verstärkt werden. (Müller, 2010a, S. 30)

Zusammenfassend ist der Anspruch zu formulieren:

*Kinder müssen sich bewegen!*

Sie daran zu hindern heißt, ihre Entwicklung zu behindern (Kretschmer, 1981, S. 171).

Aufgrund der umfassenden Bedeutung kann Bewegung nicht auf einzelne Bereiche beschränkt bleiben, sondern muss eine die Bildungsbereiche übergreifende Querschnittsaufgabe sein (s. Abschnitt 1.3).

## 1.2 Bewegungsverhalten von Kindern

Im Kapitel zuvor wurde die Bedeutung der Bewegung für die kindliche Entwicklung als Anspruch erläutert. Doch wie sieht die Wirklichkeit aus? Bewegen sich Kinder ausreichend?

Allgemein kann für einen längeren Zeitraum von etwa 30 Jahren eingeschätzt werden:

Das Bewegungsverhalten von Kindern ist abhängig von den Bedingungen in der jeweiligen Bewegungswelt. Untersuchungen zu komplexen Wandlungsprozessen der kindlichen Lebenswelt (z. B. Schmidt, 1996; Haupt, 1996; Kleine et al., 1998; Schmidt, 2008) lassen die Aussage zu, dass Kinder zunehmend von einer sie in ihrem Bewegungsverhalten einschränkenden Welt umgeben sind. Auch Bochmann (2009) stellt in einem zusammenfassenden Überblick zu internationalen Ergebnissen geringe Aktivitätszeiten von Vorschulkindern fest – dies bezogen auf Untersuchungen von Pate et al. (2004), Benham-Deal (2005), Cardon (2008).

Folgen können Wahrnehmungsdefizite (nicht mehr zuhören können, Unkonzentriertheit u. a.), optische sowie akustische Reizüberflutung und Erfahrungsdefizite mit dem eigenen Körper und der Bewegung, Störungen im sozialen Verhalten und fehlende Erfahrungen des Miteinanders bei gemeinsamen Bewegungshandlungen sein. Die Unterdrückung des Bewegungsbedürfnisses kann die Ursache für Erregungs- und Gefühlsstau und dadurch erheblicher Reizbarkeit und Stimmungsschwankungen sein. Weitere Folgeerscheinungen sind in einem negativen Selbstkonzept (siehe z. B. bei Zimmer, 1997, S. 21–24) zu finden (Unselbstständigkeit, fehlendes Selbstvertrauen, geringes Selbstwertgefühl). Im Zusammenhang mit motorischen Auffälligkeiten treten auch Sprech- und Sprachstörungen auf (Dordel & Welsch, 2000, S. 198).

Untersetzt können diese Feststellungen in Deutschland mit folgenden Ergebnissen und Empfehlungen: Im Verständnis der WHO (2010) sind Kinder ausreichend körperlich aktiv bei täglich mindestens 60 Minuten mäßig bis sehr anstrengender körperlich-sportlicher Aktivität. In Deutschland erreichen lt. KiGGS Welle 2 (Finger et al., 2018) diese Bewegungsempfehlung nicht einmal die Hälfte der Kinder im Alter von 3 bis 6 Jahren (Mädchen 42,5 % und Jungen 48,9 &) sowie weniger als ein Drittel im Alter von 7 bis 10 Jahren (Mädchen 22,8 % und Jungen 30,0 %).

Der Wert von täglich 60 Minuten stellt einen Mindestwert dar. In den „Nationalen Empfehlungen für Bewegung und Bewegungsförderung" (Rütten & Pfeifer, 2016) für Deutschland wurde konkreter als Empfehlung formuliert:

| | |
|---|---|
| Säuglinge/Kleinkinder (0 bis 3 Jahre): | so viel bewegen wie möglich |
| Kindergartenkinder (4 bis 6 Jahre): | 180 Minuten/Tag angeleitete und nicht angeleitete Bewegung |
| Grundschulkinder (6 bis 11 Jahre): | 90 Minuten/Tag und mehr mit moderater bis zu hoher Intensität |

Beim Vergleich der Empfehlung der WHO von täglich 60 Minuten mit den in der KiGGS-Studie ermittelten Zahlen (s. oben) wird eine deutliche Differenz zwischen Anspruch und Wirklichkeit sichtbar.

Das Bewegungsverhalten von Kindern bleibt nicht ohne Auswirkungen auf deren motorische Leistungsfähigkeit. Aus den vorliegenden Ergebnissen werden ausgewählte koordinative Fähigkeiten nachfolgend näher betrachtet. In der MoMo-Studie bezogen auf die Koordination (Seitliches Hin- und Herspringen, Balancieren rückwärts, Einbeinstand) ist Folgendes erkennbar (Hanssen-Doose & Niessner, 2020): Nach deutlicher Verbesserung zwischen Baselinie (2003–2006) und Welle 1 (2009–2012) bleiben die Werte zwischen Welle 1 und Welle 2 (2014–2017) annähernd gleich – und dies sowohl bei Mädchen und Jungen und den Altersklassen 4 bis 5 Jahre als auch 6–10 Jahre.

Wie das Bewegungsverhalten von Kindern konkret in Sachsen einzuschätzen?

Die motorische Leistungsfähigkeit im koordinativen Bereich sächsischer Kindergartenkinder unterscheiden sich bezogen auf Seitliches Hin- und Herspringen und Einbeinstand (s. oben) von 2007 zu 2013 ebenfalls nicht erheblich (SMS, 2015) und lässt Stagnation erkennen.

Bewegungseinschränkung führt natürlich auch zu körperlich-motorischen Defiziten wie Koordinationsschwächen. So wurden im Jahr 2014/15 im Rahmen der jugendärztlichen Kita-Untersuchungen folgende Befunde für die Vierjährigen ermittelt (Quelle: Gesundheitsamt der Stadt Leipzig; Stichprobe etwa die Hälfte aller vierjährigen Kita-Kinder der Stadt Leipzig):
- Grobmotorik (Testverfahren: Einbeinstand, Einbeinhüpfen, Schlusssprung u. a.)
  10,9 % der untersuchten vierjährigen Kita-Kinder haben Auffälligkeiten
- Feinmotorik (Testverfahren: Malen, Turmbau, Stäbchen legen, Schrauben oder Kreiseln)
  13,1 % der untersuchten vierjährigen Kita-Kinder haben Auffälligkeiten

Sowohl bei den Ergebnissen zur Grob- als auch Feinmotorik ist aber im Vergleich zu den Vorjahren eine positive Tendenz erkennbar.

An dieser Stelle sei auf Untersuchungen von Vorwerg (2014, S. 19–20) bei 92 Leipziger Kindergartenkinder im Alter zwischen 3 und 6 Jahren verwiesen. Durch Messung der körperlichen Aktivität mittels Accelerometer (Beschleunigungsmesser, der mindestens 4 Tage am Arm getragen wurde) konnten 4,4 Stunden körperliche Aktivität täglich festgestellt werden. Das spricht für den natürlichen Bewegungsdrang dieser Altersgruppe, wobei die Jungen pro Woche 52 Minuten länger in höherer körperlicher Aktivität waren als die Mädchen. Zu denken sollte allerdings geben, dass die Kinder an den Wochenenden mit 3,7 Stunden/pro Tag weniger aktiv waren als an den Werktagen (4,5 Stunden/pro Tag).

Göpfert und Klimsch (2006, S. 75–103) untersuchten das Bewegungsverhalten von 24 Kindern (Alter zwischen 4,2 und 6,1 Jahre) in 7 Kindertageseinrichtungen im Raum Leipzig. Jedes Kind wurde eine Woche lang in der Zeit von 8 bis 12 Uhr beobachtet und die Zeiten mittels Stoppuhr sowie die Tätigkeit durch Protokollierung erfasst. Von diesen Stunden wurden „feste Zeiten" (Einnehmen der Mahlzeiten, Körperhygiene, An-, Aus- und Umziehen, Aufräumen der Spielsachen u. a.) subtrahiert. Durchschnittlich blieben rund 2,5 Stunden als mögliche Bewegungszeiten übrig. Alle weiteren Aussagen beziehen sich auf diesen Wert.
- Über ein Drittel dieser Zeit waren die beobachteten Kinder motorisch passiv (ca. 26 Minuten) oder orientierten sich (ca. 25 Minuten), d. h. sie wussten nicht, was sie spielten sollten, konnten sich für keine bestimmte Aktivität entscheiden oder langweilten sich.
- Über ein Drittel der Zeit führten sie feinmotorische Handlungen (ca. 53 Minuten) aus, z. B. Spielen mit Bausteinen oder Puppen, Malen oder Basteln u. a.
- Nur 43 Minuten konnten grobmotorische Aktivitäten registriert werden. Vor allem Bewegungshandlungen mit koordinativem Anspruch (Balancieren, Klettern, Springen, Werfen, Fangen u. a.) nahmen mit 11 Minuten einen geringen Umfang ein. Auf deren Bedeutung wurde aber im Abschnitt 1.2 hingewiesen.

Beim Blick in die Details wird deutlich:
- In den Gruppenräumen finden vorrangig feinmotorische und nur wenige grobmotorische Bewegungshandlungen statt.
- In den Gruppenräumen sinkt der Anteil für Aktivitäten mit koordinativem Anspruch erheblich. Wenn diese Aktivitäten nicht angeleitet werden, verringert sich der Zeitwert auf unter 1 Minute (49 Sekunden).
- Kinder, die von den Erzieherinnen als weniger aktiv eingeschätzt werden, weisen eine geringere Bewegungszeit auf als motorisch aktive.
(Göpfert & Klimsch, 2006, S. 75–103)

Schlussfolgerung: Auch wenn die Ergebnisse nur als Trendaussagen zu verstehen sind, so liegen Reserven für mehr Bewegungsaktivitäten in den Kindergärten besonders in drei Faktoren:
- grobmotorische Bewegungshandlungen in den Gruppenräumen fördern
- besonders Aktivitäten mit koordinativem Anspruch anbieten
- Impulse und phasenweise Anleitung geben

Es ist offensichtlich auch nicht gerechtfertigt, negative Pauschalaussagen zu treffen. Bewegungsaktivitäten kommen unter sehr konkreten räumlichen, materialen, personalen und sozialen Gegebenheiten zustande. Ob diese für das Bewegungshandeln jedes einzelnen Kindes fördernd oder hemmend wirken, ist sehr differenziert und kann nicht verallgemeinert werden (Schierz, 1998, S. 327; Müller, 2010a, S. 34).

In diesem Bedingungsgefüge spielt das Elternhaus für das Bewegungsverhalten der Kinder eine wichtige Rolle (z. B. Bewegung und Sport in der Freizeit, Spiel- und Sportgeräte, Einrichtung der Kinderzimmer und besonders die Vorbildwirkung und Einstellungen der Eltern).

Neben dem Elternhaus stellen die Kindertageseinrichtungen einen zweiten wesentlichen Faktor für das Bewegungsverhalten dar. Denn in Sachsen besucht die Mehrzahl der Kinder eine Kita, wie folgende Zahlen von 2019 zeigen:

Kinderkrippe: 75,8 % der Kinder von 1 bis < 3 Jahre
Kindergarten: 94,9 % der Kinder von 3 bis < 6 Jahre
Hort: 87,7 % der Schulkinder von 6 bis < 11 Jahre
(BertelmannStiftung, 2020, S. 78)

Auch aus diesem Grund bietet sich an, Bewegungsförderung als Querschnittaufgabe in der jeweiligen Einrichtung sowie entlang des Bildungsweges zu sehen.

## 1.3 Bewegte Kita gestalten – eine Querschnittsaufgabe

Erklärt werden können Querschnittsaufgaben als mehrere Bereiche des gesellschaftlichen Lebens berührenden Aufgaben, „an denen mit gleicher Zielsetzung gearbeitet werden soll" („Querschnittsaufgabe", 2019 unter https://educalingo.com/de/dic-de/querschnittsaufgabe).

Von diesen Begriffserklärungen kann für Bildungsprozesse abgeleitet werden, dass die Gestaltung von bewegter Kita und Schule als Querschnittsaufgabe konzipiert werden sollte und dies nach Meinung der Autorin auf folgenden Ebenen:

a) *Innerhalb einer Bildungsinstitution* muss Bewegung im Verständnis als Erfahrungsorgan und Gestaltungsinstrument (s. Abschnitte 1.1, 1.4) als eine Aufgabe für alle Bildungsbereiche bzw. Fächer angesehen werden.

Beispiele, ausgewählt für Bildungsbereiche im Kindergarten (Müller, 2019, 156–157):

| *Mathematische Bildung* | *Kommunikative Bildung* |
|---|---|
| ▪ Orientierungen im Raum beim Bewegen erlangen<br>▪ Zahlen, Formen und Muster (be-)greifen<br>▪ Mengen (zu-)ordnen und vergleichen<br>▪ geometrische Vorstellungen durch Bewegung entwickeln | ▪ Mund- und Atmungsmotorik ausbilden<br>▪ Bewegung als Medium der Kommunikation nutzen (Gestik, Mimik, Körpersprache u. a.<br>▪ Sprechrhythmen über Bewegung spüren<br>▪ Schreib- und Malbewegungen ganzkörperlich erfahren |

| Naturwissenschaftliche Bildung | Ästhetische Bildung |
|---|---|
| ■ Umwelt durch Bewegung erkunden und erkennen<br>■ mit Naturmaterialien formen und gestalten<br>■ naturwissenschaftliche Erfahrungen über Bewegung sammeln (Rutschen, Schaukeln, Rollen u. a.)<br>■ Erkenntnisse durch Bauen und Konstruieren gewinnen<br>■ Räume erobern, nutzen, verändern | ■ Umwelt durch Bewegung wahrnehmen<br>■ Gefühle in Bewegung umsetzen<br>■ über Bewegung Rhythmen und Musik erzeugen, erkennen, wiedergeben<br>■ Körperinstrumente erproben (Klatschen, Schnipsen, Stampfen u. a.)<br>■ mit bewegungsintensiven Aktionen/ Performances (Vorführungen) Räume nutzen |
| Soziale Bildung | Somatische Bildung[1] |
| ■ Bindungen aufbauen (Berührung, Massage)<br>■ Emotionen körpersprachlich ausdrücken und erkennen<br>■ Heterogenität erleben und gestalten | ■ Bewegungserfahrungen sammeln<br>■ motorische Leistungsvoraussetzungen sowie Spiel- und Bewegungsrepertoire erweitern |

b) *Entlang des Bildungsweges* können bewährte Formen bei inhaltlichen und methodischen Veränderungen von der Krippe über den Kindergarten bis zu Hort und Schule geführt werden. Konkretisiert wird dies nachfolgend exemplarisch am Beispiel des bewegten Lernens in mathematischen Lernbereichen (Müller, 2019, 157–164). Gleichzeitig sind aber auch eigenständige Aufgaben der Institutionen zu beachten.

In der *Kinderkrippe* sollen Zahlen und Formen in Alltagssituationen spielerisch entdeckt werden. Aus Sicht der Bewegung ist zu beachten: bodennahe Fortbewegungsarten und einfache motorische Fertigkeiten einsetzen (z. B. den Ball rollen, anstatt werfen), Arbeit mit Partner und Kleingruppe erst langsam anbahnen, kürzere Bewegungsphasen, aber oftmalige Wiederholungen, Reizüberflutung vermeiden. Der *Kindergarten* hat eine Brückenfunktion zwischen den Einrichtungen. Im mathematischen Bildungsbereich müssen einerseits die ehemaligen Krippenkinder auf ihrem bisherigen Leistungsstand abgeholt werden – besonders mit vielen spielerischen Formen. Andererseits sind gleitende Übergänge zur Grundschule zu gewährleisten. Das verlangt die Schaffung von Geborgenheit und neuen Herausforderungen. Grundsteine für das Lernen sind zu legen (z. B. Zählstrategien anwenden, Zahlen mit Mengen verknüpfen, Zahlen vergleichen). Im *Hort* kann eine wiederkehrende Auseinandersetzung mit dem Unterrichtsstoff in vielfältigen und komplexen Zusammenhängen angezielt werden. Dafür stehen andere Bedingungen als in der Schule zur Verfügung, vor allem mehr Zeit, andere Räume (vermehrt das Schulgelände sowie Lern- und Bewegungsräume außerhalb von Hort und Schule), aber auch das Lernen von- und miteinander in meist altersgemischten Gruppen (Müller, 2009, S. 29). Gemeinsamkeiten für die Institutionen liegen in den grundsätzlichen Hauptzielstellungen des bewegten Lernens (s. Abschnitt 2.2) und in sich ergebenden Linienführungen.

---

1 Problematisch ist in Sachsen, dass Bewegung (in einem engeren Verständnis) lt. Bildungsplan (SMK, 2011, S. 48–49) nur in dem Somatischen Bildungsbereich Erwähnung findet, was dem Gedanken der Querschnittsaufgabe widerspricht.

Ausgewählte Beispiele für bewegtes Lernen zur mathematischen Bildung entlang des Bildungsweges:

| Institution | Zusätzlicher Informationszugang: **Etwas durch Bewegung formen, gestalten, verändern** | Optimierung der Info.verarbeitung: **Beim Zuwerfe/Zurollen eines Softballes etwas bilden/sich einprägen** |
|---|---|---|
| Grundschule | den Pausenhof verändern (Hüpfkästchen aufmalen u. a.) | Malfolgen aufsagen. Aufgabenketten bilden |
| Hort | zu zweit mit Gummi/Strick geometrische Formen gestalten | sich gegenseitig Aufgaben stellen und die Lösung nennen |
| Kindergarten | Muster legen, Mandalas gestalten | das Zählen üben |
| Kinderkrippe | die mit einem Seil gelegten Formen umgehen (kriechen, laufen) | beim Zurollen gezeigte Gegenstände benennen, den eigenen Namen oder den des Partners rufen |

Eine Voraussetzung für das Gelingen ist eine Berücksichtigung in der jeweiligen Ausbildung.

Damit kann die Gestaltung der bewegten Kita die für die Ausbildung von Erzieherinnen und Erziehern von der KMK (2017, S. 4) benannten Querschnittsaufgaben (Partizipation, Inklusion, Prävention, Sprachbildung, Wertevermittlung) ergänzen.

In den bisherigen Veröffentlichungen zur bewegten Kinderkrippe, zum bewegten Kindergarten sowie zum Hort (und ebenso zur bewegten Schule) von Müller (2009, 2010a, b, 2015) ist das Anliegen der Querschnittsaufgabe zwar immanent enthalten und auch bewusst konzipiert. Mit der jetzt vorliegenden Zusammenfassung der drei Broschüren zum Buch „Bewegte Kita" bietet sich die Möglichkeit, diese Querschnittsaufgabe konkreter hervorzuheben. Damit besteht die Chance, Übergänge anschlussfähiger zu gestalten und eine erfolgreiche Transition (Griebel & Niesel, 2011) zu erreichen.

Folgende Wechsel der Kindertageseinrichtungen entlang des Bildungsweges rücken anschließend in den Blickpunkt: Der Übergang von der Kinderkrippe zum Kindergarten sowie der Übergang vom Kindergarten zu Schule und Hort. Der Hort steht dabei im Zentrum. Übergänge zur bewegten Grundschule sowie den weiterführenden Schulen werden angeschnitten.

Es erfolgt eine Konzentration (in Anlehnung an Bahr, 2020) auf zwei Schwerpunkte:

*Die Unterstützung der kindlichen Übergangsbewältigung*

Kinder und deren Eltern müssen Übergänge im Leben der Kinder selbst bewältigen. Pädagogen können dabei nur unterstützen. Dafür ist es sowohl wichtig, in der abgebenden Einrichtung vorzubereiten als auch in der folgenden Institution weiterzuführen, d. h. auf Bekanntem und Vertrautem aufzubauen und dies sinnvoll mit Neuem zu verknüpfen. In den Kapiteln 2 bis 4 zu den Teilbereichen der bewegten Schule werden bei den Zielen und inhaltlichen Beispielen Möglichkeiten von Linienführungen Krippe – Kindergarten – Hort aufgezeigt (Angaben in Klammern nach dem Spielnamen, fette Schriftstärke mögliche Favorisierungen). Diese sind aber nur als Empfehlung anzusehen und müssen nach den konkreten Voraussetzungen und dem Alter der Kinder in der Einrichtung differenziert werden.

*Die Gestaltung pädagogischer Übergänge*

Die Gestaltung pädagogischer Übergänge wird nur gelingen, wenn die Pädagogen der abgebenden und der aufnehmenden Einrichtungen zusammenarbeiten. Weitere beteiligte Akteure sind einzubeziehen (Sportvereine, Träger, kommunale Vertreter u. a.).

Die Zusammenarbeit mit den Eltern ist eine wesentliche Voraussetzung (bewegte Eltern-Kind-Aktivitäten, aktive Einbindung der Eltern in die Planung und Durchführung u. a.). Konkrete Anregungen sind vor allem im Kapitel 4 zu finden.

## 1.4 Pädagogisches Konzept der bewegten Kita

Aus den Ausführungen in den Abschnitten 1.1 und 1.2 ergibt sich der Widerspruch, dass Bewegung eine umfassende Bedeutung für die Entwicklung der Kinder hat – die Bewegungsumwelt und das -verhalten aber Reserven aufzeigen. Zur Lösung dieses Widerspruches müssen alle beitragen – von der Krippe angefangen – über den Kindergarten bis zum Hort und alle Schularten, aber natürlich ebenso die Familien und das gesamte Gemeinwesen.

Die bewegte Kita (oder wenigstens das Einbringen von mehr Bewegungsaktivitäten in den Alltag der Kindertagesstätten) sind mögliche Lösungsansätze.

Nachfolgend verdeutlichen wir dem Konzept zugrunde liegende theoretische Positionen und stellen danach Ziele und Teilbereiche der bewegten Kita dar.

**Theoretische Positionen**

*Anthropologisches Bewegungsverständnis (Grupe, 1982, S. 75)*

Bewegung ist ein anthropologisch begründbares Grundbedürfnis und neben Sprechen und Denken eine fundamentale Daseinsweise des Menschen. Basierend auf den Vorstellungen von Grupe (1982, S. 75) ist Bewegung für Kinder ein Erfahrungsorgan und Gestaltungsinstrument in einem, denn durch Bewegung können sie die Welt erleben, erfahren, erkennen und gleichzeitig formen und gestalten.

*Interaktionistisches Entwicklungsverständnis (Baur, 1993, S. 41)*

Es wird davon ausgegangen, dass sich die Person im Handeln entwickelt und sich dieses Handeln in einer Person-Umwelt-Interaktion vollzieht, dass sowohl genetisch-biologische (endogene) als auch Umwelteinflüsse (exogene) in ihrem Zusammenwirken die Entwicklungsprozesse steuern.

*Vermittelnde didaktische Position, verstanden als Eigenwert, aber auch Ineinander-Übergehen von Polarisierungen (Duncker & Popp, 1994)*

Bestimmend für Zielbestimmungen und die methodische Gestaltung sind Polarisierungen wie: Gegenwarts- und Zukunftsorientierung, Kindorientierung und Sachvermittlung, Selbst- und Fremdbestimmung. Bewegte Kita sollte die „Erfüllung des Augenblicks" und die Zukunftsorientierung (z. B. Schulvorbereitung) im Blick haben.

Eine vermittelnde didaktische Position hinsichtlich Selbst- und Fremdbestimmung kennzeichnen wir wie folgt: Die Eigenaktivität der Kinder ist zu fördern. Entsprechend des nationalen Kriterienkatalogs (Tietze et al., 2016, S. 41) kann sich die Erzieherin situationsabhängig zurückhalten, sollte aber auch aktiv sein und deutliche Impulse setzen, mit denen sie ihr Wissen und ihre Erfahrungen aktiv einbringt. Was ist konkret als Impulssetzung zu verstehen? Für den Qualitätsbereich Bewegung wird im nationalen Kriterienkatalog (Tietze et al., 2016, S. 172, 175) u. a. auf folgende Aufgaben der Erzieherinnen hingewiesen: Sie macht die Kinder mit Geräten vertraut, zeigt ihnen bei Bedarf Möglichkeiten zur Nutzung und unterstützt die

Kinder bei den Bewegungsabläufen. Damit hilft sie ihnen, motorische Fertigkeiten und damit das Bewegungsrepertoire zu entwickeln und zu erweitern. Sie ermutigt zum Erproben und vermittelt durch lustbetonte Tätigkeiten Freude am Bewegen. Die Erzieherin fördert Rücksichtnahme und das Verständnis für Sicherheitsvorkehrungen. Solchen Auffassungen können wir uns anschließen. Eine vermittelnde didaktische Position bedeutet also, dass neben offenen Bewegungsangeboten geplante Bewegungsaktivitäten einen Platz im Alltag der Kita einnehmen sollten. Dann können auch passive oder unentschlossene Kinder (s. Abschnitt 1.2) besser gefördert werden.

*Balanceprozess von Verhaltens- und Verhältnisveränderung (Antonovsky, 1979, 1987)*

In Anlehnung an Konzepte der Gesundheitsförderung und der Stressbewältigung wird von einem Balanceprozess im Spannungsfeld zwischen individuellen Verhaltensweisen und den umgebenden Verhältnissen/Bedingungen ausgegangen. Ziele, die sich jede Einrichtung stellt, müssen sich demzufolge sowohl auf die Veränderung der räumlichen, materiellen und personellen Bedingungen als auch auf das Bewegungsverhalten und die Einstellungen zum Bewegen (bei Kindern, Erzieherinnen, Eltern u. a.) richten.

*Übergänge als kritisches Lebensereignis (Speck-Hamdan, 1992; Jürgens et al., 1997 u. a.)*

Übergänge stellen einen gravierenden Einschnitt in die Biografie des Kindes dar. Ihn sinnvoll zu gestalten, verlangt die Balance zwischen Kontinuität und Veränderung, damit die Schaffung von Geborgenheit und neuer Hausforderung. Den Kindern bei der erfolgreichen Bewältigung zu helfen, liegt in der Verantwortung der abgebenden bzw. aufnehmenden Institution. Die Kinder müssen dort abgeholt werden, wo sie sich befinden. Jede Einrichtung muss aber auch einen Grundstein für das Lernen in weiteren Bildungsinstitutionen legen. (Tietze et al., 2016, S. 242)

*Pädagogisches Konzept der bewegten Grundschule (Müller, 2010a)*

Das für die Schule inzwischen bewährte Konzept wird in diesem Werk für die Kitas modifiziert und spezifiziert bei Beachtung der kindlichen Entwicklung und der speziellen Aufgaben dieser jeweiligen Einrichtungen.

## Hauptzielstellung und Teilziele

Ableitend von der Begriffsklärung ist die *Hauptzielstellung* die Befähigung der Kinder zur individuellen Handlungskompetenz, die darauf gerichtet ist, durch Bewegung die Umwelt zu erfahren und zu gestalten. Unter Handlungskompetenz ist die Fähigkeit und Bereitschaft zu verstehen, in unterschiedlichen Situationen selbstständig geeignete Bewältigungsstrategien zu finden und diese situationsadäquat einzusetzen.

Die Ableitung der *Teilziele* erfolgt aus den im Abschnitt 1.1 dargestellten Bedeutungsaspekten der Bewegung bezüglich der kognitiven, sozialen, emotionalen und körperlich-motorischen Entwicklung und berücksichtigt die im Abschnitt 1.2 skizzierten Folgen der Bewegungswirklichkeit von Kindern. Linienführungen entlang des Bildungsweges finden Beachtung, ebenso aber die Eigenständigkeit der Bildungsinstitutionen.

*Förderung der sinnlichen Wahrnehmung*

- Die Kinder sollen (erste) Bewegungs- und Körpererfahrungen sammeln.
- Sie sollen über Bewegung Eigenschaften von Gegenständen erkunden sowie die Natur wahrnehmen und erfahren.
- Die Kinder sollen beim Bewegungshandeln (zunehmend) Erfahrungen des Miteinanders in Paaren oder Gruppen sammeln.

*Förderung der kognitiven Entwicklung*

Dieses Teilziel leitet sich ab aus der Notwendigkeit unterschiedlicher Informationszugänge sowie aus der physiologischen Bedeutung der Bewegung für das kognitive Lernen.

- Die Kinder sollen über den kinästhetischen Analysator (Bewegungssinn) zusätzliche Informationen gewinnen.
- Die Informationsverarbeitung soll optimiert werden.
- In Verbindung mit dem unmittelbaren Bewegungshandeln sollen sich die Kinder ab dem Kindergartenalter Kenntnisse zu Bewegungsspielen aneignen und die Schulkinder dazu noch Kenntnisse zu Auflockerungs- und Entspannungsübungen sowie zu unterschiedlichen Arbeitshaltungen.

*Herausbildung von Sozial- und Selbstkompetenz*

- Die Kinder sollen bei Bewegungsaktivitäten Kontakte (verbale, nonverbale, körperliche) annehmen und selbst aufnehmen.
- Zunehmend lernen sie das Gefühl der Zusammengehörigkeit kennen.
- Ab dem Kindergartenalter sollen sie sich bei der Gestaltung von „Bewegungs-Interaktionen" freiwillig und aktiv einpassen, sich aber auch mit eigenen Ideen einbringen. Sie sollen soziale Vereinbarungen gemeinsam treffen und individuell einhalten.

*Erhöhung der Sensibilität für den eigenen Körper und Verstärkung emotionalen Erlebens*

- Die Kinder sollen ihr Bewegungsbedürfnis ausleben können und dadurch erfüllte Gegenwart erleben.
- Sie entwickeln bereits im Krippenalter erste Vorstellungen sowohl von ihrem Körper und auch den Bewegungsmöglichkeiten und sind stolz darauf, was sie schon alles können.
- Im Schulalter sollen sich die Bewegungsfreude auch in Verbindung mit Naturerlebnissen erhalten. Ebenso sollen sie Entlastung durch den Abbau negativer Spannungen spüren lernen.

*Schulung der Koordination*

- In enger Wechselbeziehung mit der Aneignung vielfältiger Bewegungsformen der Alltagsmotorik sowie elementarer motorischer Fertigkeiten verbessern die Krippenkinder ihr koordinatives Fähigkeitsniveau, besonders die Gleichgewichtsfähigkeit.
- Ab dem Kindergartenalter sollen sie Bewegungshandlungen im Raum steuern sowie ihre Muskeln zweckmäßig und gezielt an- und entspannen lernen.
- Sie sollen den eigenen Bewegungsrhythmus der Musik/einem Partner/einer Gruppe anpassen.
- Die Kinder sollen schnell reagieren und ihr Gleichgewicht bei wechselnden Bedingungen halten bzw. wieder herstellen.

*Verbesserung der Körperhaltung*

Innerhalb des Beitrages zur gesunden körperlichen Entwicklung stellt die Körperhaltung für uns einen Schwerpunkt dar mit den Zielsetzungen:

- In der Krippe ist eine Zielstellung der Erhalt der natürlichen Körperhaltung: Die Kinder sollen entsprechend ihres Entwicklungsstandes bei Beschäftigungen auf dem Boden krabbeln, rutschen, kriechen und zunehmend aufrecht gehen.
- Altersunabhängig sollen sich vielfältig bewegen (möglichst an frischer Luft).
- Spätestens ab dem Vorschulalter sollen die Kinder lernen, bei Beschäftigungen wechselnde Arbeitshaltungen einzunehmen.

*Förderung der Bewegungssicherheit*

Wir gehen von einem positiven Zusammenhang zwischen Bewegung und der Ausbildung des Selbstkonzeptes aus und leiten ab:
- Die Kinder sollen Bewegungssicherheit erlangen.
- Ab dem Vorschulalter sollen sie zunehmend selbstbewusst und selbstgesteuert Bewegungsaktivitäten gestalten.

*Sensibilisierung für kulturelle Werte*
- Im (Vor-)Schulalter sollen die Kinder altes und neues Bewegungsspielgut erleben, aufgreifen und zunehmend auch weitergeben.
- Sie sollen Bewegungsgewohnheiten kritisch prüfen, pflegen und verändern.

Die auf Kompetenzen der Kinder und damit Verhaltensweisen orientierten Ziele müssen ergänzt werden durch Ziele, die die Veränderung der die Kinder umgebenden Verhältnisse anstreben, wie die Gestaltung der Einrichtung als Bewegungsraum, aber auch die Veränderung von Verhaltensgewohnheiten der Erzieherinnen und Eltern. Denn nicht vergessen werden darf, dass Erwachsene für Kinder dieses Alters als Modell wirken.

Die Umsetzung der Ziele muss einrichtungsspezifisch erfolgen und kann das Profil bestimmen. Elemente können aber auch in andere Profile integriert werden.

### Bereiche und Teilbereiche

Die Bereiche und Teilbereiche von bewegten Kitas stehen nach unserem Konzept in einem Zusammenhang mit der bewegten Grundschule. Deshalb wurde auch bei der optischen Darstellung auf eine ähnliche Form eines Hauses zurückgegriffen. Bei den Kitas spezifisch ergeben sich drei große Bereiche für Bewegungsräume und -möglichkeiten:

*drinnen       –       draußen       –       außerhalb*

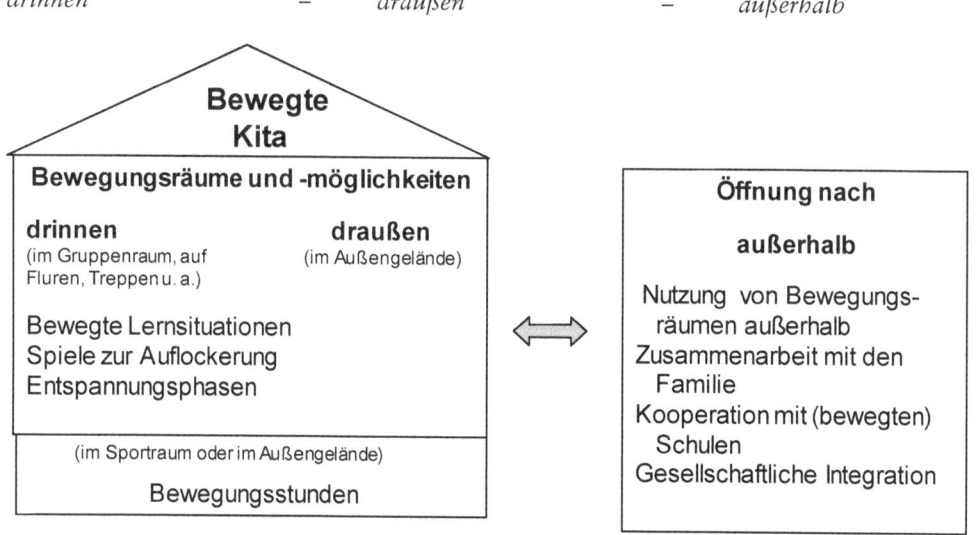

*Drinnen*

Aufgrund der offensichtlich bisher noch nicht im vollen Umfang genutzten Räume und Möglichkeiten für Bewegung im Kindergartengebäude (s. Abschnitt 1.2) widmet sich der Hauptteil des Buches diesem Bereich. Das gesamte Haus der bewegten Kita sollte mit mehr Bewegung bereichert werden. Dabei muss sowohl an stimulierende Räume als auch an zum Bewegen motivierende Situationen gedacht werden. Einen Schwerpunkt bilden in unserem Konzept die Gruppenräume und andere Innenräume. Möglichkeiten ergeben sich vor allem durch folgende Teilbereiche:

- Bewegte Lernsituationen in den Bildungsbereichen mit dem Schwerpunkt auf den mathematischen, kommunikativen und naturwissenschaftlichen Bildungsbereich (s. Abschnitt 2.2)
- Auflockerungsminuten mit Fokus auf der Koordinationsschulung (s. Abschnitt 2.3)
- Entspannungsphasen zur Beruhigung und zum Stressabbau (s. Abschnitt 2.4)

*Draußen*

Über die Innenräume hinaus muss natürlich das Außengelände bewegungsfreundlich gestaltet sein. Die Erzieherinnen sollten zum Nutzen dieser Bedingungen anregen. Die Kinder müssen entsprechend motiviert und zum Ausprobieren ermutigt werden, Reize für Neues sind zu setzen sowie Bewegungsanlässe gemeinsam zu arrangieren (s. Kapitel 3). Hieraus können sich wiederum Impulse für die Modifizierung der Verhältnisse ergeben.

*Außerhalb*

Das Thema Bewegung ist prädestiniert für eine Öffnung nach außerhalb. Mit Grundschulen und Einrichtungen des Gemeinwesens, wie Sportvereinen oder Krankenkassen, sind Kooperationen für beide Seiten sehr sinnvoll. Kindern mehr Bewegung zu ermöglichen, erfordert aber vor allem auch eine enge Zusammenarbeit mit den Familien. (s. Kapitel 4)

*Besonderheit des Hortes – die Feriengestaltung*

Die Feriengestaltung ist meist im Vergleich zu Krippe und Kindergarten eine Besonderheit des Hortes mit einer Zwischenstellung zwischen dem bewegten Hort sowie dem Kontext. Es ergeben sich vor allem für Feste und Feiern sowie Hortsporttage günstige zeitliche Möglichkeiten (s. Exkurs nach 4.4.3), ebenso für Erlebniswanderungen und Ferienfahrten (s. Exkurs 4.4.4).

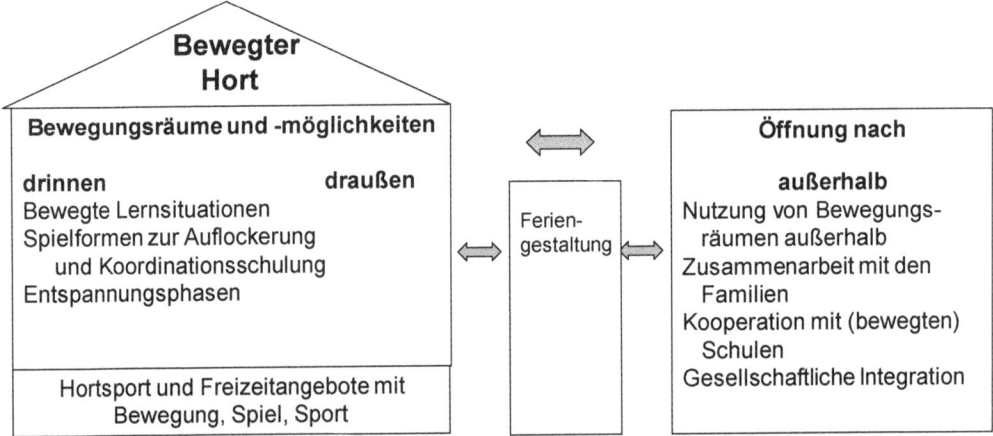

*Bewegungsstunden*

In die Dreigliederung (drinnen – draußen – außerhalb) lassen sich die Bewegungsstunden nicht eindeutig einordnen. Sie werden zwar meist im Sport- bzw. Mehrzweckraum der Einrichtung durchgeführt, können aber auch im Außengelände oder außerhalb in einer Sporthalle stattfinden. Die geplanten Bewegungsstunden bilden auf alle Fälle ein wichtiges Fundament für eine bewegte Kita (s. nächster Abschnitt 1.5).

## 1.5 Regelmäßige Bewegungsstunden

Ebenso wie der Sportunterricht die Basis für eine bewegte Grundschule ist, haben regelmäßige Bewegungsstunden eine Grundlagenfunktion für eine bewegte Kita.

Nachfolgend wird der Begriff der Bewegungsstunde verwendet und schließt unterschiedliche Bezeichnungen wie Turnstunde, Sportstunde, Sportbeschäftigung, geplante und regelmäßige Bewegungszeiten u. a. mit ein. In den befragten zertifizierten Kindertageseinrichtungen in Sachsen finden Aktivitäten einmal (73,3 %) oder zweimal (24,5 %) pro Woche statt. (Dunkel & Köhler, 2012, S. 78)

Diese Bewegungsstunden werden häufig in dem entsprechenden Funktionsraum (Sport- bzw. Mehrzweckraum, Bewegungsraum, Turnraum u. a.) der Einrichtung durchgeführt. Sie könnten aber auch ins Freie verlegt werden. Die Nutzung einer (nahe liegenden) Sporthalle wird in vielen Kindergärten und auch meistens in den Horten praktiziert.

Wegen der Vielfalt der Möglichkeiten fällt eine Zuordnung zu den Bereichen drinnen – draußen – außerhalb schwer. Deshalb wird in dem Buch die Behandlung vorgezogen und auch nur in knapper Form vorgenommen. Eine zweite Begründung für diese Vorgehensweise sind die nachfolgenden Erläuterungen zur Koordinationsschulung, die das Verständnis in den anderen Kapiteln erleichtern. Für die regelmäßigen Bewegungsstunden wird die Einbeziehung weiterer Literatur empfohlen, so z. B. aus Fachzeitschriften (wie „sportivo KiDS" vom Pohl-Verlag u. a.) oder aus dem Internet.

### Ziele und Inhalte

Für die regelmäßigen Bewegungsstunden sind Ziele und Inhalte zu planen. Durch die anderen Bedingungen im Vergleich zu Bewegungsaktivitäten in den Gruppenräumen sind großräumige Bewegungen sowie die Verwendung von mehr Geräten möglich. Dadurch ergeben sich wertvolle Erweiterungen für die Teilziele der bewegten Kita, z. B. für die Wahrnehmungs- und Koordinationsschulung, für die Förderung der Bewegungssicherheit sowie für die Herausbildung von Sozial- und Selbstkompetenz (s. Abschnitt 1.4).

Mit den Zielen und Inhalten der Bewegungsstunden soll aber auch eine Brücke zum Sportunterricht gebaut werden. Aus diesen beiden Hauptrichtungen können folgende Ziele für die regelmäßigen Bewegungsstunden bei Differenzierungen zwischen den Altersgruppen abgeleitet werden:

Die Kinder sammeln vielfältige Bewegungs- und Spielerfahrungen an und mit unterschiedlichen Geräten und Materialien sowie (zunehmend) mit Partnern und Gruppen. Motorische Leistungsvoraussetzungen, besonders koordinative Fähigkeiten, werden geschult sowie wird nach dem Anfangserwerb in der Krippe das Spiel- und Bewegungsrepertoire erweitert und damit die Bewegungssicherheit gefördert. Elementare motorische Fertigkeiten stehen dabei im Zentrum. Die Kinder erleben die Bewegungsmöglichkeiten des eigenen Körpers und die Freude am aktiven Miteinander.

Die beiden Teilziele Koordinationsschulung und Erweiterung des Bewegungsrepertoires an elementaren motorischen Fertigkeiten werden nachfolgend inhaltlich und methodisch näher erläutert.

**Koordinationsschulung**

Koordinationsschulung erfordert variiertes Üben. Verändert werden können die Bewegungsprogramme (eingesetzte elementare motorische Fertigkeiten), die Bewegungsausführung sowie die Übungsbedingungen.

| *Variationen der Bewegungsprogramme* | |
|---|---|
| (unterschiedliche motorische Fertigkeiten) | |
| *Variation der Bewegungsausführung* | *Variation der Übungsbedingungen* |
| ■ Richtung, Tempo, Krafteinsatz<br>■ unterschiedliche Rhythmen<br>■ Ausgangs- und Endstellung<br>■ Kombination von Übungen<br>■ spiegelbildlich bzw. beidseitig<br>(nach Hirtz, 1985, S. 80) | ■ Entfernungen, Abstände<br>■ Geräte, Handgeräte<br>■ Stützflächen<br>■ unter Zeitdruck (Wettbewerb)<br>■ „blind" üben<br>■ nach Drehungen und Rollen<br>■ weitere ungewöhnliche Bedingungen |

Nachfolgend werden Anregungen für Kindergarten und Hort gegeben, aus denen entsprechend dem Fähigkeitsniveau der Kinder ausgewählt werden kann. Basierend auf dem Konzept von Hirtz (1985) stehen folgende koordinative Fähigkeiten im Mittelpunkt:

*Variiertes Üben der Rhythmusfähigkeit*
(den eigenen Bewegungsrhythmus der Musik oder einem Partner/einer Gruppe anpassen)

| *Variationen der Bewegungsprogramme* | |
|---|---|
| Gehen, Laufen, Hüpfen nach vorgegebenen Rhythmen, Tanzen, akustische Wiedergabe von Rhythmen durch Klatschen, Stampfen u. a. | |
| *Variation der Bewegungsausführung* | *Variation der Übungsbedingungen* |
| ■ Gehen im Zweier-, Dreierrhythmus<br>■ Anpassen der Bewegung an wechselnde Rhythmen<br>■ Anpassen der Bewegung an einen Partner (z. B. Spiegelturnen) mit rhythmischen Schwüngen<br>■ Einfügen in einen Gruppenrhythmus (Schwungtuch)<br>■ Ausführen gymnastischer Übungen oder Übungsfolgen nach gleichmäßigen und veränderten Zählzeiten<br>■ Rhythmusspiele, rhythmisches Sprechen und Singen | ■ Laufen, Springen über/um rhythmische Gerätebahnen mit gleichen Abständen (Slalomlauf oder Seile, Reifen u. a. überspringen) oder mit rhythmisch wechselnden Abständen<br>■ rhythmisches Schwingen unterschiedlicher Handgeräte und Materialien (Seil, Luftballon u. a.)<br>■ Bewegen nach unterschiedlichen Klanginstrumenten (Rahmentrommel, Triangel, weitere Orff'sche Instrumente) |

*Variiertes Üben der Gleichgewichtsfähigkeit*

(das Gleichgewicht bei wechselnden Umweltbedingungen halten bzw. wieder herstellen)

| Variationen der Bewegungsprogramme ||
|---|---|
| Einbeinstände, Gehen, Laufen, Springen, Balancieren (auch von Geräten), Ziehen, Schieben, Rutschen ||
| *Variation der Bewegungsausführung* | *Variation der Übungsbedingungen* |
| ■ Einbeinstände mit Armkreisen, Beinschwingen u. a. mit großen und kleinen Bewegungen<br>■ Balancieren vorwärts, rückwärts, seitwärts<br>■ schnelle oder langsame Bewegungsausführung<br>■ Verbinden von Balancieren mit Hochwerfen und Fangen eines Balles, Transportieren eines Luftballons, Armkreisen, Übersteigen von Hindernissen u. a.<br>■ Rutschen auf Tüchern/Teppichfliesen<br>■ Springen (hin und her) über ein liegendes Tau, über eine Mattenlücke | ■ Einbeinstände mit geschlossenen Augen, nach Drehungen, auf unterschiedlichen Geräten, ohne Schuhe<br>■ Balancieren u. a. auf Markierungen, Langbank, Schwebekante, Sprunghockern, schräger Langbank, Bankwippe, Wackelbank (Bank auf Weichboden), Wackelfelder (Matten auf Bällen)<br>■ Laufen um Geräte in Wettbewerbsform<br>■ Balancieren unterschiedlicher Geräte (Zeitungsrolle, Tennisball)<br>■ Gehen, Laufen u. a. nach (mehreren) Drehungen, (mehreren) Rollen<br>■ Zieh- und Schiebekämpfe (ringender Kreis)<br>■ Gleichgewichtsspiele (Hahnenkampf, Seilkreis, Wackle nicht) |

*Variiertes Üben der räumlichen Orientierungsfähigkeit*

(Bewegungshandlungen im Raum steuern)

| Variationen der Bewegungsprogramme ||
|---|---|
| Kriechen, Laufen, Springen, Werfen, Rollen, Wälzen, Drehen ||
| *Variation der Bewegungsausführung* | *Variation der Übungsbedingungen* |
| ■ freies Laufen im begrenzten Raum ohne mit anderen Kindern anzustoßen<br>■ Fortbewegen mit Richtungsänderung, Laufen/Springen nach/über in unterschiedlichem Abstand befindliche Handgeräte (Ball, Reifen)<br>■ Schattenlauf, Slalomlauf, Geländelauf, Hindernislauf<br>■ Zielwerfen<br>■ Zielwerfen/Zielspringen in Zonen<br>■ Rollen/Wälzen mehrfach hintereinander<br>■ mehrere Drehungen, dann in einer festgelegten Stellung stehen bleiben | ■ Anlaufen ausgelegter Zahlen in Reihenfolge<br>■ Platzwechselspiele<br>■ Über- oder Unterwinden von Geräten mit unterschiedlicher Höhe<br>■ Gehen mit geschlossenen Augen<br>■ Ballspiele mit mehreren Bällen, Haschespiele mit mehreren Fängern<br>■ Lauf- und Ballspiele im Freien |

*Variiertes Üben der kinästhetischen Differenzierungsfähigkeit*
(die Finger, die Hände differenziert bewegen und visuelle Reize mit der Handmotorik koordinieren sowie Bewegungen räumlich und zeitlich zunehmend präzise ausführen)

| *Variationen der Bewegungsprogramme* |  |
|---|---|
| Zuspielen, Zielwerfen, Zielspringen, Rollen, Laufen, An- und Entspannen u. a. | |
| *Variation der Bewegungsausführung* | *Variation der Übungsbedingungen* |
| ■ Zuspielen/Zielwerfen (auch rückwärts) aus verschiedenen Ausgangsstellungen (Kniestand, Sitz u. a.) | ■ Zuspielen/Zielwerfen mit verschiedenen Geräten, aus unterschiedlichen Entfernungen, nach differenzierten Zielen, nach mehreren Drehungen oder Rollen<br>■ Zielwerfen nach dem Laufen („Biathlon"), auch als Wettbewerb |
| ■ Zielspringen aus unterschiedlichen Höhen | ■ Zielspringen in große/kleine Markierungen, verschiedene Zonen, von unterschiedlichen Unterlagen (Kasten, Matte) |
| ■ Ballrollen mit Hand oder Fuß, links oder rechts | ■ Rollen mit und nach verschiedenen Geräten, aus unterschiedlichen Abständen<br>■ Laufen auf unterschiedlichem Untergrund (Sand, Rasen, Laufbahn)<br>■ Lauf- und Ballspiele im Freien |
| ■ An- und Entspannen unterschiedlicher Körperteile oder ganzkörperlich | |

*Variiertes Üben der Reaktionsfähigkeit*
(auf aktuelle Reizsituationen schnell und zweckmäßig reagieren)

| *Variationen der Bewegungsprogramme* |  |
|---|---|
| Laufen, Hüpfen, Kriechen, Ziehen, Schieben u. a. | |
| *Variation der Bewegungsausführung* | *Variation der Übungsbedingungen* |
| ■ Reaktions- und Ablaufübungen aus verschiedenen Ausgangsstellungen (Hockstand, Sitz, Bauchlage u. a.)<br>■ Startübungen, verbunden mit unterschiedlichen Fortbewegungsarten<br>■ Laufen mit schnellen Richtungswechseln nach Ansage<br>■ Schattenlauf | ■ Startübungen nach unterschiedlicher Signalgebung (Pfiff, Klatschen, Arm heben)<br>■ Variation der Bedingungen der Signalgebung (viel oder wenig Zeit nach Kommando „Fertig!")<br>■ Spiele mit Zeitdruck: Haschespiele, Staffeln, Nummernwettläufe, Bälle bzw. Schätze einsammeln<br>■ Hindernisläufe, Laufspiele im Freien, jeweils mit wechselnden Bedingungen<br>■ Reagieren auf Gegenwirkung von Partnern (Ringender Kreis, Tauziehen) |

Koordinative Fähigkeiten sollten aber nicht nur einzeln variiert geübt werden, sondern vor allem auch in ihrer Komplexität, z. B. durch entsprechende Spielformen, Geschicklichkeitsparcours und mit kniffligen Übungen sowie kleinen Kunststücken (auch zu zweit).

### Erweiterung des Bewegungsrepertoires

*Bekannte elementare motorische Fertigkeiten anwenden*

Gehen, Laufen, Kriechen sowie einfache Formen des Hüpfens und Springens sollten im Alter ab 4 Jahren schon bekannt sein und weitgehend gekonnt werden. Sie sollten in vielfältigen Formen angewandt werden. Das variierte Üben bildet auch hierfür die Hauptmethode.

Variationen der Bewegungsausführung:
- vorwärts, rückwärts, seitwärts
- schnell und langsam, groß und klein
- in Kombination
- Hort: beidseitig sowie veränderte Ausgangs- und Endstellungen

Variationen der Übungsbedingungen:
- auf/über unterschiedliche Unterlagen und Geräte
- um Geräte (bei unterschiedlichen Abständen)
- in Verbindung mit dem Transportieren von Handgeräten (Bälle, Luftballons, u. a.)
- in Haschespielen, Staffeln, Platzsuchspielen, Sing- und Tanzspielen, Wettläufen
- mit geschlossenen Augen oder eingeschränkter Sicht (z. B. tief ins Gesicht gezogene Schirmmütze)
- in Verbindung mit Drehungen
- Hort: auch in Verbindung mit Rollen sowie bei Ausführung zusätzlicher Bewegungsaufgaben

*Weitere elementare motorische Fertigkeiten erlernen und anwenden*

Beim Balancieren, Steigen und Klettern, Schwingen und Hangeln, Rollen und Wälzen, Ziehen und Schieben, Werfen und Fangen dürfte das Ausgangsniveau individuell sehr unterschiedlich sein. Deshalb ist differenziert vorzugehen. Möglichkeiten sind einzuräumen, um zielgerichtete Impulse zu geben für das Erkunden, Erlernen und variierte Üben sowie das Anwenden dieser elementaren motorischen Fertigkeiten. Wenn die Voraussetzung besteht, sollten in einem (aufblasbaren) Wasserbecken schwimmerische Grundfertigkeiten geübt werden (nach/durch Gegenstände tauchen, ins Wasser ausatmen, kleine Spiele im Wasser).

Ergänzend können bei älteren Hortkindern sportmotorische Fertigkeiten zur Anwendung kommen, z. B. vielfältige Formen des Laufens, Springens, Werfens, Fangens, Dribbelns, Turnens, Schwimmens.

### Übergreifende Hinweise zur methodischen Gestaltung der Bewegungsstunden

- Balance suchen und finden zwischen situativen Bedürfnissen der Kinder und geplanten Vorhaben
- vielfältige offene Bewegungssituationen schaffen im Wechsel mit gezielten Impulsen für die bewusste Erweiterung des Bewegungsrepertoires (zeigen, unterstützen, ermutigen, anregen u. a.)
- Differenzierung der Schwierigkeitsgrade, verbale Ermunterung, keine Angst und Unsicherheit erzeugen, bewegungsführende bzw. sichernde Hilfe
- zunehmend Formen der Paar- und Gruppenarbeit einsetzen, z. B. Spiegel- und Schattenformen, gemeinsames Gestalten

- Inhalte in Bewegungsgeschichten oder Abenteuersituationen einbinden, z. B. im Gebirge, im Märchenland, im Dschungel
- knifflige Übungen (kleine Kunststücke) anregen und in Projekte einbinden, z. B. Zirkus
- Arbeit an Stationen, z. B. erkunden Kleingruppen Bewegungsmöglichkeiten und zeigen diese dann anderen Kindern
- Bewegungs- und Körpererfahrungen thematisieren, z. B. Erfahrungen mit der Höhe
- individuellen Förderbedarf erkennen und die Kinder unterstützen, vor allem beim Entdecken ihrer Stärken
- Regeln für die Bewegungsstunde gemeinsam absprechen
- Rituale vereinbaren (Sportsachen, gemeinsamer Beginn und Abschluss)
- Verbindungen zu anderen Teilbereichen der bewegten Kita bewusst unter den großflächigen Möglichkeiten nutzen, z. B. Längen und Entfernungen messen, Zahlen bei Spielen anwenden, räumliche Orientierungen festigen (s. Abschnitt 2.2), Spielformen mit Alltags- oder Naturmaterialien sowie rhythmisch-musikalische Bewegungsspiele unter den großflächigen Bedingungen aufgreifen (s. Abschnitt 2.3), in Wahrnehmungsspiele u. a. (s. Abschnitt 2.4) andere Geräte und Räume einbeziehen

## Medienempfehlungen zur bewegten Kita und zur bewegten Grundschule:

Erkert, A. (2007). *Lernen mit Bewegungsspielen*. Freiburg: Herder.
Grüger, C. & Weyhe, S. (2007, 2013). *Kinder in Bewegung mit NaturMotorik*. Münster: Okotopia Verlag.
Jahn, U. & Senf, G. (2010). *Warum Kinder Bewegung brauchen* (2. Aufl.). Stuttgart: Hampp Media GmbH.
Kempf, H.-D. & Pfänder, B. (2006). *Kindergarten in Bewegung*. Dortmund: Borgmann Media.
Unfallkasse Rheinland-Pfalz et al. (Hrsg.). (2011). *Bewegte Kinder. Schlaue Köpfe* (7. Aufl.). Andernach: Unfallkasse Rehinland-Pfalz.
Wilmes-Mielenhausen, B. (2009). *Bewegungsförderung für Kleinkinder. Ideen für Krippe, Kita und Tagesmütter* (5. Aufl.). Freiburg: Herder.
Zimmer, R. (2002). *Sport und Spiel im Kindergarten* (4. überarb. Aufl.). Aachen: Meyer & Meyer.
Zimmer, R. (2014). *Handbuch der Bewegungserziehung* (Neuausgabe). Freiburg, Basel, Wien: Herder.

*Literatur zur bewegten Schule (in Sachsen):* (s. auch Anhang 2)

Müller, Chr. (2010a). *Bewegte Grundschule. Aspekte einer Didaktik der Bewegungserziehung als umfassende Aufgabe der Grundschule* (3. neu bearb. Aufl.). St. Augustin: Academia.
Müller, Chr. (2006). *Bewegtes Lernen in den Klassen I bis IV. Didaktisch-methodisches Anleitungsmaterial für die Fächer Mathematik, Deutsch und Sachunterricht* (3. Aufl.). St. Augustin: Academia.
Müller, Chr. et al. (2003, 2009, 2014). *Bewegtes Lernen Klassen 1 bis 4 in den Fächern: Ethik, Englisch Anfangsunterricht, Kunst, Musik*. St. Augustin: Academia.
Müller, Chr. & Petzold, R. (2002). *Längsschnittstudie bewegte Grundschule. Ergebnisse einer vierjährigen Erprobung eines pädagogischen Konzeptes zur bewegten Grundschule*. St. Augustin: Academia.
Müller, Chr. (2010c). *Schulsport in den Klassen 1 bis 4* (2. Aufl.). St. Augustin: Academia.
Müller, Chr., Petzold, R., Hofmann, S. & Volkmer, M. (2005). *Sportunterricht gestalten*. Berlin: Cornelsen.

Weitere Aussagen zum Konzept der bewegten Schule in Sachsen unter:

https://bewegte-schule-und-kita.de

## 1.5 Regelmäßige Bewegungsstunden

> Lesehinweis:
>
> Die weiteren Ausführungen des Buches gliedern sich entsprechend des zugrundeliegenden Konzeptes in die drei vorgestellten Bereiche für Bewegungsräume und -möglichkeiten in Kitas: drinnen – draußen – außerhalb. Untergliederungspunkte entsprechen dem Haus der bewegten Kita (s. Abschnitt 1.4).
>
> Den Aussagen im Kapitel 1 zufolge werden folgende Schwerpunkte vertiefend behandelt:
> - grobmotorische Bewegungshandlungen im Innenraum fördern (s. Abschnitt 1.2)
> - besonders Aktivitäten mit koordinativem Anspruch anbieten (s. Abschnitte 1.2, 1.5)
> - Impulse und phasenweise Anleitung geben (s. Abschnitte 1.2, 1.4)
> - Bewegte Kita als Querschnittsaufgabe gestalten (s. Abschnitt 1.3)
> - durch und mit Bewegung das Lernen unterstützen (s. Abschnitte 1.1, 1.4)

## 2 Bewegungsräume und -möglichkeiten drinnen

Raum ist eine wichtige Dimension pädagogischen Denkens und Handelns, die in den letzten Jahren viel Beachtung in der Erziehungswissenschaft findet (DGfE, 2018). Dies betrifft sowohl die Räume in Kita, Schule sowie Elternhaus, als auch öffentliche Räume im von Kindern erschließbaren Umfeld. In Anlehnung an Loris Malaguzzi, dem Begründer der Reggio-Pädagogik, wird der „Raum als 3. Erzieher" erkannt. In der Interpretation von Knauf (2017, S. 18) wird als erster Erzieher das Kind selbst als Konstrukteur seiner Entwicklung sowie als zweiter Erzieher das soziale Umfeld (Familie, Pädagogen, anderen Kinder in der Einrichtung, die Peer-Group) angesehen. Räume für Bewegung sind Spiel- und Erfahrungsräume sowie Lern- und Lebensräume, die vor allem zwei Aufgaben erfüllen sollen: Geborgenheit geben und Herausforderung stellen.

Anforderungen an Bewegungsräume sollten im Zusammenhang mit den Bedeutungsaspekten der Bewegung (s. Abschnitt 1.1.) gesehen werden und Gestaltungsmöglichkeiten müssten u. a. folgende Zielstellungen für die kindliche Entwicklung unterstützen:
- differenzierte Wahrnehmungen und vielfältige Erfahrungen ermöglichen
- koordinative Anforderungen zur Stimulierung bestimmter Gehirnregionen stellen, durch entsprechende Situationen Neugier zum Erforschen wecken
- Sozialkontakte fördern, zum Rollenspiel anregen, durch Rituale Sicherheit geben
- Lust zum Spielen und Bewegen wecken, kreatives und selbstbestimmtes Spielen unterstützen, zum Verändern einladen
- Raum für Bewegungserfahrungen, für vielfältige koordinative Anforderungen sowie Chancen zum Erleben der Höhe bieten, auch mit Angeboten für individuelle Entwicklungsstände sowie momentane Bedürfnislagen der Kinder
- Auseinandersetzung mit Bewegungsherausforderungen ermöglichen, auch das Erleben und Bewältigen von individuellen Grenzerfahrungen bei überschaubaren Risiken

Bereits im Kapitel 1 wurde verdeutlicht, dass die Grundlage einer bewegten Kita immer auf einer Balance zwischen Verhältnissen und Verhalten beruhen muss. Für mehr Bewegung sind einerseits räumliche und materielle Bedingungen zu schaffen, die zum Bewegen anregen. Andererseits müssen die Kinder befähigt werden, diese Bedingungen auch zu nutzen und vielfältige Bewegungsmöglichkeiten damit zu finden. Dies trifft nach unserem Konzept (s. Abbildung im Abschnitt 1.4) sowohl für die Bewegungsräume und -möglichkeiten drinnen zu – als auch draußen im Außengelände (Kapitel 3) und außerhalb der Kita (Kapitel 4). Wegen der oben beschriebenen großen pädagogischen Bedeutung von Räumen nehmen die Kapitel 2 bis 4 jeweils eingangs auf deren Gestaltung Bezug. Den Schwerpunkt bilden jedoch Vorschläge für Bewegungsmöglichkeiten, zu denen die Pädagogen anregen können, die aber zunehmend die Kinder im selbstständigen Spiel anwenden sollten. Dabei wird auch die Verbindung zwischen den Bildungsinstituten gesucht. Für mehr Bewegung im Unterricht der Grundschulen liegen umfangreiche Materialien vor (s. Anhang 2), deren Einsatz sich in den letzten Jahren erfolgreich etabliert hat. Wünschenswert aus der Sicht der Grundschullehrkräfte wäre es, wenn die eine oder andere Form schon als bekannt aus dem Kindergarten mitgebracht wird oder im Hort eine Erweiterung erfährt.

Aus diesem Grund schließen sich nach Hinweisen zu den Innenräumen mit den Abschnitten 2.2 bis 2.4 Ausführungen zu mehr Bewegungsmöglichkeiten bei Lernsituationen in den Bildungsbereich sowie bei Phasen der Auflockerung und Entspannung an.

## 2.1 Räume für Bewegung gestalten und öffnen

### Bewegungsräume gestalten

Jedem Besucher müsste bereits beim Betreten, erst recht beim Gang durch die Einrichtung sofort bewusstwerden – das ist eine bewegte Kita! Und diese wurde nicht für, sondern mit den Kindern gestaltet. Möglichkeiten soll die folgende Ideensammlung für bewegungsfreundliche Gestaltung der Innenräume aufzeigen, die je nach den konkreten Bedingungen genutzt werden können.

*Bewegungsfreundliche (Gruppen-)Räume*

Die Räume, in denen sich die Kinder vorrangig aufhalten, sollten multifunktional, flexibel und übersichtlich sein, d. h.:

- viel Platz zum Bewegen, freie Bewegungsflächen
- bewegliches Mobiliar und den Raum nicht mit Möbeln überladen
- altersentsprechende Möglichkeiten für das Spielen am Boden im Hocken, Sitzen, Knien, Liegen sowie in unterschiedlichen Ebenen: niedrige Podeste, Stufen, schiefe Ebenen, Kletterwände
- der Körpergröße entsprechende Tische und Stühle
- alternative Sitzgelegenheiten wie Sitzbälle, Sitzkissen, Schaumstoffwürfel
- Baumodule aus unterschiedlichsten Materialien, die von den Kindern frei kombiniert werden können und zum Durchkriechen, Überklettern, Rutschen u. a. einladen

- aufgemalte/aufgeklebte Bewegungsanregungen, z. B. Linie, Schlängellinie, Kreise, Hüpfkästchen, Füße und/oder Hände, Buchstaben und Zahlen, zu treffende Ziele oder andere verschiedenfarbige Bodenmarkierungen
- kindersichere Alltagsmaterialien (in einer Spielkiste), z. B. Korken, Knöpfe, Becher, Dosen, Tücher, Zeitungen, Zeitungsrollen, Pappdeckel, Wollknäuel, Papprollen, Luftballons, Gummiband für Gummihopse, Schwämme
- Materialien zur Förderung der Wahrnehmung und Feinmotorik: Greiflinge, Tastsäckchen-/bretter, selbst gestaltete Wandelemente, an denen das Binden von Schleifen oder das Öffnen und Schließen von Reißverschlüssen und Knöpfen geübt werden kann
- Kleingeräte für (koordinativ anspruchsvolle) Bewegungssituationen, z. B. Softbälle, Seile, Schaumstoffwürfel, Würfel mit Einschubtaschen, Laufdosen, Bohnensäckchen, Absperrkegel, Teppichfliesen, Zielwurfteppich, Antistressbälle, Igelbälle, Balancekreisel, Tischtennisbälle Schwungtuch, Kriechtunnel, Zahlen-/Hüpfteppich
- Rhythmusinstrumente (auch in Form geeigneter Alltagsmaterialien)
- Tücher oder Decken, Kissen, große Kartons u. Ä. zum Höhlenbau

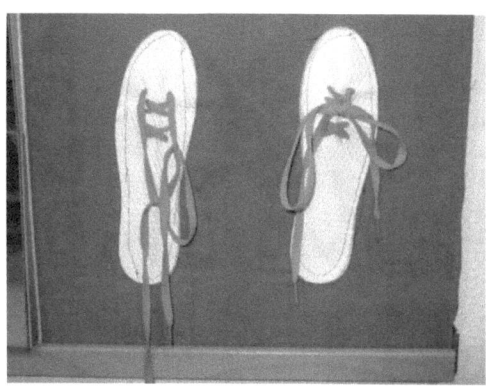 

*Funktionsräume/Themenräume für Bewegungsmöglichkeiten*

Eine Möglichkeit, den Kindern Platz für die Entfaltung ihrer Neigungen und Platz für mehr Bewegung zu geben, ist die Einrichtung von Funktionsräumen. Je nach den konkreten Bedingungen können dazu auch Gruppenräume verändert und Nebenräume genutzt werden. Ein Vorteil liegt auch darin, dass Materialien nicht mehrfach angeschafft werden müssen. Entsprechend des Alters und der Bedürfnisse der Kinder sind die Themenräume für bestimmte Tätigkeiten vorgesehen, z. B. Atelier, Werkstatt, Bauzimmer, Theater, Musikraum, Küche. Ob Gruppen- oder Funktionsräume, muss aber keine Entscheidung zwischen „entweder – oder" sein.

Räume, die in ihrer Funktion dem Konzept der bewegten Kita besonders entsprechen, werden nachfolgend etwas genauer beschrieben.

- Bewegungs-/Sportraum
  Dieser Raum darf in keiner Kita fehlen – höchstens, wenn eine Sporthalle genutzt werden kann. In ihm muss ausreichend Platz zum Bewegen sein. Die Geräteausstattung sollte zu elementarischen motorischen Fertigkeiten anregen, d. h. zum Gehen, Laufen, Hüpfen, Springen, Kriechen, Rollen, Wälzen, Fangen, Werfen, Steigen, Klettern, Balancieren, Schwingen, Hangeln, Schaukeln. Als Geräte bieten sich an: Sprossenwände, Langbänke, Turnmatten, Minitramps, Hüpfkissen, (Mini-)Sprungkasten, Turnhocker, Kletternetze, Leitern, Kletterstangen, Schaukeln, Turn- und Spielblöcke, Kombinationsgeräte zum Klettern und Balancieren, Kriechröhren, Schaumstoffelemente, Kletterwippe.
  Mögliche Kleingeräte: Bälle, Seile, Stäbe, Keulen, Reifen, Schwungtuch, Rollbretter, Balancierwippe und -kreisel, Schaumstoffwürfel, Teppichfliesen, Bohnensäckchen u. Ä. sowie Alltagsmaterialien (s. Gruppenraum).
  Der Bewegungsraum sollte außerhalb der Bewegungsstunden für die Kinder frei zugänglich sein – auf der Basis vereinbarter Regeln und unter Beachtung der Aufsichtspflicht.
- Bewegungsbaustelle (Toberaum)
  Hier können die Kinder mit unterschiedlichen Materialien sich selbst eine kleine Bewegungslandschaft bauen und/oder sich in dieser richtig austoben. Geräte und Materialien: Matratzen, Kissen, Schaumstoffwürfel und -streifen, größere Schachteln und Kartons, Tücher und Decken, Ballbad, Getränkekisten, Riesenbausteine, Bauelemente aus Holz, Plastikrohre oder Pappkerne von Teppichen (Durchmesser weniger als 8,9 cm oder mehr als 25 cm – damit diese keine Kopffangstellen darstellen).
- Raum der Ruhe (Snoezelenraum)
  Nach dem Austoben können sich die Kinder in diesem Raum wieder ausruhen und erholen. Eine leise Entspannungsmusik und Möglichkeiten zur Verdunkelung wirken unterstützend. Matten, Kissen und Decken zum Hinlegen und Kuscheln können die Ausstattung bilden. Igelbälle zur Massage, Antistressbälle, Massagemäuse, Pezzibälle, Sitzkissen, Fühlsäckchen,

Licht- oder Farbspiele u. a. könnten Ergänzungen bilden. Einige Kindergärten haben sogar eine eigene Sauna.
- Nassbereich
Das Aufsuchen von Nassbereichen/Waschräumen für bestimmte Sinneserfahrungen (z. B. Spiegel) bieten sich auch an und diese Räume lassen sich für Wasser- und Matschspiele sehr gut nutzen. Aber Vorsicht – Rutschgefahr!

*Flure und Treppen als Bewegungsflächen (Rettungswege freihalten)*

- Eingangsbereich
Eine bewegte Kita muss man unbedingt bereits im Eingangsbereich erkennen. Aushänge sollten auf dieses spezielle Konzept hinweisen und Bilder die konkrete Umsetzung verdeutlichen. Informationen sollten auch zu Bewegungsaktivitäten in der Freizeit gegeben werden, z. B. zu Sportvereinsangeboten, bewegungsorientierten Ausflugsmöglichkeiten u. a. (s. dazu Bewegungsbaum im Abschnitt 4.2.1).
Der Eingangsbereich könnte mit Ideen der Kinder und Unterstützung der Eltern so gestaltet werden, dass es beide zum Bewegen anregt, z. B. durch eine wechselnde Bewegungsidee.
Bewegungsideen für die gerade aktuelle Woche könnten sein:
    - aufgehängter Hampelmann zum Nachahmen
    - ein aufgestelltes Gerät zum Durchkriechen oder Überwinden
    - mit Klebeband gekennzeichnete „Steine im Fluss" zum Springen von Stein zu Stein
    - aufgeklebtes Band zum Balancieren
    - Ziele, die getroffen werden sollen (Kegel, Ringwurfspiel, Torwand)
- Bewegungsecken/-flächen auf den Fluren und Treppen
    - Treffer! (Ringwurfspiel, Kegeln, Torwandschießen mit Softbällen u. a. in Körbe, Kartons, Eimer treffen oder nach aufgemalten/aufgehängten Gegenständen zielen, verschiedene Bälle in oder durch Gegenstände rollen, z. B. Reifen)
    - Hoch hinaus! (Boulderwand, Sprossenwand, Kletterturm)
    - Balancierstrecken (aufgemalte Schlange, ausgelegtes Tau, zusammengesteckte Einzelelemente)

    - Von Stein zu Stein! (Pappdeckel, Plastescheiben, Teppichfliesen, Balancierelemente, Balance-Halbkugel)
    - Sprungfüße (Fußabdrücke aufmalen/aufkleben)
    - Fußfühlstrecke (Materialien mit unterschiedlichen Oberflächen, taktile Scheiben, Balancier-Igel)
    - Taststrecke auf dem Treppengeländer (Kastanien, Steine, Holz, Borke, Baumscheiben. Sandpapier)
    - Twister (s. 2.3.2)
    - Hüpfspiele
    - im Slalom! (um Markierungskegel, Keulen, Pappdeckel u. a. laufen oder hüpfen)
    - Kriechtunnel, Krabbelwalze
    - Hüpfbälle, Riesenkreisel, Balance-Spiele, Therapiekreisel

- Trepp´ auf – Trepp´ ab! (Softbälle, Luftballons, Schaumstoffstreifen oder andere Gegenstände transportieren und in Kisten o. Ä. ablegen)
- Zahlen auf der Treppe (Treppen mit Ziffern bemalen und abhüpfen/-gehen), Farbentreppe
- Boulderwand (s. Unfallkasse Sachsen, 2005, 2015)
■ Ruhenischen
können vor allem an Örtlichkeiten im Gebäude entstehen, an denen Publikumsverkehr nicht zu groß ist (Flure im Keller oder in der oberen Etage, Treppennischen), durch kleine Zelte, Spielhäuser, Hängematten, Decken zum Höhlenbau.

Ergänzungen für Krippen

Für Krippenkinder empfiehlt es sich, die Räumlichkeiten überschaubar zu strukturieren und erst schrittweise zu erweitern. Es muss eine alters- und sicherheitsgemäße Auswahl aus der Ideensammlung getroffen werden (keine verschluckbare Kleinteile). Möbel/Griffe zum Hochziehen unterstützen das Aufstehen und die ersten Schritte. Bei kindersicheren Gebrauchsgegenständen (Küchengeräte, Taschen, Körbe, Dosen u. Ä.) kann die Handhabung ausprobiert werden. Durch Spielmaterialien zum Greifen, Rollen, Schütteln werden die Erfahrungen erweitert. Eine Krabbeldecke kann zum Strampeln, Krabbeln und Sitzen genutzt werden.

Ergänzungen für Horte

Horte sind teilweise in kombinierten Kindertageseinrichtungen eingebunden, häufig aber auch in die Schulgebäude integriert. Im letzteren Fall sollte unbedingt eine Abstimmung mit der Schule zur Mehrfachnutzung von Räumen und Materialien erfolgen, auch unter Beachtung der Ganztagsangebote. Ergänzend zu den bereits aufgeführten Geräten und Materialien eignen sich für die Altersgruppe der Hortkinder:
■ Jongliergeräte wie Chiffontücher, Jonglierbälle/-ringe/-keulen, Diabolo, Jonglierteller, Kick-Bälle (Hackysack), Schnurball, Federfußball, Jonglier-Blöcke, Devil Stick
■ Materialien für das bewegte Lernen, z. B. Buchstaben-/Zahlenwürfel, Buchstaben-/Zahlentreppe; Karten mit Buchstaben, Zahlen, geometrische Figuren, Maß-/Gewichtseinheiten, Farben, Tiere, Pflanzen; aufgeklebte/aufgemalte Zahlenstrahle, Buchstaben, Zahlen, geometrische Figuren, Kartenspiele, Teppichfliesen mit Buchstaben, Softbälle
■ Geräte für anspruchsvollere koordinative Anforderungen wie Springseile, Reifen, aufgemalte/aufgeklebte Hüpfspiele (oder als Hüpfspielmatte), Hüpfsäcke, Hüpfbälle, Moonhopper, Springball, Pogo Stick (Springstock), größere Kartons, Schaumstoffwürfel, Turn- und Sprossenwände, Boulderwand, Strickleitern, Kletternetze
Hinweis: Ausführlichere Informationen zur Gestaltung der Innenräume in Krippen und Horten, ebenso zu inklusiven Kitas bei Dinter & Müller (2011, S. 28–31).

### Räume für Bewegung öffnen

Phasen der planvollen Arbeit in bestimmten Räumen für die einzelnen Gruppen sollten sinnvoll abwechseln mit der Öffnung der Räume. Wie bereits im Kapitel 1 dargestellt wurde, geht unser Konzept davon aus, dass an alle Kinder herangetragene, geplante Entwicklungsreize deren allseitiger Entwicklung dienen. Durch Öffnung können die individuellen Entwicklungen und Bewegungserfahrungen, die Herausbildung von Selbstständigkeit und Selbstentfaltung unterstützt werden.

Öffnung der Räume bedeutet, dass die eingangs beschriebenen (Gruppen-)Räume und/oder Funktionsräume, die Flure und Treppen sowie evtl. der Außenbereich für die Kinder frei wählbar sind. Wählbar sind auch die Tätigkeiten, die Sozialformen (mit welchem Partner) und wie lange ein Kind sich in dem bestimmten Raum beschäftigt.

Den Chancen, die sich durch die Öffnung der Räume ergeben, stehen auch Grenzen gegenüber. Pädagogisches Geschick ist gefragt, damit Kinder vor bestimmten Beschäftigungen nicht immer ausweichen (z. B. vor dem Bewegen) oder größere Zeitanteile benötigen, um sich zu orientieren, was andere machen (s. Abschnitt 1.2). Grenzen werden auch durch Sicherheitsfragen gesetzt. Im Zusammenhang mit der Sicherheit werden aber oftmals die Grenzen überbewertet und die Chancen unterschätzt. Kinder, die viele Bewegungsfreiheiten haben und vielfältige Bewegungserfahrungen sammeln können, sind bewegungssicherer und verletzen sich seltener (Kunz, 1993b, S. 89).

Bei der Gestaltung und Öffnung der Räume für Bewegung sind entsprechende Hinweise zur Sicherheit zu beachten (detaillierte Ausführung bei Dinter & Müller, 2011, S. 33–36).

Öffnung erfordert immer auch Regeln. Diese könnten sich beziehen auf:
- das Abmelden bei der Erzieherin (evtl. Abbildung an Garderobenhaken hängen)
- Benutzung spezieller Räume nur durch eine bestimmte Anzahl von Kindern (Die Kinder können die Anzahl der sich bereits im Raum befindenden Personen feststellen, indem die Schuhpaare vor der Tür gezählt bzw. bereithängende Nickis angezogen werden o. Ä.)
- gegenseitige Hilfe und Rücksichtnahme
- Aufräumen der benutzten Spielsachen und Materialien

### Medienempfehlungen:

Köckenberg, H. (2007). *Bewegungsräume* (3. Aufl.). Dortmund: borgmann.
Dinter, A. & Müller, Chr. (2011). *Bewegungsräume für Kindertageseinrichtungen*. Meißen: Unfallkasse Sachsen.
DGUV (Hrsg.). (2004). *Wahrnehmungs- und Bewegungsförderung in Kindertageseinrichtungen*. DGUV Information 202–062. Berlin: DGUV.
DGUV. (Hrsg.). (2017). *Die Jüngsten in Kindertageseinrichtungen sicher bilden und betreuen*. DGUV Information 202–093. Berlin: DGUV.
DGUV (Hrsg.). (2019). *Branche Kindertageseinrichtungen*. DGUV Regeln 102–602. Berlin: DGUV.
SMK (Sächsisches Staatsministerium für Kultus). (Hrsg.). (2014). *Spiel & Spass. Eine Sammlung für die Hosentasche*. Dresden: SMK. Zugriff am 3. März 2021 unter https://publikationen.sachsen.de/bdb/artikel/22796
Unfallkasse Sachsen (Hrsg.). (2005, 2015). *Klettern in der Pause – Eine Boulderwand für unsere Schule.* GUV-SI 8465. Meißen: Unfallkasse Sachsen. Zugriff am 26. Januar 2021 unter https://www.uksachsen.de/fileadmin/user_upload/Download/UK-Sachsen-Publikationen/ UK_Sachsen_02–12_Klettern-in-der-Pause-eine-Boulderwand-fuer-unsere-Schule.pdf

Deutsche Gesetzliche Unfallversicherung (DGUV): Weitere Vorschriften, Regeln und Informationen bzw. die jeweils aktuellen Fassung sind auf der Homepage zu finden unter https://publikationen.dguv.de/regelwerk/publikationen-nach-fachbereich/bildungseinrichtungen/

## 2.2 Bewegte Lernsituationen in Bildungsbereichen

Bewegung fördert die kognitive Entwicklung und damit auch das Lernen (s. Abschnitt 1.1). In vielen Grundschulen ist das Lernen längst in Bewegung gekommen. Vielfältige Formen der Verbindung des kognitiven Lernens mit Bewegung prägen den Unterrichtsalltag. Um Übergänge sinnvoll zu gestalten, sehen wir in bewegten Lernsituationen einen Schwerpunkt im Konzept der bewegten Kita.

Die Realisierung der Verbindung von Lernen und Bewegung (folgend auch in der Kurzform bewegtes Lernen formuliert) stellt eine Querschnittsaufgabe sowohl an einer Bildungseinrichtung als auch entlang des Bildungsweges dar (s. Abschnitt 1.3). Beim bewegten Lernen kann Bewegung als Erfahrungsorgan und Gestaltungsinstrument besonders zum Tragen kommen. Unter dem bewegten Lernen ist zu verstehen, dass kognitives Lernen und Bewegung gleichzeitig standfinden. Formen des bewegten Lernens werden von den Pädagogen planmäßig und zielgerichtet ausgewählt und eingesetzt. Hauptziele liegen in dem Erschließen eines zusätzlichen Informationszuganges und in der Optimierung der Informationsverarbeitung. Bewegtes Lernen hilft weiterhin, Haltungskonstanz zu vermeiden und kann die Konzentrationsfähigkeit sowie die Lernfreude steigern. Die Kinder sollen mit einem Partner oder in Kleingruppen zusammenarbeiten (Müller, 2010a, S. 54).

Die nachfolgenden Ausführungen konzentrieren sich auf die Verbindung von Bewegung und Lernen entlang des Bildungsweges von der Krippe – zum Kindergarten – zu Hort (und Schule). Beispiele für bewegtes Lernen in der Schule liegen in vielfältigen Veröffentlichungen vor (s. Anhang 2). Bewusst werden einige Anregungen aus den Karteikartensammlungen zum bewegten Lernen, speziell in Klasse 1 und 2 (Müller, 2006), teilweise bei Modifizierungen eingearbeitet. Diese Beispiele sind mit * gekennzeichnet und sollten im Hort aufgegriffen werden, vor allem die Varianten zum Außenbereich.

Es wird auf drei Bildungsbereiche eingeschränkt, da die im Sächsischen Bildungsplan ausgewiesenen weiteren Bereiche in vielfältigen Formen in die einzelnen Abschnitte dieses Materials bereits einfließen. Aus den Varianten ist sinnvoll entsprechend des Alters der Kinder und deren Entwicklungsstand auszuwählen. Als Variante wird bei geeigneten Beispielen auf den Einsatz einer Fremdsprache hingewiesen, da es Kindergärten gibt, in denen die Kinder an Englisch, Französisch und in Sachsen auch an Sorbisch, Polnisch und Tschechisch herangeführt werden.

Die nachfolgenden Beispielssammlungen sind innerhalb der Bildungsbereiche strukturiert nach den Hauptzielstellungen für das bewegte Lernen.

*Zusätzliche Informationszugänge durch Bewegung (Müller, 2010a, S. 54–66)*

Traditionell geschieht Lernen vorrangig durch Informationsaufnahme über Auge und Ohr. Das Konzept des bewegten Lernens sieht vor allem den Bewegungssinn (kinästhetischer Analysator) als wertvollen zusätzlichen Informationszugang an. Die Rezeptoren liegen über den gesamten Körper verteilt in den Muskeln, Sehnen, Bänder und Gelenken. Die Informationsaufnahme erfolgt also nicht über die Umwelt, sondern über den Körper und seine Bewegung. So können z. B. (geometrische) Figuren mit den Händen oder Füßen erfühlt, mit dem Körper geformt oder durch Bewegungshandlungen erfasst werden, wie durch das Ablaufen oder Abhüpfen. Alle aufgeführten Möglichkeiten geben dem Kind zusätzliche Informationen über den Lerngegenstand und unterstützen damit den Lernprozess. Den Theoriehintergrund bildet das Begriffsverständnis von Grupe (1982, S. 75), dass durch Bewegung Kinder die Welt erleben, erfahren, erkennen und gleichzeitig formen und gestalten können.

> Zusätzliche Informationszugänge durch Bewegung
> - etwas über Bewegung/über den Körper *empfinden, wahrnehmen, erleben*
> - etwas über Bewegung *erfahren, erkennen, begreifen*
> - etwas durch Mimik, Gestik, Körpersprache *ausdrücken, mitteilen*
> - etwas szenisch *gestalten*, besonders Alltagssituationen
> - etwas durch Bewegung *formen, gestalten, verändern*
> - etwas sich bei Ausflügen (ähnlich Spaziergängen, Exkursionen) *erschließen*
> (Müller, 2010a, S. 54–66)

*Optimierung der Informationsverarbeitung durch Bewegung (Müller, 2010a, S. 67–71)*

Es gibt keine Untersuchungen, die belegen, dass Lernen nur im Sitzen möglich ist – im Gegenteil. Das wussten schon die alten Griechen, die in Wandelhallen unterrichteten (Seele, 2012, S. 16) oder die Mönche, die bei geistigen Gesprächen durch die Klostergänge schritten. Folgende Bewegungsformen eignen sich zur Verbindung von Lernen und Bewegung:

> Optimierung der Informationsverarbeitung
> - durch Bewegung Zustimmung oder Ablehnung signalisieren
> - beim Zuwerfen/Zurollen eines Balles etwas üben, einordnen o. Ä.
> - beim Gehen durch den Raum oder beim Wechseln der Plätze Aufgaben lösen
> (Müller, 2010a, S. 67–71)

Übergreifend sollte als Variante nach Möglichkeiten der Anwendung unterschiedlicher Arbeitshaltungen gesucht werden.

## Medienempfehlungen:

Beins, H. J. & Klee, T. (2020). *Bauen ist lustvolles Lernen!* (2. überarb. Aufl.) Basel, Dortmund: Borgmann.
Erkert, A. (2007). *Lernen mit Bewegungsspielen*. Freiburg: Herder.
Grüger, C. & Weyhe, S. (2007). *Kinder in Bewegung mit NaturMotorik*. Münster: Ökotopia.
Holm-Grünberg, B. (2014). *Warum die Wippe kippt? Das Naturgesetze-Forscher-Buch*. Freiburg, Basel, Wien: Herder.
Lensing-Conrady, R. (2015). *Mathe bewegt!* Dortmund: verlag modernes lernen.
Lorenz, J.H. (2015). *Kinder begreifen Mathematik* (2. Aufl.). Stuttgart: Kohlhammer.
Lück, G. (2018). *Handbuch der naturwissenschaftlichen Bildung in der Kita*. Freiburg: Herder.
Österreicher, H. & Prokopp, E. (2018). *Kinder wollen draußen sein. Natur entdecken, erleben und erforschen* (3. Aufl.). Hannover: Friedrich.
Tubes, G. (2016), *Spiele im Wald. 100 abwechslungsreiche Erlebnis- und Bewegungsideen für Grund- und Vorschulkinder* (2. erweit. Aufl.). Wiebelsheim: Quelle & Meyer.
Zimmer, R. (2019). *Handbuch Sprache und Bewegung*. Freiburg, Basel, Wien: Herder.

*Bewegtes Lernen in der Grundschule:*

Müller, Chr. (2003a). *Bewegtes Lernen in Ethik. Klassen 1 bis 4*. St. Augustin: Academia.
Müller, Chr. & Engemann, M. (2003b). *Bewegtes Lernen in Kunst. Klassen 1 bis 4*. St. Augustin: Academia.
Müller, Chr. (Hrsg.). (2006). *Gesamtausgabe Bewegtes Lernen Klasse 1 bis 4. Didaktisch-methodische Anregungen für die Fächer Mathematik, Deutsch und Sachunterricht*. (3. Aufl.). St. Augustin: Academia.
Müller, Chr. & Mende, J. (2009). *Bewegtes Lernen in Musik. Klassen 1 bis 4*. St. Augustin: Academia.
Müller, Chr., Ciecinski, A. & Schlöffel, R. (2016). *Bewegtes Lernen in Englisch. Anfangsunterricht in der Grundschule* (2. neu bearb. und erweit. Aufl.). St. Augustin: Academia.

## 2.2.1 Mathematische Bildung

Für die Lernbereiche zur mathematischen Bildung bzw. das Fach Mathematik wurden Gedanken zur Gestaltung als Querschnittsaufgabe sowohl innerhalb einer Bildungsinstitution am Beispiel des Kindergartens als auch entlang des Bildungsweges von der Krippe über den Kindergarten bis zu Hort und Schule bereits im Abschnitt 1.3 ausführlicher vorgestellt.

Bewegung kann als ein Schlüssel zur Einbeziehung von mathematischen Inhalten in den pädagogischen Alltag einer Kindertageseinrichtung angesehen werden (Sächsischer Bildungsplan, 2011, S. 134). Das gilt sowohl für die Ausprägung des Zahlenverständnisses als auch für das (Zu-)ordnen und Vergleichen von Mengen sowie die Entwicklung von geometrischen Vorstellungen. Die im Abschnitt 2.2 beschriebenen Zielstellungen können für den mathematischen Bildungsbereich wie folgt konkretisiert werden:

*Zusätzliche Informationszugänge über Bewegung:*

Über den Körper und seine Bewegung werden Zahlen, Formen und Längen wahrgenommen (s. 1.6 Figuren raten). Vorstellungen von Zahlen, Formen und Größen können gewonnen werden durch das Sortieren nach der Körpergröße (s. 2.7 Die sieben Zwerge), durch die Verbindung von Zahlen mit der Anzahl von Körperübungen (s. 2.9 Zahlen im Bienennest), durch die Zuordnung von Mengen zu Zahlen (s. 2.11 Freunde suchen) oder durch das Messen mit „Körpermaßen" (s. 2.16 Kaffeebohnen). Das Verständnis für den Zahlenraum kann durch das Bewegen auf einem Zahlenweg oder einer Zahlentreppe (s. 2.13 Zahlenweg) vorbereitet werden. Orientierungen im Raum werden angebahnt, in dem das Kind auf Aufforderungen mit Bewegungen in die entsprechenden Richtungen antwortet. Mathematische Zusammenhänge können in Alltagssituationen dargestellt (s. 4.6 Auf dem Markt) und Muster gelegt (s. Beispiel 5.6) sowie Rhythmen gestaltet (s. Beispiel 5.7) werden. Bei Ausflügen/Spaziergängen können z. B. geometrische Figuren (s. 6.2 Formen im Alltag) wiedererkannt werden

*Optimierung der Informationsverarbeitung:*

Durch abgesprochene Bewegungen können Zustimmung oder Ablehnung zu Aussagen mit mathematischen Inhalten signalisiert werden (s. 7.1. Richtig oder falsch?). Des Weiteren besteht die Möglichkeit, beim Zuwerfen eines Balles das Zählen zu üben (s. 8.1 Zahlenball) oder beim Gehen durch den Raum Aufgaben zu lösen (s. 9.1 Gefunden!).

**Zusätzlicher Informationszugang**

| *1 Ordnungen, Formen, Zahlen und Größen wahrnehmen* | |
|---|---|
| 1.1 Farben sortieren | 1.4 Stille Post |
| 1.2 Der Ball ist rund (und rollt)? | 1.5 Figuren raten |
| 1.3 Tastspiel | 1.6 Figurenlauf |
| *2. Vorstellungen von Ordnungen und Mengen, Zahlen, Formen und Größen erlangen* | |
| 2.1 Schätze sammeln | 2.11 Freunde suchen |
| 2.2 Spielzeug ordnen | 2.12 Treffer! |
| 2.3 Wer ist größer? | 2.13 Zahlenweg |
| 2.4 Du bist wie wir! | 2.14 Malfolgen hüpfen |
| 2.5 Orgelpfeifen | 2.15 Formen finden |

| | |
|---|---|
| 2.6 Platzwechsel | 2.16 Kaffeebohnen |
| 2.7 Die sieben Zwerge | 2.17 Knöpfe werfen |
| 2.8 Spiegelturnen | 2.18 Zeitspannen erfahren |
| 2.9 Zahlen im Bienennest | 2.19 Rundenzeiten |
| 2.10 Unser Körper | 2.20 Gewichte vergleichen |
| *3 Antworten über Bewegung mitteilen/ausdrücken* | |
| 3.1 Oben oder unten | 3.4 Teddybär, dreh dich um! |
| 3.2 Links oder rechts? | 3.5 Pappdeckelwelt |
| 3.3 Bewegungsaufgaben | |
| *4 Mathematische Zusammenhänge in Alltagssituationen darstellen und anwenden* | |
| 4.1 Ein Paar Strümpfe | 4.5 Zahlensuche |
| 4.2 Wie viel? | 4.6 Auf dem Markt |
| 4.3 Welcher Deckel passt? | 4.7 Übungsstunde im Sportverein |
| 4.4 Anziehpuppe | 4.8 Abzählreime |
| | 4.9 Taschenrechner |
| *5 Muster und Figuren formen und gestalten* | |
| 5.1 Magischer Kreis | 5.5 Mandala gestalten |
| 5.2 Um den Kreis | 5.6 Muster legen |
| 5.3 Formen mit dem Seil legen | 5.7 Rhythmus gestalten |
| 5.4 Figuren formen | 5.8 Fadenspiele |
| *6 Sich bei Ausflügen etwas erschließen* | |
| 6.1 Herbstrechnen | 6.3 Autos zählen |
| 6.2 Formen im Alltag | 6.4 Meilenlauf |

## Optimierung der Informationsverarbeitung

| | |
|---|---|
| *7 Durch Bewegung Zustimmung oder Ablehnung zu mathematischen Sachverhalten signalisieren* | |
| 7.1 Richtig oder falsch? | 7.2 Was stimmt nicht? |
| *8 Beim Zuwerfen eines Balles das Zählen üben* | |
| 8.1 Zahlenball | 8.2 Ballprobe |
| *9 Beim Gehen durch den Raum Aufgaben lösen* | |
| 9.1 Gegenstände zählen | 9.5 Von Platz zu Platz |
| 9.2 Klammern sortieren | 9.6 Kartenspiele |
| 9.3 Suchspiel | 9.7 Was gehört zusammen? |
| 9.4 Gefunden | |

*Zusätzlicher Informationszugang*

1 Ordnungen, Formen und Zahlen wahrnehmen

| Spielidee | Varianten |
|---|---|
| **1.1 Farben sortieren** (Krippe)<br>Die Erzieherin zeigt eine Farbe und eine Stelle im Raum. Durch Schieben oder Tragen sollen die Kinder z. B. alle gelben Gegenstände zur Tür transportieren. | ▪ mit Präpositionen arbeiten (z. B. unter den Tisch, auf den Stuhl, in den Karton)<br>▪ im Zimmer nach Gegenständen in einer Farbe suchen und diese in die Mitte legen<br>▪ einen „GELB-TAG" durchführen (Kleidung, Nahrung, Spielsachen u. a. sind gelb) |
| **1.2 Der Ball ist rund (und rollt)?** (Krippe)<br>Die Kinder sitzen mit gestreckten Beinen und rollen ihren Ball mit beiden Händen von den Oberschenkeln zu den Füßen und zurück. | ▪ im Stand den Ball von den Füßen bis zur Brust rollen<br>▪ unterschiedliche Bälle verwenden<br>▪ unterschiedliche Gegenstände rollen, deren Eigenschaften beim Rollen fühlen und vergleichen |
| **1.3 Tastspiel** (Krippe, Kiga)<br>Unter einem Tuch werden mehrere Gegenstände sortiert, z. B. nach der Form (runde/eckige Bauklötzer) oder nach der Länge (kurze/lange Stäbchen). Der Partner nimmt das Tuch weg und vergleicht. | ▪ je zwei gleiche Gegenstände finden und zeigen, z. B. die zwei runden/eckigen Bauklötzer (Krippe)<br>▪ im Liegen das Spiel durchführen<br>▪ mit den Füßen tasten<br>▪ ausgeschnittene Ziffern ertasten und die entspr. Zahlen nennen (Kiga) |
| **1.4 Stille Post** (Kiga)<br>Ein Partner gibt dem anderen durch Klopfen auf den Rücken eine Anzahl von 1 bis 4 an. Der Mitspieler nennt die Zahl. | ▪ die Zeichengebung variieren (tippen u. a.)<br>▪ die Anzahl durch eine Gruppe von mehreren Kindern weitergeben lassen<br>▪ den Zahlenraum erweitern<br>▪ die Ziffer auf den Rücken schreiben<br>▪ geometrische Formen mit dem Finger auf den Rücken zeichnen (Viereck, Kreis, Dreieck) |
| **1.5 Figuren raten\*** (Kiga, Hort)<br>Ein Partner schließt die Augen. Der andere legt mit dem Seil eine geometrische Figur der Ebene (Kreis, Dreieck, Viereck) und führt seinen Partner (ohne Schuhe) über das Seil. Er soll erfühlen, um welche Figur es sich handelt und dies dem Partner mitteilen. | ▪ andere Formen legen, z. B. Brezel, Herz, Blume<br>▪ Ziffern legen<br>▪ mit den Händen ertasten |
| **1.6 Figurenlauf\*** (Kiga, **Hort**)<br>Mit einem langen Seil/Tau wird eine Figur der Ebene gelegt, z. B. Viereck, Dreieck, Kreis. Die Kinder umlaufen die Form. | ▪ auf dem Seil balancieren, über das Seil springen<br>▪ neben dem Seil die Form mit einem Ball abrollen<br>▪ im Außengelände Figuren aufmalen und umlaufen<br>▪ spiegelsymmetrische Figuren beim Umlaufen mit Partner abstimmen (Hort) |

## 2 Vorstellungen von Ordnungen und Mengen, Zahlen, Formen und Größen erlangen

| Spielidee | Varianten |
|---|---|
| **2.1 Schätze sammeln** (Krippe)<br>Die Erzieherin zeigt eine Farbe (z. B. Gelb) und spricht: „In einem Königreich lebt ein König, der alles sammelte, was die Farbe Gelb hat. Er schickt seine Helfer (Kinder) aus, alles, was gelb ist, zu sammeln." | ■ König wird von einem Kind gespielt<br>■ Gegenstände nicht mit den Händen tragen<br>■ „Frösche" oder „Störche" in entsprechender Fortbewegungsart ausschicken (Schurzmann, 2009) |
| **2.2 Spielzeug ordnen** (Krippe)<br>Jedes Kind hat ein Spielzeug. Diese werden nach der Größe auf einer Linie abgelegt. | ■ nach Eigenschaften oder Funktionen auf verschiedene Haufen legen<br>■ nach Farben sortieren |
| **2.3 Wer ist größer?** (Krippe)<br>Mithilfe der Erzieherin sortieren sich die Kinder der Größe nach. Die älteren Kinder formulieren, dass sie größer bzw. kleiner sind als … | ■ mit Spiegeln arbeiten |
| **2.4 Du bist wie wir!*** (Kiga)<br>Nach Aufforderung des Spielleiters sortieren sich die Kinder, z. B. nach:<br>■ Jungen und Mädchen<br>■ hellen oder dunklen, kurzen oder langen Haaren<br>■ Farben, die in der Bekleidung überwiegen | ■ durch Probieren einen gleichgroßen Partner oder Partnerin finden<br>■ im Vorschulalter die entstandenen Mengen vergleichen und dies verbalisieren<br>■ im Freien mit längeren Laufwegen spielen |
| **2.5 Orgelpfeifen*** (Kiga)<br>Jeweils sechs Kinder finden sich zu einer Gruppe zusammen. Sie bestimmen einen Spielleiter, der sich mit dem Rücken zu seinen Mitspielern wendet. Die anderen Kinder stehen in Linie und tauschen beliebig oft ihre Plätze. Auf ein Signal dreht sich der Spielleiter um und ordnet alle nach der Größe. | ■ sich nach anderen Merkmalen sortieren (Haarfarbe u. a.)<br>■ im Bewegungsraum sich auf einer Langbank sortieren, ohne den Boden zu betreten |
| **2.6 Platzwechsel*** (Kiga)<br>Die Vorschulkinder bilden einen Kreis. Jeweils zwei erhalten die gleiche Zahl. Der Spielleiter steht in der Mitte und nennt eine Zahl. Die Kinder mit dieser Zahl müssen schnell die Plätze tauschen. Der Spielleiter versucht aber auch, einen freien Platz zu erwischen.<br>Wer übrig bleibt, ist der neue Spielleiter. | ■ die Zahl klatschen, stampfen, schnipsen u. a.<br>■ die Zahl mit den Fingern zeigen<br>■ im Kreis sitzen oder liegen<br>■ die Fortbewegung ändern (hüpfen, kriechen)<br>■ im Freien/im Sportraum die Laufwege vergrößern |
| **2.7 Die sieben Zwerge*** (Kiga, Hort)<br>Jeweils sieben Kinder bilden eine Gruppe. Zunächst stellen sich zwei Kinder nebeneinander. Die anderen vergleichen beide der Größe nach, z. B. „Peter ist größer als … aber kleiner als …".<br>Wer ist der kleinste bzw. der größte Zwerg? Wer ist die kleinste Zwergendame bzw. der kleinste Zwergenherr? | ■ ohne zu sprechen<br>■ mit geschlossenen Augen<br>■ evtl. nachmessen (Unterstützung durch die Erzieherin) |

| Spielidee | Varianten |
|---|---|
| **2.8 Spiegelturnen** (Kiga, Hort)<br>Zwei Kinder stehen sich gegenüber. Einer zeigt die Anzahl einer Bewegung (z. B. hüpfen). Der Partner nennt die Zahl und macht die Bewegung nach. Dann wird gewechselt. | ■ Bewegung verändern, z. B. Drehungen, Armschwünge, Einbeinsprünge<br>■ Zahlenraum erweitern<br>■ Schattenlauf: Im Freien oder im Sportraum läuft ein Partner eine (geometrische) Figur vor, der andere folgt ihm und benennt die Form (Kreis, Brezel, Herz u. a.) |
| **2.9 Zahlen im Bienennest\*** (Kiga, Hort)<br>Jeweils vier bis sechs Kinder bilden einen Kreis und erhalten einen (Schaumstoff-)Würfel. Ein Kind beginnt zu würfeln. Die Augenzahl gibt an, wie oft eine vorher abgesprochene Übung ausgeführt werden soll. | ■ Bewegungsaufgabe durch das würfelnde Kind verändern lassen<br>■ die Zahl klatschen, schnipsen oder mit den Fingern zeigen<br>■ im Freien/Sportraum eine entsprechende Anzahl von Runden um ein abgestecktes Feld laufen<br>■ mit zwei Würfel Mathematikaufgaben lösen (Hort) |
| **2.10 Unser Körper\*** (Kiga, Hort)<br>Die Kinder betrachten genau ihren eigenen Körper oder den eines Partners. Sie versuchen, alle Körperteile zu finden, die ein-, zwei-, fünf- oder zehnmal vorhanden sind. Mit den benannten Körperteilen werden Bewegungen ausgeführt. | ■ die Kleidung betrachten (z. B. Knöpfe) und die jeweils von der Kleidung bedeckten Körperteile kräftig schütteln |
| **2.11 Freunde suchen\*** (Kiga, Hort)<br>Die Kinder bewegen sich frei im Raum. Der Spielleiter nennt oder erwürfelt eine Zahl. Auf den Ruf „Vier!" fassen sich vier Freunde gemeinsam an usw. Der Spielleiter kontrolliert gemeinsam mit den Kindern, ob die Anzahl stimmt, z. B. durch lautes Zählen, Mengenvergleich. | ■ mit entspr. vielen Körperteilen den Boden berühren<br>■ gemeinsam mit den Armen eine geometrische Figur bilden<br>■ die Zahl klatschen, schnipsen, zeigen (Finger)<br>■ Fortbewegungsart variieren<br>■ im Freien oder im Sportraum sich an bestimmten Gegenständen (Baum) oder Geräten treffen |
| **2.12. Treffer!** (Kiga, Hort)<br>Bohnensäckchen o. Ä. werden in ein Kästchen auf eine aufgezeichnete Fläche mit Zahlenfeldern oder Würfelbildern geworfen und die Kinder nennen die getroffene Zahl.<br>Die Hortkinder werfen/schießen mit einem Schaumstoffwürfel auf ein leeres Tor (liegenden Reifen/markiertes Feld) und zählen die Anzahl der Augen des dann liegenden Würfels. (Suhr, 2009, S. 98) | ■ mit Murmeln rollen<br>■ Abstand und Wurfgerät verändern, beidseitig werfen<br>■ Ausgangsstellung variieren (Hock-, Kniestand,)<br>■ eine vom Spielleiter genannte Zahl treffen<br>■ mit einem Schaumstoffwürfel in eine Zone mit Faktor werfen und mit Augenzahl multiplizieren (Hort)<br>■ Augenzahlen jeweils addieren/mit einer abgesprochenen Zahl multiplizieren, beim nächsten Durchgang sein eigenes Produkt überbieten<br>■ Zielschießen in markierte Felder (s. oben) |

| Spielidee | Varianten |
|---|---|
| **2.13 Zahlenweg** (Kiga, Hort)<br>Aus den Ziffern des bekannten Zahlenraumes wird ein Weg gelegt/aufgeklebt. Die Kinder gehen den Weg ab und nennen die Zahl. (Herrmann, 2006, S. 226)<br><br>Hort: Zahlentreppe<br>(auch rückwärts oder nur auf gerade oder ungerade Zahlen hüpfen, Aufgaben lösen) | ▪ auf beiden oder einem Bein den Weg abhüpfen<br>▪ die jeweilige Zahl klatschen, schnipsen u. a.<br>▪ über die Ziffern seitwärts springen<br>▪ als Paar, ein Kind nennt (würfelt, kegelt) eine Zahl, das andere stellt sich auf die entsprechende Stelle<br>▪ in Gruppenarbeit auf das Zahlenfeld eine entspr. Menge von Gegenständen legen, im Freien auch Naturmaterialien (z. B. Steine) |
| **2.14 Malfolgen hüpfen** (Hort)<br>Ein Kind hüpft im Gang oder Außengelände gleichmäßig am Ort/in der Vorwärtsbewegung und sagt dabei die zu übende Malfolge auf. Der Partner kontrolliert. | ▪ Seilspringen<br>▪ Ball hochwerfen und auffangen oder sich zuspielen<br>▪ Ball auftippen und fangen bzw. prellen<br>▪ eine Treppe hochsteigen |
| **2.15 Formen finden** (Kiga, Hort)<br>Viele Karten mit Formen (Kreis, Dreieck, Viereck) in unterschiedlichen Farben sind im Raum verteilt. Nach Aufforderung sammeln die Kinder bestimmte Formen/Farben ein, z. B. alle Dreiecke, alle roten Formen | ▪ auch mit Zahlen<br>▪ sich nur an die entsprechende Form stellen<br>▪ Fortbewegungsart verändern (hüpfen, kriechen u. a.)<br>▪ Formen auf Fensterfolie zeichnen und anbringen, sich bei Sonnenschein auf den entsprechenden Schatten (bildet sich auf dem Boden ab) stellen |
| **2.16 Kaffeebohnen*** (Kiga, Hort)<br>Kinder im Vorschulalter messen mit Fußlängen (Kaffeebohnen) Gegenstände (Länge, Breite des Tisches o. Ä.) oder Entfernungen (Abstand zwischen zwei Tischen u. Ä.) aus und vergleichen. | ▪ mit Schrittlängen, Handspannen, Handbreiten, Ellen messen<br>▪ Partnerarbeit<br>▪ im Freien mit Schritten oder mit der Reichweite der ausgebreiteten Arme messen (Hort)<br>▪ einen Faden, so lang wie die eigene Körperhöhe, anfertigen und damit Entfernungen messen<br>▪ Höhen ermitteln (von einem selbst gebauten Turm) |
| **2.17 Knöpfe werfen** (Kiga, Hort)<br>Aus 3 bis 4 Meter Entfernung werden Knöpfe/ Pappdeckel gegen die Wand geworfen. Wessen Knopf liegt am nächsten an der Wand? Gemessen wird mit Handspannen, Daumendicken o. a. | ▪ Entfernung und Wurfgeräte variieren<br>▪ Abstand zu einer bestimmten Markierung messen<br>▪ mit Lineal oder Maßband ausmessen (Hort) |
| **2.18 Zeitspannen erfahren*** (Kiga, Hort)<br>Eine Minute lang sitzen, im Ballenstand stehen, springen, tanzen u. Ä. (Ende der Minute selbst einschätzen)<br>Vorschul-/Hortkinder wandern vom Eingangstor aus jeweils 5 Minuten nacheinander in alle vier Himmelsrichtungen (Krüger, 2008). | ▪ Zeitspannen verändern und vergleichen<br>▪ im Freien/Sportraum mehrere Minuten lang laufen<br>▪ vor Beginn schätzen, wie weit sie in 5 Minuten kommen werden<br>▪ Strecken auf einem Stadtplan markieren |

| Spielidee | Varianten |
|---|---|
| **2.19 Rundenzeiten** (Hort)<br>Paarweise oder in Gruppen werden auf einem Kurs mit Roll- und Fahrgeräten Rundenzeiten ermittelt und notiert. | ▪ seine eigene Rundenzeit verbessern<br>▪ Erwartungshaltung formulieren<br>▪ die Zeiten der Gruppe/des Paares addieren<br>▪ Runde durch Hindernisse zur Slalomstrecke ändern<br>▪ Welches Gerät erreicht die schnellste Zeit? |
| **2.20 Gewichte vergleichen** (Kiga, Hort)<br>Die Kinder nehmen Gegenstände in die linke und rechte Hand und vergleichen. Was ist schwerer, was ist leichter?<br>Hortkinder vergleichen mehrere Gegenstände durch Schätzen, Wägen mit den Händen, Wiegen mit Küchen- oder Personenwaage. | ▪ Ergebnis prüfen mit einer Waage aus einem Kleiderbügel, an dessen Enden die Gegenstände aufgehängt werden.<br>▪ Wer ist leichter? (an Wippe vergleichen)<br>▪ Gegenstände in Reihenfolge sortieren, z. B. Ranzen<br>▪ Gegenstände mit etwa dem gleichen Gewicht finden |

### 3 Antworten über Bewegung mitteilen/ausdrücken

| Spielidee | Varianten |
|---|---|
| **3.1 Oben oder unten** (Krippe)<br>Nach Aufforderung der Erzieherin sitzen die Kinder auf ihrem Stuhl oder liegen darunter. | ▪ daneben, vor, hinter den Stuhl sitzen/stehen/etwas legen |
| **3.2 Links oder rechts?*** (Kiga)<br>Die Kinder gehen frei im Raum. Vom Spielleiter erhalten sie nacheinander verschiedene Aufgaben, z. B.:<br>▪ „Winke mit der rechten Hand!"<br>▪ „Zeige dein linkes Ohr!"<br>▪ „Lege deine rechte Hand auf das linke Ohr und versuche, den Kopf nach rechts zu ziehen!"<br>▪ „Fasse dein rechtes Fußgelenk mit der rechten Hand und ziehe die Ferse an den Po." | ▪ Partnerarbeit, Gruppenarbeit<br>▪ Aufgabe in einer Fremdsprache stellen |
| **3.3 Bewegungsaufgaben** (Kiga)<br>Alle stehen hinter ihren Stühlen. Es werden folgende Bewegungsaufgaben gestellt, z. B.:<br>▪ „Stelle dich links neben den Tisch!"<br>▪ „Hocke dich unter den Tisch!"<br>▪ „Stelle dich rechts vor den Stuhl!"<br>▪ „Setze dich auf den Stuhl!"<br>▪ „Gehe eine Runde nach links um den Stuhl!" | ▪ Partnerarbeit (Ein Partner nennt die Bewegungsaufgaben und kontrolliert die richtige Ausführung.)<br>▪ als Spiel ähnlich „Ein Schiff geht unter, rette sich wer kann ..."<br>▪ im Sportraum Geräte einbeziehen<br>▪ im Freien zu einem Gegenstand (z. B. Reifen) laufen, der am weitesten/nächsten entfernt liegt<br>▪ Bewegungsaufgaben in einer Fremdsprache stellen |

| Spielidee | Varianten |
|---|---|
| **3.4 Teddybär, dreh dich um!\*** (**Kiga**, Hort)<br>Vier bis fünf Kinder bilden einen Kreis. Alle singen im Sprechgesang das Lied und führen die genannten Bewegungen aus. Auf die Frage nach dem Alter turnt ein Kind eine vorher festgelegte Übung (z. B. „Hampelmann", Sprünge am Ort, Drehungen) entsprechend oft. Die anderen zählen das Alter des Bären. | Teddybär, Teddybär, dreh dich um.<br>Teddybär, Teddybär, mach dich krumm.<br>Teddybär, Teddybär, zeig deinen Fuß.<br>Teddybär, Teddybär, mach einen Gruß.<br>Teddybär, Teddybär, wie alt bist du?<br>(Woll et al., 1988, S. 35) |
| **3.5 Pappdeckelwelt** (**Kiga**, Hort)<br>Es werden viele Pappdeckel verteilt. Während die Musik spielt, bewegen sich die Kinder rücksichtsvoll um die Pappdeckel, ohne diese zu berühren. Vom Spielleiter gestellte Aufgaben werden bei Musikstopp ausgeführt, z. B.:<br>■ den Pappdeckel mit einer Hand/beiden Händen berühren<br>■ sich auf den Pappdeckel mit beiden Füßen/einem Fuß stellen<br>■ den Pappdeckel mit drei Fingern berühren usw.<br>Der Spielleiter kontrolliert, ob die Aufgaben richtig ausgeführt wurden. | ■ rechts oder links vorgeben<br>■ Fortbewegungsart verändern (Kriechen, Hüpfen u. a.)<br>■ im Sportraum oder im Freien den Bewegungsraum vergrößern (Hubalek, 2007, S. 20)<br>■ im Freien z. B. auch kleine Steine verwenden |

## 4 Mathematische Zusammenhänge in Alltagssituationen darstellen und anwenden

| Spielidee | Variante |
|---|---|
| **4.1 Ein Paar Strümpfe** (Krippe)<br>Von einem Strumpfpaar wird jeweils einer auf einen „Strümpfehaufen" gelegt, den zweiten erhalten die Kinder. Sie sollen nun versuchen, den passenden Strumpf zu finden. (Krippner, 2010) | ■ sprachlich begleiten („Ich habe jetzt zwei blaue Strümpfe.") |
| **4.2 Wie viel?** (Krippe)<br>Die Kinder begeben sich auf die Suche nach Mengen in der Kindertageseinrichtung. Welche Gegenstände gibt es einmal und welche zweimal? | ■ Wovon gibt es viele?<br>■ schwere und leichte Gegenstände entdecken, große und kleine |
| **4.3 Welcher Deckel passt?** (Krippe)<br>Kartons/Dosen sowie die jeweiligen Deckel liegen verstreut im Raum. Jedes Kind holt sich einen Deckel und sucht den passenden Karton bzw. die entsprechende Dose. | ■ mit den Kartons und Dosen eine Pyramide bauen (Grüger & Endres, 2007, S. 81) |
| **4.4 Anziehpuppe** (Krippe)<br>Vorbereitend wird menschliche Silhouette aufgezeichnet (z. B. auf Packpapier). Die „Anziehpuppe" soll angekleidet werden. Dabei werden die Kleidungsstücke benannt und unterschieden, ob jeweils eines oder zwei benötigt werden. | ■ Körperteile benennen |

| Spielidee | Variante |
|---|---|
| **4.5 Zahlensuche** (Kiga)<br>Die Kinder begeben sich auf Zahlensuche im Kindergarten. Wo sind überall Zahlen zu finden? Welche? Wer findet die größte – die kleinste? | ▪ eine bestimmte Ziffer suchen, z. B. Ziffern aus dem aktuellen Datum des Adventskalenders<br>▪ Zahlenrallye beim Spaziergang<br>▪ Ergebnisse sprachlich formulieren, auch in einer Fremdsprache |
| **4.6 Umfüllen** (Kiga, Hort)<br>Alle haben ein Gefäß mit z. B. Bohnen oder Wasser und füllen den Inhalt in verschieden große Gefäße um. | ▪ Das Spiel endet beim Anfangsgerät. Die Kinder erkennen, dass sie die gesamte Zeit mit dieser Menge gespielt haben. (Bach, 2009) |
| **4.7 Auf dem Markt** (Kiga, Hort)<br>Kleingruppen überlegen sich, was sie auf einem Markt verkaufen könnten. Mit den Gegenständen bauen sie sich einen Marktstand auf. Ein Kind spielt den Verkäufer, die anderen kaufen ein, z. B. drei rote oder zwei runde Bausteine. Rollentausch | ▪ zu den Marktständen der anderen Gruppen gehen<br>▪ Applikationen einsetzen, z. B. Obst- oder Gemüsesorten und mit Spielgeld bezahlen<br>▪ Naturmaterialien sammeln und einbeziehen, z. B. Eicheln, Kastanien<br>▪ Verkaufssituation in einer Fremdsprache spielen<br>▪ einen Markt besuchen (Hort) |
| **4.8 Übungsstunde im Sportverein** (Kiga, Hort)<br>Zur Einleitung einer Übungsstunde werden gymnastische Übungen geturnt. Einführend stellt die Erzieherin Übungen und die zu turnende Anzahl vor, z. B. fünf Armschwünge, drei Sprünge, zwei Drehungen. Die Kinder führen die Übungen aus. | ▪ Arbeit in Kleingruppen<br>▪ nach anderen Übungen suchen<br>▪ evtl. Alltagsmaterialen (s. Spiele zur Auflockerung) oder Kleingeräte (Sportraum) einbeziehen |
| **4.9 Abzählreime** (Kiga, Hort)<br>Mit Abzählreimen wird ermittelt, wer beginnt. Nach dem Abzählen sollte ein Bewegungsspiel angeschlossen werden, z. B. ein Versteck- oder Haschspiel. (Alle Abzählreime sind als Volksgut überliefert, teilweise abgedruckt oder im Internet zu finden.)<br>1, 2, 3,<br>du bist frei.<br>Frei bist du noch lange nicht,<br>sag mir erst, wie alt du bist! | 1, 2, 3, 4, 5 –<br>der Storch hat keine Strümpf.<br>Der Frosch hat kein Haus<br>und du musst raus!<br><br>1, 2, 3, 4 – jetzt spielen wir.<br>5, 6, 7, 8 – hast du das gedacht.<br>9 und 10 – und du musst geh'n. |
| **4.10 Wie weit?** (Kiga, Hort)<br>Unterschiedliche Bälle werden von den Kindern weggerollt. Die Entfernung wird mit Schritten/Kaffeebohnen oder Maßband gemessen. | ▪ Wegrollen aus dem Grätschstand, Hockstand u. a.<br>▪ den Ball mit den Füßen anstoßen (Bach, 2009) |
| **4.11 Taschenrechner** (Hort)<br>Teppichfliesen (mit den Ziffern 0 bis 9 und Rechenzeichen) werden in der Anordnung wie auf Taschenrechnern ausgelegt. Ein Kind nennt eine Ziffer, der Partner hüpft auf das Feld. (Suhr, 2009, S. 95) | ▪ Taschenrechner mit Kreide auf dem Schulhof aufzeichnen<br>▪ Rechenaufgaben abhüpfen<br>▪ Ergebnis mit einem Taschenrechner überprüfen |

## 5 Muster und Figuren formen und gestalten

| Spielidee | Varianten |
|---|---|
| **5.1 Magischer Kreis** (Krippe) Die Kinder bilden einen Kreis mit Handfassung an einer zusammengeknoteten Gummischnur (Zauberschnur). Die Erzieherin erklärt, dass dies ein Kreis sei, der ganz rund ist. Der Kreis soll nun vergrößert (Schritt nach außen) bzw. verkleinert werden. | ■ im Kreis die Arme nach oben und unten bewegen<br>■ nur mit der rechten/linken Hand die Schnur fassen und im Kreis gehen<br>■ den Kreis schön rund auf den Boden legen und aus dem Kreis heraussteigen/springen |
| **5.2 Um den Kreis** (Krippe) Mit Springseilen legt die Erzieherin Kreise und andere Formen. Jedes Kind soll seine Form umgehen, ohne das Seil zu berühren. | ■ andere Fortbewegungsart (z. B. kriechen, laufen)<br>■ Plätze wechseln und dadurch eine andere Form umgehen/umrunden<br>■ im Freien die Formen aufzeichnen |
| **5.3 Formen mit dem Seil legen** (Krippe) Die Erzieherin legt eine einfache Figur mit dem Seil (z. B. Dreieck, Kreis) und benennt diese. Die Kinder balancieren auf dem Seil entlang und gehen somit die Figur ab. Sie haben dabei keine Schuhe an. (Hönig, 2010) | ■ Die Kinder legen eigene Figuren.<br>■ Mit verschieden langen Seilen können zwei gleiche Formen in unterschiedlicher Größe gelegt werden.<br>■ Für jüngere Kinder: Form legen, Form und Farbe des Seils benennen, einen Gegenstand in der gleichen Farbe holen. |
| **5.4 Figuren formen*** (Kiga) Nach einem Lied, nach Musik oder einem Klanginstrument gehen alle frei im Raum. Der Spielleiter stoppt nach einer Weile und sagt „Kreis", „Dreieck" oder „Viereck". Jeweils zwei Kinder finden sich zusammen und bilden mit ihren Armen die entsprechende Figur. Anschließend gehen sie weiter. | Dreieck   Kreis<br>Viereck<br>■ Figuren mit den Körpern formen<br>■ ein langes Seil/Tau gemeinsam in eine entsprechende Figur ziehen |
| **5.5 Mandala gestalten** (Kiga) Kreis mit Sektoren aufzeichnen: Ein Spieler legt in einem Sektor einen Gegenstand ab. Der nächste Mitspieler platziert den gleichen Gegenstand spiegelbildlich. (modif. nach Dinter, 2013, S. 267) | ■ zu Beginn wenige unterschiedliche Materialien/Formen/Farben einbringen, später erweitern<br>■ Alltags- oder Naturmaterialien einbeziehen<br>■ in ein Projekt einbinden |
| **5.6 Muster legen** (Kiga) In Kleingruppen werden auf dem Boden großflächig geometrische Muster (mit Bausteinen, Knöpfen, Legeplättchen, farbigen Pappdeckel) entspr. einer Vorgabe nachgelegt. | ■ Musterreihen fortsetzen,<br>■ eigene Muster (er-)finden<br>■ Fehler in Musterreihen finden<br>■ auf Gehwegplatten Muster springen (Lorenz, 2015) |
| **5.7 Rhythmen gestalten** (Kiga, Hort) Die Kinder zählen und klatschen zu vorgegebenen Rhythmen, z. B. 1, 2, 3 oder 1, 2, 3, – Pause 1, 2, 3 und 4 oder 1 und 2, 3 und 4 | ■ laut oder leise zählen und klatschen<br>■ stampfen (links oder rechts), Arme schwingen, Arme oder Beine ausschütteln, mit den Armen winken<br>■ sich mit Schritten fortbewegen (vor, seit, rück)<br>■ auf Zählzeiten 1 bis 8 erweitern |

| Spielidee | Varianten |
|---|---|
| **5.8 Fadenspiele*** (Hort)<br>Immer zwei Schüler haben die Aufgabe, eine geometrische Figur darzustellen, indem sie einen Gummi entsprechend mit ihren Händen aufspannen. | ■ Ein Kind nimmt entsprechend der bekannten Fadenspiele mit den Händen Fäden auf, lässt einzelne fallen usw. Der Partner sucht in den entstandenen Formen geometrische Figuren.<br>■ Fadenspiele zu zweit (Müller et al., 2006, Klasse 2) |

## 6 Sich bei Ausflügen etwas erschließen

| Spielidee | Varianten |
|---|---|
| **6.1 Herbstrechnen** (Kiga)<br>Während eines Herbstspazierganges werden Früchte oder Blätter entsprechend gestellter Aufgaben gesammelt, z. B. „Sammelt 3+5 Kastanien!" | ■ gesammelte Blätter vergleichen: „Welches ist größer oder kleiner?"<br>■ Kastanien auf mehrere Haufen verteilen: „Wo ist die größte Menge?"<br>■ im Frühling/Sommer mit Steinchen o. Ä. spielen |
| **6.2 Formen im Alltag** (Kita, Hort)<br>Zuerst in der Kita – später bei Spaziergängen – werden bekannte Formen (Kreis, Viereck, Dreieck) an Möbeln bzw. an Gebäuden, an Fahrzeugen, an Verkehrszeichen u. a. wiedererkannt. | ■ mit den geometrischen Figuren der Ebene und des Raumes vergleichen<br>■ die Lage beschreiben (Oben am Haus ist ein Dreieck.)<br>■ nach Zahlen suchen |
| **6.3 Autos zählen** (Hort)<br>Kleingruppen verteilen sich an einer sicheren Stelle mit Blick auf eine Straße. Sie zählen 10 Minuten lang vorher festgelegte Fahrzeugarten (PKW, LKW, Fahrrad, Motorrad usw.) und halten ihr Ergebnis fest. | ■ je nach Klassenstufe die einzelnen Summen, die Gesamtsumme, die Anzahl im Durchschnitt pro Minute u. Ä. berechnen<br>■ einen Spaziergang durch den Park verbinden mit dem Zählen von Kreuzungen, gesehenen Bäumen/Schildern u. a., durchschnittliches Vorkommen pro Meter berechnen |
| **6.4 Meilenlauf*** (Hort)<br>Die Kinder laufen eine vorher abgemessene Meile (englische Meile: 1,61 km; Seemeile: 1,85 km) auf einer möglichst geraden und einsehbaren Strecke. Nach einem Kilometer legen sie eine kurze Pause ein und vergleichen die absolvierte und die noch zu laufende Strecke. | ■ nach einem Kilometer umkehren und die „Reststrecke" zurücklaufen |

*Optimierung der Informationsverarbeitung*

**7 Durch Bewegung Zustimmung oder Ablehnung zu mathematischen Sachverhalten signalisieren**

| Spielidee | Varianten |
| --- | --- |
| **7.1 Richtig oder falsch?** (Kiga, Hort)<br>Der Spielleiter nennt Aussagen zu mathematischen Sachverhalten. Die Kinder bewegen sich durch den Raum. Bei falschen Aussagen gehen sie in den Hockstand o. Ä. Beispiele:<br>■ Ich zeige euch vier Finger.<br>■ Ein Dreieck hat vier Ecken.<br>■ Auf dem Bild seht ihr drei Hunde. | ■ als Partnerspiel<br>■ Bewegungen für Zustimmung und Ablehnung ändern<br>■ für Hortkinder die Aussagen erschweren, z. B. Rechenaufgaben |
| **7.2 Was stimmt nicht?** (Kiga, Hort)<br>Die Erzieherin erzählt eine Geschichte, in der Zahlen, Formen, Lagebeziehungen vorkommen. Die Kinder gehen durch den Raum. Bei Fehlern winken sie ab. | Beispiel: Die sieben Zwerge<br>... an dem Tisch stehen sechs Stühle. Auf dem Tisch sind sieben eckige Teller. Rechts vom Teller liegt die Gabel, links das Messer ...<br>■ Bewegungen ändern<br>■ für Hortkinder inhaltlich modifizieren |

**8 Beim Zuwerfen eines Balles das Zählen üben**

| Spielidee | Varianten |
| --- | --- |
| **8.1 Zahlenball** (Kiga, Hort)<br>In Paaren oder Kleingruppen werfen sich die Kinder einen Softball (Wollknäuel, Knüllpapierball o. Ä.) zu und zählen dabei im bekannten Zahlenraum.<br>Hort: Malfolgen aufsagen, Aufgaben und Lösungen nennen. | ■ Ball mit dem Fuß zurollen oder zukicken<br>■ eine Zahl mit den Fingern zeigen oder würfeln, dann beim Zuwerfen bis/ab dieser Zahl zählen<br>■ Ziffernkarten hochhalten<br>■ evtl. rückwärts zählen |
| **8.2 Ballprobe** (Kiga, Hort)<br>Die Vorschüler werfen den Ball gegen eine Wand und fangen ihn wieder. Wie oft gelingt dies, ohne dass der Ball den Boden berührt? | ■ im Stand, in der Hocke, im Sitzen üben<br>■ während der Ball fliegt – klatschen oder sich drehen (Wie oft gelingt dies?)<br>■ beim Fehlen einer geeigneten Wand mit einem Partner spielen |

**9 Beim Gehen durch den Raum Aufgaben lösen**

| Spielidee | Varianten |
| --- | --- |
| **9.1 Gegenstände zählen** (Krippe)<br>Die Gruppe geht gemeinsam durch den Raum und benennt dabei mit Unterstützung der Erzieherin Gegenstände, z. B. zwei Fenster, eine Tür, zwei Schränke, viele Stühle. | ■ Gegenstände bei Tätigkeiten im Tagesablauf zählen, z. B. beim Tisch decken |
| **9.2 Klammern sortieren** (Krippe)<br>Viele Klammern liegen im Raum verstreut. Diese sollen von den Kindern in die passenden farblichen Kartons sortiert werden. | ■ Die jüngeren Kinder sortieren zuerst Klammern in einer Farbe in den entsprechenden Karton. |

## 2.2 Bewegte Lernsituationen in Bildungsbereichen

| Spielidee | Varianten |
|---|---|
| **9.3 Suchspiel** (Krippe, Kiga)<br>Farbige Merkmalsplättchen liegen auf dem Boden. Die Kinder kriechen/gehen um die Plättchen herum. Nach der Aufforderung der Erzieherin setzen sie sich neben ein grünes Plättchen, einen roten Kreis usw. | ■ bei jüngeren Kindern nur mit einer Aufgabe arbeiten |
| **9.4 Gefunden*** (**Kiga**, Hort)<br>Jedes Kind besitzt eine farbige geometrische Figur, z. B. ein gelbes Viereck, einen roten Kreis, ein grünes Dreieck. Alle bewegen sich frei im Raum. Ruft der Spielleiter: „Alle roten Figuren treffen sich!", bilden die Kinder mit roten Kreisen, Dreiecken und Vierecken einen Kreis. Sie tanzen eine Runde gemeinsam und gehen anschließend wie die übrigen Kinder wieder frei umher. | ■ Partnerspiel: Jeder sucht sich einen Partner, um z. B. seine rote Figur gegen eine blaue zu tauschen.<br>■ Suchspiel: Alle Figuren liegen auf dem Boden. Wer findet das grüne Dreieck?<br>■ Mannschaftsspiel im Freien: Die Kinder mit den Dreiecken fangen die Mitspieler mit den Vierecken und Kreisen. |
| **9.5 Von Platz zu Platz** (Kiga, **Hort**)<br>An unterschiedlichen Stellen des Raumes (Treppen, Flure) werden Stationen aufgebaut, die zur Auseinandersetzung mit mathematischen Inhalten anregen. Die Kinder suchen sich einen Partner und einen freien Platz. Sie erfüllen die Aufgabe, zeigen das Ergebnis der Erzieherin und lösen anschließend die Ordnung wieder auf. | Beispiele für Stationen:<br>■ Muster legen<br>■ Stäbchen nach der Länge ordnen<br>■ Gegenstände nach dem Gewicht sortieren<br>■ Formen ordnen<br>■ Mengen vergleichen und halbieren<br>■ Würfelbilder erkennen und entsprechende Mengen zuordnen<br>■ Fotos (z. B. zum Tagesablauf) in die richtige Abfolge legen |
| **9.6 Kartenspiele** (Kiga, Hort)<br>Spiele wie Quartett, Uno, Domino, Puzzle u. a. werden mit Laufen verbunden. Der erste des Teams läuft zur Box und kommt mit einer Karte zurück, dann ist der nächste Spieler dran. | ■ als Wettbewerb |
| **9.7 Was gehört zusammen?** (Hort)<br>Jedes Kind erhält eine Aufgabenkarte und wählt aus den im Zimmer verteilten Ergebniskarten die richtige aus. Beide Teile werden der Erzieherin gezeigt. Dann wird die Ergebniskarte wieder im Raum abgelegt und das Kind bekommt eine neue Aufgabenkarte. | ■ zum Ergebnis die passende Aufgabe suchen<br>■ Schreib- zu Druckbuchstaben oder Groß- zu Kleinbuchstaben zuordnen<br>■ Postkartenhälften komplettieren<br>■ die Ergebnisse im Außengelände suchen (mit Kreide aufgeschrieben, mit Farbe auf kleinen Steinen o. Ä.) |

## 2.2.2 Kommunikative Bildung

Im Sächsischen Bildungsplan (2011, S. 84), Abschnitt kommunikative Bildung, ist zu lesen, dass das Sprechen „zuallererst körperlich erlernt werden muss" – gemeint sind Muskel-, Atmungs- und sprechmotorische Regulation, aber auch die Unterstützung durch Bewegungsspiele. Dies trifft auf alle im Bildungsplan für die kommunikative Bildung ausgewiesenen Inhaltsbereiche zu (nonverbale Kommunikation, Sprache, Schrift und Medien).

Die eingangs zu dem im Abschnitt 2.2 Bewegte Lernsituationen in Bildungsbereichen beschriebenen Zielstellungen können für den kommunikativen Bildungsbereich wie folgt konkretisiert werden:

*Zusätzliche Informationszugänge über Bewegung*

Über den Körper und seine Bewegung werden Laute wahrgenommen und Schwünge empfunden (s. 1.6 Schwünge). Das Begreifen der Sprache wird unterstützt, indem z. B. Tätigkeiten genannt und über Bewegung realisiert werden (s. 2.3 Tu es!) oder Gedichte dargestellt werden (s. 2.5 Gedichte darstellen). Die nonverbale Ausdrucksweise ist unmittelbar mit Gestik, Mimik und Bewegungshandlungen verbunden (s. 3.4 Pantomime). Das Darstellen von Alltagssituationen lässt sich gut mit Ganzkörperbewegungen verbinden (s. 4.3 Was machst du heute?). Der Gruppenraum kann in einen großen Wald umgestaltet werden und die Schüler bewegen sich wie Waldtiere (s. 5.3 Fantasielandschaft). Bei Ausflügen/Spaziergängen können zusätzliche Bewegungsaktivitäten einbezogen werden (s. 6.2 Bewegungsaufgaben).

*Optimierung der Informationsverarbeitung*

Durch abgesprochene Bewegungen können Zustimmung oder Ablehnung zu Aussagen oder sprachlichen Fakten signalisiert werden (s. 7.1 Reimwörter). Es besteht die Möglichkeit beim Zuwerfen eines Balles (s. 8.1 Wörterball) Wortmaterial zu bilden oder zu ordnen. Beim Gehen durch den Raum kann Sprachmaterial gesucht oder sortiert werden (s. 9.3 Märchenbildsuche).

**Zusätzlicher Informationszugang**

| *1 Atmung und Laute wahrnehmen, Rhythmen und Schwünge empfinden* | |
|---|---|
| 1.1 Papierbälle pusten | 1.6 Schwünge |
| 1.2 Staubsauger | 1.7 Auf einer Acht |
| 1.3 Rhythmen spüren | 1.8 Bändertanz |
| 1.4 Sprachrhythmen empfinden | 1.9 Stille Fernpost |
| 1.5 Hörst du mich? | 1.10 Schreiben – einmal anders |
| *2 Sprache über Bewegung begreifen* | |
| 2.1 Ich möchte gern … | 2.6 Wirbelwind |
| 2.2 Wie lang? | 2.7 Buchstabenlauf |
| 2.3 Tu es! | 2.8 Worthüpfen |
| 2.4 Vollende! | 2.9 Gegensätze |
| 2 5 Gedichte darstellen | |
| *3 Nonverbal etwas ausdrücken und mitteilen* | |
| 3.1 Tätigkeiten pantomimisch darstellen | 3.5 Was tu ich? |

| 3.2 Komm zu mir! | 3.6 Märchenspiel |
|---|---|
| 3.3 Weg der Gesichter | 3.7 Ohne Worte! |
| 3.4 Pantomime | 3.8 Mit den Händen sprechen |
| *4 Alltagssituationen darstellen* | |
| 4.1 Guten Tag! | 4.5 Tastatur |
| 4.2 Namensspiel | 4.6 Kleine Spiele mit Sprachanteilen |
| 4.3 Was machst du heute? | 4.7 Klatschspiele |
| 4.4 In meiner Freizeit | |
| *5 Etwas formen und gestalten* | |
| 5.1 Fingerspiele | 5.5 Geburtstagsspiele |
| 5.2 Fingerpuppen treffen sich | 5.6 Massagegeschichten |
| 5.3 Fantasielandschaft | 5.7 Ideen für die Feriengestaltung einholen |
| 5.4 Bildgeschichten | |
| *6 Sich bei Ausflügen etwas erschließen* | |
| 6.1 Mein Kindergartenweg | 6.3 Ich sehe was … |
| 6.2 Bewegungsaufgaben | 6.4 Buchstaben klauen |

## Optimierung der Informationsverarbeitung

| *7 Durch Bewegung Zustimmung oder Ablehnung signalisieren* | |
|---|---|
| 7.1 Reimwörter | 7.3 Richtig oder falsch? |
| 7.2 Ampelspiel | |
| *8 Beim Zuwerfen eines Balles Wortmaterial bilden und ordnen* | |
| 8.1 Wörterball | 8.2 Geschichten erzählen |
| *9 Beim Gehen durch den Raum Sprachmaterial suchen, sortieren* | |
| 9.1 Was gehört zusammen? | 9.3 Märchenbildsuche |
| 9.2 Zeitungsschnipselspiel | 9.4 Lustige Geschichten |

*Zusätzlicher Informationszugang*

## 1 Atmung und Laute wahrnehmen, Rhythmen und Schwünge empfinden

| Spielidee | Varianten |
| --- | --- |
| **1.1 Papierbälle pusten** (Krippe)<br>Die Kinder pusten aus Papier geformte Bälle von ihrer flachen Hand. Dazu müssen sie ihren Mund spitz und rund machen, wie bei der Artikulation von bestimmten Lauten (z. B. beim U-Laut) | ▪ Ball am Boden entlang/über einen Tisch pusten<br>▪ Watte über den Tisch pusten (Hönig, 2010)<br>▪ Papierschiffchen über ein Wassergefäß/aufgemalten See pusten – mit unterschiedlichen „Windstärken"<br>▪ Beispiele für Gymnastik mit Lippen, Zunge (s. 2.3.1) |
| **1.2 Staubsauger** (Krippe, Kiga)<br>Die Papierschnipsel liegen verteilt auf dem Tisch. Sie werden mit einem Strohhalm angesaugt und zu einem Karton gebracht (Zimmer, 2009, S. 128). | ▪ Strohhalme in verschiedenen Stärken verwenden<br>▪ Strecke bis zum Karton verlängern<br>▪ farbige Schnipsel in passende farbige Gefäße ablegen |
| **1.3 Rhythmus spüren** (Krippe, Kiga)<br>Die Gruppe bewegt eine Folie/ein Tuch gemeinsam im Rhythmus nach einem von der Erzieherin gesprochenen Vers auf und ab. Dabei sollen die Kinder den Gruppenrhythmus spüren und in Bewegung umsetzen. | ▪ im Rhythmus zur Bewegung sprechen (s. auch Abschnitt 2.3.4 Sprechrhythmen)<br>▪ ein Schwungtuch verwenden<br>▪ rhythmisch mit den Füßen wippen |
| **1.4 Sprachrhythmen empfinden** (Krippe, Kiga)<br>Verse, Lieder, Gedichte u. a. werden von der Erzieherin rhythmisch vorgetragen. Die Kinder begleiten durch Klatschen oder Stampfen. | ▪ mit Rhythmusinstrumenten begleiten<br>▪ im Rhythmus mit den Armen schwingen<br>▪ ältere Kinder sprechen oder singen mit |
| **1.5 Hörst du mich?*** (Kiga, Hort)<br>Die Erzieherin nennt einen Einzellaut und Worte, in denen dieser Laut am Anfang, in der Mitte oder am Ende zu finden ist. Hören die (Vor-)Schulkinder den Laut am Anfang – strecken sie sich, hören sie ihn in der Mitte – stützen sie die Hände in die Hüfte und hören sie den Laut am Wortende – gehen sie in die Hocke. | Kiga: Alle Kinder gehen durch den Raum. Die Erzieherin sagt z. B.: „In Papa höre ich ein A." Ist der genannte Laut im Wort enthalten, bleiben die Kinder stehen und strecken sich (drehen, hüpfen). Ist der Laut nicht enthalten gehen sie weiter.<br>▪ Bewegungsaufgabe verändern<br>▪ in einer Fremdsprache |
| **1.6 Schwünge*** (Kiga, Hort)<br>Die Kinder malen mit großzügigen Armbewegungen Girlanden, Wellen, Spiralen usw. in die Luft. Anschließend wird mit Stiften auf Tapetenrollen am Boden geübt. | ▪ in Augenhöhe vor der Wand arbeiten<br>▪ mit dem anderen Arm sowie mit dem rechten/linken Fuß malen<br>▪ mit beiden Armen oder Füßen (im Sitzen) als Gegenbewegung ausführen<br>▪ gleichzeitig mit rechtem Arm und linken Fuß üben<br>▪ im Freien durchführen, Schwünge dann mit Stöcken auf den Boden malen |

| Spielidee | Varianten |
|---|---|
| **1.7 Auf einer Acht*** (Kiga, Hort)<br>Im Raum wird mit Seilen eine Acht gelegt. Die Kinder gehen die Strecke ab und sind achtsam an der Schnittstelle. Anschließend wird die Acht mit der Hand in Kopfhöhe in die Luft geschrieben. | ▪ mit anderer Hand oder mit Fuß in die Luft schreiben<br>▪ die Acht im Freien aufmalen und ablaufen/abhüpfen<br>▪ unterschiedliche Gegenstände auf der Acht transportieren (tragen, rollen)<br>▪ eine Acht im Schnee nachspuren |
| **1.8 Bändertanz*** (Kiga, Hort)<br>Die Kinder führen mit einem Band Schwünge und Kreisschwünge vor oder neben dem Körper bzw. über dem Kopf aus. | ▪ mit zwei Bändern nach der gleichen Seite schwingen oder Gegenschwünge ausführen<br>▪ Achterschwünge, Wellen, Spiralen probieren<br>▪ sich nach Musik zu den Schwüngen drehen und durch den Raum bewegen |
| **1.9 Stille Fernpost** (Hort)<br>Wie beim Spiel „Stille Post" werden durch Schreiben auf den Rücken des Vordermannes Buchstaben durchgegeben, nur stehen die Kinder im Gelände in Abständen von 3 bis 5 Metern. | ▪ Silben oder Wörter durchgeben<br>▪ Mathematikaufgaben<br>▪ als Wettbewerb |
| **1.10 Schreiben – einmal anders** (Hort)<br>Die Kinder versuchen, den Namen oder Begriffe mit der nichtdominanten Hand zu schreiben. | ▪ mit den Füßen, mit geschlossenen Augen oder einer Papprolle als „Fernglas" vor einem Auge schreiben<br>▪ unterschiedliche Arbeitshaltungen beim Schreiben anwenden<br>▪ mit Stöckchen/Kreide auf den Boden schreiben und dann mit einem Ball nachprellen |

## 2 Sprache über Bewegung begreifen

| Spielidee | Varianten |
|---|---|
| **2.1 Ich möchte gern …** (Krippe)<br>Die Kinder stehen im Kreis. Die Erzieherin beginnt: „Ich möchte gern hüpfen. Wer hüpft mit mir mit?" Wer das möchte, hüpft mit. (Hönig, 2010) | ▪ Nacheinander sagt jeweils ein Kind die Bewegung an, die es gern machen möchte. |
| **2.2 Wie lang?** (Krippe)<br>Die Erzieherin nennt ein einsilbiges Wort. Alle wiederholen und stampfen einmal dazu. Dann wird das Spiel mit zweisilbigen oder dreisilbigen Wörtern fortgesetzt. | ▪ Jüngere Kinder klatschen die Silben.<br>▪ Die älteren Kinder suchen selbst Wörter zu den entsprechenden Gruppen. |
| **2.3 Tu es!** (Krippe, Kiga)<br>Von der Erzieherin werden Verben genannt. Die Kinder sprechen diese nach und führen die entsprechende Tätigkeit aus, z. B. winken, drehen, hüpfen, klatschen | ▪ kurze Sätze mit Aufgaben stellen („Gehe um einen Stuhl", „Krieche zur Tür", „Hüpfe auf einem Bein")<br>▪ Präpositionen einbauen („Setze dich auf den Stuhl/ unter den Tisch/vor die Wand/auf die Schaukel")<br>▪ in einer Fremdsprache |

| Spielidee | Varianten |
|---|---|
| **2.4 Vollende!** (Kiga)<br>Der Spielleiter nennt unvollständige Sätze, z. B. „Ich klatsche in die ..." Die Kinder ergänzen den Satz und führen entsprechende Bewegungen aus. Auf ein Zeichen (z. B. erhobener Arm) warten die Kinder auf den nächsten unvollständigen Satz. | ■ mit den Füßen stampfen, den Fingern schnipsen, die Arme strecken ... (Erkert, 2007, S. 27) |
| **2.5 Gedichte darstellen*** (Kiga, Hort)<br>Die Erzieherin liest Gedichte vor. Die Kinder hören aufmerksam zu und bewegen sich dementsprechend.<br>*Kommt ein Riese auf die Wiese,*<br>*klatscht so laut er kann,*<br>*alle Kinder klatschen, klatschen,*<br>*alle halten an.*<br>(van der Geest. In Lustig & Ruzicka, 1976, S. 87) | ■ Der Riese kann auch schleichen, lachen, hüpfen, laufen, springen.<br>■ Die Kinder sprechen die Gedichte mit, nach einigen Wiederholungen und durch die Verbindung mit den Bewegungen lernen die Kinder diese schnell auswendig. |
| **2.6 Wirbelwind** (Hort)<br>Jedes Kind bekommt eine Bild- oder Buchstabenkarte. Auf einen Trommelschlag wirbeln alle Kinder durcheinander. Auf einen zweiten Schlag finden sich so schnell wie möglich zusammengehörige Anlaute und Bildkarten. Idee: Vogel & Wolowski) | ■ Abbildungen von Bäumen, Blättern, Namen der Bäume, evtl. Früchten<br>■ Abbildungen von Getreidesorten, Namen, Fruchtständen, Produkten<br>■ Karten mit Frühblühern, Namen, Blütenfarbe<br>■ KOMO-Spielkarten |
| **2.7 Buchstabenlauf** (Hort)<br>Teppichfliesen/Pappdeckel o. Ä. mit den bekannten Buchstaben werden ungeordnet im Raum verteilt. Die Kinder stellen sich auf den Anlaut ihres Namens und laufen diesen ab. | ■ von Buchstaben zu Buchstaben springen<br>■ andere Namen, Begriffe, kurze Sätze ablaufen<br>■ Anlautbilder alphabetisch von einem selbstgewählten Startbild aus anlaufen (auch im Alphabet rückwärts) |
| **2.8 Worthüpfen*** (Hort)<br>Ein Quadrat mit mehreren Feldern wird aufgemalt oder mit farbigem Klebeband gekennzeichnet. Jedes Feld erhält einen Buchstaben. Die Schüler hüpfen nun durch das Spielfeld und lassen so Wörter entstehen. Die Richtigkeit wird durch ältere Hortkinder oder durch die Erzieherin kontrolliert. | ■ auf jedes Feld nur einmal springen<br>■ Wortarten einschränken<br>■ Gruppenarbeit<br>■ Bewegungen variieren |
| **2.9 Gegensätze** (Hort)<br>Vom Spielleiter werden Bewegungsaufgaben gestellt, in denen Adjektive mit Gegensätzen enthalten sind, z. B. „Kommt langsam zu mir!", „Lauft schnell um die Wiese!" | ■ hoch – tief, breit – schmal, groß – klein, laut – leise, leicht – schwer usw.<br>■ Bewegungsaufgabe muss als Gegenpol erfüllt werden (statt schnell – langsam)<br>■ in einer Fremdsprache (Sätze nachsprechen) |

## 3 Nonverbal etwas ausdrücken und mitteilen

| Spielidee | Varianten |
|---|---|
| **3.1 Tätigkeiten pantomimisch darstellen** (Krippe)<br>Die Erzieherin stellt eine Tätigkeit pantomimisch dar. Nach der Auflösung durch die Kinder führen alle die Tätigkeit aus. | Altersentsprechende Auswahl treffen:<br>■ Essen, Trinken, Schlafen<br>■ (Hände) waschen, Haare kämmen, sich anziehen<br>■ Blumen gießen, ein Bild malen, den Tisch decken |
| **3.2 Komm zu mir!** (Krippe)<br>Die Erzieherin zeigt, wie Mitteilungen nonverbal ausgedrückt werden können Die Kinder probieren dies im Spiel aus. (zu Ritualen ausbauen) | Beispiele:<br>■ „Komm zu mir!" – Heranwinken,<br>■ „Fein gemacht!" – Klatschen,<br>■ „Ja – nein" – mit dem Kopf nicken bzw. ihn schütteln |
| **3.3 Weg der Gesichter** (Krippe, Kiga)<br>Die Ausschnitte mit den Gesichtsausdrücken werden in Form eines Pfades (oder mehrerer) durch den Raum gelegt. Die Kinder durchlaufen den Pfad und ahmen die Gesichter nach. (Hönig, 2010) | ■ Durchhüpfen (einbeinig, beidbeinig), im Vierfüßlergang, im Krebsgang<br>■ eine Emotion vorgeben, alle Kinder gehen zu dem entsprechenden Bild |
| **3.4 Pantomime** (Kiga)<br>Die Erzieherin flüstert einen Gegenstand oder eine Tätigkeit in das Ohr eines Kindes, das dieses pantomimisch darstellen soll. Die anderen Kinder raten. Nach der Auflösung führen alle die Pantomime aus. (auch zu zweit möglich, z. B. Friseur, Ball spielen) | Beispiele für altersspezifische Auswahl:<br><br>Vogel   Auto   Fahrrad fahren<br>Hase   Flugzeug   Pudding kochen<br>Katze   Eisenbahn   Blumen gießen<br>Storch      Hände waschen<br>Elefant      Ski fahren |
| **3.5 Was tu ich?*** (Kiga)<br>Die Kinder gehen paarweise zusammen. Ein Kind stellt eine Tätigkeit pantomimisch dar. Der Partner soll dies erkennen und benennen. Anschließend tauschen sie die Rollen. | ■ in Kleingruppen spielen<br>■ „Gegenteil-Tag" (unter dem Tisch essen u. Ä.) |
| **3.6 Märchenspiel** (Kiga)<br>Die Erzieherin liest langsam ein Märchen vor, die Kinder spielen es gleichzeitig nach. | ■ Ein bekanntes Märchen wird angelesen, die Kinder spielen es nach ihrer Fantasie weiter. |

| Spielidee | Varianten |
|---|---|
| **3.7 Ohne Worte!** (Kiga, Hort)<br>Über eine abgesprochene Phase im Tagesablauf versuchen sich die Kinder untereinander sowie in der Kommunikation mit der Erzieherin nonverbal über Mimik, Gestik und Körpersprache zu verständigen. | ▪ sich im Anschluss über Empfindungen und Erfahrungen sowie Probleme austauschen<br>▪ die gesamte Einrichtung ist kurzzeitig „wortlos" |
| **3.8 Mit den Händen sprechen** (Hort)<br>Paarweise oder in Kleingruppen schreibt ein Kind ein Wort in der Fingersprache oder mit Lautgebärden. Der Partner erliest es und schreibt es auf. | ▪ Poster mit Fingersprache/Lautgebärden (z. B. Kieler Lautgebärden, Dummer-Smoch, o. J.), weitere Beispiele im Internet<br>▪ in vielfältigen Situationen anwenden |

## 4 Alltagssituationen darstellen

| Spielidee | Varianten |
|---|---|
| **4.1 Guten Tag!** (Krippe, Kiga)<br>Die Kinder gehen im Gruppenraum umher. Treffen sich zwei oder mehrere Kinder, begrüßen sie sich mit „Guten Morgen!", „Guten Tag!", „Hallo!" usw. | ▪ sich verabschieden<br>▪ sich entschuldigen<br>▪ um etwas bitten und sich bedanken<br>▪ dem anderen etwas wünschen |
| **4.2 Namensspiel** (Krippe)<br>Die Erzieherin hält Karten mit Garderobenbildern und Namen der Kinder hoch und fragt jeweils nach dem Tiernamen, zu wem die Abbildung gehört und wie sich das Tier bewegt. Dann hüpfen alle wie z. B. ein Hase. | ▪ evtl. Tiergeräusche nachahmen (Hönig, 2010) |
| **4.3 Was machst du heute?*** (Kiga)<br>Zwei Kinder begegnen einander und erzählen sich, was sie am Nachmittag unternehmen wollen Die gleiche Szene wird anschließend pantomimisch dargestellt. Die Kinder erleben so den Unterschied zwischen verbaler und nonverbaler Kommunikation. | ▪ erzählen, was sie gestern erlebt haben<br>▪ Bezug zum Urlaub herstellen |
| **4.4 In meiner Freizeit** (Kiga, Hort)<br>Ein Kind beginnt mit dem unvollendeten Satz: „In meiner Freizeit spiele ich gern …" Die pantomimisch dargestellte Tätigkeit sollen die anderen erraten und nachahmen. | ▪ ergänzen mit: „Besonders gefällt mir dabei …"<br>▪ in Kleingruppen arbeiten |
| **4.5 Tastatur** (Hort)<br>Auf dem Flur/Hof ist eine große Tastatur aufgeklebt/aufgemalt. Ein Kind nennt nach einer schriftlichen Vorlage ein Wort. Der Partner hüpft die entsprechenden Buchstaben auf der Tastatur ab. | ▪ Buchstaben mit einem Körperteil berühren (Barth & Maak, 2009, S. 35) |

| Spielidee | Varianten |
|---|---|
| **4.6 Kleine Spiele mit Sprachanteilen** (Kiga, Hort)<br>Eine Reihe von Kleinen Spielen bietet sich zur Sprachförderung an. Im Anschluss auswerten, was gut war oder was geändert werden sollte. | Beispiele: Herr Fischer, Polizist – wer darf fahren? Katze und Maus, Ochs am Berg, Alle meine Gänschen, kommt nach Haus! (s. Internet)<br>■ in Kleingruppen spielen |
| **4.7 Klatschspiele** (Kiga, Hort)<br>Klatschspiele eignen sich durch die Verbindung von Sprache, Bewegung und Rhythmus sehr gut zur Sprachförderung. Zwei Kinder stehen sich jeweils gegenüber. Pro Zeile klatschen sie z. B. nach dem folgenden Schema:<br><br>1 x in die eigenen Hände<br>1 x in die rechten Hände gegeneinander<br>1 x in die eigenen Hände<br>1 x in die linken Hände gegeneinander<br>1 x in die eigenen Hände<br>3 x beide Hände gegeneinander<br><br>Beispiele unter https://www.klatschreime.de | **Ein kugelrundes Schwein**<br>Ein kugelrundes Schwein – Schwein – Schwein.<br>das wollt gern dünner sein – sein – sein.<br>Es fraß sich nicht mehr satt – satt – satt,<br>wurd dürr, doch auch ganz matt – matt – matt.<br>Drum, Schwein, bleib rund – rund – rund,<br>sonst gleichst du einem Hund – Hund – Hund.<br>**Die Kastanien hängen am Baum, Baum, Baum**<br>Die Kastanien hängen am Baum, Baum, Baum,<br>da gehn wir alle schaun, schaun, schaun.<br>Wir nehmen Tüten mit, mit, mit<br>und sammeln sie auf zu dritt, dritt, dritt.<br>Dann gehen wir nach Haus, Haus, Haus<br>und basteln daraus 'ne Maus, Maus, Maus. |

## 5 Etwas formen und gestalten

| Spielidee | Varianten |
|---|---|
| **5.1 Fingerspiele** (Krippe)<br>Fingerspiele werden gemeinsam gesprochen und in Bewegung umgesetzt. (s. Abschnitt 2.3.1) | ■ Schattenspiele |
| **5.2 Fingerpuppen treffen sich*** (Kiga, Hort)<br>Aus Papier- oder Papprollchen, Streichholzschachteln, Nussschalen o. Ä. (s. Abschnitt 2.4) werden Fingerpuppen gebastelt. Paarweise oder zu dritt werden Situationen szenisch dargestellt, z. B. sich nach dem Weg erkundigen, Urlaubserlebnisse erzählen, Erlebnisse mit Tieren berichten. | ■ Die Erzieherin liest kleine Texte vor, die Kinder spielen sie Szenen in Kleingruppen mit den Puppen nach. Es können auch Handpuppen, Plüschtieren u. a. einbezogen werden.<br>■ Die Kinder denken sich selbst Geschichten aus. |
| **5.3 Fantasielandschaft** (Kiga)<br>Die Erzieherin gibt eine Anregung: „Unser Gruppenraum ist ein großer Wald" und motiviert die Kinder in dieses „Land" und eine Rolle zu schlüpfen (z. B. Reh, Jäger). Die Kinder sollen sich ausprobieren, die Szenen gestalten und im Spiel versinken. | ■ Unser Raum ist ein Supermarkt<br>■ Wir sind in der Schule<br>■ Wir sind in einer Unterwasserlandschaft<br>■ Wir sind in einem Arztzimmer<br>■ Schatzsuche (Flure mit einbeziehen) |

| Spielidee | Varianten |
|---|---|
| **5.4 Bildgeschichten** (Kiga)<br>Kleingruppen einigen sich auf eine Reihenfolge der aushängenden Bilder. Dann vereinbaren sie, wer zu welchem Bild spricht. Die Gruppe übt ihre Geschichte. | ■ die Geschichte vor den anderen Kleingruppen vortragen<br>■ die Bildgeschichte szenisch spielen<br>■ die Geschichte aufmalen und dann erzählen |
| **5.5 Geburtstagsspiele** (Hort)<br>Die Kinder stellen sich gegenseitig Bewegungsspiele für Kindergeburtstage vor und spielen sie gemeinsam. Nach mehrfacher Durchführung der Spiele entscheiden sie sich für die besten Ideen. Diese schreiben die älteren Kinder auf, die jüngeren zeichnen dazu. Aus dem Material wird ein Flyer für die Eltern zusammengestellt. | ■ Flyer in Fortsetzungen bringen<br>■ Spiele zu Kindergeburtstagen im Hort einsetzen<br>■ Bewegungsspiele zu Familienfeiern (Abschnitt 2.2.4)<br>■ nach Spielen im Internet suchen |
| **5.6 Massagegeschichten*** (Hort)<br>Es finden sich Paare und jeweils ein Kind liegt in Bauchlage auf einer Matte/Decke. Der andere denkt sich eine Massagegeschichte aus, erzählt diese seinem Partner und massiert ihn dabei. Dann wird gewechselt. Zum Abschluss tauschen sich beide aus, was ihnen an der Massage und den Geschichten gefallen hat. (s. Abschnitt 2.4.4) | ■ neue Paare bilden<br>■ an Deutsch anknüpfen (Bewegtes Lernen Kl. 3/4, Erzählen und Zuhören)<br>■ mit Musik untermalen<br>■ in Verbindung mit dem Muttertag die Muttis zu einer Massagestunde einladen<br>■ im Freien auf einer Wiese durchführen |
| **5.7 Ideen für die Feriengestaltung einholen** (Hort)<br>Eine Gruppe von Kindern geht als Reporter durch den Hort und fragt nach Ideen für die Feriengestaltung und Hinweisen zur konkreten Umsetzung. Sie stellen die Vorschläge zusammen und gestalten damit ein großes Poster. Am nächsten Tag gehen sie noch einmal in die Gruppen und bitten die anderen Kinder, das Poster zu ergänzen. | ■ Ideen für Feste und Feiern sowie Projekte sammeln |

## 6 Sich bei Ausflügen etwas erschließen

| Spielidee | Varianten |
|---|---|
| **6.1 Mein Kindergartenweg** (Kiga)<br>Mit Seilen werden die Straßen zum Kindergarten gelegt oder mit Kreide aufgezeichnet. Die Kinder gehen jeweils ihren Weg ab und berichten, von wo sie kommen und was sie beachten müssen. | Vorbereitend sollten die Eltern gebeten werden, den Kindergartenweg mit ihren Kindern zu Fuß zurückzulegen (wenn möglich).<br>■ typische Straßengeräusche nachahmen<br>■ die Wege (von Gruppen) von Kindern gemeinsam sich erschließen |
| **6.2 Bewegungsaufgaben** (Kiga, Hort)<br>Beim Spielen im Außengelände oder bei einem Spaziergang werden vom Spielleiter Bewegungsaufgaben gestellt, z. B. „Lauft bis zur dritten Bank!", „Hüpft um einen Baum!" | ■ in Partner- oder Gruppenarbeit von den Kindern die Aufgaben stellen<br>■ in einer Fremdsprache |

| Spielidee | Varianten |
|---|---|
| **6.3 Ich sehe was …** (Kiga, Hort)<br>Der Spielleiter beschreibt im Freien einen Gegenstand, einen Baum o. Ä. entsprechend des bekannten Spiels „Ich sehe was, was du nicht siehst…". Auf „Los!" laufen alle Mitspieler zu dem Gegenstand, den sie hinter der Beschreibung vermuten. | ■ andere Fortbewegungsart<br>■ in einer Fremdsprache |
| **6.4 Buchstaben klauen** (Kiga, Hort)<br>Bei einem Spaziergang (mit Stift und Block) suchen die Kinder nach Buchstaben, die zu ihrem Namen gehören. Sie „klauen" sich diesen und setzen ihren Namen zusammen. | ■ Buchstaben an einem Denkmal/Firmenschild abrubbeln<br>■ Buchstaben mit Fotoapparat/Handy sammeln<br>■ aus der Zeitung ausschneiden und zusammensetzen (Krüger, 2008) |

*Optimierung der Informationsverarbeitung*

### 7 Durch Bewegung Zustimmung oder Ablehnung signalisieren

| Spielidee | Varianten |
|---|---|
| **7.1 Reimwörter** (Kiga)<br>Die Erzieherin gibt Reimpaare vor. Reimen sich diese tatsächlich, machen alle Kinder einen Hock-Strecksprung, reimen sie sich nicht, besteht die Aufgabe in die Hocke zu gehen. | ■ Bewegungsaufgaben variieren (Drehung, Streckung, Armkreisen)<br>■ bei geschlossenen Augen durchführen<br>■ in einer Fremdsprache |
| **7.2 Ampelspiel*** (**Kiga**, Hort)<br>Die Erzieherin hebt abwechselnd einen grünen und einen roten Ball/Luftballon. Bei grün bewegen sich die Kinder durch den Raum. Wird der rote Ball hochgehalten, bleiben alle Kinder stehen, bis es wieder „grün" wird. | ■ Bewegungsraum vergrößern<br>■ Fortbewegungsart variieren (hüpfen, Krebsgang, Vierfüßlergang)<br>■ bei „rot" auf einem Bein stehen |
| **7.3 Richtig oder falsch?** (Hort)<br>Die Erzieherin nennt ein englisches Wort und anschließend eine richtige oder falsche deutsche Übersetzung. Auf ein Zeichen springen alle Kinder hoch, die der richtigen Übersetzung zustimmen. Ist die Übersetzung falsch, führen sie eine Drehung aus. Dann wird nach dem richtigen Wort gesucht und dieses nachgesprochen. | ■ Bewegungsformen ändern<br>■ Arbeit mit Wortkarten<br>■ andere Wissensgebiete einbeziehen |

## 8 Beim Zuwerfen eines Balles Wortmaterial bilden und ordnen

| Spielidee | Varianten |
|---|---|
| **8.1 Wörterball*** (Kiga, Hort)<br>Ein Kind gibt ein Wort vor und bestimmt durch Ballzuwurf ein anderes Kind, welches darauf ein Reimwort finden soll. Gelingt dies, wird der Softball weitergegeben, wo erneut darauf gereimt werden soll usw. Fällt niemanden mehr ein Reimwort ein, beginnt das Spiel mit einem neuen Begriff. | ■ Synonym oder Gegensatz suchen (arm – reich, heiß – kalt)<br>■ zusammengesetzte Substantive bilden (Schloss – Garten, Garten – Teich, Teich – Rose, ...)<br>■ in einer Fremdsprache<br>■ mit der anderen Hand werfen |
| **8.2 Geschichten erzählen** (Kiga, Hort)<br>In Paaren oder Kleingruppen wird durch Zuspiel eines Balles das Kind bestimmt, dass eine angefangene Geschichte weitererzählt. Inhalte können gemeinsame Erlebnisse, Bilderbuch- oder Fantasiegeschichten sein. | ■ Abstände verändern<br>■ Wurfgeräte variieren |

## 9 Beim Gehen durch den Raum Sprachmaterial suchen, sortieren

| Spielidee | Varianten |
|---|---|
| **9.1 Was gehört zusammen?** (Krippe)<br>Auf ein Spielfeld wird jeweils ein Teil des Paares gelegt. Die Erzieherin hat die anderen Teile. Sie hält einen Gegenstand hoch. Die Kinder kriechen/gehen zu dem Pendant. Sie benennen beide Teile. (Krippner, 2010) | ■ Beispiele für Gegenstände, die zusammengehören: Kehrschaufel und Besen. Tasse und Teller, Becher und Kanne, Sandform und Sandeimer ...<br>■ Ältere Kinder bilden den Oberbegriff. |
| **9.2 Zeitungsschnipselspiel** (Kiga)<br>Zeitungen werden von der Erzieherin groß zerschnitten und im Gruppenraum verteilt. Die Kinder versuchen, die Zeitung wieder zusammen zu puzzeln. Bei jüngeren Kindern hauptsächlich Bilder bevorzugen, älteren Kindern Zeitungen mit mehr Schriftbild anbieten. | ■ Die Kinder zerschneiden selbst eine Zeitung (ein Kind zerschneidet, ein anderes Kind puzzelt dies wieder zusammen, danach Wechsel). |
| **9.3 Märchenbildsuche** (Kiga)<br>Die Erzieherin verteilt Bildszenen eines Märchens im Raum. Danach liest sie den Kindern das Märchen in Abschnitten vor. Die Kinder gehen zu dem entsprechenden Bild im Gruppenraum. | ■ Die Kinder bringen ein Bild zur Raummitte, wo nach und nach das Märchen zusammengesetzt wird. (Beachte: Bei vielen Kindern entsprechend viele gleiche Bilder verteilen!)<br>■ Beispiele für Märchenbilder (Anhang 3) |
| **9.4 Lustige Geschichten** (Hort)<br>Wer eine lustige Geschichte findet, schreibt diese auf (oder kopiert sie). Dann wird die Geschichte in Teile zerschnitten, die ausgelegt werden. Wer die Geschichte gelesen hat, tauscht sich mit dem Schreiber darüber aus. | ■ den jüngeren Kindern die Geschichte erzählen<br>■ selbst kleine Geschichten schreiben |

## 2.2.3 Naturwissenschaftliche Bildung

Naturwissenschaftliche Bildung muss in erster Linie durch das Bewegen in der Natur und das unmittelbare Wahrnehmen und Erkennen der Umwelt angestrebt werden. Auch wenn sich diese Materialsammlung wie im Kapitel 1 bereits erklärt, auf Bewegungsaktivitäten im Innenraum konzentriert, soll noch einmal betont werden, dass das Wahrnehmen, Begreifen, Gestalten der unmittelbaren Natur an erster Stelle stehen muss. Entsprechend des Sächsischen Bildungsplanes (2011, S. 118–121) erfolgt eine Konzentration auf die Natur, die Ökologie und die Technik. Wir beziehen aber auch den eigenen Körper (s. somatische Bildung) an dieser Stelle mit ein.

Es ergeben sich für den naturwissenschaftlichen Bildungsbereich folgende Konkretisierungen der im Abschnitt 2.2 beschriebenen Zielstellungen.

*Zusätzliche Informationszugänge über Bewegung:*

In Verbindung mit Bewegung können Naturmaterialien wahrgenommen (s. 1.1 Fußfühlpfad), der eigene Körper empfunden (s. 1.4 Den Herzschlag spüren) sowie fachliche Strukturen im Raum erlebt werden (s. 1.7 Frühling, Sommer, Herbst und Winter). Über Bewegung können der eigene Körper (s. 2.1 Mein Körper), die Natur (s. 2.4 Blätterflug) und Technik (s. 2.8 Erfahrungen mit der geneigten Ebene) begriffen werden. Begebenheiten in der Natur können über Bewegung mitgeteilt (s. 3.3 Der Frühling kommt) und Alltagsbeobachtungen in Bewegung umgesetzt werden (s. 4.4 Mit dem Schatten spielen). Mit Naturmaterialien kann etwas geformt (5.2 Naturbilder) und ökologische Situationen können szenisch dargestellt werden (s. 5.4 Wohin mit dem Müll?). Bei Ausflügen kann sich etwas erschlossen werden (s. 6.4 Am Uferrand).

*Optimierung der Informationsverarbeitung:*

Durch abgesprochene Bewegungen werden Zustimmung und Ablehnung zu naturwissenschaftlichen Aussagen signalisiert (s. 7.1 Was gehört nicht zu …?). Beim Zuwerfen eines Balles können Ober- und Unterbegriffe (s. 8.1 Wörter sammeln) zugeordnet und beim Gehen durch den Raum Aufgaben gelöst werden (s. 9.3 Blatt und Frucht).

### Zusätzlicher Informationszugang

| *1 Naturmaterialien wahrnehmen, den eigenen Körper empfinden, fachliche Strukturen im Raum erleben* | |
|---|---|
| 1.1 Fußfühlpfad | 1.6 Wo lebe ich? |
| 1.2 Den Körper fühlen | 1.7 Frühling, Sommer, Herbst und Winter |
| 1.3 Ich atme! | 1.8 KIM-Spiele in der Natur |
| 1.4 Den Herzschlag spüren | 1.9 Wind mit allen Sinnen spüren |
| 1.5 Fühlsäckchen | |
| *2 Den eigenen Körper, Natur und Technik über Bewegung begreifen* | |
| 2.1 Mein Körper | 2.6 Obst und Gemüse ordnen |
| 2.2 Spiegelspaß | 2.7 Erkundungen beim Rutschen, Wippen, Rollen |
| 2.3 Was kann denn euer Kopf? | 2.8 Erfahrungen mit der geneigten Ebene |
| 2.4 Körperumrisse | 2.9 Wackliger Untergrund |

| 2 5 Blätterflug | 2.10 Welcher Ball wofür? |
|---|---|
| *3 Begebenheiten in der Natur über Bewegung Mitteilen/ausdrücken* | |
| 3.1 Wetterspiel | 3.3 Der Frühling kommt |
| 3.2 Tiere nachahmen | 3.4 Wasser, Erde, Luft |
| *4 Alltagsbeobachtungen in Bewegung umsetzen* | |
| 4.1 Regenwetter | 4.3 Unter oder über der Erde? |
| 4.2 Experimente mit Wasser | 4.4 Mit dem Schatten spielen |
| *5 Mit Naturmaterialien formen und Themen gestalten* | |
| 5.1 Naturmaterialien | 5.4 Wohin mit dem Müll? |
| 5.2 Naturbilder | 5.5 Verkehrsgarten |
| 5.3 Wir machen Musik | |
| *6 Sich bei Ausflügen etwas erschließen* | |
| 6.1 Schichten des Waldes | 6.5 Am Uferrand |
| 6.2 Baumrindenbilder | 6.6 Planjagd |
| 6.3 Pflanzen-Rallye | 6.7 Stadtrundfahrt |
| 6.4 Entdeckungen in der Natur | |

## Optimierung der Informationsverarbeitung

| *7 Durch Bewegung Zustimmung oder Ablehnung signalisieren* | |
|---|---|
| 7.1 Was gehört nicht zu …? | 7.2 Stimmt nicht! |
| *8 Beim Zuwerfen eines Balles Begriffe zuordnen* | |
| 8.1 Wörter sammeln | 8.3 Kampf der Elemente |
| 8.2 Farbenspiel | |
| *9 Beim Gehen durch den Raum Aufgaben lösen* | |
| 9.1 Was gehört zusammen? | 9.3 Wissenssprung |
| 9.2 Blatt und Frucht | 9.4 Name, Stadt, Tier und Pflanze |

## 2.2 Bewegte Lernsituationen in Bildungsbereichen

*Zusätzlicher Informationszugang*

1 Naturmaterialien wahrnehmen, den eigenen Körper empfinden, fachliche Strukturen im Raum erleben

| Spielidee | Varianten |
|---|---|
| **1.1 Fußfühlpfad** (Krippe, Kiga, Hort)<br>Barfüßig gehen die Kinder über den Pfad (Sand, Kies, Laub, Wiese, Moospolster, Mulch u. a.) und tasten mit den Füßen die verschiedenen Materialien. Sie tauschen sich über die Wahrnehmungen aus. | Krippe: An einzelne Fußstationen barfuß Materialien wahrnehmen (Watte, Folie, Sand …) und Eigenschaften benennen.<br>Hort: Unterschiedliche Untergründe in der Natur wahrnehmen (Wiese, Sand, Waldboden), Proben mitnehmen und mit Vergrößerungsglas untersuchen |
| **1.2 Ich atme!** (Krippe)<br>In Rückenlage setzen die Kinder ein Plüschtier auf ihren Körper. Sie sehen und spüren die Atmung. | ▪ Atmung bei anderen Kindern fühlen<br>▪ den eigenen Herzschlag spüren |
| **1.3 Den Körper fühlen** (Krippe, **Kiga**)<br>Die Kinder fühlen, wo sie harte Knochen und wo sie weiche Muskeln haben. | ▪ Anspannen der Muskeln spüren und fühlen<br>▪ Gelenke abtasten |
| **1.4 Den Herzschlag spüren** (Kiga)<br>Die Kinder versuchen, den eigenen Herzschlag zu spüren. | ▪ Herzschläge in einer bestimmten Zeit zählen, z. B. 10 Sekunden<br>▪ nach 10 Sprüngen nochmals den Herzschlag zählen<br>▪ Herzschlag mit einem Heulrohr selbst abhören |
| **1.5 Fühlsäckchen** (Kiga)<br>Die Säckchen mit den Naturmaterialien werden verteilt. Immer zwei Kinder gehen zu einem Säckchen, stecken nacheinander beide eine Hand hinein und versuchen zu erfühlen, was sich im Säckchen befindet. Sie tauschen sich darüber aus und kontrollieren. | ▪ Naturmaterialien: Stöckchen, Tannenzapfen, Bucheckern, Kastanien, Tannennadeln, Steinchen …<br>▪ andere Materialien einsetzen, z. B. Papier, Gummi, Plastikfolie, Alufolie, Pappe, Korken, Murmeln, Reis<br>▪ bei zwei Säckchen mit gleichem Inhalt ein Memory spielen (Die Kinder müssen jeweils die zwei Säckchen mit dem gleichen Inhalt finden.) |
| **1.6 Wo lebe ich?** (Kiga)<br>In jeder Zimmerecke liegt eines der vier Bilder (Stall, Nest, Wald, Bau, s. Anhang 3). Die Erzieherin nennt nun jeweils ein Tier. Die Kinder gehen in die Ecke, wo das Bild des Lebensraumes des Tieres liegt. | ▪ Beispiele: Reh, Kuh, Schaf, Fuchs, Storch, Huhn Wildschwein, Maus …<br>▪ in die jeweilige Ecke hüpfen o. Ä.<br>▪ einige Begriffe in einer Fremdsprache nennen |

| Spielidee | Varianten |
|---|---|
| **1.7 Frühling, Sommer, Herbst und Winter** (Kiga)<br>In jede Ecke des Raumes wird ein Bild gelegt, auf dem je eine Jahreszeit dargestellt ist (s. Anhang 3). In der Mitte des Raumes liegen Bildkarten mit passenden Motiven. Jedes Kind zieht eine davon und geht in die entsprechende Ecke. Die Erzieherin überprüft die Korrektheit. Anschließend legen alle ihre Karten wieder in die Mitte, mischen sie und ziehen eine neue Bildkarte. | ■ im Freien die Laufwege vergrößern<br>■ die Fortbewegungsart ändern<br>■ Jahreszeiten in einer Fremdsprache nennen |
| **1.8 KIM-Spiele in der Natur** (Kiga, Hort)<br>Die Kinder prägen sich eine mit Stöckchen abgegrenzte Fläche genau ein. Dann drehen sie sich um und der Spielleiter legt einen Stein, ein Blatt o. Ä dazu. Was hat sich verändert? | ■ Gegenstände nur umlegen<br>■ mehrere Dinge dazu legen<br>■ KIM-Spiele mit Gegenständen im Zimmer ausführen |
| **1.9 Wind mit allen Sinnen spüren** (Hort)<br>Entsprechend bekleidet wird ein Spaziergang bei windigem Wetter unternommen. Dabei werden die Wolken beobachtet und was der Wind alles bewegt. Es wird auf Geräusche geachtet, die der Wind verursacht. Die Windrichtung wird erfühlt (befeuchteten Finger in die Luft strecken). | ■ Windräder, Papierflieger u. Ä. basteln und die Wirkung des Windes auf diese Geräte erfahren<br>■ mit und gegen den Wind laufen, dabei Unterschiede feststellen beim Laufen mit ausgebreiteten Armen oder geöffneter Jacke. |

## 2 Den eigenen Körper, Natur und Technik über Bewegung begreifen

| Spielidee | Varianten |
|---|---|
| **2.1 Mein Körper** (Krippe)<br>Die Erzieherin nennt ein Körperteil und eine Bewegung, die man damit ausführen kann (z. B. Arm – heben, Füße – stampfen). Die Kinder ahmen die Bewegung nach. | ■ Die Kinder nennen entsprechende Bewegungen.<br>■ um Stühle bewegen und mit dem benannten Körperteil den Stuhl berühren<br>■ Aufgaben umsetzen, z. B. „Wir klopfen auf die Knie." |
| **2.2 Spiegelspaß** (Krippe; Kita)<br>Die Kinder stehen vor dem Spiegel. Nach Nennung von Körperteilen durch die Erzieherin wackeln sie mit dem Kopf, den Armen, den Beinen, dem Po usw. (Klaus, 2007) | ■ Die Kinder nennen Bewegungen, die mit dem Körperteil ausgeführt werden können.<br>Kita: Bewegungen dem Partner spiegelbildlich nachmachen oder als Schatten (Paare stehen hintereinander) |
| **2.3 Was kann denn euer Kopf?** (Kiga)<br>Die Kinder stehen im Kreis und die Erzieherin fragt: „Was könnt ihr denn mit eurem Kopf alles machen?" Nun beginnen die Kinder verschiedene Bewegungen mit dem Kopf auszuprobieren. Anschließend zeigen einzelne Kinder ihre Bewegungslösung und alle führen die Bewegung aus. | ■ z. B. nicken, heben, senken, drehen usw.<br>■ „Was könnt ihr mit den Händen, den Füßen, den Armen, den Beinen …?"<br>■ mit rhythmischer Begleitung<br>■ Begriffe in einer Fremdsprache<br>■ Englisches Lied „Head and shoulders, knees …" |

| Spielidee | Varianten |
|---|---|
| **2.4 Körperumrisse** (Kiga)<br>Paarweise legen die Kinder am Boden bei ihrem Partner die Körperumrisse mit Seilen o. a. nach. | ■ Beide vergleichen die Umrisse (auch in dem sie sich in den Umriss des anderen legen). |
| **2.5 Blätterflug** (Krippe)<br>Die Erzieherin lässt das Blatt fallen. Die Kinder dürfen sich nur in der Zeit bewegen, in der das Blatt fliegt. Wenn das Blatt am Boden liegt, gehen alle in die Hocke. | ■ Die Kinder versuchen das Blatt zu fangen, ohne es kaputt zu machen.<br>■ Alle rascheln durch das Laub. |
| **2.6 Obst und Gemüse ordnen** (Kiga)<br>Die Obst- und Gemüsesorten werden im gesamten Gruppenraum verteilt. Die Kinder sollen die Obst- und Gemüsesorten zusammentragen und in einen Korb das Obst, in den anderen das Gemüse legen.<br>(Klaus, 2007) | ■ Obst und Gemüse im Anschluss essen und darauf eingehen, wie gesund diese Lebensmittel sind<br>■ andere Dinge in die Körbe sortieren, z. B. verschiedene Nüsse, Naturmaterialien und künstliche Materialien, Gegenstände aus Holz, Plastik, Metall<br>■ das Spiel im Freien durchführen<br>■ Gemüse- und Obstsorten in einer Fremdsprache verwenden |
| **2.7 Erkundungen beim Rutschen, Wippen, Rollen** (Kiga, Hort)<br>Die Kinder probieren an geeigneten Geräten aus, z. B. unter welchen Bedingungen sich die Tätigkeiten gut bzw. nur eingeschränkt ausführen lassen, wie eine effektive Ausführung unterstützt werden kann, welche Alternativen es gibt und sie suchen nach Erklärungen. | ■ Wie rutscht man am schnellsten/am sichersten?<br>■ Auf welchen Unterlagen kann man einen Schneehügel gut runterrutschen?<br>■ Wie müssen die Kinder verteilt sein, um eine Wippe im Gleichgewicht zu halten?<br>■ Welche Gegenstände rollen gut oder weniger gut? |
| **2.8 Erfahrungen mit geneigten Ebenen** (Kiga, Hort)<br>Gemeinsam werden geneigte Ebenen im Gelände der Einrichtung und deren Umgebung gesucht. Je nach Beschaffenheit sollen unterschiedliche Erfahrungen gesammelt werden, z. B. durch runter und wieder hochlaufen, nach unten und wieder nach oben mit Roll- oder Gleitgeräte gelangen, sich auf der geneigten Ebene seitlich wälzen, verschiedene Bälle runterrollen. Die gesammelten Erfahrungen werden ausgetauscht. | ■ geneigte Ebenen selbst bauen, z. B. in der Sporthalle durch das Einhängen von Langbänken in der Sprossenwand, und sich darauf bewegen<br>■ bei Spaziergängen nach schiefen Ebenen suchen und besprechen, warum diese dort benötigt werden.<br>■ evtl. eine Rampe mit Fahrzeugen bewältigt und deren Notwendigkeit besprechen.(Holm-Grünberg, 2014, S. 46–47) |
| **2.9 Wackliger Untergrund** (Kiga, Hort)<br>Auf einem labilen Untergrund werden Türme, Häuser u. a. gebaut. Wann kommt es zum Einsturz? (Beins & Klee, 2014, S. 63). | ■ sich selbst auf einen labilen Untergrund im Gleichgewicht halten<br>■ Gelingt das einfacher im Stehen, Sitzen, Kriechen? |

| Spielidee | Varianten |
|---|---|
| **2.10 Welcher Ball wofür?** (Kiga, Hort)<br>Die Kinder erkunden die Eigenschaften verschiedener Bälle. Welche eignen sich gut oder nicht gut zum Werfen, Fangen, Rollen, Prellen u. a. | ■ u. a. Knetball, Indiaca-Ball, Gitterball, Koosh-Ball<br>■ Tennisring, Sandsäckchen, Kick-Ball, Luftballon<br>■ Eicheln, Kastanien, Steinchen, Knüllpapierball<br>■ sich eine Übersicht anlegen |

## 3 Begebenheiten in der Natur über Bewegung mitteilen/ausdrücken

| Spielidee | Varianten |
|---|---|
| **3.1 Wetterspiel** (Krippe)<br>Die Erzieherin erzählt über das Wetter. Zu jeder Wetterlage gibt es eine Bewegung, welche die Kinder ausführen. (z. B. Sonne → Arme heben, Regen → auf den Boden trampeln) | ■ jeden Morgen zur Begrüßung die Bewegung zum jeweiligen Wetter an diesem Tag ausführen<br>■ zu einem Ritual werden lassen<br>■ mit einem passenden Lied verbinden |
| **3.2 Tiere nachahmen** (Krippe, **Kiga**)<br>Ein Kind macht in der Mitte des Kreises ein Tier mit seinen typischen Bewegungen (und Lauten) vor. Die anderen erraten das Tier und ahmen die Bewegung nach. | Kiga:<br>■ eine (Zirkus-)Geschichte erzählen/vorlesen und die Tiere, deren Stimmen und Kunststücke nachahmen<br>■ im Freien eine Dschungelgeschichte erzählen |
| **3.3 Der Frühling kommt** (Kiga)<br>Die Kinder spielen eine Blume nach. Sie hocken und haben die Tücher über sich gedeckt. Langsam kommen die ersten Blätter (Tuch) aus dem Boden. Die Blume wird immer größer. Sie wiegt sich im Wind. | ■ rhythmische oder musikalische Unterstützung<br>■ ähnlich die Entwicklung eines Samenkornes gestalten |
| **3.4 Wasser, Erde, Luft*** (**Kiga**, Hort)<br>Die Erzieherin nennt ein Tier. Lebt das Tier auf dem Land, ziehen die Kinder einen waagerechten Strich durch die Luft, lebt es im Wasser, wird eine Wellenlinie demonstriert, lebt es in der Luft, wird die Hand auf und ab bewegt. (Regelein, 1988, S. 69) | ■ zusätzlich für das Tier typische Bewegungen nachahmen<br>■ Lebensraum darstellen durch: Erde (auf dem Boden liegen), Wasser (im Stehen paddeln), Luft (auf Erhöhung Arme schwingen)<br>■ Tiernamen in einer Fremdsprache nennen |

## 4 Alltagsbeobachtungen in Bewegung umsetzen

| Spielidee | Varianten |
|---|---|
| **4.1 Regenwetter** (Krippe)<br>Die Kinder sitzen (bei Regenwetter) im Kreis und führen entsprechende Bewegungen auf dem Tisch oder Boden aus.<br><br>Es tröpfelt,<br>es regnet,<br>es gießt,<br>es hagelt,<br>es blitzt,<br>es donnert.<br>Der Blitz schlägt ein.<br>Alle laufen schnell nach Hause<br>und morgen scheint die warme Sonne wieder.<br>(überliefert) | → mit einem Finger klopfen<br>→ mit zwei Fingern<br>→ lauter klopfen<br>→ mit Fingerknöcheln<br>→ Hände heben und zischen<br>→ mit den Fäusten<br>→ mit der flachen Hand<br>→ Arme heben |
| **4.2 Experimente mit Wasser** (Krippe, Kiga)<br>An einem geeigneten Wasserbecken probieren die Kinder aus:<br><br>■ Welche Gegenstände schwimmen – welche nicht?<br>■ Auf welchem Boden versickert Wasser schnell?<br>■ Wie kann das Wasser in verschiedene Gefäße umgefüllt werden?<br>■ Was entsteht beim Vermischen von gefärbtem Wasser? | Krippe: mit den Händen, dann mit den Füßen unterschiedliche Wassertemperaturen in Schüsseln erfühlen<br><br>■ Seifenblasen herstellen<br>■ Wasserbomben ((gefüllte Luftballons) bauen<br>■ mit Wasser auf das Pflaster malen |
| **4.3 Unter oder über der Erde?** (Kiga)<br>Die Erzieherin nennt immer eine Pflanze. Die Kinder müssen entscheiden, ob die Frucht dieser Pflanze unter oder über der Erde wächst. Wächst sie unter der Erde, kriechen die Kinder unter den Tisch. Wächst sie über dem Erdboden, strecken sie sich und heben die Arme in die Höhe. (Erkert, 2007, S. 64) | ■ Beispiele: Kartoffel, Apfelbaum, Kohlrabi, Radieschen, Himbeeren, Spargel, Erdbeeren, Zwiebel, Blumenkohl, Rhabarber ... |
| **4.4 Mit dem Schatten spielen*** (Kiga, Hort)<br>Bei Sonnenschein erkunden die Kinder wie und wo Schatten entstehen, wie sich diese verändern. Sie spüren den Temperaturunterschied zwischen Sonne und Schatten, schätzen diesen und vergleichen mit dem Messwert. Sie lassen ihren eigenen Schatten tanzen und laufen dem Schatten des Partners nach. | ■ Schatten im Raum durch eine Lichtquelle erzeugen<br>■ Schattenspiele sich ausdenken und aufführen<br>■ den Schatten des Partners „fangen" |

## 5 Mit Naturmaterialien formen und Themen gestalten

| Spielidee | Varianten |
|---|---|
| **5.1 Naturmaterialien** (Krippe)<br>Die Kinder legen in zwei Gruppen mit den Materialien jeweils eine Form, z. B. Sonne, Pilz, Baum. Die andere Gruppe versucht im Anschluss heraus zu bekommen, was dargestellt wurde. | ▪ Steine, Kastanien, Eicheln, Blätter, Stöckchen, kleine Zapfen u. a. in der Natur sammeln<br>▪ geometrische Formen legen<br>▪ nach Materialien, nach Längen usw. sortieren |
| **5.2 Naturbilder** (Kiga, Hort)<br>In Dreier- oder Vierergruppen werden in Tüten im Außengelände verschiedene Naturmaterialien gesammelt (s. oben) Auf einem großen Bogen aus Papier/Karton soll daraus je Gruppe ein Bild entstehen. Wenn die Gruppe mit ihrem Werk zufrieden ist, dann kann alles aufgeklebt werden. | ▪ eine Bildgeschichte gestalten<br>▪ die Bilder für die Eltern ausstellen (Moritz, 2014, S. 18–19)<br>▪ als Mandala gestalten |
| **5.3 Wir machen Musik** (Kiga, Hort)<br>Jedes Kind füllt in seinen Joghurtbecher o. Ä. Reiskörner und schließt den Deckel. Die Erzieherin hilft, die Deckel fest zuzukleben. Mit diesen Rhythmusinstrumenten können die Kinder nun Musik machen. Eine Gruppe gibt einen Rhythmus vor, nach dem sich die andere Gruppe bewegt. | ▪ den Rhythmus in kurzen Abständen variieren<br>▪ verschiedene Fortbewegungsarten nutzen<br>▪ schätzen, in welchem Becher die meisten/die wenigsten Reiskörner sind |
| **5.4 Wohin kommt der Müll?** (Kiga, **Hort**)<br>Es wird eine Szene zum Thema „Wegwerfen von Müll" gespielt werden. Dazu gehen ein oder zwei Kinder im Raum umher und werfen Müll weg. Die anderen Kinder versuchen daraufhin sie zu überzeugen, dass dies nicht richtig ist und dass der Müll in den Papierkorb gehört. | ▪ Knüllpapier, leere Verpackungen und anderer Müll<br>▪ Mülltrennung besprechen<br>▪ Im Park /Wald, Wiese) stellt die „Umweltpolizei" wieder ein sauberes Gelände her. Alles, was nicht in den Park gehört, wird – wenn vertretbar – mit Schutzhandschuhen eingesammelt. Die Müllsäcke werden neben die Papierkörbe gestellt. |
| **5.5 Verkehrsgarten** (Hort)<br>Gruppen von sechs bis zehn Schülern skizzieren einen Verkehrsgarten und bauen diesen im Hortgelände auf. Dann fahren sie mit unterschiedlichen Rollgeräten durch ihren eigenen Verkehrsgarten und anschließend durch die Anlagen anderer Gruppen. „Verkehrspolizisten" achten auf das richtige Verhalten. | ▪ Wer verhält sich richtig im Verkehrsgarten?<br>▪ Mit welchem Rollgerät kann die Strecke am schnellsten absolviert werden?<br>▪ In Partner- oder Gruppenarbeit wird ein Geschicklichkeitsparcours entworfen, aufgebaut und absolviert. |

## 6 Sich bei Ausflügen etwas erschließen

| Spielidee | Varianten |
|---|---|
| **6.1 Schichten des Waldes** (Kiga) Die Vorschulkinder betrachten die Waldstruktur. In drei Gruppen gehen sie auf Suche nach Typischem aus der Baum,- Strauch- oder Krautschicht. Wieder zum Treffpunkt zurückgekehrt, erklären die Gruppen, warum sie was gesammelt haben. (Tubes, 2013, S. 15) | ▪ aus dem Gesammelten ein Bild legen |
| **6.2 Baumrindenbilder** (Kiga) Paare suchen sich einen Baum aus. Ein Kind legt das Papier an den Baumstamm, der Partner rubbelt mit Bleistift oder Zeichenkohle die Rindenstruktur auf das Papier. Die Rubbelbilder werden verglichen. Gibt es Unterschiede? (Tubes, 2013, S. 23) | ▪ Namen des Baumes nennen<br>▪ Früchte zuordnen |
| **6.3 Pflanzen-Rallye** (Hort) Für das Hortgelände oder den angrenzenden Park/die Wiese werden Strecken ausgewählt und entsprechende Aufgabenkarten vorbereitet. Kleingruppen laufen sternartig von der Erzieherin entsprechend der Aufforderung weg, lösen die Aufgabe, kehren wieder zurück und erhalten eine neue Karte, die sie in eine andere Richtung führt. | Mögliche Aufgaben:<br>▪ „Lauft bis zur alleinstehenden Eiche und bringt eine Frucht zurück."<br>▪ „Balanciert eine Runde auf der Rabatte."<br>▪ „Zeichnet im Schulgarten/auf der Wiese jeder eine andere Blume auf und schreibt deren Namen darunter." |
| **6.4 Entdeckungen in der Natur** (Hort) Mit entsprechendem. Materialien ausgestattet wandern die Kinder durch Wald/Wiese. An einer günstigen Stelle dürfen sie (in Sichtweite der Erzieherinnen) auf Entdeckung nach besonderen Pflanzen und kleinen Tieren gehen. Die gefundenen „Schätze" werden den anderen gezeigt, mit dem Buch bestimmt, evtl. gezeichnet oder fotografiert. Die Tiere dann natürlich wieder frei lassen. | Material: Dosen mit Deckel, Lupe, Mikroskop, Pinzette, Bestimmungsbuch<br>▪ Pflanzen abmessen, z. B. Baumumfänge<br>▪ im Hort in weiteren Büchern oder im Internet nachforschen<br>▪ nach Naturmaterialien zum Werfen, Jonglieren u. a. suchen (diese, wenn möglich, in den Hort mitnehmen)<br>▪ mit Naturmaterialien basteln |
| **6.5 Am Uferrand** (Hort) Auf dem Weg zu einem Bach, Teich o. Ä. beobachten die Kinder, wo überall Wasser zu entdecken ist. In einer entsprechenden Uferzone angekommen, betrachten sie erst einmal, was sich alles im Wasser spiegelt. Dann suchen sie nach Antworten auf Fragen. (Hinweis: Sicherheitsaspekte und Umweltschutz unbedingt beachten!) | ▪ Ist das Wasser kalt/warm, klar/trübe? (Temperatur messen; Wasser in einem Gefäß schöpfen und mit der Lupe betrachten)<br>▪ Was kann auf dem Wasser schwimmen?<br>▪ Fließt es schnell oder langsam oder überhaupt nicht?<br>▪ Welche Geräusche macht das Wasser (nachahmen)?<br>▪ Was für Wellen entstehen, wenn wir kleine oder größere Steine hineinwerfen?<br>▪ Wie ist der Zustand der Uferzone? |

| Spielidee | Varianten |
|---|---|
| **6.6 Planjagd** (Hort)<br>Kleingruppen verstecken einen „Schatz" und zeichnen dies in eine Skizze vom Hortgelände ein. Sie geben den Plan an eine andere Gruppe weiter. Finden die Kinder den „Schatz"? | ■ mehrere Gegenstände verstecken<br>■ besprechen, warum es evtl. Schwierigkeiten gab<br>■ Gelände außerhalb des Hortes wählen (Petzold, 1994, S. 29)<br>■ markante Punkte und Himmelsrichtungen einbeziehen<br>■ als Erlebniswanderung gestalten (s. Abschnitt 4.1.3) |
| **6.7 Stadtrundfahrt** (Hort)<br>In Verbindung mit dem Sachkundeunterricht und entsprechend der räumlichen Gegebenheiten entwerfen die Kinder Stationskarten passend zu ihrem Heimatort und legen diese im Hortgelände aus. Sie fertigen einen Lageplan von ihrem Heimatort an. Anschließend werden Laufkarten geschrieben mit unterschiedlichen Ausgangspunkten und unregelmäßiger Reihenfolge der Stationen. Diese werden an „Touristengruppen" verteilt und von denen entsprechend der Reihenfolge besucht. | ■ Laufkarten zwischen den Gruppen tauschen<br>■ eine fiktive Stadt entwerfen<br>■ Wer bewältigt die Stadtrundfahrt fehlerfrei?<br>■ Wer schafft für die jeweilige Laufkarte die schnellste Zeit? (Petzold, 2008) |

*Optimierung der Informationsverarbeitung*

## 7 Durch Bewegung Zustimmung oder Ablehnung signalisieren

| Spielidee | Varianten |
|---|---|
| **7.1 Was gehört nicht zu ...?** (Kiga)<br>Alle Kinder gehen durch den Raum. Die Erzieherin nennt zuerst einen Oberbegriff (s. Wörter sammeln) und anschließend verschiedene Unterbegriffe dazu. Wird ein Wort genannt, das nicht zum Oberbegriff passt, hocken sich die Kinder hin. | ■ Anstatt sich hinzuhocken, stehen die Kinder auf einem Bein, laufen zur Tür, legen sich auf den Bauch etc. |
| **7.2 Stimmt nicht!** (Kiga, Hort)<br>Während die Kinder durch den Raum gehen, beschreibt die Erzieherin ein Tier. Wenn die Kinder eingebaute Fehler entdecken, führen sie eine Drehung aus. | ■ die Fehler besprechen<br>■ Beschreibungen von Pflanzen, Naturerscheinungen, technische Vorgänge<br>■ Bewegungen verändern<br>■ in die Beschreibungen die Kinder einbeziehen |

## 8 Beim Zuwerfen eines Balles Begriffe zuordnen

| Spielidee | Varianten |
|---|---|
| **8.1 Wörter sammeln** (Kiga, Hort)<br>Die Erzieherin nennt einen Oberbegriff, z. B. Bäume, Tiere, Zoo, Obst, Gemüse, Wald und wirft den (Soft-) Ball einem Kind zu. Dieses ordnet einen passenden Unterbegriff zu, bei Wald z. B. Tanne, Reh, Tannenzapfen, Pilze ... und wirft den Ball dem nächsten Kind zu, das seinerseits einen Unterbegriff nennt usw. Fallen den Kindern keine Unterbegriffe mehr ein, wird ein anderes Thema genannt und von vorn begonnen. (Klaus, 2007) | ■ Die Kinder verteilen sich im Raum und laufen jeweils zu dem Kind hin, das den nächsten Unterbegriff nennen soll. |
| **8.2 Farbenspiel** (Kiga, Hort)<br>Der Spielleiter nennt eine Farbe und wirft den Ball zu einem Mitspieler. Der ordnet einen in der Farbe passenden Gegenstand aus dem Zimmer zu und spielt den Ball zum nächsten Kind. | ■ Gegenstände aus dem Außengelände zuordnen<br>■ Pflanzen, Früchte, Tiere passender Farbe benennen |
| **8.3 Kampf der Elemente** (Hort)<br>Die Kinder gehen im Uhrzeigersinn nach Musik im Kreis. Wenn die Musik verstummt, bleiben alle stehen. Ein Spieler steht in der Kreismitte mit Ball, wirft diesen einem Kind zu und nennt dabei eines der vier Elemente (Erde, Wasser, Luft oder Feuer). Das betreffende Kind fängt den Ball und muss so schnell wie möglich ein Tier nennen, welches in diesem Element beheimatet ist. Gelingt ihm das nicht, tauscht es die Position mit dem Werfer. Wird das Element Feuer genannt, darf der Ball nicht gefangen und kein Tier genannt werden. Stattdessen läuft das Kind so schnell wie möglich eine Runde um den Kreis und wird vom Werfer verfolgt. Fängt er es, werden die Positionen getauscht. | ■ Der Spieler in der Mitte gibt unterschiedliche Fortbewegungsarten vor.<br>■ Es werden Tierlaute nachgeahmt.<br>■ Pro Spiel darf jedes Tier nur einmal genannt werden. (Idee: Raese) |

## 9 Beim Gehen durch den Raum Aufgaben lösen

| Spielidee | Varianten |
|---|---|
| **9.1 Was gehört zusammen?** (Krippe, **Kiga**)<br>Von technischen Geräten bzw. Spielzeug werden Teile demontiert und an unterschiedliche Stellen im Raum verteilt. Jede Kleingruppe beginnt an einem Gerät und sucht beim Gehen im Raum die fehlenden Teile.<br>Krippe: beim Bewegen durch den Raum werden z. B. die Hänger zum Auto gesucht | ■ Zusatzgeräte einbeziehen, z. B. Düse zum Fön<br>■ Geräte wieder montieren<br>■ ergänzende Materialien verwenden, z. B. zum Fön den Kamm oder die Bürste<br>■ Applikationen einbeziehen |
| **9.2 Blatt und Frucht** (Kiga)<br>Jedes Kind (Vorschulalter) erhält ein Blatt oder die Frucht eines Baumes (z. B. von der Eiche, Kastanie, Eberesche …) und bewegt sich frei im Raum. Nun sollen die Kinder sich jeweils zu Paaren zusammenfinden – und zwar immer das Blatt mit der dazugehörigen Frucht. | ■ Bildkarten verwenden, wenn keine Originale zur Verfügung stehen (s. Anhang 3) |
| **9.3 Wissenssprung** (Hort)<br>Kleingruppen stehen an einer Startlinie und fassen sich an den Händen. Nun werden Fragen zu bestimmten Themenkomplexen (z. B. zu Merkmalen von Tieren und Pflanzen) oder auch durcheinander gestellt. Die Mannschaft, die zuerst die richtige Antwort nennt, darf einen „Wissenssprung" nach vorn machen. Wer erreicht zuerst die etwa 15 bis 20 Meter entfernte Ziellinie? | ■ Mathematikaufgaben nennen<br>■ Fragen zur Rechtschreibung und Grammatik stellen<br>(Idee: Vogel & Wolowski) |
| **9.4 Name, Stadt, Tier und Pflanze** (Hort)<br>Die Kinder verteilen sich um die Erzieherin und ein Buchstabe wird festgelegt. Sofort kehren die Schüler zu ihrem Platz zurück und füllen die Tabelle aus. Wer fertig ist, ruft „Stopp!". Alle legen den Stift weg, versammeln sich wieder um die Erzieherin und vergleichen die Ergebnisse. | ■ Tabelle um Gemüse, Obst, mein Körper usw. erweitern<br>■ Erzieherin wechselt den Standort<br>■ als Wettbewerb (für jede richtige Antwort 1 Punkt) |

## 2.2.4 Bereichsübergreifende Bewegungsprojekte

Viele Themen, die die Kinder interessieren, lassen sich nicht den einzelnen Bildungsbereichen zuordnen. Sie tragen bereichsübergreifenden Charakter und können deshalb in verknüpfenden Projekten am besten realisiert werden. „In die Projektarbeit fließen Aspekte verschiedener Bildungsbereiche ein, um sich zu einer ganzheitlichen Bildungsförderung zu verbinden". (Sächsischer Bildungsplan, 2011, S. 155). Vorschläge aus den Abschnitten zu bewegten Lernsituationen in Bildungsbereichen (s. 2.2.1 bis 2.2.3) können deshalb in einzelnen Projekten vertiefend aufgegriffen werden.

Entsprechend der Zielstellung des Buches, Anregungen für mehr Bewegung in Kitas zu geben, werden nachfolgend Projektideen vorgestellt, bei denen Bewegungshandlungen einen Schwerpunkt bilden.

Zielstellungen können (in Anlehnung an Bunk, 1990, S. 13) liegen:
- im Erkunden von Bewegungsmöglichkeiten
- im Verändern von Bewegungsbedingungen und dem eigenen Verhalten
- im Erleben der Freude am Bewegen und dem Gestalten von Bewegungsanlässen zur aktiven Teilnahme und für andere bzw. zur Unterhaltung (Müller, 2010a, S. 175)

Bei der Zuordnung treten allerdings teilweise Überschneidungen auf.

In den nachfolgenden Beispielen werden konkrete Zielstellungen und inhaltliche Aspekte vorgeschlagen. Dies kann aber nur als Anregung verstanden werden, denn entscheidend für die Projektarbeit muss das Interesse der Kinder an bestimmten Themen sein. In den Materialien werden allgemein zutreffende Ziele (z. B. Absprachen treffen, sich gegenseitig helfen, Spracharbeit) nicht im Einzelnen aufgeführt.

Der gesamte Prozess der Projektarbeit ist ebenso wichtig wie die Ergebnisse. Bewegungsprojekte können ebenso wie andere Projekte nach Dunker & Götz (1984, S. 137) äußere Produkte (z. B. Ein Zimmer wird zum Bewegungsraum) aufweisen wie auch innere Produkte. Diese sind entweder weitgehend abgeschlossen, oder eher offen (z. B. Den Wald mit allen Sinnen erleben).

*Methodisch-organisatorische Hinweise:*
- Themen aus der Beobachtung der Kinder finden (worüber sie staunen, was sie erproben, worüber sie sich austauschen u. Ä.)
- keine Lösungen vorgeben, sondern die Suche der Kinder auf Antworten unterstützen (Sächsischer Bildungsplan, 2011, S. 155), (weiter auf übernächster Seite) gemeinsam nach einem sinnvollen realisierbaren Zeitplan suchen (ein Tag, mehrere Tage, eine Woche, längerer Zeitraum), zu Ritualen ausbauen
- Eltern und weitere Vertreter der Öffentlichkeit bereits von der Planungsphase an in die Projektarbeit einbeziehen
- bei Projekten im Hort mit der Schule kooperieren
- inhaltliche Anregungen aus anderen Teilbereichen (z. B. Darstellendes Spiel 2.3.5) zu Projekten weiterführen

Bei der nachfolgenden Ideensammlung wird eher nicht nach den Institutionen unterschieden. Entsprechend des Einsatzes im Hort, im Kindergarten und eventuell auch in der Krippe sind altersspezifisch entsprechende Vorschläge auszuwählen.

Übersicht zu den Bewegungsprojekten

| Erkundungsprojekte | |
|---|---|
| *Natur über Bewegung erleben* | |
| Den Wald mit allen Sinnen erleben | Steine sammeln |
| Wind, Wind – lustiger Gesell | Baumeister |
| Der Schatten | Wasserentdeckungstour |
| Die vier Jahreszeiten | |
| *Bewegungsräume und -möglichkeiten im Umfeld erkunden* | |
| Für Bewegung, Spiel und Sport geeignet oder nicht? | |
| *Etwas über Bewegungsgewohnheiten in der Vergangenheit oder in anderen Kulturen erfahren* | |
| „Alte" Kinderspiele | Wir spielen Indianer |
| **Veränderungsprojekte** | |
| *Bewegungsräume und -möglichkeiten verändern* | |
| Unser Sportraum wird zum Gebirge | Eine Spiellandschaft im Schnee |
| Ein Zimmer wird zum Bewegungsraum | Spieleposter |
| Hütten bauen | Bewegungsmaterialien selbst herstellen |
| Bewegungsstationen aufbauen | Bau einer Frisbee-Golf-Anlage |
| *Durch Bewegung gesünder leben wollen* | |
| Gesund und fit – mit jedem Schritt | Bewegte Freizeit |
| **Erlebnis- und Unterhaltungsprojekte** | |
| *Freude beim Bewegen erleben* | |
| Miteinander und gegeneinander kämpfen | Fahrradtour durch die Umgebung |
| *Bewegungsanlässe mit/für andere arrangieren* | |
| Lauf in den Frühling | Bewegungsspiele zu Familienfesten |
| Sponsorenlauf | |
| *Mit „Bewegungskünsten" andere unterhalten* | |
| Märchen spielen | Puppenspiel |
| Zirkus | Bewegter Kindergarten |

## Erkundungsprojekte

### *Natur über Bewegung erleben*

#### Den Wald mit allen Sinnen erleben
- auf Geräusche hören, Gerüche wahrnehmen, Blätter, Zapfen u. a. erfühlen
- Fühltüten mit Waldmaterial zusammenstellen

- durch das Laub rascheln, unterschiedliche Untergründe (Moos, Gras, Waldboden, Sand, Kies u. a.) barfuß ertasten, evtl. daraus einen Fühlpfad legen
- im Wald laufen, springen, werfen, balancieren
- mit Naturmaterialien spielen und basteln, z. B. Blattmandala legen
- eine Waldcollage aus gesammeltem Material aufkleben und ausstellen
- unterschiedliche Pflanzen, den feuchten Boden u. a. riechen
- den Wald malen, Wald-Bewegungsgeschichten schreiben und durchführen (Hort)

Wind, Wind – lustiger Gesell
- dem Wind zuhören, Windgeräusche nachahmen
- Blätter und Zweige im Wind beobachten und Bewegungen mit dem eigenen Körper nachvollziehen
- die Wolken beobachten
- ein Fähnchen in den Wind halten und beobachten
- die nasse Hand in den Wind halten und fühlen
- mit und gegen den Wind laufen, werfen
- windgeschützte Stellen im Gelände suchen
- ein Windrad basteln, z. B. Scheibenwindrad, rotierende Scheibe (s. Internet)
- Drachen basteln und steigen lassen
- über mehrere Tage Windrichtungen festhalten, einen Wetterkalender anlegen
- Lieder vom Wind singen und mit Bewegung gestalten, z. B. Wind, Wind, fröhlicher Gesell; Meine Mühle, die braucht Wind

Der Schatten
- sich in der Sonne – im Schatten bewegen
- Temperaturunterschiede spüren
- den eigenen Schatten tanzen lassen
- Schattenspiele mit den Händen bzw. zusätzlich mit gebastelten Figuren
- einen Sonnenschutz bauen, evtl. eine Sonnenuhr

Die vier Jahreszeiten
- zu unterschiedlichen Jahreszeiten die gleichen Stellen in der Natur aufsuchen
- Naturprozesse beobachten (Entfalten, Blühen, Reifen u. a.) und auf Fotos festhalten
- diese Prozesse motorisch nachgestalten (Beispiele s. Grüger & Weyhe, 2007)
- Bilder dazu malen
- Rituale ausbilden, z. B. Zimmerschmuck passend zur Jahreszeit
- passende Gedichte mit Gesten und Ganzkörperbewegungen untermalen
- Spracharbeit und darstellendes Spiel mit Themenorientierung, z. B. Wie kann ich den Frühling (Sommer, Herbst und Winter) spüren, riechen, schmecken, sehen, hören? Wie Verhalten sich die Tiere? Wie spielen die Kinder in den vier Jahreszeiten?
- themenbezogene Lieder und Tänze mit Bewegung gestalten (s. Fischer-Olm, 2003, z. B. Frühling, Sommer, Herbst und Winter oder Buch mit CD von Reinhard Horn, 2015a. Meine Jahreszeiten-Hits)

Steine sammeln
- besonders geformte und interessante Steine sammeln
- auf ausgelegten Steinen balancieren, Steine ins Wasser werfen, über Steine barfuß gehen
- mit Steinen bauen (Steindamm am Bach, Steinweg durch eine Pfütze, Steinpyramide)
- Steine spüren (runde – kantige, nasse – trockne, glatte – zackige, kalte – warme)
- Steine bemalen, Figuren/ein Bild/ein Mosaik mit Steinen legen, eine Fläche gestalten

- eine Steinsammlung/Ausstellung oder im Außenbereich eine „Steininsel" anlegen (Österreich & Proskop, 2011, S. 124–139)
- mit Steinen sich gegenseitig massieren (Steine zuvor ins warme Wasser legen)
- seinen Stein genau betrachten und befühlen, dann die Steine auf einen Haufen legen und genau seinen Stein wiederfinden (Portmann, 2011, S. 10)
- Steine mit Ziffern beschriften und sortieren/ordnen
- zwei Steine aufeinander klopfen
  (Mit welchen Steinen entsteht ein besonders schöner Klang?)
- gemeinsam mit Steinen einen Rhythmus klopfen
- auf einen Stein ein Gesicht malen (Mein kleiner Freund)
- einen Glücksstein mit Geburtstagswünschen herumgeben
  (s. Abschnitt 2.3)

**Baumeister**
- Untergründe und Baumaterialien untersuchen
- Erdschichten entdecken, Bodenproben untersuchen
- einen Ziegelstein aus Lehm herstellen, mit Lehm und Ton modellieren
- Sandfiguren, Burgen u. a. bauen, Matschzonen anlegen
- eine Hütte aus Zweigen konstruieren
- Schneefiguren und Schneehütten bauen

**Wasserentdeckungstour**
- „Wasserstellen" suchen und überlegen, wofür sie benötigt werden
- Wassergeräusche aufnehmen und nachmachen
- Wasser in unterschiedlichen Behältnissen transportieren
- Wasserproben untersuchen
- Wasser vom Ufer aus erkunden (s. Abschnitt 2.2.3)
- mit Pfützen spielen (umlaufen, überspringen, mit Steinchen treffen, Ziehkampf s. Abschnitt 5. 3)
- einen kleinen Staudamm bauen
- ein Floß (aus Ästen) oder ein Boot (Rinde/Holz und kleine Astgabel) basteln und auf das Wasser setzen (Bastelanleitungen in Bareis, 1995)
- einen Wasser-Spielplatz besuchen
- Spiele am Wasser durchführen
- sich im Wasser fortbewegen (Besuch eines Schwimmbades)
- mit Wasserfarben malen
- Hinweis: Gummistiefel ggf. anziehen; Sicherheitsaspekte beachten! (s. gültiges DGUV Vorschriften- und Regelwerk)
- weitere Ideen (s. Brandt, 2001)

## 2.2 Bewegte Lernsituationen in Bildungsbereichen

### Bewegungsräume und -möglichkeiten im Umfeld erkunden

#### Für Bewegung, Spiel, Sport geeignet oder nicht?
- Bewegungsräume im Umfeld zusammenstellen und dann diese besuchen und Bewegungsmöglichkeiten ausprobieren
- Einschätzungen vornehmen, ob geeignet oder nicht (evtl. differenzieren zwischen Klasse 1 und 4)
- in eine Karte einzeichnen bzw. farbige Fähnchen stecken (evtl. differenziert s. o.)

### Etwas über Bewegungsgewohnheiten in der Vergangenheit oder in anderen Kulturen erfahren

#### „Alte" Kinderspiele
- Erkundungsauftrag an die Kinder, „alte" Kinderspiele zu finden (Großeltern fragen, im Internet und Büchern nachlesen)
- Ergebnisse vorstellen und gemeinsam spielen
- eine Karteikartensammlung anfertigen (Hort)
- Spielenachmittag durchführen, Eltern, Großeltern, Geschwister dazu einladen
Beispiele: Kreiseln, Knobeln, Nippen (Müller et al., 2006. Klassen 3/4), Hüpfspiele, Gummihopse, Reifenwurfspiel, Murmeln, Versteckspiele, Topf schlagen, Blindekuh, Fadenspiele (s. Woll, 1988) u. a.

#### Wir spielen Indianer
- Kinderbücher zum Thema (vor-)lesen
- ein Indianerlied singen und mit Bewegungen darstellen
- Kopfschmuck (Stirnband und Federn) herstellen, für Indianer-Halskette Korken/Holunderholz u. Ä. bemalen und auffädeln, Hemd bedrucken
- Masken (Papiertüte, Zeichenblatt mit Gummi u. a.) malen und damit tanzen
- Indianer-Beil (Tomahawk) aus Papphöhre und Pappe herstellen, evtl. Pfeil und Bogen (Bastelanleitungen in Bareis, 1995)
- Zelte aufbauen und schmücken
- Mutproben bestehen (an „Bäumen" klettern und hangeln, über „Stege" balancieren, über „Bäche" springen, durch „Höhlen" kriechen, Hindernisse überwinden, auf Ziele werfen)
- Indianermusik kennen lernen und danach improvisieren
- zum Abschluss ein gemeinsames Indianerfest gestalten oder als Indianer bei einer Erlebniswanderung (s. Abschnitt 4.1.3) durch das Gelände ziehen (gültiges DGUV Vorschriften- und Regelwerk beachten)

### Veränderungsprojekte

#### Bewegungsräume und -möglichkeiten verändern

#### Unser Sportraum wird zum Gebirge (z. B. Sächsische Schweiz)
- eine Gebirgslandschaft gemeinsam entwerfen und aufbauen, z. B. Kasten als Fels, Sprossenwand als Felswand, mehrere Sprunghocker als Schlucht, Langbank als Steg, Rollbretter als Boote auf einem Fluss, Schwungtuch als Höhle
- durch das Gebirge „wandern"
- das Gebirge malen, sich Bewegungsgeschichten ausdenken
- am Nachmittag den Eltern so eine Wanderung zeigen

#### Ein Zimmer wird zum Bewegungsraum
- mögliche Veränderungen/Wünsche aufmalen, danach gemeinsam absprechen
- nach weiteren Bewegungsmöglichkeiten suchen und diese ausprobieren

- Spielgeräte und Materialien, die benötigt werden, aufmalen/aufschreiben
- nach Ideen zur Beschaffung suchen, dabei die Eltern einbeziehen
- Alltagsmaterialien sammeln, z. B. Joghurtbecher, Papprollen, Pappdeckel
- Geräte zum Bewegen selbst basteln, z. B. Ziffernkarten, farbige Pappdeckel
- die Umgestaltung mit den Kindern und Eltern realisieren

**Hütten bauen**
Flechthütte, Laubhütte, Schneehütte, Kartonhaus, Deckenzelt, Weidentipi, Indianertipi (Österreich & Prokop, 2011, S. 106–119), Hütten aus Stühlen, Tischen, größeren Schaumstoffteilen, Getränkekisten oder im Bewegungsraum aus Bänken, Hocker, Kästen, Matten, Schwungtüchern u. a.
- einen Standort auswählen
- den Bau planen, Unterstützung suchen, Material sammeln
- den Bau gemeinsam ausführen
- Figuren für die Behausung ausdenken und Geschichten spielen, dazu den Bau entsprechend ausgestalten
- ein Hüttendorf anlegen
- Bilder von der Hütte malen bzw. fotografieren und den Eltern zeigen

**Bewegungsstationen aufbauen**
- gemeinsam im Bewegungsraum eine Strecke um/über/unter Hindernisse aufbauen und erproben, ggf. verändern
- eine Hindernisstrecke (Parcours) im Außengelände entwickeln
- die Strecke so verändern, dass mit Rollbrettern, Laufrädern oder anderen Fahrzeugen die Hindernisse umfahren werden können
- Bewegungsstationen aufbauen und erproben, z. B. Wurfbude, Kegelbahn, Torwand, Leitergolf, Slackline, Fußfühlpfad, Kriechtunnel
- bei einem Spielefest die Bewegungsstationen den Eltern vorstellen und mit ihnen ausprobieren

**Eine Spiellandschaft im Schnee**
- Schneefall beobachten
- eine geeignete Stelle für Schneeballzielwurf finden
- kleines Feld zum Eisstockschießen planieren
- eine Rutschbahn glätten
- Schneehügel zusammentragen
- den Eltern die Spiellandschaft im Schnee zeigen

**Spieleposter**
- nach Möglichkeiten für Bewegungsecken im Gebäude oder/und im Außengelände suchen
- notwendige Geräte und Materialien stationieren
- Spielvarianten erkunden
- Anregungen für andere aufschreiben, auch Impulse („Versucht …")
- damit ein Poster zum Aushängen in der Bewegungsecke gestalten (jüngere Schüler malen für das Poster)

**Bewegungsmaterial selbst herstellen**
Einige der in diesem Buch vorgeschlagenen Bedingungen können auch von den Kindern bei Unterstützung durch Erwachsene selbst hergestellt werden. Beispiele:
- Hüpfspiele mit Klebeband auf Fluren u. a. aufbringen
- Ziffern auf Treppen aufkleben

- Twister (s. Abschnitt 2.3.2) aufkleben
- Balancierstrecken aufmalen/aufkleben
- Windrad, Windball, Elefantenski, „Rennender Hund" herstellen (s. Dinter & Müller 2008, S. 38–40)

**Bau einer Frisbee-Golf-Anlage** (Hort)
In Anlehnung an Golf ist es die Aufgabe, eine Frisbeescheibe in einen Behälter oder durch Hindernisse zu werfen bzw. ein Ziel zu treffen – und das mit möglichst wenigen Würfen. Die Landestelle der Scheibe ist die nächste Wurfposition. Die Gesamtzahl der notwendigen Würfe für die Absolvierung des Parcours wird gezählt.
Hinweis: vorzugsweise Softscheiben verwenden
- Ideen für Ziele/„Löcher" zusammentragen (Eimer, Körbe, Kisten, Reifen, markierte Flächen usw.)
- maßstabgerecht einen Plan für einen Frisbee-Golf-Parcours im Hortgelände aufzeichnen
- Möglichkeiten für die Einbeziehung von natürlichen Zielen vor Ort erkunden (Bäume, Sträucher, Treppengeländer, Tore, Vertiefungen u. a.)
- Bau von weiteren Stationen/„Löcher" (Holzrahmen zum Durchwerfen, schiefe Ebene, über die das Frisbee in einen Karton rutscht, Hängevorrichtungen für Plasteflaschen, Pappeimer, Reifen u. Ä.)
- Aufbau der Anlage und ausprobieren, ggf. verändern
- Frisbee-Golf-Turnier in Kleingruppen
- als Varianten Badmintongolf (Federball mit dem Schläger in die Ziele spielen) oder als Würfe mit einem Schweifball (Wehrmann, 1990)

## Durch Bewegung gesünder leben wollen

**Gesund und fit – mit jedem Schritt**
- bei einer Bewegungsgeschichte Wissenswertes zu Essgewohnheiten erfahren
- mit Bewegungsspielen das Wissen zu Nahrungsmitteln festigen
- zur Thematik einen Bewegungsparcours gestalten
- Nahrungsmittel mit den Sinnen spüren
- ein gesundes Frühstück zusammenstellen
- Spiele für die Freizeit sammeln und ausprobieren (Spiele „vor der Haustür", „Alte" Kinderspiele, Tänze)
- einen Crosslauf gemeinsam vorbereiten und durchführen
- Stegreifspiel zum Thema

**Bewegte Freizeit**
Die Kinder sollen befähigt werden, Bewegungsmöglichkeiten für die Freizeit untereinander weiterzugeben.
- nach neuen Bewegungsspielen suchen, z. B. bei den Eltern/Großeltern, im Sportverein, bei den Ganztagsangeboten, im Internet
- während des freien Spiels die eigenen Ideen an andere weitergeben (Schüler mit einem neuen Spiel wird mit einer Armbinde als Mannschaftskapitän gekennzeichnet)
- Poster anfertigen
- Spiel- und Sportgeräte aus der Freizeit mitbringen (Elternerlaubnis einholen, auf Sicherheit der Geräte achten)
- einen Freizeitpark zum Ausprobieren für alle Interessierten damit aufbauen, z. B. in Verbindung mit Elternabend oder einem Familiensportfest (s. Abschnitt 4.2)
- Suchen und Weitergeben von Bewegungsmöglichkeiten für die Freizeit als Partner- oder Gruppenarbeit

Erlebnis- und Unterhaltungsprojekte

*Freude beim Bewegen erleben*

### Miteinander und gegeneinander kämpfen
- nach Spielen suchen, bei denen Kräfte bzw. Geschicklichkeit gemessen werden können, z. B. Ziehkampf, Kampf um den Ball, Ringender Kreis, Tauziehen
- das faire Kämpfen besprechen und umsetzen
- stark und schwach thematisieren
- „Wutabbau" pantomimisch gestalten
- entsprechende Szenen aus Märchen spielen (Das tapfere Schneiderlein u. a.)

### Fahrradtour durch die Umgebung (Hort)
Mit allen Kindern, die erfolgreich die Fahrradausbildung in Klasse 4 abgeschlossen haben, kann gemeinsam ein Fahrradprojekt vorbereitet und durchgeführt werden.
- eine Strecke mit der Karte aussuchen
- die Sicherheit der Räder überprüfen
- einen Verkehrsgarten im Gelände aufbauen oder außerhalb besuchen (s. Abschnitt 2.2.3), kürzere Strecken im Verkehr fahren
- eine Radtour durch die Umgebung durchführen, dabei bestimmte Stationen anfahren
- die Fahrradtour gemeinsam mit den Eltern planen und durchführen

*Bewegungsanlässe mit/für andere arrangieren*

### Lauf in den Frühling
- bei Spaziergängen nach einer geeigneten Strecke suchen
- für den Lauf üben
- Teilnehmerurkunde und Medaillen anfertigen (mit einem Sportverein zusammenarbeiten)
- Eltern, Großeltern, Geschwister zum Mitlaufen einladen, als Ritual entwickeln

### Sponsorenlauf (Hort)
Bei einem Sponsorenlauf werden finanzielle Mittel für eine Organisation (z. B. Deutsche Kinderkrebshilfe) oder für ein gemeinsames Projekt gesammelt. Ein solches Projekt könnte die Ausgestaltung eines bewegten Hortes sein. Die Kinder suchen sich für den Lauf unter Bekannten möglichst viele Sponsoren. Diese sagen für jede gelaufene Runde einen bestimmten Geldbetrag zu. Je mehr Runden die Kinder laufen, umso höher ist die Geldsumme, die dann z. B. für Spiel- und Sportgeräte verwendet werden kann. Nach dem Lauf rechnet jeder Teilnehmer mit seinen Sponsoren ab. Weitere Projektinhalte:
- Strecke auswählen, Zeitplan erstellen
- Schreiben an Sponsoren (Eltern, Großeltern, Betriebe im Ort usw.) anfertigen (Wofür und wann wird gelaufen? Wann wird das Geld abgegeben?)
- Sponsoren, Öffentlichkeit und Presse einladen
- für den Lauf trainieren
- Laufblatt für die Teilnehmer anfertigen (Kontaktdaten der Sponsoren, Betrag, Unterschrift)
- Laufstrecke kennzeichnen, Rundenzähler einteilen
- Gesamtsumme ausrechnen, Einzahlungen kontrollieren
- Geräte, die für Bewegungsaktivitäten gekauft werden sollen, auswählen und bestellen
- Ergebnisse des Sponsorenlaufes in der Ortspresse veröffentlichen
- Sponsorenlauf zu einem (jährlichen) Ritual entwickeln

(https://www.fundmate.com/blog/die-perfekte-organisation-fuer-den-sponsorenlauf-an-eurer-schule)

### Bewegungsspiele zu Familienfesten (Hort)
(s. auch Geburtstagsspiele Abschnitt 2.2.2)
- Ideen für Bewegungsspiele zu Familienfesten sammeln
- Spiele gemeinsam ausprobieren und eine Auswahl treffen
- Flyer oder Poster anfertigen und im Eingangsbereich aushängen
- Spiele in die Gestaltung von Festen im Hort und zu Hause einbeziehen
- Erfahrungen austauschen, evtl. Spiele abändern
- Spiele bei einer Veranstaltung im Hort mit den Eltern durchführen
- Spielbeispiele: Kommando Pimperle, Luftballontanz, Vier-Ecken-Raten, Klipp – Klap (s. Müller, 2006, Bewegtes Lernen Kl. 3/4, Sachunterricht)
- Joghurtbecher balancieren, Gleichgewicht halten, Zielwerfen, Tücherball (s. Abschnitt 3.1), Scharade (s. Abschnitt 3.4), Reifenwurfspiel, Alle neune (Pendelkegeln), Korken umkegeln, Jonglieren mit Hackysack, Becherstapeln u. a.

### Mit „Bewegungskünsten" andere unterhalten

#### Märchen spielen
- Märchen anhören
- sich verkleiden
- nach Möglichkeiten für Kulissen und Requisiten suchen
- ein Märchen szenisch gestalten
- andere Gruppen oder die Familien einladen
- die Vorführung auf Fotos/Video festhalten

#### Zirkus
- Gespräch über Zirkus oder über einen gemeinsamen Besuch
- „Kunststücke" erfinden und einüben (Clown, Seiltänzer, Jongleur, Kraftprotz)
- Tiere darstellen (s. Anhang 4)
- Masken (Tiere) und Kostüme basteln
- Einladungskarten malen/schreiben
- Zirkusaufführung gestalten, evtl. mit Unterstützung durch einen Projektzirkus

#### Puppenspiel
- Fingerpuppen, Knotenpuppen (s. unten), Löffelpuppen o. Ä. basteln
- Texte entwerfen, Bühne gestalten
- Musikumrahmung zusammenstellen und einüben
- Einladungen, Programme schreiben
- Puppenspiel aufführen und dokumentieren

### Bewegter Kindergarten (ähnlich auch Bewegter Hort)
- die Familien einladen und das Projekt vorstellen
- mit einem gemeinsamen Bewegungslied alle begrüßen

- Bewegungsmöglichkeiten im Gebäude und im Außengelände den Eltern zeigen und Wünsche für Veränderungen äußern
- Beispiele aus unterschiedlichen Teilbereichen den Eltern vorstellen und mit ihnen durchführen, z. B. eine Igelballmassage
- die Ergebnisse eines Bewegungsprojektes vorstellen
- Sportvereine ansprechen, die über ihre Angebote informieren
- Hinweise den Eltern der Vorschulkinder für die Gestaltung des häuslichen Arbeitsplatzes der Kinder sowie zur Auswahl eines Schulranzens geben.

Unterhaltungsprojekte stehen in einem engen Zusammenhang mit anderen Teilbereichen eines bewegten Hortes. So könnten sie in einem Fest den Höhepunkt finden, z. B. Liederfest oder Talente fest (s. Abschnitt 4.4.4 Exkurs).

Eine Reihe von Projektinhalten sollten zu Ritualen ausgebaut werden.

Weitere Ideen zu erfolgreich durchgeführten Projekten, bes. im Schulbereich, sind auf der Homepage zu finden unter https://bewegte-schule-und-kita.de.

## 2.2.5 Hort: Bewegte Hausaufgaben

Hausaufgaben sind im Unterricht veranlasste und möglichst überprüfte Lerntätigkeiten außerhalb des Unterrichts, die vom Lehrer nicht unmittelbar gelenkt werden. Sie sind ein wesentliches selbst organisiertes Element des Lernprozesses der Kinder und ein Bindeglied zwischen Schule – Hort – Eltern (Keck, 1994, S. 147). Demzufolge erfordern sie klare Absprachen und Abstimmungen zwischen den Lehrerinnen, Erzieherinnen, Eltern und natürlich den Schülerinnen. Aufgabe der Hortfachkräfte ist es, eine „kooperative und sozialpädagogische Hausaufgabenbetreuung im Hort" (Rekow et al., 1999, S. 270) abzusichern. Dazu zählen die o. g. Absprachen, die Unterstützung der Kinder sowie das Schaffen von lernfördernden Bedingungen.

Zielstellung der bewegten Schule ist es, dass die Schüler Bewegungsaktivitäten aus dem Unterricht außerhalb von Schule und Unterricht selbstständig anwenden. Das betrifft selbstverständlich auch die Anfertigung der Hausaufgaben – ob im Hort oder zu Hause. Ein Buch zur bewegten Kite mit Bezug zum Hort darf das Thema der Hausaufgabenerfüllung in Verbindung mit Bewegung nicht ausklammern, selbst wenn Lernen ebenfalls ohne Bewegung möglich sein kann und muss.

Welche Formen des bewegten Unterrichts können bei den Hausaufgaben im Hort Anwendung finden? Die Bedingungen sind doch im Vergleich zum Unterricht deutlich anders (flexible Zeiten, unterschiedliche inhaltliche und zeitliche Anforderungen innerhalb der einzelnen Klassen u. a.).

Unter den o. g. Bedingungen sollten von den Schülern vor allem Erfahrungen mit dem Teilbereich der bewegten Schule individuellen Bewegungszeiten angewandt werden sowie vom bewegten Lernen, dem dynamischen Sitzen, Auflockerungsminuten und Entspannungsphasen (s. auch Müller, 2010a) – ebenso aus den Teilbereichen der bewegten Kita (s. Abschnitt 1.4).

Konkretisierungen könnten sein:
- sich im Rahmen konkreter Aufgabenstellungen Informationen bzw. Hilfe holen (Nachschlagwerke, Internet, bei Mitschülern oder bei der Betreuungskraft)
- den Raum/die Räume in bestimmten Arbeitsphasen nutzen, z. B. Teamarbeit
- die Sitzhaltung selbstständig wechseln, alternative Arbeitshaltungen anwenden
- Sitzbälle, Sitzkissen nutzen
- Auflockerungsübungen anwenden, wenn es schwerfällt, weiterzuarbeiten

- vor den Hausaufgaben sich kurz entspannen, z. B. an etwas Schönes denken oder Igelballmassage (s. Abschnitt 2.4)
- Formen des bewegten Lernens anwenden (erfordert, dass von der Lehrerin entsprechende Aufgaben gestellt und Materialien in den Hort mitgegeben werden, z. B. für ein Wanderdiktat) oder für das Lösen von Mathematikaufgaben, die im Raum verteilt werden (Lösung auf Rückseite)

Entsprechend der konkreten Voraussetzungen sollte jede Einrichtung folgende lernfördernde Bedingungen für bewegte Hausaufgaben bedenken:

| | |
|---|---|
| *zeitliche Bedingungen:* | zeitlichen Rahmen abstecken (meist eine Stunde), der individuell flexibel genutzt werden kann |
| *räumliche Bedingungen:* | Hausaufgabenzimmer und angrenzende Räume (vor allem für Gruppenarbeit) mit unterschiedlichen Arbeitsplätzen |
| *materiale Bedingungen:* | Zugang zu Informationen (Nachschlagwerke, Internet) |
| | unterschiedliche Höhe der Schulmöbel |
| | Alternative Sitzgelegenheiten (Sitzbälle, Sitzkissen, Teppichfliesen, Stehpulte u. a.) |
| | Poster zu möglichen Bewegungsaktivitäten, wenn das Arbeiten schwerfällt |
| | Kleingeräte zur Entspannung (Igelbälle, Antistressbälle u. a.) |
| | Materialien für konkrete Aufgaben im bewegten Lernen (mit Unterstützung der Schule) |
| *soziale Bedingungen:* | Unterstützung der Arbeit in Gruppe sowie gegenseitiger Hilfe |
| *personale Bedingungen:* | Sensibilisierung des Betreuungspersonals (gehört nicht immer direkt zur Einrichtung) für die Bedeutung der Bewegung und Befähigung zur Gestaltung von bewegten Hausaufgaben |
| | Gespräche, kurze schriftliche Informationen und gegenseitige Hospitationen von Erzieherinnen und Lehrerinnen |

Gerade die personalen Bedingungen scheinen nach unseren Erfahrungen eine besondere Bedeutung zu besitzen. Regelmäßige Absprachen sowie der Austausch von Erfahrungen zwischen Erzieherinnen – Betreuungspersonal – Lehrerinnen sind sehr wichtig. Es muss im Interesse der Kinder um eine Blicköffnung aller Beteiligten gehen und um das Überwinden von Grenzen des eigenen Aufgabenfeldes. Dann kann es gelingen, die Hausaufgaben in ganztägige Lernarrangements zu integrieren und damit neue Potentiale zu entfalten (SMK/SMS 2007, S. 10).

Weitere Hinweise zu bewegten Hausaufgaben auf unserer Homepage: https://www.bewegte-schule-und-kita.de/konzept/bewegteSchule/deutsch/html/ideen_3b.html
(Ideen zum Staunen/bewegtes Schulleben in allen Schularten/Ganztagsangebot „Bewegte Hausaufgaben")

## 2.3 Spielformen zur Auflockerung und Koordinationsschulung

Bereits etwa 3 Minuten zur Auflockerung können den Erregungsnerv (Sympathikus) anregen und aktivierend wirken. Wenn die Kinder bereits vor dem Schuleintritt mögliche Spielformen kennen gelernt haben, dann kann in der 1. Klasse vor allem bei auftretenden Ermüdungserscheinungen darauf zurückgegriffen werden. Deshalb wurden einige Übungen bewusst aus der bewegten Grundschule übernommen und wie im Abschnitt 2.2 mit * gekennzeichnet. Die nachfolgend vorgeschlagenen Übungen eignen sich gleichzeitig sehr gut zur Haltungsschulung und zur Ausprägung koordinativer Fähigkeiten, besonders der Gleichgewichtsfähigkeit, der Orientierungsfähigkeit, der kinästhetischen Differenzierungsfähigkeit und der Rhythmusfähigkeit. Koordinationsschulung ist im Kindergartenalter ein wesentliches Ziel der regelmäßigen Bewegungsstunden (s. Abschnitt 1.5) und kann durch Spielformen vor allem in den Innenräumen sinnvoll ergänzt werden.

Den nachfolgenden Abschnitten liegt folgende Struktur zugrunde:

Spielformen zur Auflockerung und Koordinationsschulung

| 2.3.1 | 2.3.2 | 2.3.3 | 2.3.4 | 2.3.5 |
|---|---|---|---|---|
| Spiel- und Bewegungsformen mit ...<br>- Körperteilen<br>- Alltagsmaterialien<br>- Partnern<br>- Minutenspiele | Kleine Kunststücke | Bewegungsgeschichten | Rhythmisch-musikalische Bewegungsspiele<br>- Rhythmusspiele<br>- Bewegungslieder<br>- Tanzspiele<br>- freies Bewegen nach Musik | Darstellendes Spiel<br>- Pantomime<br>- Scharade<br>- Stegreifspiel<br>- Figurenspiel |

*Methodisch-organisatorische Hinweise:*
Wenn die vorgestellten Übungen zur Koordinationsschulung beitragen sollen, ist zielgerichtete Variation notwendig (s. Abschnitt 1.5). Dies kann geschehen durch:

- Veränderung der Bewegungsprogramme
  (Gehen, Laufen, Hüpfen, Schwingen, Kreisen, Pendelschwingen u. a.)
- Veränderung der Bewegungsausführung
  (langsam/schnell, groß/klein, vorwärts/ rückwärts/seitwärts, beidseitig üben, mit unterschiedlichen Körperteilen den Luftballon spielen oder Gegenstände balancieren u. a.)
- Veränderung der Übungsbedingungen
  (mit geschlossenen Augen üben, Abstände und Materialien variieren, Drehungen einbauen, mit Gegenwirkung des Partners oder unter Zeitdruck üben u. a.)

Die vorgeschlagenen Varianten ermöglichen vielfältige Formen der Differenzierung. Dadurch besteht auch eine Chance, dass sich alle beteiligen können – unabhängig vom Alter, Geschlecht und den Voraussetzungen. Bewusst sollte vor allem im *Krippenalter und im Übergang zum Kindergarten* nach Möglichkeiten gesucht werden, Alltagssituationen noch mehr mit Bewegung zu verbinden und Rituale zu entwickeln. Ideensammlung:

- beim Herausräumen der Spielsachen alles auf ein Auto laden und damit Runden fahren, auf dem Kopf oder im Vierfüßlergang auf dem Rücken balancieren, auch einmal die Sachen mit den Füßen schieben
- mitten in den Raum Hindernisse stellen, die über- oder unterwunden werden müssen
- eine andere Gruppe besuchen, dabei eine Treppe einbeziehen
- Objekte begrüßen, z. B. mit Hand, Fuß, Kopf, Po

**Rituale** geben den Kindern Orientierungen und damit Sicherheit. Sie ermöglichen Vertrauen in die bekannte Situation und tragen zur Selbstständigkeit bei. Rituale sollen leiten, führen, unterstützen und anregen – nicht disziplinieren. (Petillon, 1997, S. 294) Rituale finden regelmäßig statt und müssen von den Kindern verstanden werden.

Ideensammlung zu möglichen sinnvollen Bewegungsritualen:
*Bewegungsrituale im Tagesverlauf (zeitliche Funktion)*
- Bewegungslieder als Ritual zur Begrüßung oder Verabschiedung, vor und nach den Mahlzeiten, vor oder nach dem Mittagsschlaf (s. Abschnitt 2.3.4)
- Abklatschen bei der Begrüßung
- Tschüss Mama! (rückwärts in den Grätschstand gehen und durch die Beine winken)
- Bewegungsrituale vor bestimmten Abschnitten im Tagesablauf, z. B. vor dem nach draußen Gehen
- Hände waschen (jeden Finger einzeln waschen, mit Fingerspiel verbinden wie „Das ist der Daumen ...")
- Abräumen (gemeinsames Abräumen der Tische mit Lied verbinden)

*Bewegungsrituale für besondere Tage im Jahresverlauf*
- Geburtstagskind bekommt ein Bewegungslied gesunden, darf sich ein Bewegungsspiel wünschen, ein Glücksstein wird im Kreis herumgegeben und jeweils mit einem Wunsch für das Kind verbunden u. a.
- Bewegungs-/Sportveranstaltungen (s. Kapitel 4) werden als Rituale gepflegt, z. B. Oma-Opa-Tag, Sportolympiade, Familienwandertag, Begrüßung der Neuen, Sommerfest u. a.

*Bewegungsrituale mit sozialer Funktion*
- Beifall klatschen, Hochspringen und „Hurra" rufen, wenn etwas gelungen ist
- das Ende des Streites herbeirufen mit einem Bewegungsvers „Rechtes Bein, linkes Bein – jetzt wollen wir nicht mehr stinkig sein." (Domsgen, 2010)
- die Versöhnung mit einer Umarmung oder kleinen Verbeugung besiegeln
- bei kleinen Schmerzen (ohne ernsthafte Verletzung) bewegen alle gemeinsam z. B. ihre Hand und pusten
- Bitte-Danke-Spiel (um ein Spielzeug bitten und sich dafür bedanken – Moderation der Erzieherin notwendig)

*Bewegungsrituale mit psychischer Funktion*
- Aktivierung unterstützen (Minutenspiele, Bewegungslieder, Musikstopp – s. Abschnitt 2.3)
- zur Entspannung beitragen (Atemübung, Selbstmassage, Regenwetter – s. Abschnitt 2.4)

Spielformen zur Auflockerung können regelmäßig eingesetzt werden vor gemeinsamen Tätigkeiten, beim Übergang zwischen Tagesabschnitten, nach kognitiven Phasen, nach Bastelarbeiten im Sitzen oder dem Stillsitzen beim Vorlesen, wenn nach dem Spielen die Gruppe wieder zusammengefasst wird oder bei Festen und Feiern. Wunschbewegungsspiele sollten zu Ritualen bei Geburtstagsfeiern gehören. Erstrebenswert ist, dass die Kinder altersentsprechend Spielformen zur Auflockerung und zur Koordinationsschulung selbstständig in den Tagesablauf integrieren.

## Medienempfehlungen:

Arndt, M. & Singer, W. (1981). *Fingerspiele und Rätsel für Vorschulkinder*. Berlin: Volk und Wissen.
Bäcker-Braun, K. (2009). *Die 50 besten Spiele für Unter-Dreijährige*. München: Don Bosco Verlag.
Bergmann, B. (2008). *Bewegung von Anfang an*. Berlin: Cornelsen Scriptor.
Blucha, U. & Schuler, M. (2009). *Geschichten zur Förderung der Grob- und Feinmotorik*. Freiburg: Herder.
Bundeszentrale für gesundheitliche Aufklärung (2002). *Lied & Bewegung* (mit CD). Köln: BzfA.

Döbler, H. & Döbler, E. (2018). *Kleine Spiele* (23. Aufl.). Mühlheim an der Ruhr: Verlag an der Ruhr.
Erkert, A. (2004). *Bewegungsspiele für Kinder. Körpererfahrung und Bewegungsförderung für jeden Tag* (2. Aufl.). München: Don Bosco Verlag.
Ferber, D. & Steffe, S. (2010). *Sing, klatsch & spring*. Münster: Ökotopia.
Grueger, C. & Horn, R. (2008*). Turnzwerge ganz groß*. (mit CD). Lippstadt: Kontakte Musikverlag.
Hering, W. & Jekic, A. (2003). *Musik mit den ganz Kleinen*. Reinbek: Rowohlt.
Hering, W. (2010*). Kunterbunte Bewegungshits.* (mit CD). Münster: Ökotopia.
Herm, S. (2006). *Psychomotorische Spiele für Kinder in Krippen und Kindergärten* (12. Auf.). Berlin: Cornelsen Scriptor.
Horn, R. (2015a). *Meine Jahreszeiten-Hits*. (mit CD). Lippstadt: Kontakte Musikverlag.
Jöcker, D. (o. J.). *Singen & Bewegen* (mit CD/DVD). Teil 1 und Teil 2. Münster: Menschenkinder Verlag.
Kleikamp, L. & Jöcker, D. (o. J.). *1, 2, 3 im Sauseschritt* (mit CD/MC). Münster: Menschenkinder Verlag.
Kreusch-Jacob, D. (1999). *Musikerziehung* (3. Aufl.). München: Don-Bosco-Verlag.
Kreusch-Jacob, D. (2001). *Das Musikbuch für Kinder* (11. Aufl.). Mainz u. a.: Schott.
Mühlenberg, G. (2010). *Budenzauber*. Münster: Ökotopia.
Preußler, O., Stigloher, R. & Probst, R. (1998). *Eins, zwei, drei im Bärenschritt*. Stuttgart: Thienemann.
Reuys, E. & Viehoff, H. (2009a). *Wir klatschen, singen, tanzen* (2. Aufl.). München: Don Bosco Verlag.
Reuys, E. & Viehoff, H. (2009b). *Wir krabbeln, klettern, hüpfen*. München: Don Bosco Verlag.
Singerhoff, L. & Stiefenhofer, M. (2010). *Finger- und Bewegungsspiele für Krippenkinder*. Freiburg: Herder.
SMK. (Hrsg.). (2014). *Spiel & Spaß. Eine Sammlung für die Hosentasche*. Dresden: SMK. Zugriff am 3. März 2021 unter https://publikationen.sachsen.de/bdb/artikel/22796
SMS (Staatsministerium für Soziales und Verbraucherschutz). (2016). *Spiele vor der Haustür* (6. Aufl.). Zugriff am 17. April 2021 unter https://publikationen. sachsen.de/bdb/artikel/11338
Unfallkasse Sachsen (o. J.). *Bewegung bringt's! 100 kleine Spielideen*. Meißen: Unfallkasse Sachsen. Zugriff am 3. März 2021 unter https://www.uksachsen.de/kita.
Vahle, F. (1996). *Hupp Tsching Pau. Bewegungsliederbuch*. Weinheim, Basel: Beltz.
Vopel, K.W. (1996). *Von Kopf bis Fuß. Bewegungsspiele für Kinder 1 – 5*. Salzhausen: Iskopress.
Zimmer, R. (2015). *Kreative Bewegungsspiele*. Freiburg: Herder.

## 2.3.1 Spiel- und Bewegungsformen

Für diesen Abschnitt wurden im 1. Teil Spiel- und Bewegungsformen gewählt, die mit Körperteilen ausgeführt werden. Feinmotorische Übungen mit den Fingern, den Füßen oder der Gesichtsmuskulatur erweisen sich als besonders aktivierend (Dickreiter, 1997, S. 16), da diese Körpergebiete einen ausgedehnten Umfang an Feldern der motorischen Hirnrinde einnehmen. Weitere Spiel- und Bewegungsformen beziehen Alltagsmaterialien wie z. B. Korken, Pappdeckel oder Tücher mit ein oder konzentrieren sich auf die Zusammenarbeit mit einem Partner. Vor allem motivationale Aspekte begründen diese Auswahl.

Alle Spiel- und Bewegungsformen dienen der Förderung der sinnlichen Wahrnehmung und können die Haltungs- und Koordinationsschulung unterstützen.

*Methodisch-organisatorische Hinweise:*
- Die Übungsformen sind nach wenigen Durchgängen zu verändern (s. Abschnitt 1.5).
- Die Kinder sollen angeregt werden, vorwiegend in Partnerarbeit selbst neue Übungen oder Variationen zu finden.
- Beim Üben möglichst die Fenster öffnen.
- Zur Fußgymnastik sind die Schuhe auszuziehen.

## 2.3 Spielformen zur Auflockerung und Koordinationsschulung

### Spiel- und Bewegungsformen mit Körperteilen (Finger, Füße, Gesicht)

*Fingerspiele*

**Fünf Gespenster** (Krippe)
| | |
|---|---|
| Fünf Gespenster | *ganze Hand zeigen* |
| hocken vor dem Fenster. | |
| Das erste schreit: „Haaaaaa!" | *Daumen hochspreizen* |
| Das zweite heult: „Hoooooo!" | *Zeigefinger usw.* |
| Das dritte brummt: „Huuuuuu!" | |
| Das vierte lacht: „Hiiiiii!" | |
| Das fünfte schwebt zu dir herein und flüstert: | *Faust ballen* |
| „Woll'n wir Freunde sein?" | |
| (Kreusch-Jacob, 2001, 26) | |

**Meister Däumeling** (Krippe, Kiga)
| | |
|---|---|
| Das ist der Meister Däumeling, | *Jeden Finger einzeln aufrichten.* |
| das ist der Meister Zeigeling, | *Der kleine Finger tippt der Reihe nach* |
| das ist der Meister Mitteling, | *alle Fingerspitzen an.* |
| das ist der Meister Ringeling, | |
| das ist der kleine Schnickschnack, | |
| sagt allen vieren „Guten Tag". | |
| (überliefert) | |

**Fünf Zwerge** (Kiga)
| | |
|---|---|
| Da droben auf dem Berge, | *Hand hochhalten* |
| da ist der Teufel los, | *mit den Fingern zappeln* |
| da zanken sich fünf Zwerge | |
| um einen dicken Kloß. | |
| Der erste will ihn haben, | *Daumen* |
| der zweite lässt ihn los, | *Zeigefinger* |
| der dritte fällt in'n Graben, | *Mittelfinger* |
| dem vierten platzt die Hos, | *Ringfinger* |
| der fünfte schnappt den Kloß | *kleiner Finger* |
| und isst ihn auf mit Soß! | *schmatzen* |
| (überliefert) | |

**Das ist der Kleine** (Kiga)
Das ist der Kleine,
kann gar nichts alleine.
Der trägt den Ring,
das blitzende Ding.
Genau in der Mitte
steht immer der Dritte.
Dem ist zu eigen,
auf etwas zu zeigen.
Doch der Daumen verschafft
der Hand erst die Kraft.
Was jeder für sich nicht erreicht –
gemeinsam geht es leicht.
(Arndt & Singer, 1981, S. 74)

*Eine Faust nach und nach öffnen,
d. h. die einzelnen Finger strecken,
mit dem kleinen Finger beginnen,
dann Ringfinger usw.*

*Zuletzt die Faust wieder schließen
und den Daumen darüberlegen.*

**Fünf Finger** (Kiga)
Zum Däumchen sag ich eins,
zum Zeigefinger zwei,
zum Mittelfinger drei,
zum Ringfinger vier,
zum kleinen Finger fünf!
Hab alle ins Bettlein schlafen gelegt,
still, dass keines sich mehr regt!
(Arndt & Singer, 1981, S. 64)

*Die Finger, mit dem Daumen beginnend,
bis zum kleinen Finger einzeln der Reihe nach zeigen.*

*Eine Hand in die andere legen und umschließen ("Bettlein").*

**Zehn Finger haben wir** (Kiga)
Eins, zwei, drei, vier, fünf,
sechs, sieben, acht, neun, zehn.
Zehn Finger haben wir
an beiden Händen hier.
Seht, wie sie fröhlich sind.
Sie spielen mit jedem Kind,
beugen und strecken sich,
grüßen sich freundschaftlich,
legen sich Hand in Hand,
falten sich gewandt.
Wollen nun nichts mehr tun,
nur noch im Bettchen ruhn.
(Arndt & Singer, 1981, S. 76)

*Die einzelnen Finger jeweils strecken oder beugen im Wechsel.*

*Bei „legen" eine Hand in die andere legen.*

*Bei „Bettchen" beide Hände an die Wange schmiegen.*

## 2.3 Spielformen zur Auflockerung und Koordinationsschulung

*Mit den Füßen spielen*

| Spielidee | Varianten |
|---|---|
| **Spiele mit den Füßen** (Krippe) <br> Es wird mit den Füßen (barfuß) im Sitzen gewunken, auf den Boden geklopft, Beifall geklatscht. | ■ ein (Hand-)Tuch anheben <br> ■ weiche und harte (kalte und warme) Dinge erfühlen <br> ■ mit einer Zeitung rascheln, diese zerreißen |
| **Radeln** (Krippe, Kiga) <br> Auf dem Boden liegend „radeln" alle Kinder einen Berg hinauf und wieder hinunter. | ■ eine „Radtour" mit Bergen, Kurven u. a. als Bewegungsgeschichte ausführen |
| **Die Füße spielen Ball** (Kiga, Hort) <br> Mit den Füßen (Schuhe ausziehen) wird zuerst eine Zeitung zusammen- und wieder auseinandergefaltet. Dann wird das Zeitungsblatt mit den Füßen zusammengeknüllt und dieser Ball einem Partner zugespielt. Es kann auch versucht werden, mit dem Ball in ein Ziel (z. B. einen Eimer) zu treffen. | ■ Abstände verändern <br> ■ bei einem Treffer mit den Füßen Beifall klatschen <br> ■ den Knüllpapierball und auch andere kleine Gegenstände (Klammern, Nüsse u. a.) zu den Mitspielern weitergeben <br> ■ mit einem Stift, der zwischen die Zehen geklemmt wird, auf die Zeitung einen Ball oder anderen Gegenstand malen <br> ■ die Zeitung mit den Füßen greifen und sich zuwinken |
| **Die Füße turnen\*** (Kiga, Hort) <br> Barfuß werden folgende Übungen ausgeführt: <br> ■ Füße fest zusammenkrallen und dann spreizen <br> ■ Fußspitzen kräftig anziehen und wieder strecken <br> ■ mit den Füßen kreisen <br> ■ mit einem Seil Buchstaben und Ziffern legen <br> ■ ein Seil verknoten und wieder öffnen | ■ Übungen (wenn möglich) auch wechselseitig ausführen |

*Übungen für die Gesichtsmuskulatur*

| Spielidee | Varianten |
|---|---|
| **Ich bin ein Clown!** (Krippe)<br>Die Kinder stehen vor einem möglichst großen Spiegel. Sie ziehen Grimassen (Gesicht zusammenziehen, Stirn runzeln, Nase rümpfen, Lippen unterschiedlich formen u. a.). Mit den Füßen und Händen führen sie lustige Bewegungen aus. Sie erkennen den Nachbarn als einen weiteren Clown. (Kaiser, 2010) | ■ Ich bin ein Tiger (brüllen, Zähne fletschen, mit den Händen die Tatzen imitieren). |
| **Von Kopf bis Fuß** (Krippe)<br>Die Stirn bewegt sich rauf und runter.<br>Die Augen zwinkern frech und munter.<br>Der Mund, der wandert kreuz und quer.<br>Der Kopf, der wackelt hin und her.<br>Die Schultern drehen große Kreise.<br>Die Hände klatschen ganz, ganz leise.<br>Die Füße stampfen ohne Ruh.<br>Steht nun still und macht die Augen zu.<br>(Bläsius, 2007, S. 20) | ■ Kinder stehen oder sitzen und führen entsprechende Bewegungen aus. |
| **Lippenstift** (Krippe, Kiga)<br>Vor einem Spiegel stehend ziehen die Kinder mit der Zunge wie mit einem Lippenstift die Konturen der Lippen nach (Zimmer, 2009, S. 130). | ■ weitere Bewegungsformen mit der Zunge und den Lippen suchen |
| **Mein Lieblingsessen** (Kiga)<br>„Stellt euch vor, Mutti hat euer Lieblingsessen gekocht!" Die Kinder sollen ohne zu sprechen nur mit dem Gesicht ihre Reaktionen ausdrücken. Mögliche mimischen Anregungen: | ■ Augen weit aufreißen und evtl. kreisen<br>■ mit den Lippen ein „O" formen<br>■ mit der Zunge schnalzen und schmatzen<br>■ die Lippen mit der Zunge ablecken<br>■ nach dem Essen kräftig gähnen |
| **Grimassen schneiden*** (Kiga, Hort)<br>Jeweils zwei Kinder lehnen sich über ihre Stuhllehne (zueinander gedreht). Eines schneidet Grimassen und das andere Kind ahmt diese als „Spiegel" nach. | ■ Gesicht zusammenziehen, Stirn runzeln<br>■ Nase rümpfen, zusammenziehen<br>■ Wangenmuskeln bewegen, mit den Ohren wackeln<br>■ Lippen unterschiedlich formen<br>■ Augen in alle Richtungen schweifen lassen<br>■ Lieblingsgrimasse zeigen<br>■ den Grimassen ein passendes Gefühl zuordnen |
| **Grimassen Jagd** (Kiga, Hort)<br>Bei diesem Fangspiel können sich die Spieler vor dem Fänger retten, indem sie ihm eine Grimasse schneiden und so stehenbleiben. Sie sind erst erlöst, wenn ein anderes Kind die Grimasse vor ihm nachahmt. (Drescher, 2015, S. 5) | ■ in Kleingruppen spielen |

## 2.3 Spielformen zur Auflockerung und Koordinationsschulung

| Spielidee | Varianten |
| --- | --- |
| **Die Zunge turnt*** (Kiga, Hort)<br>Mit der Zunge könnt ihr folgende Bewegungen ausführen:<br>schnalzen, schmatzen, Lippen ablecken, Zunge einrollen oder herausstrecken, gegen die Zähne drücken | ▪ paarweise spielen<br>▪ nach weiteren Übungen suchen |

**Spiel- und Bewegungsformen mit Alltagsmaterialien**
(Klammern, Luftballons, Korken, Pappdeckel, Tücher, Stühle, Naturmaterialien u. a.)

| Spielidee | Varianten |
| --- | --- |
| **Auf der Linie** (Krippe)<br>Die Kinder kriechen/gehen auf einer Linie (im Bodenbelag) entlang. Sie springen über die Linie oder versuchen, auf der Linie mit beiden/einem Bein zu stehen. | ▪ beim Gehen Spielzeug/Bälle transportieren<br>▪ rückwärts gehen |
| **Rutschen** (Krippe)<br>Die Teppichfliesen werden mit kleinen Abständen im Raum verteilt. Die Kinder sollen sich einen Weg suchen, damit sie sich um bzw. von Fliese zu Fliese (ältere Kinder) bewegen können. | ▪ Abstände verändern<br>▪ Fliesen können auch umlaufen werden<br>▪ sich auf bestimmte farbige Fliesen stellen |
| **Von Stein zu Stein** (Kiga)<br>Runde Pappdeckel werden im Raum verteilt und erst einmal mehrfach umlaufen. Dann stellen die Kinder sich einen Bach vor. Die Pappdeckel sind die Steine, die Kinder hüpfen von Stein zu Stein. Wer daneben tritt, bekommt nasse Füße. | ▪ Pappdeckel neu im Raum verteilen und damit die Abstände verändern<br>▪ Hort: mit Seilen einen Fluss markieren und die Pappdeckel hineinwerfen, darauf den Fluss sicher überqueren (oder von einer Seite des Raumes auf die andere gelangen) |
| **Klammermeer** (Kiga, Hort)<br>Im Flur/auf einem Weg werden viele Klammern beliebig verteilt. Die Kinder versuchen, das Klammermeer zu durchqueren, ohne eine Klammer zu berühren. | ▪ Fortbewegungsart verändern, z. B. laufen, springen, Vierfüßlergang, Krebsgang (Klaus, 2007)<br>▪ am Spielende die Klammern blitzschnell von allen aufsammeln |
| **Spiele mit der Decke** (Krippe)<br>Nacheinander kriechen die Kinder quer durch das Zimmer zur Decke und setzen/legen sich drauf. Haben alle Platz? | ▪ unter die Decke hocken<br>▪ gemeinsam einen auf der Decke liegen und einen Softball hin und her rollen<br>▪ Luftballons und danach einen Softball mithilfe der Decke fliegen lassen, Unterschiede wahrnehmen<br>▪ sich von zwei Erwachsenen auf der Decke schaukeln lassen |

| Spielidee | Varianten |
|---|---|
| **Seifenblasen fangen** (Krippe)<br>Die Erzieherin pustet Seifenblasen. Die Kinder versuchen, diese zu fangen. | ■ Die Seifenblasen werden von einem älteren Kind gepustet.<br>■ Eine Seifenblase fliegt aus dem Fenster und alle winken ihr nach. |
| **Schwänzchenjagd** (Krippe, Kiga)<br>Voraussetzung ist das sichere Laufen. Jedes Kind bekommt einen Wollfaden/Luftschlange als „Schwänzchen" in den Hosenbund gesteckt, der bis zum Boden reicht. Durch darauf Treten oder Herausziehen versucht jeder, „Schwänzchen" zu erjagen. | ■ am Anfang nur mit einem „Schwänzchen" spielen |
| **Flieg mein Vögelchen, flieg!** (Krippe, Kiga)<br>Jedes Kind versucht, sein Tüchlein möglichst hoch zu werfen und wieder zu fangen. (Kaiser, 2010) | ■ Stoffe mit unterschiedlichen „Flugeigenschaften" verwenden (Taschentücher, Servietten, Stoffreste)<br>■ Lied „Kommt ein Vogel geflogen" dazu spielen<br>■ Tüchlein aufs Gesicht legen und hochpusten |
| **Bleib in der Luft!**\* (Kiga, Hort)<br>Jedes Kind hat einen Luftballon, der soll möglichst lange in der Luft gehalten werden, indem er mit den Fingern, der Hand, dem Unterarm, dem Ellenbogen, der Nase, dem Kopf, dem Knie, dem Fuß gespielt wird. | ■ zwischendurch in die Hocke gehen, sich setzen, eine Drehung ausführen, einen Schuh ausziehen<br>■ den Luftballon so lange wie möglich in der Luft halten, ein Partner macht (ohne Luftballon) alle Übungen des Partners nach<br>■ mit einem Partner möglichst viele Zuspiele schaffen<br>■ s. o. im Sitzen über ein zwischen zwei Stühlen gespanntes Seil spielen<br>■ in Kleingruppe mehrere Luftballons in der Luft halten<br>■ den Luftballon an eine Wand werfen, sich drehen und ihn wieder fangen<br>■ m Freien Luftballon im Fortbewegen treiben |

## 2.3 Spielformen zur Auflockerung und Koordinationsschulung

| Spielidee | Varianten |
|---|---|
| **Luftballon schlagen** (Hort) Zwei Mannschaften stehen sich an Linien gegenüber. Der Spielleiter wirft in die Mitte der beiden Gruppen einen Luftballon. Die Kinder versuchen nun, den Luftballon hinter die Linie der gegnerischen Mannschaft zu schlagen. Dabei dürfen sie jedoch ihre Linie nicht übertreten. (Idee: Vogel & Wolowski) | ■ mehrere Luftballons |
| **Kissen tragen** (Krippe) Zuerst werden die Kissen auf der Hand balanciert. Dann werden die Kissen von den Kindern beim Gehen auf dem Kopf oder beim Kriechen auf dem Rücken durch den Raum getragen. Sie sollen möglichst nicht herunterfallen. | ■ Hindernisse einbauen ■ zum Abschluss die Kissen im Raum verteilen und darüber springen ■ Plasteschüsseln auf dem Kopf als „Helme" balancieren ■ Gegenstände beim Aufräumen auf dem Kopf transportieren |
| **Kellner** (Krippe) Die Kinder transportieren auf einem Brettchen kleine Gegenstände, z. B. Bausteine, durch das Zimmer. | ■ Wie oft wird die Strecke geschafft, ohne dass der Gegenstand herunterfällt? ■ Zwei Kinder tragen ein Brettchen gemeinsam. |
| **Joghurtbecher balancieren** (Kiga, Hort) Jedes Kind bekommt ein bis drei runde Joghurtbecher. Nun werden verschiedene Bewegungsaufgaben gestellt. Die Becher können auf den Händen der ausgebreiteten Arme balanciert werden, es muss dabei ein bestimmter Weg zurückgelegt werden. Ist dies geschafft, kann der dritte Joghurtbecher zusätzlich auf dem Kopf balanciert werden. | ■ auf Seilen/Klebestreifen mit einem (zwei, drei) Joghurtbechern auf ausgewählten Körperteilen (Hand, Unterarm, Kopf) balancieren ■ mit den Bechern auf der Hand ein gespanntes (niedriges) Seil oder ein anderes kleines Hindernis überqueren ■ Wer schafft es, mit drei Bechern die vorgegebene Strecke zurückzulegen? |
| **Ziele treffen** (Krippe) Die Kinder versuchen zuerst, die Materialien in einen Reifen/auf eine Decke zu rollen, so dass sie darauf liegen bleiben. Später wird mit unterschiedlichen Materialien versucht, einen Karton/Korb/Eimer u. a. zu treffen. | ■ Materialien: Softball, Wollknäuel, Knüllpapierball ■ die Gegenstände zuerst mit dem Ball nur umrollen ■ farblich unterschiedliche Ziele treffen („Rollt den Ball in das rote Ziel!") |
| **Zielwerfen** (Kiga, Hort) Es wird mit unterschiedlichen Materialien versucht Ziele zu treffen. Materialien: Softball, Wollknäuel, Knüllpapierball, Klammern, Korken u. a. | ■ Ziele in Überkopfhöhe oder in Kopfhöhe (z. B. hängende Reifen) ■ Ziele am Boden (Eimer, Korb, Kegel, Karton, senkrecht gehaltene Reifen) ■ auch mit den Füßen schießen ■ Abstände zum Ziel und Wurfgerät verändern ■ im Freien auch mit Naturmaterialien (Tannenzapfen, Eicheln, Kastanien) Baumstämme u. a. treffen ■ beidseitig üben ■ auf eine am Boden liegende Zeitung treffen (nach jedem gelungenen Versuch die Zeitung einmal zusammenfalten) |

| Spielidee | Varianten |
|---|---|
| **Korkenregen*** (Kiga, **Hort**)<br>Jedes Kind hat einen Korken. Dieser wird hochgeworfen und dann wieder gefangen. | ■ vor dem Fangen in die Hände klatschen<br>■ im Freien auch mit Naturmaterialien üben, z. B. Eicheln, kleine Stöckchen |
| **Wettbewerb der Steine** (Hort)<br>Jeder Spieler sucht sich zehn kleine Steine. Der große Stein liegt ca. fünf Meter von der Wurflinie entfernt. Nun versucht jeder Spieler, einen seiner Steine so nah wie möglich an den großen zu werfen. Wer es am nächsten schafft, darf alle übrigen Steine einsammeln. Hat einer keine Steine mehr, so ist das Spiel zu Ende. | ■ Distanz zwischen Stein und Wurflinie vergrößern<br>■ andere Wurfgeräte verwenden, z. B. Murmeln, Pappdeckel<br>■ Anstatt des großen Steines kann ein Eimer aufgestellt werden. Wer ihn trifft, darf alle Steine einsammeln oder es werden Punkte für die Treffer vergeben. (Idee: Herzog & Vollstädt) |
| **Tücherball** (Kiga, **Hort**)<br>Ein Geschirr- oder Handtuch wird verknotet, dann als Tücherball in die Luft geworfen und wieder gefangen. Anschließend kann dieser Ball paarweise oder in den Gruppen zugespielt werden.<br><br>Hort: Das verknotete Tuch wird auf ein zweites Tuch gelegt, das zwei Kinder an den vier Ecken halten. Mit dem Tuch wird der „Ball" vorsichtig nach oben geschleudert und wieder aufgefangen. | ■ Abstände verändern, andere Geräte verwenden, z. B. Bohnensäckchen<br>■ Eine Decke wird von mehreren Kindern gefasst und ein Softball gespielt.<br><br>■ Zwei Paare spielen sich ein Gerät/ zwei Geräte zu.<br>■ Mehrere Paare bilden eine Reihe und spielen das Schleudergerät von Tuch zu Tuch bis ans Ende. |
| **Drüber und drunter** (Krippe)<br>Aus den unterschiedlichen Materialien wird eine Strecke mit Hindernissen aufgebaut, durch die zuerst in eine bestimmte Bewegungsrichtung gekrochen, um die gelaufen/gehüpft, über die gestiegen werden soll. | ■ Hindernisse: Stühle, Tische, Kartons u. a.<br>■ die (älteren) Kinder in den Aufbau der Hindernisse einbeziehen<br>■ Bewegungsrichtung ändern |
| **Stühle als Hindernisse*** (Kiga, Hort)<br>Die Kinder gehen zwischen den Stühlen entlang und berühren jeden Stuhl jeweils mit einer Hand, einer Ellenbogenspitze, einem Fuß u. a. Auf ein Signal des Spielleiters erfüllen sie eine Aufgabe, z. B. sich paarweise auf einen Stuhl setzen oder zu zweit einen Stuhl anheben. | ■ auch rückwärts oder seitwärts gehen<br>■ einen Partner, der die Augen schließt, mit Handfassung durch die Stühle führen<br>■ s. o., Stellung der Stühle verändern (leicht versetzt oder als Kreis aufstellen)<br>■ Softbälle um und durch die Stühle rollen<br>■ mit Stühlen und Decken einen „Stuhltunnel" bauen und durchkriechen<br>■ durch Lehne und Stuhl kriechen (wenn möglich) |

| Spielidee | Varianten |
|---|---|
| **Hindernisparcours** (Kiga, Hort)<br>Die Kinder bauen aus Stühlen, Tischen, Hockern u. a. im Raum eine Hindernisstrecke. Aufgabenstellung ist, diese so aufzustellen, dass sie ohne auf den Boden treten zu müssen, überwunden werden kann. | ■ im Sportraum<br>■ in Verbindung mit einer Geschichte, z. B. aus „Pippi Langstrumpf" |
| **Stuhlspiele** (Kiga, Hort)<br>In Kreisaufstellung stehen die Kinder hinter ihrem Stuhl und kippen diesen leicht nach hinten. Auf ein Zeichen gehen alle schnell einen Platz im Kreis weiter, ohne dass die Stühle umfallen, ähnlich dem Spiel „Der Stab fällt" (SMK, 2014, S. 99). | ■ Mein rechter, rechter Platz ist leer<br>■ Stuhlpolonaise<br>■ Hundehütte (unter Stuhl kriechen)<br>■ Wechselt das Bäumlein! Wer hat kein Haus?<br>■ Plätze wechseln<br>■ Stuhlrutschen (Beschreibungen in Döbler & Döbler, 2018) |

**Spiel- und Bewegungsformen mit einem Partner**

Viele der bisher vorgestellten Formen können und sollten mit einem Partner oder in einer Kleingruppe ausgeführt werden. Folgende weitere Spielformen sind möglich (nach Ideen von Arl, 2007):

| Spielidee | Varianten |
|---|---|
| **Schieben** (Krippe)<br>Ein Kind sitzt auf einer Teppichfliese und wird vom (älteren) Partner geschoben oder gezogen. | ■ Hindernisse einbauen<br>■ mehrere Kinder schieben/ziehen bzw. sitzen<br>■ auf ein Fahrzeug setzen |
| **Gemeinsam tragen** (Krippe)<br>Zwei Kinder fassen ein Tuch, legen einen Ball darauf und tragen diesen bis zu einem Karton. In diesen lassen sie den Ball fallen. | ■ mehrere Kinder fassen an<br>■ jüngere Kinder transportieren zu zweit nur einen Ball o. Ä. |
| **Ball zurollen** (Krippe)<br>Zwei Kinder sitzen sich im Grätschsitz gegenüber und rollen sich einen Ball zu. | ■ Abstand vergrößern<br>■ im Stand mit dem Fuß den Ball rollen<br>■ als Kennlernspiel dabei den Vornamen nennen |
| **Auto mit Hänger** (Krippe, Kiga)<br>Ein Kind fährt als „Auto" durch den Raum. Der Partner hängt sich mit Hand- oder Hüftfassung an. | ■ Hindernisse umfahren<br>■ eine „Eisenbahn" mit mehreren Wagen bilden |
| **Schieb den Stein weg!** (Kiga, Hort)<br>Ein Kind kauert sich am Boden zusammen. Ein anderes Kind versucht diesen „Stein" durch Schieben oder Drücken mit den Händen vom Fleck zu bewegen. | ■ Partnerwechsel |
| **Roll den Partner weg!** (Kiga, Hort)<br>Ein Kind legt sich ausgestreckt auf den Boden. Der Partner rollt das Kind nun vorsichtig herum. | ■ Findet heraus, wie sich der Partner am leichtesten rollen lässt!<br>■ Das am Boden liegende Kind soll sich lang machen oder die Arme bzw. die Füße anziehen |

| Spielidee | Varianten |
|---|---|
| **Reiterkampf** (Kiga, Hort)<br>Jeweils zwei Kinder haben die Arme verschränkt und stehen sich auf einem Bein gegenüber. Sie hüpfen aufeinander zu und versuchen, sich gegenseitig aus dem Gleichgewicht zu bringen. | ■ sich einen neuen Partner suchen |
| **Lass die Füße tanzen!** (Kiga, Hort)<br>Ein Kinderpaar fasst sich in Gegenüberstellung auf die Schultern. Nun versuchen sie, sich gegenseitig auf die Füße zu treten. | ■ sich einen neuen Partner suchen |
| **Spiegelbild*** (Kiga, Hort)<br>Jeweils zwei Kinder stehen sich gegenüber. Ein Kind führt verschiedene Bewegungen aus. Sein „Spiegelbild" ahmt diese Bewegungen möglichst gut nach. | ■ Verbindung mit bewegten Lernsituationen (s. mathematischer Bildungsbereich, Beispiel Spiegelturnen)<br>■ Schattenbild (ein Partner läuft als Schatten hinterher) |
| **Fest verbunden** (Kiga)<br>Je zwei Kinder fassen eine Ecke/zwei Ecken eines Tuches und sind so fest verbunden. Dann bewegen sie sich gemeinsam durch den Raum. Wenn sich zwei Paare begegnen, bildet eines mit dem Tuch einen Tunnel, das andere Paar kriecht durch. | ■ Höhe des Tunnels variieren<br>■ mit dem Tuch zu zweit wie ein Tau ziehen<br>■ dem Partner das Tuch über den Kopf legen (oder damit die Augen verbinden) und ihn vorsichtig durch den Raum führen |
| **Fahrschule** (Kiga)<br>Ein Kind fasst den Partner auf die Schultern oder um die Hüfte. Nun klatscht die Erzieherin mit den Händen (Klanghölzer, Trommel) einen Rhythmus. Jedes Schlagen symbolisiert einen Schritt. Dabei sollen beide Kinder eines Paares den gleichen Rhythmus finden. | ■ den Raum verengen<br>■ durch das Gebäude fahren<br>■ drei Kinder in einem Reifen üben (Anpassen der Bewegungen notwendig) |
| **Pferd und Kutscher** (Kiga, Hort)<br>Ein Kind (Kutscher) fängt sich mit seinem Reifen/Seil ein Pferd und lässt es kreuz und quer galoppieren. Auf ein Signal hin bleiben die Pferde stehen und der Kutscher fängt sich mit dem Reifen/Seil ein neues Pferd. | ■ Ein Kutscher lenkt zwei Pferde (im Sportraum oder im Freien). |

**Minutenspiele**

Folgende Spielformen werden eine Minute (evtl. 3 x 20 Sekunden) lang ausgeführt: (Auswahl altersgerecht treffen)

| Laufen: | auf der Stelle laufen und dabei die Knie ganz weit nach vorn oben führen oder die Fersen bis zum Gesäß bringen |
|---|---|
| Kirschen pflücken: | wechselseitig mit den Armen nach oben greifen, als ob Kirschen gepflückt werden |
| Hampelmann: | mehrmals aus dem Stand in die Grätsche hüpfen und dabei über dem Kopf die Hände zusammenklatschen |
| Flummi: | so beweglich wie ein Flummi-Ball die Arme, Beine und Hände ausschütteln |

| | |
|---|---|
| Boxer: | mit beiden Fäusten kräftig nach oben über den Kopf, nach unten, nach vorn und zur Seite boxen |
| Radfahrer: | sitzend Beine in die „Pedalen" treten, durch begleitenden Text das Tempo variieren, z. B.: „Jetzt geht es einen steilen Berg nach oben und wir müssen uns mächtig anstrengen." |
| Springen am Ort: | ■ Schlusssprünge vor- und rückwärts, seitwärts nach links und rechts<br>■ Schlusssprünge alle klatschen gemeinsam einen Rhythmus, z. B. vor – rück – links – rechts<br>■ Grätschsprünge und Überkreuzsprünge im Wechsel |
| Überkreuz-Bewegung: | mit der rechten Hand an dem linken Ohr ziehen, auf die linke Schulter klopfen, auf den linken Oberschenkel patschen usw. – alles widergleich |
| Boogie: | wechselseitig linkes Knie und rechten Arm anwinkeln und hüpfend zueinander führen |
| Twist: | im Hüpfen Oberkörper und Beine entgegengesetzt drehen |
| Stehaufmännchen: | aus der tiefen Hocke ganz langsam nach oben „wachsen" bis in den Ballenstand und sich dann langsam wieder zurück bewegen |
| Katzenbuckel: | den Kopf weit nach vorn beugen und dabei den Rücken ganz rund machen, anschließend sich in eine bewusste aufrechte Haltung strecken (langsame und exakte Ausführung) |
| Storch: | auf einem Bein stehen, evtl. mit den Armen schwingen |
| Körperwaage: | beide Arme nach vorn strecken, ein Bein nach hinten hochbringen |
| Streckender Löwe: | im Vierfüßlerstand den linken Arm nach vorn strecken und das linke Bein nach hinten |
| Kamel: | Fersensitz (Beine leicht geöffnet) und Handballen auf die Fußknöchel legen, Becken anheben und dann wieder entspannen |
| Schwierig! | mit einer Hand auf dem Bauch kreisen, mit der anderen auf den Kopf klopfen |
| Sternenhüpfen: | mit geschlossenen Füßen nach vorn und zurück, dann nach links und rechts hüpfen (Plüschke, 2020) |

## 2.3.2 Kleine Kunststücke

Kleine Kunststücke sind koordinativ anspruchsvoll. Sie ermöglichen aber auch Grenzen bei sich selbst auszutesten und damit eine individuelle Arbeitsweise.

Kreativität in Bezug auf den eigenen Körper und Bewegungslust werden gefördert (Sächsischer Bildungsplan, 2011 S. 48).

*Methodisch-organisatorische Hinweise:*
- Den Kindern müssen Zeit und inhaltliche Freiräume zum Erkunden der eigenen Möglichkeiten eingeräumt werden.
- Zum Ausprobieren weiterer Kunststücke sollte angeregt werden.
- Voraussetzung ist eine entspannte, angstfreie Atmosphäre.
- Um koordinative Wirkungen zu erzielen, sind Veränderungen notwendig (s. Abschnitt 1.5).

| Spielidee | Varianten |
|---|---|
| **Seiltänzer** (Kiga)<br>Die Kinder stellen sich mit einem Fuß möglichst lange auf eine aufgeklebt/aufgemalte Linie, ohne mit dem zweiten Fuß aufzutreten. | ■ davor eine Drehung ausführen<br>■ Zusatzaufgaben mit den Armen, z. B. kreisen<br>■ mit dem anderen Bein Figuren in die Luft zeichnen<br>■ im Ballenstand stehen<br>■ auf der Linie balancieren, dabei Arme in Seit- oder Hochhalte, bzw. auf den Rücken legen<br>■ vor- und rückwärts gehen |
| **Balancierstrecke** (Kiga)<br>Kleingruppen bauen sich Balancierstrecken aus Materialien, die sich im Zimmer befinden. Sie versuchen, die Strecke ohne Bodenberührung zu überwinden und helfen sich bei Bedarf. | ■ Materialien, z. B. zusammengerollte Decke, Kissen, Schuhe, Packungen mit Tempotaschentüchern, Telefonbuch, Pappdeckel, zerschnittene Tennisbälle<br>■ ohne Schuhe balancieren<br>■ evtl. rückwärts gehen<br>■ anderen Kleingruppen die Ideen zeigen und mit ihnen üben |
| **Das Gleichgewicht halten** (Kiga, Hort)<br>Möglichst lange sollen die Kinder bei den folgenden Aufgaben das Gleichgewicht halten: im Einbeinstand stehen, auf einer Linie stehen bzw. vor- und rückwärts balancieren oder eine selbst ausgedacht und aufgebaute Balancierstrecke überwinden. | ■ Arme vor dem Körper verschränken<br>■ Geräte transportieren (Ball u. a.)<br>■ Zusatzaufgaben mit den Armen ausführen<br>■ Augen schließen<br>■ zuvor drei Drehungen ausführen |
| **Kunststücke mit Luftballons** (Kiga, Hort)<br>Jedes Kind soll seinen Luftballon auf verschiedenen Körperteilen balancieren, z. B. flache Hand, Unterarm, Kopf, Knie. | ■ beim Balancieren langsam in die Hocke gehen und wieder aufrichten<br>■ dabei in einem Kreis/Reifen stehen und diesen nicht verlassen<br>■ auf einer ausgebreiteten Zeitung stehen und diese weiter zusammenfalten<br>■ beidseitig üben |
| **Dosenwerfen** (Kiga, Hort)<br>Die Kinder werfen mit einem Softball oder Tennisball auf eine „Dosenpyramide". | ■ unterschiedliche Wurfgeräte (Softball, Wollknäule, Bohnensäckchen, Tischtennisbälle) einsetzen<br>■ Abstände verändern<br>■ aus der Bewegung werfen (Gehschritt)<br>■ Bälle rollen (ähnlich Kegeln) |
| **Eimerball** (Kiga, Hort)<br>Kleingruppen stellen sich in einer Entfernung von ca. 2 Metern von einem Eimer auf (Abwurfzone markieren). Jedes Team erhält ca. zehn Bälle (Softbälle, Knüllpapierbälle, Wollknäule u. Ä). Aufgabe der Teams ist es, nun so schnell wie möglich die Bälle im Eimer zu „versenken". | ■ Wurfgeräte und Abstände verändern<br>■ als Wettbewerb durchführen<br>■ Je Team ein Kind hält den Eimer (vor der Brust oder in der rechten/linken Hand, halbhoch oder hoch). Es darf sich nur nach links oder rechts bewegen und damit das Treffen unterstützen. |

## 2.3 Spielformen zur Auflockerung und Koordinationsschulung

| Spielidee | Varianten |
|---|---|
| **Hampelmann** (Kiga, Hort) <br> Nach der Beobachtung der Funktionsweise eines Spielzeug-Hampelmannes versuchen die Kinder diesen nachzuahmen. Erfahrungsgemäß können Schwierigkeiten auftreten, denn die Bewegungen sind koordinativ anspruchsvoll. Dann könnten erst einmal Teilbewegungen (Arme, Beine) getrennt geübt werden, um anschließend zur Gesamtbewegung zu kommen. | ■ Das Tempo variieren. <br> ■ Ein Partner zieht am Spielzeug-Hampelmann, der andere führt die Bewegungen im gleichen Tempo aus. <br> ■ In einer Kleingruppe im gleichen Tempo die Hampelmänner turnen. |
| **Twister** (Kiga, Hort) <br> Der Zeiger wird von einem Kind gedreht. Zeigt er z. B. auf den linken aufgemalten Fuß und gelb, so stellt sich der Partner mit links auf einen gelben Farbpunkt. Kommt beim nächsten Drehen die rechte Hand und rot dazu, muss er (links weiter auf gelb stehend) die rechte Hand auf den roten Punkt legen usw. | ■ in vier verschiedenen Farben je fünf Punkte eng zusammenliegend aufkleben, Quadrat mit je zwei Händen und Füßen und in der Mitte ein Zeiger (Flasche zum Drehen) und außen die vier Farben |
| **Fang den Ball!** (Kiga, Hort) <br> Der Tennis-/Softball wird hochgeworfen und mit dem Trink- oder Joghurtbecher aufgefangen. | ■ mit Aufspringen des Balles auf dem Boden <br> ■ als Abpraller von der Wand <br> ■ zu zweit sich den Ball zurollen und Fangen durch Überstülpen des Bechers <br> ■ paarweise sich den Ball zuspielen und mit dem Becher fangen |
| **Auf dem Kopf balancieren** (Kiga, Hort) <br> Die Kinder suchen sich Gegenstände, die sie auf dem Kopf balancieren (Tücher, Kissen, Zeitungen, Schwämme, A4-Blätter, Becher, Decke, Bohnensäckchen u. a.) Zusätzliche Bewegungsaufgaben erschweren den Balanceakt, z. B. Drehungen, auf einem Bein stehen, in die Hocke gehen, Hochhüpfen oder in die Hände klatschen. | ■ den Gegenstand evtl. mit einer Hand sichern (vor allem bei jüngeren Kindern) <br> ■ Aufgaben stellen: Was könnt ihr zu zweit balancieren? <br> ■ Hintergrundmusik <br> ■ Gegenstände auf anderen Körperteilen balancieren (Hand, Arm, Fuß – dabei Beidseitigkeit beachten) <br> ■ Was könnt ihr auf dem Rücken tragen? (z. B. in Bankstellung Schuhkartons beladen und sich damit fortbewegen) |

| Spielidee | Varianten |
|---|---|
| **Spielzeug holen und wegräumen** (Kiga, Hort) Die Kinder verbinden den Transport des Spielzeuges mit kniffligen Übungen, die sich aus dem Schlüpfen in Rollen ergeben. (Posmyk, 2008) | <ul><li>auf dem Kopf transportieren</li><li>auf Zehenspitzen oder Fersen gehen</li><li>auf einem Bein oder in Schlusssprüngen hüpfen</li><li>Hindernis über-/unterwinden</li><li>wie die Indianer schleichen</li><li>im Krebsgang sich selbst zum Transporter machen, Vor- und Rückwärtsgang ausprobieren</li><li>wegen Hochwasser alles mit hochgehobenen Händen transportieren</li><li>wie ein großer Bagger zunächst die Teile in eine Richtung schieben (im Kniestand Körper und Arme lang machen, Rücken strecken) und dann „ab in die Kiste"</li></ul> |

### 2.3.3 Bewegungsgeschichten

Unter Bewegungsgeschichten verstehen wir kurze (ca. 3 Minuten) mündlich vorgetragene Erzählungen von realen oder fiktiven Ereignissen. Diese sollen das Interesse der Kinder ansprechen, unterhalten und vor allem zu Teil- möglichst zu Ganzkörperbewegungen animieren. Den Inhalt der Geschichten drücken die Kinder über selbst ausgedachte, spontane oder gemeinsam abgesprochene Bewegungen aus. (Müller, 2010a, S. 109)

*Methodisch-organisatorische Hinweise*
- Die Thematik sollte an den Erfahrungen und am Erleben der Kinder anknüpfen.
- Die Geschichten sollten Spannungselemente enthalten sowie optimistisch (und evtl. ruhig) ausklingen.
- Die Bewegungsformen sollten nur in der Anfangsphase vorgegeben und dann zunehmend von den Kindern selbst ausgedacht werden.
- Die Geschichten können durch Bilder oder durch Musik unterstützt werden.
- Während der Bewegungsgeschichte sind die Fenster zu öffnen. Die Erzieherin sollte selbst mitmachen – danach fällt auch ihr das Weiterarbeiten leichter.

**Wer kommt denn da daher?** (Krippe)
Ei, wer kommt denn da daher?
Ist das nicht ein dicker, runder Teddybär? *auf den Boden klopfen*
Oder sogar ein großer Elefant
aus einem fremden, fernen Land? *auf den Boden stampfen*
Nein, das ist 'ne kleine Maus
und sie sucht nach ihrem Haus! *mit Fingern auf den Boden tippen*
Ei, wo ist es denn nun hin?
Schnell sag's ihr doch! *Hände auf den Kopf legen*
Hier ist das kleine Mauseloch! *Kinder kitzeln an ihrem Bauch*
(Ullmann, 2010) *und zeigen mit dem Finger ihren Bauchnabel.*

## 2.3 Spielformen zur Auflockerung und Koordinationsschulung

**Bus fahren** (Krippe)
Ein Bus fährt – hup hup, ein Bus fährt – hup hup.  *im Kreis angefasst gehen*
Erst fährt er langsam wie 'ne Schnecke,  *langsam gehen*
dann rast er plötzlich um die Hecke,  *schnell rennen*
nun bremst er schnell mit einem Hieb  *plötzlich anhalten*
und fährt ganz langsam Schritt für Schritt.  *mit Kaffeebohnen gehen*
Ein Bus fährt – hup hup, ein Bus fährt – hup hup.  *im Kreis angefasst gehen*
(Ullmann, 2010)  *(Die Kleinsten sitzen in der Mitte.)*


**Pitsch und Patsch** (Krippe)
Pitsch und patsch, pitsch und patsch –  *mit Fingern ins Gesicht tippen*
der Regen macht die Nase nass.  *einmal auf die Nase zeigen*
Der Tropfen springt vom Mund zum Kinn  *auf Mund und Kinn tippen*
und hüpfen auch zu beiden Augen hin.  *auf jedes Auge zeigen*
Jetzt macht er einen riesen Satz –  *auf die Stirn tippen*
auf die Stirn, oh pitsch und patsch!
Nun rutscht er mit großer Eile auf den Bauch – das geht auch!  *mit dem Zeigefinger von der Stirn bis zum Bauch rutschen*
Mit viel Freude und Spaß,  *und bis auf den Boden*
rutscht er auf die Erde und macht sie nass!  *(Ullmann, 2010)*


**Bob der Baumeister** (Krippe)
Bob steigt in seinen großen Bagger (Baggi).  *Einsteigen nachahmen*
Danach setzt er den Bagger in Bewegung und fährt los.  *Geräusche imitieren, mit „Lenkrad" quer durch den Raum fahren*
Mit seinem Greifarm baggert er den Sand, hebt ihn hoch und lädt ihn auf der anderen Seite ab.  *Ball aus Karton o. Ä. greifen, ihn tragen/rollen und an einer anderen Stelle ablegen*
(Seifert, 2010)


**Unser Kätzchen Stuppsi** (Krippe, Kiga)
Schaut einmal, das ist Kätzchen Stuppsi.  *mehrmals Ball rollen und hinter-herlaufen*
Es ist noch klein und ganz verspielt, wacklig auf den Beinen. Am liebsten rollt es sich zusammen und kullert über die Wiese.
Das Kätzchen wächst schnell heran. Bald rennt es schon schneller.  *Ball kräftiger und weiter wegrollen*
Wir müssen ganz schön aufpassen, dass es nicht wegläuft. Nanu, wo ist es denn?  *Ball hinter Rücken verstecken*
Beim Spazierengehen springt es immer zwischen uns hin und her.  *Ball auf den Boden werfen, so dass er springt*
Am liebsten rennt es durch meine Beine.  *Bälle durch die gegrätschten Beine des Partners rollen und hinterherkriechen*

Nach dem langen Spaziergang springt es in unsere Arme und schläft beim Letzten ein. (Seifert, 2010)  *Bälle in die Spielkiste tragen*

### Tagesablauf (Kiga)

„Am frühen Morgen steht ihr auf und müsst euch  *strecken*
erst einmal ganz toll strecken.
Oh, ihr müsst euch beeilen, der Kindergarten ruft.
Schnell müssen die Sachen angezogen und die Schuhe  *anziehen*
gebunden werden."  *bücken*
Gemeinsam wird mit den Kindern gesucht, wie der
Tagesablauf weitergehen könnte.


### Das Auto (Kiga)

Die Kinder erhalten einen Stab oder einen Reifen als Lenkrad. Die Erzieherin erzählt eine Geschichte über einen Ausflug mit dem Auto. Die Kinder bewegen sich entsprechend der Geschichte im Raum und ahmen Autogeräusche nach. Es kann auch mit Ampelsignalen gearbeitet werden (roten Gegenstand anheben – stopp, grüner – anfahren)

| | |
|---|---|
| im ersten Gang anfahren | *langsam gehen* |
| im zweiten Gang schnell fahren | *joggen am Ort* |
| im dritten Gang sehr schnell fahren | *so schnell wie möglich mit den Füßen auf den Boden trampeln* |
| Rückwärtsfahren | *vorsichtig rückwärtsgehen* |
| Parkplatz suchen | *immer wieder anfahren und sich umsehen* |
| Vollbremsung | *es „quietschen" lassen und dann stehen bleiben* |
| unebene Straßen | *in die Luft springen, wenn ein Schlagloch kommt* |
| (Arl, 2007) | *usw.* |


### Familie Meier geht in den Zoo (Kiga)

Die Erzieherin erzählt eine Geschichte von einem Zoobesuch der Familie Meier. Die Kinder sitzen auf ihren Stühlen und bekommen eine Rolle zugeteilt (z. B. Vater, Mutter, Kind, Oma, Opa, Hund, Katze). Wenn diese Rolle in der Geschichte erwähnt wird, so steht der Rolleninhaber auf und geht eine Runde um seinen Stuhl. Varianten:
- unter dem Stuhl durchkriechen
- sich entsprechend der Geschichte bewegen, z. B. Elefant – stampfen, Känguru – hüpfen


### Auf dem Spielplatz (Kiga)

Ein realer oder fiktiver Besuch eines Spielplatzes wird erzählt und in entsprechende Bewegungen umgesetzt. Folgende Situationen könnten eingebaut werden: Über den Spielplatz laufen, auf einem Balken balancieren, im Sand spielen oder auch klettern, schaukeln, rutschen u. a. Varianten:
- von einer Bewegungsstunde berichten
- eine Geschichte von einem anderen Ereignis mit konkretem Bezug zu den Kindern erzählen (Spaziergang, Spielfest u. a.)


### In meinem Bett zu turnen, das find' ich amüsant (Kiga, Hort)

Hannes ist krank. Mama hat gesagt, er soll im Bett bleiben, obwohl das Schlimmste schon überstanden ist. Eigentlich geht es ihm schon wieder gut. Er denkt sich allerlei Übungen im Liegen aus, damit es ihm nicht so langweilig ist. Was kann Hannes alles im Bett turnen?

## 2.3 Spielformen zur Auflockerung und Koordinationsschulung

- im Liegen Füße strecken und anziehen
- im Liegen Hände strecken und anziehen
- im Liegen Hand und Fuß gleichzeitig strecken und anziehen
- im Liegen Rad fahren – geradeaus, rechts, links
- im Liegen Beine in die Luft heben und verschränken
- im Liegen Arme und Beine in die Luft recken, über Kreuz anfassen
- im Liegen Arme und Beine in die Luft recken und wie ein Maikäfer zappeln
- in der Bankstellung einen Katzenbuckel machen und wieder entspannen
- Kinder suchen nach weiteren Bewegungsmöglichkeiten (Posmyk, 2008)

**Luftballongeschichte** (Kiga, Hort)
Die Kinder sitzen im Kreis. Auf dem Boden liegen aufgeblasene Luftballons, einer weniger als es Mitspieler sind. Nun wird eine Geschichte vom Spielleiter erzählt, in die das Wort „Luftballon" eingebaut wird. Fällt dieses Wort, erfassen alle einen Luftballon. Derjenige, der keinen abbekommt, erzählt die Geschichte weiter, nachdem die Ballons wieder in der Kreismitte abgelegt wurden.
- Die Kinder sitzen mit dem Rücken zur Kreismitte.
- Als Materialien eignen sich viele weitere Gegenstände in ausreichender Anzahl (z. B. Naturmaterialien). (Idee: Vogel & Wolowski)

**Dschungelcamp** (Hort)

| | |
|---|---|
| He, ihr Kinder, jetzt geht's los, | |
| in den Dschungel, wie famos. | |
| Kräftig schlagen wir die Lianen weg, | *mit den Armen in die Luft schlagen, dann Arme* |
| und danach Arme und Beine streckt. | *und Beine ausstrecken* |
| Boxen nun den Weg uns frei, | *mit den Armen in die Luft boxen* |
| bei dem Gestrüpp sind alle dabei. | |
| Jetzt müssen wir unsere Füße heben, | *Füße beim Gehen anheben* |
| um nicht in den Sumpf zu treten. | |
| Stampfen dann den Boden fest, | *stampfend durch den Raum gehen* |
| auf das uns nicht die Kraft verlässt. | |
| Weiter geht's, an den Lianen hangeln, | *sich in der Luft an einem Seil hoch hangeln* |
| nacheinander und ohne Drängeln. | |
| Und schon lernen wir die Gefahr kennen, | *am Ort laufen* |
| müssen vor wilden Tieren wegrennen. | |
| Doch jetzt, liebe Kinder, gebt fein acht, | *vorsichtig auf Zehenspitzen gehen* |
| beim Überqueren der Brücke, damit sie nicht kracht. | |
| Kann es denn sein, dort hinten ein Licht? | *sich im Vierfüßlergang durch den Raum bewegen* |
| Auf allen vieren ziehen wir nun durchs Dickicht. | |
| Juhu, wir haben den Ausgang gefunden | |
| und alle Gefahren sicher überwunden. | |
| Aufs nächste Abenteuer warten wir nun | |
| und können uns erstmal alle ausruhen. (Pötzsch, 2009) | |

**Badeausflug*** (Hort)
Es ist ein Sommertag, wie er im Buche steht. Solch ein Badewetter muss man einfach nutzen.

| | |
|---|---|
| Schnell packen wir alles ein, was wir zum Baden brauchen: Badeanzug, Handtuch, Sonnenmilch, Ball, Decke, Essen und Trinken … | *pantomimisch einpacken* |
| Wir gehen zum Schwimmbad. | *am Ort gehen* |
| Dort angekommen, packen wir alle Sachen (s. oben) wieder aus. | *pantomimisch auspacken* |
| Dann gehen wir zur Dusche. | *pantomimisch duschen* |
| Anschließend schwimmen, springen und tauchen wir im Becken – usw. | *Schwimmbewegung u. a.* |
| Was können die Kinder noch alles so erleben? | (Biewald, 1997) |

## 2.3.4 Rhythmisch-musikalische Bewegungsspiele

Zwischen Rhythmus und Bewegung besteht eine enge Beziehung, denn einerseits lässt sich jeder Rhythmus durch Bewegung wiedergeben, andererseits hat jede Bewegung einen bestimmten Rhythmus. Ebenso besteht eine enge Verbindung zur Sprachentwicklung. Das Kindergartenalter ist besonders wichtig für die Entwicklung der musikalischen Grundkompetenz.

Rhythmisch-musikalische Bewegungsspiele fördern die Bewegungsfreude, tragen zur Koordinationsschulung (bes. der Rhythmusfähigkeit) bei und bieten mit zunehmendem Alter Gelegenheit sowohl zum spontanen Improvisieren als auch zum gemeinsamen Gestalten. Musik kann unterschiedliche Wirkungen auf Menschen haben – entspannend (s. Abschnitt 2.4) oder anregend (Sächsischer Bildungsplan, 2011, S. 101). Dieser Abschnitt stellt die Aktivierung in den Mittelpunkt.

Bei den nachfolgenden Spielformen wird die Bewegung bestimmt durch den Rhythmus (Rhythmusspiele), durch den Inhalt (Bewegungslieder) sowie durch die Musik (Tanzspiele, freies Bewegen nach Musik).

*Methodisch-organisatorische Hinweise:*
- Unter dem Gesichtspunkt der Aktivierung sollten Ganzkörperbewegungen bevorzugt werden.
- Rhythmisch-musikalische Bewegungsspiele können variiert werden, besonders durch das Suchen neuer Bewegungsformen, durch die Veränderung des Tempos oder der Lautstärke und durch den Einsatz unterschiedlicher Klanginstrumente. Neben traditionellen Rhythmusinstrumenten (Tamburin, Triangel, Klanghölzer, Handtrommel u. a.) und selbst gebastelten oder Alltagsgegenständen (gefüllte Dosen, Kochlöffel, Töpfe u. a.) sollten vor allem Körperinstrumente zum Einsatz kommen.
  - Stimme (Laute, Silben, rhythmisch gesprochene Wörter und Sätze)
  - Hände (klatschen, trommeln, reiben, patschen – mit Händen auf Körperteile)
  - Füße (stampfen, trippeln, tippen, wippen – jeweils mit Fußspitze, Ferse oder ganzem Fuß, sowohl rechts und links)
- Die musikalische Entwicklung der Kleinkinder basiert auf der Imitation von Bezugspersonen, die deshalb viel vorklatschen, vorsingen, vortanzen sollten. Mit zunehmendem Alter ist den spontanen Ideen der Kinder viel Freiraum zu gewähren, aber es ist auch eine organische Verbindung zu tradierten Tanzformen herzustellen (Große-Jäger, 1988, S. 6).
- Dem Singen der Kinder ist der Vorrang vor dem Einsatz von digitalen Medien zu geben.
- Die Einbeziehung von rhythmisch-musikalischen Bewegungsspielen zur Auflockerung und Koordinationsschulung sollte in enger Verbindung mit dem ästhetischen Bildungsbereich geschehen. Deshalb wurde dieser auch im Abschnitt 2.2 nicht extra behandelt.
- Einige Formen sollten zu Ritualen entwickelt werden, die Orientierungspunkte am Tag oder in der Woche setzen, z. B. Montagslied oder Klatschspiel, wenn Gruppe wieder zusammengefasst

## 2.3 Spielformen zur Auflockerung und Koordinationsschulung

wird. Die rhythmisch-musikalischen Bewegungsspiele können z. B. bei Festen und Feiern (s. Abschnitt 4.4 Exkurs) eingesetzt werden.

- Einfache rhythmisch-musikalische Bewegungsspiele sind besonders im Krippenalter in den Tagesablauf und das Spielen sinnvoll einzuordnen, in diesen geeigneten Situationen oft zu wiederholen und als Rituale zu pflegen. Beispiele:

*Guten Morgen, guten Morgen, wir sind schon alle hier* — überliefert

(Bachmann, 1976, S. 87)

*Liebe Kinder, seid fein still* — Edelgard Mende

(Bachmann, 1976, S. 41)

*Eine lange Reihe* — überliefert

(Bachmann, 1976, S. 72)

*Wir fassen uns an* — Worte: überliefert, Weise: Fritz Bachmann

(Bachmann, 1976, S. 45)

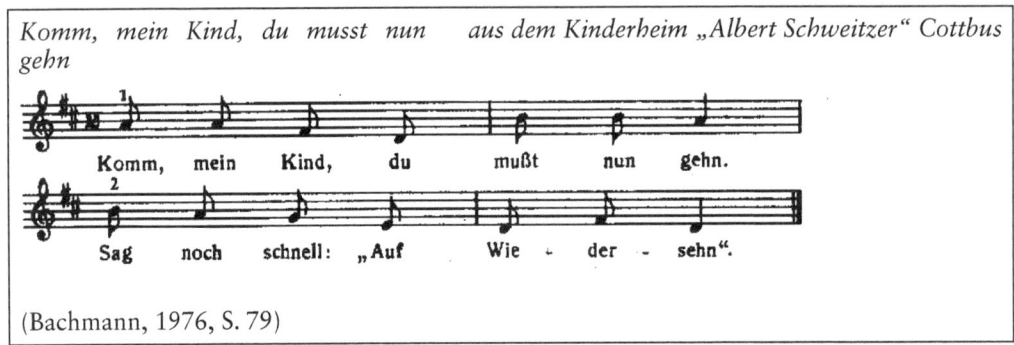

(Bachmann, 1976, S. 79)

Weitere Lieder, die sich gut in den Tagesablauf einbeziehen lassen
(s. Bachmann, 1976, Videobeispiele unter youtube.com u. a.)

>Es regnet, es regnet, und alles wird nass
>Hände waschen
>Wir fahren mit der Eisenbahn
>Zeigt her eure Füße
>Aufgepasst beim Treppensteigen u. a.

### Rhythmusspiele

Bei Rhythmusspielen soll die eigene Bewegung einem Rhythmus angepasst werden. Die Rhythmen werden durch die Erzieherin, später auch die Kinder, vorgegeben. Die Wiedergabe sollte mit unterschiedlichen Körperinstrumenten (Stimme, Hände, Füße) oder durch Ganzkörperbewegungen erfolgen.

## 2.3 Spielformen zur Auflockerung und Koordinationsschulung

**Kleines Körpergedicht** (Krippe)
(Bewegungen entsprechend des Textes und nach rhythmischer Vorgabe)

Ich klatsche in die Hände.
Ich stampfe mit dem Fuß.
Ich halte mir die Augen zu.
Ich heb´ die Hand zum Gruß.
Ich drehe mich im Kreise.
Ich mach´ mich riesengroß.
Dann bück ich mich ganz leise.
(aus der Kita „Kleine Entdecker". Leipzig, 2009)

Ich gehe langsam rückwärts.
Ich bleib´ ganz plötzlich steh´n.
Ich hüpfe in die Höhe.
Und ich kann vorwärts geh´n.
Ich fasse deine Hände.
Wir drehen uns im Kreis.
Wir lassen los und bleiben steh´n.
Ich wink´ dir zu – ganz leis´.

| Spielidee | Varianten |
|---|---|
| **Mit Hand und Fuß** (Krippe) Zu einem durch die Erzieherin vorgegebenen Grundschlag wird geklatscht, gestampft ... | ■ Tempo variieren ■ mit Küchengeräten rhythmisieren |
| **Klipp – Klapp** (Krippe) Die Kinder sitzen im Kreis. Wenn der Spielleiter (im rhythmischen Wechsel) „Klipp!" sagt, stehen alle auf und bei „Klapp!" setzen sie sich schnell wieder hin. | ■ Tempo verändern ■ Bewegungen verändern (klatschen, stampfen, drehen u. a.) |
| **Rollenspiel** (Kiga) Die Erzieherin gibt einen Rhythmus sowie eine passende Rolle vor, in die die Kinder schlüpfen und mit rhythmischen Bewegungen gestalten, z. B. Stampfen wie die Elefanten. | ■ Rhythmen und Bewegungen verändern, z. B. hüpfen wie die Frösche, galoppieren wie die Pferde, schleichen wie ein Kätzchen ■ Tiere auch rhythmisch mit der Stimme imitieren ■ neue Rolle selbst suchen |
| **Musik-Stuhlspiel** (Kiga) Jedes Kind steht mit einem Klanginstrument (s. o.) an einem Stuhl. Eine eingespielte flotte Musik wird damit begleitet. Bei Musikstopp wird das Instrument auf dem Stuhl abgelegt und schnell ein neuer freier Stuhl gesucht. Das Spiel beginnt von vorn. (Erkert, 2007, S. 90) | ■ Tempo der Musik verändern ■ zusätzlich um den eigenen Stuhl rhythmisch gehen ■ bei Musikstopp in der Bewegung kurz verharren |

| Spielidee | Varianten |
|---|---|
| **Sprechrhythmen\*** (Kiga, **Hort**)<br>Wörter und Wortgruppen (z. B. Lieblingsessen, den eigenen Vornamen, beliebige Wörter, Abzählreime, Verse, Sprichwörter, Gedichte) rhythmisch sprechen und den Grundschlag mit Körperinstrumenten unterstützen (Klatschen, Patschen, Stampfen). | ▪ laut oder leise sprechen bzw. schnell oder langsam<br>▪ zum Grundschlag gleichmäßig gehen, die Arme schwingen u. a |
| **Klatschen** (Kiga, **Hort**)<br>In einem durch die Erzieherin vorgegebenen Grundschlag wird von 1 bis 4 gezählt und dazu 2 x in die Hände (bei 1, 2), dann mit der rechten Hand auf die linke Schulter (bei 3) sowie mit der linken Hand auf die rechte Schulter (bei 4) geklatscht. | ▪ Tempo variieren<br>▪ Bewegungsformen verändern (auf Knie, Oberschenkel u. a. klatschen) |
| **Sich rhythmisch bewegen** (Kigs, **Hort**)<br>Die Erzieherin gibt einen Grundschlag/Rhythmus vor und eine Bewegungsform, die von den Kindern entsprechend rhythmisch ausgeführt wird, z. B. Hüpfen am Ort, Schwingen der Arme. | ▪ sich dabei fortbewegen<br>▪ Tempo variieren<br>▪ Rhythmusvorgaben verändern (Stimme, Klatschen/ Schnipsen, mit Rhythmusinstrumenten oder Alltagsgegenständen)<br>▪ Bewegungsumfang groß oder klein ausführen<br>▪ Grundschlag betonen<br>▪ sich selbst zum Rhythmus passende Bewegungsformen ausdenken |
| **Lieder rhythmisch begleiten\*** (Kiga, **Hort**)<br>Möglichst viele Lieder, die von den Kindern gesungen werden, sollten rhythmisch unterstützt werden, z. B. durch Körperinstrumente wie Klatschen, Patschen. | ▪ rhythmische Bewegungen am Ort wie Schwingen, Hüpfen<br>▪ rhythmische Bewegungen in der Fortbewegung (Gehen, Hüpfen, Stampfen) |
| **Tanz weiter!\*** (Kiga, **Hort**)<br>Die Vorschulkinder bewegen sich rhythmisch nach einem selbst gesungenen Lied/einer CD. Nach Beendigung einer Strophe/bei Musikstopp bewegen sie sich im gleichen Rhythmus weiter. | ▪ eine Bewegung eines anderen Kindes aufnehmen<br>▪ den Rhythmus auch sprachlich wiedergeben (tam – tam …)<br>▪ Raumwege einbeziehen |
| **Welle\*** (Kiga, **Hort**)<br>Die Kinder geben einen kurzen Rhythmus, z. B. geklatscht, wie eine Welle im Kreis herum. | ▪ eine rhythmische Bewegung (Stampfschritte, Sprünge) weitergeben<br>▪ eine rhythmische Fortbewegung (Gehen/Stampfen wie die Elefanten von dem ersten Kind in einer Reihe aufnehmen<br>▪ mit Kleingruppen arbeiten |
| **Mach´s mir nach!** (Kiga, **Hort**)<br>Die Kinder stehen sich paarweise gegenüber. Eins von beiden gibt eine gleichmäßige rhythmische Bewegung vor, die das Kind so lange mit- und nachmacht, bis es selbst eine neue Bewegung vormacht, z. B. hüpfen, schwingen, am Ort gehen. | ▪ Partnerwechsel<br>▪ mit unterschiedlichen Körperteilen (Arme, Hände, Füße, Kopf) Bewegungen ausführen<br>▪ kleine Raumwege nutzen |

| Spielidee | Varianten |
|---|---|
| **Wer hat den Keks …** (Hort)<br>Mit rhythmischen Klatschbewegungen wird folgender Vers gesprochen:<br>„Wer hat den Keks aus der Dose geklaut? (Namen einsetzen) … hat den Keks aus der Dose geklaut!"<br>Antwort: „Was? Ich? Ich nicht!" – von vorn | ▪ Rhythmus auf Alltagsgegenständen vorgeben |
| **Rhythmus klopfen** (Hort)<br>Fünf bereits bekannte Lieder stehen auf Karten. Es finden sich Schüler paarweise zusammen, wobei abwechselnd der Rhythmus eines der fünf Lieder auf den Rücken des Partners geklopft wird. Hat der Partner das Lied erkannt, wird gewechselt. | ▪ Rhythmus in einer Dreier- oder Vierergruppe weitergeben (ähnlich „Stille Post") |

## Bewegungslieder

Bewegungslieder sind in unserem Verständnis lustige Lieder, die durch den Text zu Teil- oder Ganzkörperbewegungen animieren. Die Kinder setzen den Inhalt spontan mit ihren eigenen Ideen in Bewegung um oder gestalten nach gemeinsamer Absprache diese Lieder (Müller, 2010a, S. 119). Möglichst oft sollten Lieder gemeinsam gesungen und bewegt gestaltet werden. Dabei kann ein Kind Bewegungen vormachen und die anderen imitieren diese oder jedes Kind lässt seine individuellen Ideen einfließen.

Varianten:
- Aufteilung in Gruppen, wobei jede Gruppe nur bestimmte Teile des Liedes übernimmt und mit Bewegungen darstellt
- Unterstützung mit Rhythmusinstrumenten

Die Bewegungslieder könnten auch für die jüngeren Kinder durch Darstellungsspiele und Spiellieder (nach Döbler & Döbler, 2018, S. 56–88) ergänzt werden. Dies sind Spielformen, bei denen die Kinder dem Text entsprechende Handlungen nachahmen oder durch die Gruppe bestimmte Bewegungsformen im Raum ausgeführt werden (Döbler & Döbler, 2018, S. 57). Da dazu altbekanntes Spielgut zählt, wird nachfolgende nur eine Auswahl von Titeln aufgeführt:

*Darstellungsspiele*
- Alle meine Entchen
- Häschen in der Grube
- Es tanzt ein Bi-Ba-Butzemann
- Es geht eine Zipfelmütz
- Hänsel und Gretel

*Spiellieder*
- Die goldene Brücke
- Der Sandmann ist da
- Eisenbahn von nah und fern
- Ri-ra-rutsch
- Wir gehen im gleichen Schritte

(Texte und Beschreibungen der Spielweise für diese und weitere Singspiele in Döbler & Döbler, 2018)

**A, B, C, die Katze lief im Schnee** (Krippe)  überliefert
(Kinder singen und gehen im Kreis)

A, B, C, die Katze lief im Schnee.
Und als sie dann nach Hause kam,
da hat sie weiße Stiefel an.
A, B, C, die Katze lief im Schnee.

1, 2, 3, die Katze lief im Brei.
Und als sie wieder raus kam,
da hat sie gelbe Stiefel an.
1, 2, 3, die Katze lief im Brei.
(Hirtler, 2006, S. 114)

**Kopf und Schulter*** (Kiga, Hort)  überliefert

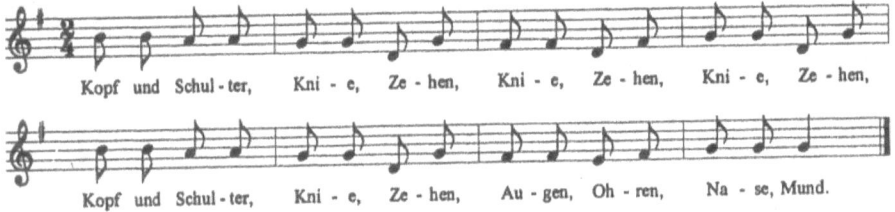

Beim Singen werden die jeweiligen Körperteile gezeigt.

Das Lied wird, allmählich schneller werdend, mehrere Male wiederholt (Vorschulkinder). Es kann auch in Englisch gesungen werden.

**Kleiner Esel*** (Kiga, Hort)  überliefert

Der Text wird gemeinsam rhythmisch gesungen (oder gesprochen) und mitgeklatscht.

Bewegungen entsprechend des Textes.

**Warm-werd-Rap** (Hort)
Bei Spaziergängen an kälteren Tagen hilft der Rap zur Aufwärmung. Alle Kinder stellen sich im Kreis auf. Rhythmisch wird jede Silbe gesprochen und dazu die entsprechende Bewegung ausgeführt. Das Tempo kann immer schneller werden. (Moritz, 2014, S. 20–21)

Ja, wir klat-schen
und wir dre-hen uns im Kreis!

Ja, wir klat-schen
und wir stam-pfen
und wir hock-en
und wir dre-hen uns im Kreis!

Ja, wir klat-schen
und wir stam-pfen
und wir dre-hen uns im Kreis!

Ja, wir klat-schen
und wir stam-pfen
und wir hock-en
und wir hüp-fen
und wir dre-hen uns im Kreis!

**Weitere Liedbeispiele:**
(Videobeispiele für viele Lieder im Internet)
- Auf einem Baum ein Kuckuck
- Jetzt fahrn wir übern See
- Wenn du singst, sing nicht allein
- Die Affen rasen durch den Wald
- Wenn ich dir was wünschen dürfte
- Eine dicke Regenwolke
- Mein Hut, der hat drei Ecken
- Wenn du Lust hast, klatsche in die Hand
- Das Auto von Lucia
- Da hat das rote Pferd sich einfach umgekehrt
- Drei Schweine saßen an der Leine
- Wenn der frische Herbstwind weht
- Ein Männlein steht im Walde
- Hallo, good morning
- Drei Chinesen …
- Was müssen das für Bäume sein (Müller & Mende, 2009)

**Weitere Medienempfehlungen für Bewegungslieder:**

*Krippe*

Bachmann, F. (Hrsg.). (1976). *Teddy, Teddy, tanze. Ein Liederbuch für die Musikerziehung in der Kinderkrippe.* Leipzig: Hofmeister.
Hirtler, S. (2006). *Musik und Spiel für Kleinkinder. Ein Praxisbuch für die musikalische Früherziehung in Krippe, Tagespflege und Eltern-Kind-Gruppen.* Weinheim, Basel: Beltz.
Jöcker, D. (o. J.) *Für die Kleinsten. Eine Sammlung der schönsten Lieder von Detlev Jöcker „Für die Kleinsten"* (CD mit Begleitbuch). Münster: Menschenkinder Verlag.
Jöcker, D. (o. J.). *Im Kribbel Krabbel Mäusehaus. Lern-, Spiel- und Spaßlieder.* (CD mit Begleitbuch). Menschenkinder Verlag.
Jöcker, D. (o. J.). *Si-Sa-Singemaus. Spiel- und Lernlieder.* (CD mit Begleitbuch). Münster: Menschenkinder Verlag.
Jöcker, D. (o. J.). *Ein kleiner Käfer geht spazieren. Spiel- und Lernlieder.* (CD mit Begleitbuch). Münster: Menschenkinder Verlag.
Jöcker, D. (2001). *Ich bin der kleine Zappelmann. Neue Fingerspiellieder.* (CD mit Begleitbuch). Münster: Menschenkinder Verlag.
Kreusch-Jacob, D. (2009). *Krabbelmaus und Zappelzwerg.* Mannheim: Patmos audio.
Vahle, F. (2010). *Die Frederike Vahle Schatzkiste.* Mannheim: Sauerländer Audio.
Vopel, K. W. (2004*). Kreative Bewegung und Tanz.* Salzhausen: Iskopress.

*Kindergarten, Hort*

Bundeszentrale für gesundheitliche Aufklärung (2002). *Lied & Bewegung (*CD und Begleitheft), mit Bewegungsliedern wie: Mein kleiner Flummiball (Trio Kunterbunt), Hokus Pokus Fidibus (Frederik Vahle), Im Zirkus Pizzikato (D. Kreusch-Jacob)
Hering, B., Hering, W. & Meyerholz, B. (o. J.). *Trio Kunterbunt Hits.* Lippstadt: Kontakte.

Jöcker, D. (o. J.). *Singen & Bewegen* (CD/DVD mit Begleittext). Teil 1 und Teil 2. Münster: Menschenkinder Verlag.

Jöcker, D. & Fuhrig, H.-J. (o. J.). *Start English with a Song* (CD/DVD). Münster: Menschenkinder Verlag.

Kleikamp, L. & Jöcker, D. (o. J.). *1, 2, 3 im Sauseschritt* (CD/MC mit Begleitbuch). Münster: Menschenkinder Verlag, mit Liedern wie: 1,2,3 im Sauseschritt, Das Wachmacherlied, Wir gehen jetzt im Kreise u. a.

### Tanzspiele

Unter Tanzspielen verstehen wir in Anlehnung an Döbler & Döbler (2018, 57) gesungene Spiele mit einfachen Tanzschritten, wobei die Bewegungen „stärker rhythmisch gebunden" und „nicht mehr durch den Inhalt, sondern die Musik bestimmt" (Kirchmayer, 1947) sind. Die Tänze können in Feste (s. Abschnitt 4.4 Exkurs) eingebaut werden.

### Stuhltanz (Kiga)

Die Kinder tanzen nach einer flotten Musik um, über, mit ihrem Stuhl. Ein „Vortänzer" zeigt entsprechende Bewegungen, z. B. mit den Füßen wippen, sich um den Stuhl drehen, an der Lehne festhalten und Beine abwechselnd schwingen.

### Tanzspiele zur täglichen Bewegungszeit (Kiga)

Kassetten und Beschreibungen zur „Täglichen Bewegungszeit in der Grundschule" (IPTS, 1987 und 1988)
Vorbereitend auf die Grundschule eignen sich einige Tanzspiele der o. g. Kassette auch für das Vorschulalter, z. B.:
- 1,2,3 im Sauseschritt
- Wer rechts und links nicht unterscheiden kann
- Eisenbahn

**Ennstaler Polka** (Kiga, Hort) überliefert (aus Österreich)

*Aufstellung: Paarweise frei im Raum*

| | |
|---|---|
| Takt 1: | 1 x klatschen auf die Oberschenkel |
| | 1 x klatschen in die eigenen Hände |
| Takt 2: | 2 x klatschen gegen die Hände des Partners |
| Takt 3: | 2 x klatschen mit der rechten Hand gegeneinander |
| Takt 4: | 2 x klatschen mit der linken Hand gegeneinander |
| Takte 5–6: | s. Takte 1 und 2 |
| Takte 7–8: | Drehen am Ort |
| | (Wörner et al., 1979, S. 36) |

### Zeitungstanz (Hort)

Jedes Kind rollt eine Zeitung zusammen und klemmt sich diese zwischen die Oberschenkel. Nun wird eine flotte Tanzmusik gespielt. Ziel ist es, sich so weit wie möglich von der Ausgangsposition zu entfernen, ohne dabei die Zeitung zu verlieren. Wer legt den schönsten Tanz aufs Parkett? Varianten:
- anstatt Zeitungen könne Bälle oder Luftballons verwendet werden
- Paartanz auf einer Zeitung, die nicht verlassen werden darf

### Kreistänze (Hort)

Die Erzieherin stellt einen einfachen Kreistanz zu entsprechender Musik vor. Charakteristische Teile werden mit der Klasse zusammen erkannt. Diese werden erst ohne, dann mit Musik in Bewegung umgesetzt. Zum Beispiel:
Holzschuhtanz, Fußballhit, I'm singing in the rain, Havanagila, vereinfachter Sirtaki, Sonnenrap, Glühwürmchentanz, Cotton Eye Joe
Varianten:
- in Verbindung mit dem Musikunterricht
- Paarkreistänze
- Aufführungen zu einem Fest (Müller & Mende, 2009)

### Medienempfehlungen zu Tanzspielen:

Kassetten und Beschreibung zur „Täglichen Bewegungszeit in der Grundschule" (IPTS 1987, 1988), besonders Siebensprung, Ku-Tschi-Tschi, Eisenbahn, Zirkus auf dem Schlossplatz und vom Teil 2 die Tanzlieder 1, 2, 3 im Sauseschritt und Wer rechts und links ...
Unfallkasse Sachsen (o. J.). Bewegung bringt´s!, besonders Schmetterlings-Tanz, Stopp-Tanz, Zeitungs-Tanz.
Gaß-Tutt, A. (1995) Tanzspiele für Kinderpartys. Boppard am Rhein: Fidula.
Gaß-Tutt, A. (1981) Kinderparty – Kinderspaß. Boppard am Rhein: Fidula.
Hepp, H. (o. J.) Tänze im Kreis 1–5 (6 und 7). Boppard am Rhein: Fidula.
Hepp, H. & Hepp, M. (o. J.) Mitmachtänze 1–4. Boppard am Rhein: Fidula.

### Freies Bewegen nach Musik

Neben den bereits aufgeführten Formen der rhythmisch-musikalischen Bewegungsspiele sollten die Kinder auch im Rahmen der Auflockerung und Koordinationsschulung vielfältige Möglichkeiten zum freien Bewegen nach Musik erhalten, um spontan Bewegungen erfinden zu können. Diese Formen können auch bei Festen und Feiern (s. Abschnitt 4.4.4 Exkurs) eingesetzt werden.

### Tüchertanz (Krippe, Kiga)

Mit den leichten Tüchern/Papierservietten bewegen sich die Kinder frei nach Musik und schwingen diese durch den Raum.
Variante: Krepp-Papier-Bänder oder Geschenkbänder

### Mein Lieblingslied (Kiga, Hort)

Wer möchte, kann eine CD o. Ä. mit seinem Lieblingslied mitbringen. Erst hören es sich alle einmal an. Danach können sich alle nach eigenen Ideen entsprechend der Musik bewegen. Varianten:
- Internet zur Unterstützung einbeziehen
- paarweise oder in Kleingruppen tanzen

### Tanz der Luftschlangen (Kiga, Hort)

Mit Luftschlangen bewegen sich die Kinder frei nach Musik und schwingen diese vor oder neben dem Körper bzw. über dem Kopf. Varianten:
- Krepp-Papier-Bänder oder Geschenkbänder oder Tücher
- Verbindung mit Abschnitt 2.2.2, Beispiel 1.8. Bändertanz

**Musikstopp** (Kiga, Hort)
Die Kinder bewegen sich nach einer flotten Musik entsprechend ihrer Vorstellungen. Bei Musikstopp finden sich Paare zusammen, die beim folgenden Musikspiel gemeinsam tanzen. Bei dem nächsten Musikstopp trennen sie sich wieder und das Spiel beginnt von vorn.
Varianten:
- bei Musikstopp verharren
- Musik vom Charakter, Tempo, Rhythmus variieren

**Themen improvisieren** (Kiga, Hort)
Zu passender Musik improvisieren die Kinder abgesprochene Themen, z. B. Clown, Tierschau, Hexentanz, Gespenster, Gewitter oder jahreszeitlich orientierte Themen.

## 2.3.5 Darstellendes Spiel

Darstellendes Spiel, verstanden als körperlich-spielerische (Pantomime, Stegreifspiel u. a.) oder medial-spielerische Darstellung (Figurenspiel, Spiel mit Masken) von vorgestellten Handlungssituationen („als – ob"), ist keine Besonderheit im Konzept der bewegten Kindertageseinrichtung. Durch darstellende Spielformen kann, vor allem bei Ganzkörperbewegungen, eine aktivierende Wirkung erreicht werden. Deshalb erfolgt die Behandlung unter dem Gliederungspunkt Auflockerung. Beim darstellenden Spiel können sich die Kinder kreativ mit eigenen Ideen einbringen, sollen sich aber auch in die Gruppengestaltung aktiv einpassen.

Gleichzeitig bietet darstellendes Spiel aber auch vielfältige Möglichkeiten Lernsituationen in den unterschiedlichen Bildungsbereichen mit Bewegung zu verknüpfen (s. Beispiele in den Abschnitten 2.2.1 bis 2.3, jeweils unter den Zielaspekten nonverbal etwas ausdrücken, Alltagssituationen darstellen).

Nachfolgend werden körperlich-spielerische Darstellungen und vor allem die Pantomime in den Mittelpunkt gerückt, da bei diesen Formen der Bewegung eine besondere Bedeutung zukommt.

*Methodisch-organisatorische Hinweise:*
- Die Erzieherin muss den Kindern genügend Spielraum für eigene Ideen einräumen und eine entspannte, vertrauensfördernde Atmosphäre schaffen.
- Als Auswahlkriterium für Spielsituationen ist der kindliche Verständnishorizont zu beachten, aber ohne Beschränkung auf die unmittelbare eigene Erfahrungswelt, denn Kinder schlüpfen mit Vorliebe in die Rollen von Tieren, Fabelwesen, Erwachsenen u. Ä. (Thurn, 1992, S. 55).
- Kein Kind darf zum Mitspielen gezwungen werden.
- Spiel und Spaß gehören zusammen. Es darf gelacht (nicht ausgelacht) werden.
- Bei der Themenwahl im Rahmen von Auflockerungsminuten sind ausreichende Bewegungsaktivitäten für alle Kinder zu bedenken. Themen können für die Auflockerung durchaus wiederholt werden, da sich dadurch die Zeit für Erklärungen und Einstimmungen verkürzt.
- Darstellendes Spiel kann auch in das Außengelände verlagert werden.

### Nachahmungsspiele

Kleinkinder ahmen gern die Erwachsenen oder andere Kinder sowie Tiere, Fahrzeuge, Gegenstände u. a. nach. Deshalb sind Nachahmungsspiele Chancen für Bewegungsaktivitäten und eine alterstypische Form der Darstellungsspiele, vor allem für Krippenkinder Bei Nachahmungsspielen kann mit Bildern als Stütze gearbeitet werden.

| Spielidee | Varianten |
|---|---|
| **Seht nur, was ich kann** (Krippe)<br>Alle Kinder stehen im Kreis. Eines spricht (mit Unterstützung der Erzieherin):<br>„Stehen, drehen, sehen:<br>Seht nur, was ich kann!<br>Jetzt ist … dran." | ■ Bewegungen variieren<br>(Bläsius, 2007, S. 28) |
| **Mach's dem Kasper nach** (Krippe)<br>Die Erzieherin erzählt eine kleine Geschichte und zeigt mit der Kasperpuppe Bewegungen. Diese werden von den Kindern nachgeahmt. | ■ Fingerpuppen einsetzen<br>■ mit zwei Handpuppen arbeiten<br>(Kaiser, 2010) |
| **Ich bin heute …** (Krippe)<br>Erzieherin kriecht durch das Zimmer. „Ich bin heute eine Schlange und suche etwas zu fressen. Ich muss mich strecken und recken, damit ich zum Obstkorb komme" usw. Kinder ahmen nach, wenn sie das wollen. | ■ andere Tiere<br>■ Tage später wieder aufgreifen<br>(Wolf-Dickmann, 2010) |
| **Nachahmen** (Krippe)<br>Die Kinder ahmen die angesagten bzw. gezeigten Gegenstände oder Personen nach, z. B. einen steifen Stock, ein schnelles Auto, einen großen Baum, ein kleines Baby. (Münchmeier, 1996, S. 42) | ■ Erzieherin nennt kontrastreiche Gegenstände – bei groß (recken, strecken), bei klein (in die Hocke gehen, kriechen). |
| **Fahrzeuge** (Krippe, Kiga)<br>Alle Kinder fahren als Autos durch den Raum. Zuvor wird abgesprochen, wo sich die Tankstelle, eine Kaufhalle u. a. befinden. | ■ einen Pappteller oder kleinen Reifen als Lenkrad benutzen<br>■ „kaputte Autos" auf einer Teppichfliese zur Werkstatt schieben<br>■ als Flugzeuge mit ausgebreiteten Armen starten und landen |
| **Welches Tier?** (Krippe, Kiga)<br>Die Erzieherin macht mit Stimme und Bewegungen ein Tier vor und die Kinder erraten es. Dann ahmen es alle nach. (Münchmeier, 1996, S. 41) | ■ Hund geht auf allen Vieren und bellt.<br>■ Pferd galoppiert und wiehert.<br>■ Katze schleicht und miaut.<br>■ Frosch hüpft und quakt.<br>■ Vogel flattert und piept.<br>■ Biene fliegt und summt.<br>■ Das Lieblingstier wird nachgespielt. |
| **Was ich sein möchte** (Krippe, Kiga)<br>Oben ist der Himmel, unten ist die Erde, ringsherum ist Sonnenschein.<br>Wenn ich nicht ein Kindlein wäre, möchte' ich gern ein Flugzeug sein.<br>(Wolf-Dickmann, 2010) | ■ Passende Bewegungen werden von der Erzieherin vorgemacht und von den Kindern nachgeahmt.<br>■ Ente, Huhn, Storch, Pferd – Auto, Dampfer, Zug – Hammer, Waschmaschine beim Schleudern u. a. |

## Pantomime

Pantomime ist die nonverbale Darstellung einer Szene mit Gebärden, Tieren und Pflanzen sowie mit unsichtbaren oder/und sichtbaren Partnern in imaginären Räumen. Pantomimische Darstellungen sind allein, als Paar oder in einer Kleingruppe möglich. Als Spiel zu zweit kann auch geraten werden, was der Partner darstellt oder welchen Fehler/welche Lücke er in die Darstellung eingebaut hat. (Müller, 2010a, S. 134)

**Guten Morgen – alle zusammen** (Kiga)
Im Morgenkreis dürfen jeden Tag zwei oder mehr Kinder pantomimisch darstellen, wie sie sich gerade heute Morgen fühlen. Die anderen versuchen, die Lösung zu finden.

**Zauberstab** (Kiga)
Die Erzieherin „verzaubert" mit einer Papprolle/Zeitungspapierrolle die Kinder in Spielgeräte oder andere Gegenstände. Dann hüpfen oder rollen die Kinder z. B. wie ein Ball. Varianten:
- Kreisel (sich drehen)
- Hampelmann (typisches Springen)
- Spielzeugauto (vor- und rückwärts fahren)

Kinder suchen selbst nach Gegenständen und übernehmen die Rolle des Zauberers.

**Wir spielen Tiere** (Kiga)
Die Kinder ahmen Tiere nach. Die Tierrollen werden zu Beginn von der Erzieherin, später von den Kindern genannt. Mögliche Tierrollen:
- Pferde, die über die Weide galoppieren
- Katzen, die den Mäusen nachschleichen
- Frösche, die schnell ins Wasser springen
- Schlangen, die sich durch das Gras schlängeln
- Vögel, die durch die Luft fliegen
- Igel, die sich zusammenrollen
- Häschen, die über die Wiese hüpfen
- Kängurus, die durch das Buschland hüpfen
- Fische, die im Meer schwimmen
- Bären, die in eine Höhle kriechen
- Elefanten, die durch die Steppe stampfen
- schlafende Flamingos, die mit geschlossenen Augen auf einem Bein stehen

Weitere Varianten:
- das Lieblingstier nachspielen
- Bewegungen nach Rhythmusvorgabe (s. auch Abschnitt 2.3.4 ollenspiel)
- Bewegungsmöglichkeiten im Sportraum erweitern, z. B. durch Affen, die auf die Sprossenwand klettern, oder Rehe, die über kleine Hindernisse springen

**Zwillingswaschen** (Kiga)
Die Kinder kommen zu zweit zusammen. Sie stellen pantomimisch Bewegungen/ Handlungen dar, die sie morgens oder abends beim Waschen ausführen. Dabei schauen sich beide an. Das zweite Kind versucht, die Bewegungen des Partners nachzuahmen. Beispiele: (Posmyk, 2008)
- Augen reiben
- recken, strecken
- Zähne putzen
- Gesicht waschen
- duschen
- Haare waschen und kämmen
- abtrocknen und eincremen
- anziehen

**Im Winter** (Kiga)
Die Kinder imitieren eine Schneeballschlacht. Sie formen die Schneebälle, werfen – werden getroffen.
- Schwämme, Socken u. Ä. zum Werfen einsetzen
- Eishockey spielen (Schwämme/Socken als Puck, eine Papprolle als Schläger verwenden
- pantomimisch einen Schneemann bauen

## Sportschau (Kiga, Hort)
Sportler werden in ihren typischen Bewegungen pantomimisch nachgeahmt, z. B. Fußballer beim Elf-Meter-Schuss.
- weitere Sportler: Boxer, Gewichtheber, Schwimmer, Skiläufer, Radfahrer, Autorennfahrer, Turner, Läufer
- paarweise Sportarten darstellen, z. B. Tennis, Paddeln, Rudern, Fußball, Handball, Volleyball, Rodeln
- Darstellung mit Geräten im Sportraum erweitern, z. B. durch Teppichfliesen (Bobfahren, Eiskunstlaufen, Skilaufen), Sprossenwand (Klettern) u. a.
- Bezüge zum aktuellen Sport im Fernsehen oder im Wohnort herstellen
- Karten mit Wort und Bild verwenden (Hort)

## Mission zum Mars (Kiga, Hort)
Eine Expedition zum Mars ist geplant. Die Raumfahrer müssen körperlich fit sein. In einer engen Raumfähre ist das Bewegen schwierig:

| | |
|---|---|
| Raumanzug anziehen | *in den Anzug einsteigen, Reißverschluss hochziehen* |
| Sauerstoffflasche auf den Rücken schnallen | *tief ein- und ausatmen* |
| schweren Helm aufsetzen | *Helm aufsetzen, Visier schließen* |
| Countdouwn 5, 4, 3, 2, 1 – START | *aus dem Hockstand hochspringen* |
| Im Weltall schweben | *Umhergehen, Arme schwingen* |
| auf fremden Planeten landen | *Schlusssprung nach vorn* |
| wieder starten – schweben – landen – auskleiden | *s. o.* |
| Die Kinder suchen nach weiteren Darstellungen. | (Posmyk, 2008) |

## Bewegungs-Chef (Kiga, Hort)
Ein Kind ist der Bewegungs-Chef. Es macht Bewegungen vor, die die anderen Kinder imitieren sollen. (Idee Arl, 2007)
- den Bewegungs-Chef auswechseln
- Materialien einbeziehen, wie Luftballons, Softbälle u. a.
- durch Rhythmusgeräte oder Musik die Bewegungen unterstützen

## Wo sind wir gerade? (Hort)
Die dargestellte pantomimische Situation einer Gruppe soll erraten werden. Vorbereitend hat der Spielleiter einige Orte bzw. Situationen kurz beschrieben. Während ein Kind den Raum verlässt, wählen die restlichen Mitspieler eine Situation aus und überlegen, wie sie diese bei Beteiligung aller darstellen können, z. B. Straßenbahn, Schulklasse. Anschließend wird der wartende Spieler hereingeholt und soll die Situation erraten. Dabei darf die Pantomimen-Gruppe nicht sprechen und auf nichts zeigen. Varianten: Zuschauer bei verschiedenen Sportarten darstellen (Tennis, Autorennen, Fußball u. a.), (Idee: Schmalz)

## Sprichwörter pantomimisch darstellen (Hort)
Sprichwörter oder Redensarten werden pantomimisch dargestellt. Den Aktiven muss Zeit zum Darstellen (ca. 10 Sekunden) gegeben werden, dann erst das Dargestellte raten.
Beispiele:
- Wer sein Rad liebt, der schiebt.
- Wer anderen eine Grube gräbt, fällt selbst hinein.
- Lügen haben kurze Beine.
- Wer nicht hören will, muss fühlen.
- Jemandem schöne Augen machen/sein Herz ausschütten/auf den Arm nehmen/an der Nase herumführen.
- Sich zwischen zwei Stühle setzen.

**Weitere mögliche Themen für Pantomime zur Auflockerung:**

- Seine Lieblingssänger nachahmen
- Berufe darstellen
- Pizzabäcker
- Zirkusclown
- Den Hund ausführen
- Stadtbesichtigung
- Auf meinem Schulweg
- Gespenster huschen durchs Haus
- Am Teich mit Mücken
- Zwei Schlittenfahrer, Motorradfahrer o. Ä.
- Schattenboxen (Gegner nicht berühren)
- Als Seilschaft einen Berg besteigen
- Miteinander telefonieren
- Sich einen Ball zuwerfen
- Am Kiosk (Vier Spieler stehen am Kiosk und essen unterschiedliche Speisen, ein weiterer Spieler muss die Gerichte erraten.)
- Wir gehen auf Glatteis (im Sand, durch hohes Gras, auf einer feuchten Wiese, über heißes Pflaster, ins kalte Wasser, gegen den Sturm, auf einem Baumstamm u. a.)
- Zu zweit eine schwere Kiste aufheben und wegtragen/einen Stamm absägen und wegrollen
- Bei Kälte/Regen auf Bus/Straßenbahn warten (Müller, 2010a, S. 134)

### Scharade (Hort)

Scharaden als eine der ältesten Unterhaltungsform sind Rätsel, bei denen ein Wort in Silben oder Teile zerlegt wird. Beim Einsatz von Scharaden als Auflockerungsminuten sollte die Auflösung natürlich mit der Körpersprache dargestellt werden. Das sprachliche Umschreiben oder die bildliche Darstellung wären zwar auch Möglichkeiten der Rätselauflösung, kämen aber dem Anliegen von Auflockerungsminuten weniger entgegen.

Die Durchführung von Scharade-Raten geht sehr schnell: Die Erzieherin oder ein Schüler schreibt das zu erratende Wort hinter die Tafel/auf ein Blatt Papier. Eine größere Gruppe von Kindern kommt nach vorn. Sie lesen das Wort und stellen es dar. Die anderen Kinder versuchen, das Rätsel zu lösen. (Müller, 2010a, S. 133)

Ideen für Scharade-Wörter:

| | | |
|---|---|---|
| Springreiten | Möbelauto | Packesel |
| Wellenreiten | Radrennen | Schlafmütze |
| Autorennen | Strampelhose | Froschkönig |
| Sackhüpfen | Autoreifen | Schneeball |
| Kreissäge | Bankräuber | Skifahren |

Ebenso können Lieder- oder Filmtitel dargestellt werden. Eine Verbindung mit Inhalten des kommunikativen Bildungsbereichs (s. Abschnitt 2.2.3) und zum Deutschunterricht ist möglich und sinnvoll. Die Schüler sollten auch selbst nach lustigen Wörtern suchen.

### Stegreifspiel

Ein Stegreifspiel ist die spontane Darstellung eines Handlungsablaufes mittels Sprach ohne Textvorlage. Auf die sinnvolle Verbindung mit Mimik, Gestik und Körperbewegung sollte aus Sicht der Auflockerung viel Wert gelegt werden. Stegreifspiele verlangen Improvisation und sind damit einmalig, spontan und nicht vorplanbar. Nach Benennung des Themas oder dem Ziehen aus einer „Stegreifspieltüte" und der Einigung über die Rollenverteilung kann es schon losgehen. (Müller, 2010a, S. 132)

Mögliche Themen: Entdeckungsreise, Märchen, Gespensterschloss, Spielplatz, Max und Moritz oder andere Figuren spielen

#### Mit Willy, Kalle und Max auf Entdeckungsreise (Kiga)

Willy, Kalle und Max sind auf einem Schiff, das die Meere der Welt erkundet. Sie sind dicke Freunde. Zusammen erleben sie auf ihrem Schiff viele Abenteuer. Sie sind sehr mutig und immer in Bewegung, denn so ein Schiffsleben ist aufregend (s. Anhang 4). Sie haben eine Freundin. Sie heißt Marya und bringt die Jungen auf Trab, wenn die gerade müde sind und in der Hängematte träumen. Auf dem Schiff sind auch Tiere: der Hund Wuffi, die Katze Morle und ein Schiffsaffe. Auf dem Schiff gibt es eine Menge zu tun. Die Kinder überlegen sich entsprechende Bewegungsaktivitäten.

Die Handlung kann aber auch:
- durch die Erzieherin erzählt und von den Kindern nachgespielt werden
- durch die zuschauenden anderen Kinder erraten werden
- als Szenen den Kindern zugerufen werden
- aus einer Schatzkiste gezogen werden (Kärtchen mit typischen Situationen vorbereiten)

Die Entdeckungsreise eignet sich auch als Projekt mit einer Aufführung vor nicht beteiligten Gruppen oder vor den Eltern. (Posmyk, 2008)

### Heute gehen wir in den Zoo (Kiga, Hort)

Heidi und Peter unternehmen einen Ausflug in den Zoo. Dazu gehen sie durch den Raum und treffen auf eine bunte Tierwelt. Die Tiere sind im Raum verteilt und faulenzen ein wenig. Dort, wo Heidi und Peter stehen bleiben, bewegt sich das Tier nun auf eine typische Art und Weise (s. Anhang 4). Die beiden beobachten die Tiere, ahmen die Bewegung nach und versuchen herauszufinden, welches Tier dargestellt wird. Varianten:
- Die gesamte Gruppe demonstrieren ein Tier, Heidi und Peter erraten es.
- Mehrere Kinder stellen in einem Gehege eine Tierart dar.
- Heidi und Peter bewegen sich wie ein bestimmtes Tier, alle anderen ahmen es nach.
- Die Szenen können mit Tiergeräuschen und Sprache verbunden werden.
- Utensilien können von den Kindern selbst hergestellt werden.
- Der Zoospaziergang eignet sich als Projekt, das als Mitmachvorstellung (Gruppe spielt vor, Publikum macht mit oder nach) durchgeführt wird. (Posmyk, 2008)

### Im Zirkus sind die Artisten und Tiere weg! (Kiga, Hort)

Die Kinder „gehen" in den Zirkus. Aber es sind gar keine Artisten und Tiere da. Die Kinder helfen und springen sofort ein. Damit die Vorstellung nicht ausfallen muss, stellen sie Akteure und Tiere dar (s. Anhang 4). Schnell bilden sie einen Kreis als Manege.
- aus dem Zylinder des Zirkusdirektors eine Karte ziehen, auf der ein Akteur oder Tier abgebildet ist und Bewegung entsprechend darstellen – die anderen erraten
- kann auch in einzelnen Teilen als Zwischenszene gespielt werden
- auch als reine pantomimische Darstellung geeignet oder als Projekt (Posmyk, 2008)

### Indianer machen Feuer (Kiga, Hort)

Häuptling „Weiße Feder" und sein Stamm wollen ein großes Feuer entzünden. Da gibt es viel zu tun. Die Indianer beraten sich. Wie bewegen sich Indianer? Was braucht man alles für ein Feuer? Wie macht man Feuer an?
Ein anderes Ereignis gestalten:
- Indianer auf der Jagd
- Indianer tanzen
- Indianer bauen eine Tippi-Siedlung
- Kinder spielen eine andere Sequenz aus einem Indianerbuch nach

Indianerspiele sind auch als Projekt geeignet. (Posmyk, 2008)

### Figurenspiel (Kiga, Hort)

Im Rahmen von Auflockerungen sollten einfache Puppen aus Papprollen, Streichholzschachteln, Taschentüchern, Korken, Kochlöffel, Strümpfe Verwendung finden und Bewegungen im Raum verbunden werden. Das Figurenspiel kann gut mit dem kommunikativen Bildungsbereich, z. B. Beispiele: Märchenspiel, Fingerpuppen treffen sich, Fantasielandschaften verbunden werden.

Mögliche Themen:
- Szenen aus Märchen
- Straßenverkehr
- eigene Erlebnisse (Wochenende, Urlaub)

## 2.4 Entspannungsphasen

Bewegung kann aktivieren (s. Abschnitt 2.3), hat aber auch beruhigende und stressabbauende Wirkungen. Erholungsphasen sind ebenso wichtig wie Aktivierung, denn Kinder brauchen Bewegung und Entspannung (Sächsischer Bildungsplan 2011, S. 49).

Unter Entspannungsphasen verstehen wir Abschnitte von 3 bis 5 Minuten mit im Kleinkindalter meist fremd gesteuerten Bewegungsaktivitäten, die den Ruhenerv (Parasympathikus) aktivieren. Es kommt zu einem kurzzeitigen „Abschalten" und damit zu physischen (bessere Durchblutung, Verringerung von Muskelanspannung und von Stresshormonen u. a.) sowie psychischen (Abbau von Angst, Steigerung der Konzentrationsfähigkeit u. a.) Wirkungen. Bei Entspannungsphasen spielt die Gewöhnung durch regelmäßigen Einsatz eventuell eine größere Rolle als das Alter der Kinder.

Der Abschnitt zu Entspannungsphasen wird wie folgt gegliedert:

Entspannungsphasen

| 2.4.1 | 2.4.2 | 2.4.3 | 2.4.4 |
|---|---|---|---|
| Kennlern- und Kontaktspiele | Spiele mit der Ruhe | Wahrnehmungsspiele<br>- Bewegungssinn<br>- Tastsinn<br>- Optischer Analysator<br>- Akustischer Analysator | Entspannungsspiele und -übungen<br>- Atemübungen<br>- Spiele zur Anspannung – Entspannung<br>- Massagegeschichten<br>- Entspannungsgeschichten |

### Medienempfehlungen:

Bieligk, M. (2013). *160 Spiel- und Übungsideen zur Förderung der Sinneswahrnehmung bei Kindern und Jugendlichen*. Wiebelsheim: Limpert.
Biermann, I. (2010). *Spiele zur Wahrnehmungsförderung* (14. neu bearb. Aufl.). Freiburg im Breisgau: Herder.
Blucha, U. & Schuler, M. (2008). *Fühlen, hören, sehen*. Freiburg: Herder.
Buchner, Chr. (1995). *Still sein, ist lernbar* (2. Aufl.) Freiburg: VAK-Verlag für Angewandte Kinesiologie GmbH.
Deister, M. & Horn, R. (2011). *Streichelwiese: Ganzheitliche Körpererfahrung für Kinder. Geschichten, die mit den Fingern erzählt werden* (28. Aufl.). (mit CD) Lippstadt: Kontakte Musikverlag.
Horn, R. (2015b). *WolkenTräumeZeit*. (mit CD) Lippstadt: Kontakte Musikverlag.
Jöcker, D. (o. J.). *Viele kleine Streichelhände. Finger- und Körperspiellieder zum Entspannen und Träumen*. (CD mit Begleitbuch). Münster: Menschenkinder Verlag.
Klein, M., Höfele, M.E. & Hirtler, S. (2010). *Sanfte Klänge für Babys und Kleinkinder*. Münster: Ökotopia.
Kreusch-Jacob, D. (1997). *Mit Liedern in die Stille* (2. Aufl.). Düsseldorf: Patmos-Verlag.
Müller, Chr. (2010a). *Bewegte Grundschule* (3. Aufl.). St. Augustin: Academia.
Müller, E. (1993). *Träume auf der Mondschaukel*. München: Kösel.
Petermann, U. (2007). *Entspannungstechniken für Kinder und Jugendliche* (5. Aufl.). Weinheim, Basel: Beltz.
Pirnay, L. (1993). *Kindgemäße Entspannung*. Lichtenbusch-Belgien: Eigenverlag.
Salber, U. & Meussen, A. (2006). *Ganzheitliche Entspannungstechniken für Kinder* (4. Aufl.). Münster: Ökotopia.
Seiffert, S. (1997). *Viele kleine Streichelhände*. Münster: Menschenkinder.
Seyffert, S. (2010). *Von Frühlingstanz bis Schneeflockenmassage*. Berlin: Cornelsen.

Singerhoff, L. (2010). *Kinder brauchen Sinnlichkeit – Die Bedeutung und Förderung kindlicher Wahrnehmung*. Weinheim, Basel: Beltz.

Sprenger, K. (2010). *5 Minuten Mitmachgeschichten*. München: Don Bosco Verlag.

SMK (Sächsisches Staatsministerium für Kultus). (Hrsg.). (2014). *Spiel & Spaß. Eine Sammlung für die Hosentasche*. Dresden: SMK.

Zimmer, R. (2012a). *Handbuch der Sinneswahrnehmung* (1. Aufl. der überarb. Neuausgabe. 22. Gesamtaufl.). Freiburg, Basel, Wien: Herder.

### 2.4.1 Kennlern- und Kontaktspiele

Durch Kennlern- und Kontaktspiele wird eine für alle weiteren Entspannungsformen notwendige vertrauensvolle Atmosphäre geschaffen. Dazu zählen das Anreden mit den Namen und das Erkennen von Unterschieden. Der Weg zu anderen Kindern führt auch über die Fähigkeit, körperliche Kontakte aufzunehmen und selbst zuzulassen sowie über Bewegungsspiele, die Verantwortung gegenüber den Mitspielern und das angstfreie Anvertrauen erfordern (Müller, 2010a, S. 141).

*Methodisch-organisatorische Hinweise:*
Spiele mit Körperberührung erfordern ein behutsames Vorgehen, denn manchem Kind fällt es schwer, sich auf leichte Berührungen durch einen Partner einzulassen.
Deshalb sollten Kontaktspiele auch vorbereitend für Massageformen eingesetzt werden (Müller, 2010a, S. 144).

- Übungsphasen sollten regelmäßig in den Tagesrhythmus eingepasst werden, z. B. vor dem Mittagsschlaf, vor oder nach anstrengenden Tätigkeiten, wenn nicht ins Freie gegangen werden kann, wenn die Gruppe zu aufgekratzt ist.
- Auf in der Gruppe bewährte Formen sollte durchaus zurückgegriffen werden.
- Eine Reihe der nachfolgenden Beispiele erfolgt durch die Initiierung der Erzieherin. Eine ruhige und langsame Sprechweise unterstützt die Schaffung einer angenehmen Atmosphäre.
- Die Erzieherin sollte selbst versuchen Entspannung zu empfinden und eigene Erfahrungen mit dieser Problematik haben.

| Spielidee | Varianten |
|---|---|
| **Guten Morgen!** (Krippe) Im Kreis gefasst, versuchen alle, mit der Erzieherin nach einer einfachen Methode mitzusingen: „Guten Morgen, lieber …, wir wünschen dir einen schönen Tag." | ■ dabei mit kleinen Schritten zum Kind in der Mitte gehen<br>■ jüngere Kinder im Schneidersitz (Krippner, 2010) |
| **Begrüßungsspruch** (Krippe, Kiga) Guten Morgen liebe Marie! Guten Morgen großer Zeh von Marie! Guten Morgen kleine Nase von Marie! (Fuß in Richtung Nase führen) Hallo Nase! Hallo Fuß! (Fuß streichelt sanft die Nase) | ■ Melodie dazu erfinden<br>■ Begrüßungslieder s. CDs, z. B. von Jöcker (Domsgen, 2010) |

| Spielidee | Varianten |
|---|---|
| **Guten Tag!** (Krippe, Kiga)<br>Die (älteren) Kinder bewegen sich durch den Raum. Treffen sich zwei, geben sie sich die Hand und nennen dabei den Namen des Partners: „Guten Tag, Peter!" | ■ Handflächen aneinander klatschen<br>■ Arme und Beine streicheln<br>■ nach weiteren Möglichkeiten von Körperkontakten suchen (auf die Schulter klopfen, sich mit den Füßen begrüßen u. a.)<br>■ sich auf Klatschen, Musikstopp u. a. begrüßen<br>■ zu einem alltäglichen Begrüßungsritual entwickeln<br>■ jüngere Kinder im Schneidersitz, Ball zurollen |
| **Wer fehlt?** (Krippe)<br>Alle Kinder liegen auf dem Bauch und blicken auf den Fußboden. Die Erzieherin deckt ein Kind zu und stellt die Frage: „Wer fehlt?" Die Kinder richten sich auf und nennen den entsprechenden Namen. | ■ ein Kind im Raum verstecken (Herm, 2006, S. 83) |
| **Sortieren** (Krippe)<br>Die Gruppe ordnet sich (anfangs mit sehr viel Unterstützung) nach der Körperhöhe, nach dem Geschlecht, nach Merkmalen der Kleidung usw. | ■ Die Kinder sortieren sich nach Gegenständen, die sie aus einem Sack ziehen. Darin sind z. B. drei Bälle, drei Würfel usw. (Domsgen, 2010) |
| **Fühl´mal!** (Krippe)<br>Ein Kind legt sich auf den Boden und wird zugedeckt (evtl. Kopf frei lassen). Die anderen Kinder dürfen nun vorsichtig die einzelnen Körperteile ertasten. | ■ Körperteile benennen (Domsgen, 2010) |
| **Eine Höhle bauen** (Krippe, Kiga)<br>Die Kinder bauen eine Höhle, in der sie dann alle Platz finden. | ■ mit einer Bewegungsgeschichte verbinden, z. B. „Bärenhöhle" |
| **Händeturm** (Krippe, **Kiga**)<br>Händeturm ist ein Spiel für die älteren Kinder. Das erste Kind legt eine Faust mit nach oben abgespreizten Daumen auf den Tisch. Das nächste Kind ergreift den Daumen und spreizt seinen ebenfalls nach oben usw. | ■ Zum Reim (s. u.) stampfen, untere Hand wegziehen und oben auf den Turm legen, „Butter, Butter stampfen, eine Hand muss weg." (Herm, 2006, S. 102) |

## 2.4 Entspannungsphasen

| Spielidee | Varianten |
|---|---|
| **Zu zweit!** (Krippe, Kiga)<br>Zwei Kinder gehen mit einem Reifen/einem Stück Luftschlange verbunden durch den Raum. | ■ durch Körperkontakt verbunden, z. B. Hand- oder Schulterfassung |
| **Schlangenspiel** (Krippe, Kiga)<br>Alle Kinder gehen frei durch den Raum. Der Spielleiter begrüßt ein Kind mit Namen, nimmt es an die Hand und beide gehen zum nächsten Kind … bis alle eine große Schlange gebildet haben. (Domsgen, 2010) | ■ ohne dass die Schlange reißt, um Hindernisse gehen (z. B. Stühle) |
| **Ins Nest!** (Krippe, Kiga)<br>Alle Kinder sitzen eng auf einem Fleck („Nest"). Sie können einen Wunsch äußern, was sie für ein Tier sein wollen. Alle bewegen sich entsprechend. Ruft die Erzieherin „Ins Nest!", dann kuscheln sich wieder alle eng aneinander. (Krippner, 2010) | |
| **Hand in Hand** (Kiga)<br>Kleingruppen bilden einen Kreis und halten sich fest an den Händen. Der Reihe nach zeigt jeder eine Bewegungsform (z. B. am Ort federn), alle machen diese nach ohne dabei loszulassen. (Erkert, 2007, S. 16) | ■ die Bewegung nach einem vorgegebenen Rhythmus ausführen<br>■ eine Kette bilden und sich als Gruppe ohne Lösen der Handfassung durch den Gruppenraum, den Kindergarten, über das Freigelände bewegen |
| **Klettverschluss** (Kiga)<br>Die Kinder kletten sich in verschiedenen Ausgangspositionen so aneinander, dass die ganze Gruppe Körperkontakt hat. Alle denken sich (für sich) eine Bewegung aus. Der Klettverschluss (Kontakt) zu den anderen Kindern darf dabei aber nicht gelöst werden. | ■ Auf ein Signal (Musik oder Ton) setzt sich die Kette in Bewegung. Alle bewegen sich, bis die Musik vorbei ist oder ein zweiter Ton erklingt. (Posmyk, 2008) |
| **Tausendfüßler** (Kiga)<br>Die Kinder gehen in die Bankstellung, die Hände umfassen die Fußgelenke des Vormannes. Nun kann sich die Kleingruppe mit rechts beginnend durch den Raum bewegen. | ■ mehrere Tausendfüßler schlängeln sich durch den Raum<br>■ Hindernisse überwinden (Stricke am Boden, die Schlangen darstellen, Kissen als Hügel, Stühle und Tische als Bäume und Sträucher)<br>■ mit Musik kombinierbar (Posmyk, 2008) |

| Spielidee | Varianten |
|---|---|
| **Platzwechsel*** (Kiga, **Hort**)<br>Die Kinder bilden mit Handfassung einen Kreis und nach Aufforderung des Spielleiters wechseln alle Kinder die Plätze, die<br>■ blonde Haare haben<br>■ einen Bruder oder eine Schwester haben<br>■ gern malen<br>■ gern Pudding essen usw.<br>Nach erfüllter Aufgabe nehmen alle Kinder wieder die Kreisaufstellung mit Handfassung ein. | ■ vor dem Platzwechsel eine Drehung ausführen<br>■ Platzwechsel der Kinder, bei denen im Namen ein „A" zu hören ist usw. (Verbindung mit kommunikativer Bildung), (Hort) |
| **Vorsicht Hindernisse!*** (Kiga, Hort)<br>Ein Kind schließt die Augen und wird von seinem Partner verantwortungsvoll mit Handfassung um Tische und Stühle sowie um andere Hindernisse geführt. | ■ andere Körperkontakte (an den Schultern oder mit Hüftfassung den Partner |
| **Wer ist wer?*** (Kiga, Hort)<br>Es finden sich etwa fünf Kinder zusammen. Einem Kind werden die Augen verbunden und es soll durch Abtasten des Kopfes, der Arme und der Beine erkennen, wer gerade vor ihm steht. | ■ auf Rücksichtnahme hinweisen |
| **Welche Hände gehören zusammen?*** (Hort)<br>Es finden sich bis zu vier Kinder zusammen. Sie strecken ihre Arme verkreuzt in die Mitte. Ein Kind schließt die Augen und soll durch Abtasten finden, welche Hände zusammengehören. | ■ vor dem nächsten Durchgang ein oder mehrere Drehungen ausführen |

### 2.4.2 Spiele mit der Ruhe

Einen weiteren günstigen Einstieg in die Entspannungsproblematik bieten Spiele mit der Ruhe. Kindern fällt es teilweise schwer, sich auf ruhige und stille Situationen einzulassen und diese als positiv zu empfinden. Deshalb ist die Verbindung von Bewegung und Ruhe eine gute Möglichkeit, Kinder an Entspannungsphasen heranzuführen. Neben dem Wechsel zwischen Ruhe – Bewegung – Ruhe bieten sich Spielformen an, bei denen Bewegungen in der Stille ausgeführt werden.

*Methodisch-organisatorische Hinweise:*
- Die Erzieherin kann mit einer ruhigen Stimme und ausgeglichenen Bewegungen das Entstehen einer entspannten Atmosphäre unterstützen.
- Die Spiele sollen mit einer Ruhephase enden.
- Spiele mit der Ruhe können nach sehr aktiven Phasen bzw. als Übergang zu anderen Entspannungsformen oder vor der Mittagspause eingesetzt werden.

**Ganz leise!** (Krippe)
Die Erzieherin schließt die Augen. Ganz leise kriechen die Kinder durch den Raum, ohne die Erzieherin „zu wecken". Wenn es zu laut wird, öffnet sie die Augen. Dann beginnt ein neuer Versuch. Varianten:
- durch den Raum gehen
- zu zweit

## 2.4 Entspannungsphasen

**Riese Timpetu** (Krippe)
| | |
|---|---|
| Der alte Riese Timpetu | *sich strecken* |
| legt sich abends gern zur Ruh. | *auf den Rücken legen* |
| Er kratzt sich über seinen Bauch | *sich den Bauch kratzen* |
| und reibt sich seine Nase auch. | *sich die Nase reiben* |
| Er schubbert sich noch mal den Rücken, | *den Rücken auf dem Boden* |
| das macht er mit Entzücken. | *bewegen* |
| Der Riese kuschelt dann ganz fein | *sich auf die Seite drehen* |
| und schließlich schläft er ein. | *Augen schließen* |

(Krippner, 2010, nach Grüger, C. & Horn, R., 2008, S. 67)

**Fingerspiel** (Krippe)
| | |
|---|---|
| Da oben auf dem Berge, | *1, 2, 3 (Finger zeigen)* |
| da sitzen viele Zwerge. | *1, 2, 3* |
| Da unten auf der Wiese, | *1, 2, 3* |
| da sitzt ein großer Riese. | *1, 2, 3* |

Varianten: zuerst mit normaler Stimme, dann mit leiser Stimme, zum Schluss nur mit Mund- und Fingerbewegung (Seifert, 2010)

**Gespenster** (Krippe)
Alle schleichen sich an die „schlafende" Erzieherin heran und erschrecken sie mit einem lauten „Huch!" Diese spielt sehr erschrocken. Dann schleichen die Gespenster wieder weg.
Varianten:
- Die Gespenster tanzen eine Runde mit der Erzieherin und schleichen sich danach wieder weg.
- Die Gespenster werden mit Tüchern verkleidet.

**Horch!** (Krippe)
Egal, wo man ist, einfach mal innehalten und horchen. Die Erzieherin animiert die Kinder, still zu sein. Sie hält die Hand ans Ohr und fragt, was die Kinder hören.
Variante: Geräuschquellen besprechen. (Domsgen, 2010)

**Hans guck in die Luft** (Krippe)
Alle liegen in Kreisform mit den Köpfen nach innen auf der Wiese und schauen in den Himmel. Die Erzieherin beschreibt mit ruhiger Stimme, was zu sehen ist. (Domsgen, 2010)
Varianten: Im Innenraum kann ein Bild über die Köpfe der Kinder gehalten werden.

**Wir decken uns zu und geben nun Ruh'** (Krippe)
Zuerst spielen die Kinder mit je einem Tuch. Dann gibt die Erzieherin den Impuls, dass die Füße zugedeckt und sanft gestrichen werden. Sie erzählt den Kindern, dass die Füße jetzt zur Ruhe kommen.
Varianten:
- weitere Körperteile abdecken
- zur Unterstützung einen ruhigen Vers oder ein Schlummerlied einsetzen
- Gesicht abdecken und Atmung bewusst machen (Domsgen, 2010)

**Schlafende Gespenster** (Krippe, Kiga)
Die Kinder spielen Gespenster. Zunächst stellen sie sich schlafend. Auf ein Signal hin (z. B. ein lauter Gong- oder Trommelschlag) erheben sich Gespenster und geistern, spuken oder tanzen durch den Gruppenraum. Ertönt erneut der Gongschlag, so ist die Geisterstunde zu Ende und die Gespenster legen sich wieder schlafen.
Varianten:
- sich mit Papier oder Stoff als Gespenster verkleiden
- Gespenster versteinern beim Gongschlag (Arl, 2007)

**Wie die Mäuschen** (Krippe, Kiga)
Die Kinder spielen Mäuschen, die sich in ihrem Mauseloch (z. B. unter dem Tisch) verstecken und sich mucksmäuschenstill verhalten.
Varianten:
- bestimmte Tätigkeiten ganz leise ausführen, z. B. einen Sitzkreis bilden, Stühle hochstellen, Spielsachen aufräumen, die Liegen aufstellen

**Flüsterer** (Krippe, Kiga)
Alle Kinder setzen sich in eine Raumecke oder an einen Ort, wo sie sich wohl fühlen und schließen die Augen. Die Erzieherin flüstert nun einen Namen und erinnert daran: „Wenn du deinen Namen hörst, öffne die Augen und komm ganz leise zu mir. Bewege dich möglichst lautlos!" Varianten:
- die Farben der Pullover oder Hosen der Kinder flüstern (vor dem Schließen der Augen die Sachen nochmals genau anschauen)
- ein Kind als „Flüsterer" einsetzen (Arl, 2007)

**Wir schleichen wie die Indianer** (Kiga, Hort)
Die Kinder schleichen leise wie die Indianer ohne anzustoßen durch den Raum.
Varianten:
- durch den Kindergarten schleichen (keiner darf uns hören)
- in Gruppen durch das Gebäude schleichen

**Eisenbahn*** (Kiga, Hort)
Kleingruppen bilden Züge. Diese fahren im Bahnhof los und als „Schnellzug" oder „Bummelzug" durch den Raum. Am Ende kommen die Züge wieder im Bahnhof an und alle Räder stehen still.

**Suchspiel*** (Hort)
Während alle mit dem Blick zur Wand stehen, legt der Spielleiter einen abgesprochenen Gegenstand noch sichtbar ab. Dann gehen die Kinder mit den Händen auf dem Rücken schweigend durch den Raum. Wer den Gegenstand sieht, setzt sich auf seinen Platz.

### 2.4.3 Wahrnehmungsspiele

Wahrnehmungen sind Prozesse der subjektiven Aufnahme und Verarbeitung von Informationen/Reizen durch die Sinnesorgane. Wahrnehmungen bilden mit Bewegung eine Einheit. Beide sind miteinander verschränkt (v. Weizsäcker 1950, S. 163). Wahrnehmungen mit allen Sinnen stehen mit Denken und Handeln in einem engen Zusammenhang (Sächsischer Bildungsplan 2011, S. 99). Aus diesen Aussagen wird deutlich, dass die Schulung der Wahrnehmungsfähigkeit einen sehr komplexen Charakter trägt und sich demzufolge in unterschiedlichen Abschnitten dieses Buches reflektiert, vor allem bei den bewegten Lernsituationen in den einzelnen Bildungsbereichen (Abschnitt 2.2).

Im Zusammenhang mit der Entspannungsproblematik wird nachfolgend eine kleine Auswahl an Wahrnehmungsspielen vorgestellt, die:

- den eigenen Körper und seine Bewegung zum Gegenstand der Erfahrungssituation machen und damit den Bewegungssinn besonders anregen
- weitere Sinnesorgane ansprechen und Erfahrungen über die Umwelt vertiefen, besonders materiale Erfahrungen (s. Abschnitt 1.1)

*Methodisch-organisatorische Hinweise:*

- Unterschiedliche Sinnesorgane sollten angesprochen werden, bei dem Schwerpunkt Bewegung natürlich vor allem der *Bewegungssinn und der Tastsinn*. Wahrnehmungsspiele sollten aber auch den akustischen und optischen Analysator einbeziehen (s. unten), ebenso den Gleichgewichtssinn (Beispiele dazu s. 2.3.1 und 2.3.2).
- Es müssen Bedingungen geschaffen werden, die eine Konzentration auf die Wahrnehmungsaufgaben ermöglichen.
- Das Schließen der Augen kann die Konzentration auf andere Analysatoren unterstützen. Das Verbinden der Augen (mit einem Tuch o. Ä.) muss freigestellt bleiben.
- Der Schwierigkeitsgrad der Bewegungsaufgabe darf nicht bereits einen Großteil der Wahrnehmungskapazität belasten – einfache Fertigkeiten einbeziehen.

## Bewegungssinn (kinästhetischer Analysator)

| Spielidee | Varianten |
|---|---|
| **Groß und klein** (Krippe)<br>Die Kinder machen sich nach Aufforderung ganz groß (Streckstand) oder winzig klein (Hocke). | ■ mit Fortbewegungen verbinden |
| **Zieh und schieb!** (Krippe)<br>Ein Kind sitzt auf einem Bodentuch/Teppichfliese. Die anderen versuchen, das Kind vorsichtig durch den Raum zu schieben oder zu ziehen. (Domsgen, 2010) | ■ auf einem Rollbrett, in einem Fahrzeug o. Ä. sitzen |
| **Bälle rollen** (Krippe)<br>Die unterschiedlichen Bälle werden durch den Raum gerollt. | ■ Bälle in ein Ziel rollen (unter einen Tisch, in einen Reifen u. a.)<br>■ mit den kleinen Bällen den großen Ball treiben |
| **Kullerball** (Krippe)<br>Es ist die Aufgabe, einen kleinen Ball in der Frisbeescheibe kreiseln zu lassen. | ■ sich dabei fortbewegen (Domsgen, 2010) |
| **Stock oder Pudding?** (Krippe)<br>Nach dem Berühren eines Stockes legen sich alle auch fest angespannt und steif auf den Boden. Nach dem Beobachten eines Puddings liegen alle locker und wabblig auf dem Boden. | ■ sich nur auf Zuruf steif oder locker machen |

| Spielidee | Varianten |
|---|---|
| **Über große Pfützen** (Krippe, **Kiga**)<br>Gegenstände zum Drauftreten (Teppichfliesen, Schaumstoffteile, Kissen u. a.) werden so im Raum verteilt, dass man von einem auf den anderen treten kann. Ohne „nasse" Füße versuchen die Kinder, die Riesenpfützen zu überwinden. | ■ von Gegenstand zu Gegenstand springen |
| **Blume im Wind** (Kiga)<br>„Stellt euch vor, ihr seid eine Blume mit starken Wurzeln. Die Wurzel hält euch im Boden fest. Dadurch könnt ihr nicht mehr umfallen, wenn der Wind bläst. Wiegt euch wie die Blume im Wind hin und her. Verlagert dabei euer Gewicht einmal auf das rechte und einmal auf das linke Bein. Immer hin und her. Nun verlagert das Gewicht auch mal nach vorn und nach hinten. Dabei bleibt die ganze Fußsohle auf dem Boden." | ■ „Der Wind ist auch da, wenn die Blume schläft. Daher macht einmal die Augen zu und wiegt euch hin und her, hin und her."<br>■ „Die Blume hat die Blüte geschlossen (Arme verschränkt), die Blume ist ganz groß (Hochhalte), die Blume ist ganz breit (Seithalte)". (Arl, 2007) |
| **Elefant und Maus*** (Kiga, Hort)<br>Die Kinder stellen abwechselnd die Bewegungen eines Elefanten (große Stampfschritte) und einer Maus (kleine Trippelschritte) dar. | ■ andere Tiere kontrastieren<br>■ Stofftiere (Bestand der Einrichtung) in Bewegungen versetzen<br>■ Verkehrsmittel darstellen |
| **Aufziehpuppe*** (Kiga, **Hort**)<br>Ein Partner zieht die Puppe (Mitspieler) auf. Dann führt diese schnelle Bewegungen aus, die immer langsamer werden bis zum Stillstand. Die Puppe muss erneut aufgezogen werden. | ■ evtl. Impuls für Bewegungen geben (laufen, Arme kreisen, stampfen, springen, Hampelmann)<br>■ eine Körperseite (Arme, Hände, Füße) führt langsame Bewegungen aus, die von der anderen zeitversetzt nachvollzogen wird |
| **Schwebendes Kind** (Kiga, Hort)<br>Ein Kind legt sich mit dem Rücken auf den Boden. Nun versuchen die anderen Kinder, die Luftballons so unter den Körper des Kindes zu platzieren, dass das Kind am Ende nur noch von den Luftballons getragen wird (wie ein Luftkissen). Gelingt dies, so sollte das „Schwebende Kind" eine Weile auf den Luftballons liegen und das Gefühl auskosten. Danach können die Kinder die Luftballons vorsichtig entfernen bis das „Schwebende Kind" wieder zur Erde zurückgekehrt ist. | ■ Luftballons in einen Bettbezug stecken und dann legt sich ein Kind darauf<br>■ Im Sportraum Gymnastikmatte auf Bällen legen<br>(Arl, 2007) |
| **Leiterwagen** (Hort)<br>Die Kinder schieben bzw. ziehen einen „Leiterwagen" (Partner) über den Weg. Der „Leiterwagen" ist einmal mit „Steinen" (Partner gibt großen Widerstand), dann mit „Heu" (geringer Widerstand) u. a. beladen. | ■ andere Fahrzeuge<br>■ bei Rückenwind oder Gegenwind<br>■ Wagen wird von Station zu Station schwerer bzw. leichter<br>■ bergauf/bergab |

| Spielidee | Varianten |
|---|---|
| **Pendel** (Hort) Ein Kind spannt sich fest an. Es steht zwischen zwei Mitspielern und wird vorsichtig an den Schultern hin und her geschoben. | ▪ mit mehreren Spielern in einem kleinen Kreis |

Tastsinn

| Spielidee | Varianten |
|---|---|
| **Feder-Kitzel-Spiel** (Krippe) Mit einer Feder streicht jedes Kind über den eigenen Körper | ▪ Partnerarbeit (Domsgen, 2010) |
| **Was ist im Beutel?** (Krippe) Gemeinsam wird ein Beutel mit Spielsachen (zuerst nur ein bis zwei) bepackt. Dann wird dieser im Kreis herumgegeben. Nacheinander fasst je ein Kind hinein, benennt den Gegenstand und zieht ihn zur Kontrolle heraus. | ▪ Der Beutel wird von der Erzieherin bepackt, ohne dass die Kinder den Inhalt sehen. ▪ Der Gegenstand/die Gegenstände können auch in einen Schuhkarton mit einer Öffnung für die Hand zum Hineingreifen gelegt werden. |
| **Maus oder Elefant?** (Krippe, Kiga) Die Kinder liegen (evtl. mit geschlossenen Augen) auf einer Decke o. Ä. Die Erzieherin berührt sanft oder stark verschiedene Körperteile. War es eine Maus oder ein Elefant? | ▪ mit einem Spielpartner (Herm, 2006, S. 103–104) |
| **Gegenstände erfühlen** (Kiga) Ein Partner liegt in Bauchlage. Ihm werden durch den Mitspieler Gegenstände auf den Rücken, die Arme oder die Beine gelegt. Die Gegenstände sollen erfühlt und benannt werden. (Bieligk, 2013) | ▪ unterschiedliche Gegenstände (Pappdeckel, Tuch, Bohnensäckchen, kleine Steine, Knöpfe, Lineal, Bleistift, Blatt u. a.) ▪ im Freien mit Naturmaterialien spielen |
| **Überraschungssäckchen** (Kiga, Hort) Es wird paarweise gespielt. Ein Kind schließt die Augen. Der Partner holt aus dem Säckchen einen Gegenstand. Der Mitspieler soll nur durch Abtasten herausbekommen, um welchen Gegenstand es sich handelt und den laut benennen. | ▪ den Gegenstand hinter dem Rücken abtasten ▪ mit den Füßen fühlen ▪ einen Gegenstand aus dem Raum betasten ▪ Naturmaterialien erfühlen (s. naturwissenschaftlicher Bildungsbereich) ▪ mehrere bekannte Gegenstände (unter einem Tuch) ertasten und beschreiben ▪ paargleiche Gegenstände finden |
| **Barfußpfad** (Kiga, **Hort**) Ein Kind schließt die Augen. Es wird barfuß vom Partner vorsichtig über verschiedene Untergründe geführt und soll diese benennen. | ▪ Verschiedene Untergründe und Materialien (Decken, Papier, Tücher, Folien, Teppichfliesen, Pappdeckel, Zeitungen, Fußabstreicher u. a.) ▪ Im Außengelände Untergründe ertasten (s. Abschnitt 2.2.3 Fußfühlpfad) |
| **Hier ist es …** (Kiga. Hort) Von der Erzieherin erhalten die Kinder die Aufgabe: Gehe zu der Stelle des Raumes, an der es für dich schön warm ist! (… an der du es als kühl empfindest) | ▪ hell – dunkel ▪ laut – leise ▪ … wo du dich am wohlsten fühlst! |

| Spielidee | Varianten |
|---|---|
| **Schlaue Füße** (Hort)<br>Unterschiedliche Materialien werden zu einem Laufparcours ausgelegt. Die Kinder laufen nun barfuß und mit geschlossenen Augen über den Parcours und nehmen die verschiedenen Eindrücke wahr. Im Anschluss daran beschreiben die Kinder das Gefühlte und tauschen die Sinneseindrücke mit anderen Kindern aus. (Idee: Naumann, Rutke & Ryk) | ■ Plastiktüte, zerknülltes Zeitungspapier, Karton mit Sand, Blätter, Behältnis mit Wasser<br>■ Lauf über verschiedene Untergründe in der Natur<br>■ Beim Paarlauf mit Handfassung können die Wahrnehmungen in der unmittelbaren Situation ausgetauscht werden.<br>■ Die Kinder äußern Vermutungen, worüber sie gelaufen sind (evtl. auch mithilfe der Hände erfühlen). |

## Optischer Analysator

| Spielidee | Varianten |
|---|---|
| **Ich sehe was, was du nicht siehst** (Krippe, Kiga)<br>Die Kinder gehen langsam durch den Raum. Die Erzieherin spricht: „Ich sehe was, was du nicht siehst – das sieht rot aus und kann rollen." Jedes Kind geht zu dem Gegenstand, den es hinter der Beschreibung vermutet (in diesem Beispiel zu dem roten Ball). | ■ im Freien spielen |

| Spielidee | Varianten |
|---|---|
| **Was liegt/steht woanders?** (Krippe, Kiga)<br>Nachdem die Kinder die benannten Gegenstände genau betrachtet haben, drehen sie sich um. Die Erzieherin legt einen Gegenstand an eine andere Stelle. Die Kinder sollen diese Veränderung erkennen und zu dem neuen Ort gehen. | ■ zwei Gegenstände umlegen |
| **Raumwege** (Krippe, **Kiga**)<br>Der Spielleiter zeigt einer Kleingruppe einen Weg durch den Raum. Die Kinder gehen den gesehenen Weg nach. | ■ Kiga: mit geschlossenen Augen (Hilfe durch Partner) |

## 2.4 Entspannungsphasen

| Spielidee | Varianten |
|---|---|
| **Wo ist der Gegenstand?** (Kiga, Hort) Unter einem von den drei Bechern wird sichtbar für alle ein kleiner Gegenstand gelegt. Die Becher werden durcheinander bewegt. Die Mitspieler sollen stets wissen, wo der Gegenstand ist. | ■ mehr als drei Becher verwenden<br>■ sehr schnell die Becher bewegen (Hofmann, 2008, S. 3) |
| **Wer zaubert hier?** (Hort) Die Kinder verteilen sich mit geschlossenen Augen im Raum. Der Spielleiter geht um den Kreis, tippt einem Kind auf die Schulter und bestimmt ihn somit zum Zauberer. Die Kinder öffnen die Augen und bewegen sich nun sehend frei im Raum. Sie sollen herausfinden, wer der Zauberer ist. Dieser zwinkert einem Kind zu, das geht einfach weiter, zählt innerlich bis 10 und fällt dann einfach „versteinert" um. Hat ein Mitspieler einen Verdacht, wer der Zauberer sein könnte, meldet er es dem Spielleiter. Ist der Verdacht richtig, beginnt das Spiel von vorn. Ansonsten wird dieses Kind „eingesperrt" und bleibt beim Spielleiter stehen. Sind nur noch zwei Kinder übrig, hat der Zauberer gewonnen. | ■ Verzauberung durch andere Gesten (Naserümpfen, leichtes Kopfschütteln u. a.)<br>■ statt umfallen, stehen bleiben, hinsetzen usw.<br>■ zwei oder mehrere Zauberer festgelegen<br>■ durch Laufen um das Spielfeld sich erlösen<br>■ Als neue Spielfigur den „Heiler" einfügen, der zwei der versteinerten Spieler durch eine bestimmte Geste wieder beleben darf. Wird er selbst versteinert, hat der Zauberer gewonnen. (Idee: Raese) |
| **Sehen und nicht vergessen** (Hort) Ein Tablett mit Gegenständen wird in die Mitte des Raumes gestellt und mit einem Tuch bedeckt. Die Kinder laufen hin, schauen unter das Tuch, gehen an den Platz zurück und schreiben die Gegenstände auf. Wie viele Gegenstände hat sich jeder gemerkt? (Idee: Vogel & Wolowski) | ■ Tablett mit Löffel, Kerze, Luftballon, Bonbon, Lappen o. Ä.<br>■ Gegenstände aufmalen (Klasse 1)<br>■ Wer ist als Erster fertig?<br>■ Was fehlt? (im 2. Durchgang einen Gegenstand entfernen) |
| **Heimlicher Vorgeber** (Hort) Alle Kinder stehen im Kreis. Ein Kind wird für einen kurzen Moment vor die Tür geschickt. Währenddessen machen sich die restlichen Kinder eine Person aus, die Bewegungen vorgibt, welche die anderen Kinder nachahmen. Das Kind, welches vor der Tür steht, darf wieder hereinkommen und stellt sich in die Mitte des Kreises. Der „heimliche Vorgeber" macht nun eine Bewegung vor, ohne dass es das Kind in der Mitte mitbekommt. Alle Kinder im Kreis ahmen diese Bewegung so schnell wie möglich nach. Findet das Kind den „Vorgeber", muss dieser vor die Tür und ein neuer wird ausgewählt. | ■ langsame oder schnelle Bewegungen vorgeben<br>■ Zu Spielbeginn führen die Kreisspieler individuelle Bewegungen am Ort aus. Diese passen sie dann dem „Vorgeber" an. (Idee: Vogel & Wolowski) |

## Akustischer Analysator

| Spielidee | Varianten |
|---|---|
| **Laut und leise** (Krippe, Kiga)<br>Die Kinder bewegen sich durch den Raum – nach Ansage der Erzieherin zuerst laut – dann leise, z. B.:<br>stampfen – auf Zehenspitzen schleichen<br>laut klatschen – leise die Handflächen berühren | ▪ mit großen – mit kleinen Schritten oder<br>▪ schnell – und langsam usw. |
| **Was höre ich?** (Krippe, Kiga)<br>Die Erzieherin zeigt zwei Gegenstände und führt damit deutlich unterscheidbare Geräusche aus. Dann wiederholt sie ein Geräusch, ohne dass die Kinder den Gegenstand sehen können. Alle sagen, was sie gehört haben. Wer hat recht? | ▪ im Freien auf einer Wiese spielen |
| **Geräuschpegel** (Krippe, Kiga)<br>Alle Kinder sitzen mit geschlossenen Augen um die Tonquelle. Die Erzieherin stellt sukzessive die Lautstärke leiser. Wer nichts mehr hört, hebt eine Hand und öffnet die Augen. (Bieligk, 2013) | ▪ als Einschlafritual verwenden (Dann befinden sich die Kinder auf den Liegen und heben nicht den Arm.) |
| **Hört es klopfen!** (Kiga)<br>Alle Kinder sitzen mit geschlossenen Augen auf ihren Stühlen. Ein Kind oder die Erzieherin geht nun leise herum. Sie klopft an die Stuhllehnen der anderen. Jedes Kind, das „angeklopft" wurde, steht leise auf und schließt sich dem „Klopfer" an. Zum Schluss bewegen sich so alle um die Stühle herum. (Arl, 2007) | ▪ im Sitzkreis mit Antippen<br>▪ Erzieherin klatscht o. Ä. an einer Stelle im Raum. Alle zeigen in diese Richtung. |
| **Wo tickt der Wecker?** (Kiga)<br>Die Kinder schließen die Augen und lauschen, wo die Erzieherin im Raum einen laut tickenden Wecker versteckt. Anschließend suchen die Kinder den Wecker. (angelehnt an Zimmer, 2005, S. 190) | ▪ mit der Eieruhr die Zeit beschränken, z. B. 2 Minuten (Finden die Kinder die Uhr bevor die Eieruhr klingelt, so haben sie gewonnen, ansonsten die Uhr.)<br>▪ Lautstärke der Uhr variieren, auch ein sehr leises Ticken verwenden<br>▪ unterschiedliche Uhren verstecken |
| **Was war das?** (Kiga)<br>Alle Kinder sitzen um unterschiedliche Gegenstände und hören sich die Geräusche an, die damit produziert werden können. Dann schließen alle die Augen, nur ein Kind nicht. Dieses erzeugt mit einem Gegenstand einen Klang. Die Mitspieler beantworten die Frage, was das war. | ▪ Musikinstrumente einsetzen<br>▪ mit Bällen prellen (Bieligk, 2013) |

| Spielidee | Varianten |
|---|---|
| **Schiffe im Nebel** (Hort)<br>Zwei bis drei Spieler stellen sich vor der Wand auf. Die anderen Spieler verteilen sich im Raum und nehmen eine beliebige Position ein. Die Spieler an der Wand versuchen, sich die Aufstellung ihrer Mitspieler zu merken. Anschließend werden ihnen die Augen verbunden und sie gehen als Schiffe im Nebel durch den Raum zur gegenüberliegenden Wand. Die Spieler im Raum sind Lotsen, die immer dann einen Nebelhornruf ertönen lassen, wenn das Schiff sich auf einen Spieler, sprich ein Riff, zu bewegt. | ▪ unterschiedliche Geräusche durch die Lotsen für die Bewegung nach links und rechts, um die Schiffe anzuleiten das Riff zu umsegeln<br>▪ weitere Hindernisse in den Raum stellen, z. B. Hocker, Stühle<br>▪ an der gegenüberliegenden Wand eine Hafeneinfahrt markieren |
| **Im Tal der Klapperschlange** (Hort)<br>Die Kinder verteilen sich ungeordnet im Raum. Sie stellen friedfertige Klapperschlangen dar. Ein Kind soll mit geschlossenen Augen durch das Tal der Klapperschlangen zur anderen Seite gelangen. Je nach Annäherung des Kindes klatschen die Klapperschlangen leise oder kräftig in die Hände. | ▪ Aufstellung der Kinder verändern<br>▪ andere akustische Signale einsetzen (schnipsen, patschen u. a.)<br>(Hofmann, 2008, S. 5) |
| **Bälle prellen** (Hort)<br>Im Rücken einer Kleingruppe werden unterschiedliche Bälle geprellt. Die Art des Balles ist zu bestimmen. | ▪ Anzahl des Prellens zählen<br>▪ auf unterschiedlichem Untergrund prellen |

### 2.4.4 Entspannungsspiele/-übungen

Die in den Abschnitten 2.4.1 bis 2.4.3 vorgestellten Spielformen dienen vor allem der Vorbereitung von Entspannungsübungen. Bei der Mehrzahl sind die Wahrnehmungen mehr nach außen gerichtet (Personen, Gegenstände, Geräusche u. a.). Die nachfolgenden Entspannungsspiele/-übungen zielen mehr auf Wahrnehmungen nach innen, d. h. auf den eigenen Körper. Damit stellen sie eher erste Schritte zu klassischen Entspannungsmethoden dar.

### Atemübungen

Atemübungen sind eine Voraussetzung für alle weiteren Entspannungsformen. Durch eine tiefe und regelmäßige Atmung kommt es zum Abbau von Verspannungen und Stress sowie von Müdigkeit und Angst. Nicht umsonst sagt man in Stresssituationen: „Nun atme erst einmal tief durch!" (Müller, 2010a, S. 154). Atmen steht aber auch mit dem Sprechen in einem direkten Zusammenhang, u. a. durch eine ruhige und kontrollierte Atmung. Deshalb werden die Beispiele zum Atmen auch im Abschnitt 2.2.2 aufgeführt.

*Methodisch-organisatorische Hinweise:*
- Bei Atemübungen ist für einen gut durchlüfteten Raum zu sorgen oder im Freien zu üben. Kleidungsstücke durch Öffnen eines Knopfes o. Ä. lockern, Brillen ablegen und bei Schnupfen nicht mitüben lassen.
- Das Atemzentrum wird durch das Ausatmen von Kohlendioxyd reguliert. Deshalb sollte auf die Ausatmung besonderer Wert gelegt und damit immer begonnen werden. Es wird durch den leicht geöffneten Mund aus- und durch die Nase eingeatmet. Atemübungen werden langsam ausgeführt bei einem zeitlichen Verhältnis zwischen Aus- und Einatmung von 2:1!

- Für Atemübungen muss man sich Zeit nehmen und Geduld haben. Das Anhalten der Luft vermeiden!
- Der Einsatz von Atemübungen bietet sich vor anderen Entspannungsübungen an.

**Wattepusten** (Krippe, Kiga)
Ein Wattebällchen wird über den Tisch gepustet. Varianten:
- Wattebällchen in der Luft tanzen lassen
- Wie lange kannst du es in der Luft halten?
- Papierschnipsel mit einem Strohhalm ansaugen und in einem Behältnis ablegen

**Kerze auspusten*** (Kiga, Hort)
Die Kinder sollen sich vorstellen, dass sie eine Kerze auspusten. Varianten
- die Suppe kühler blasen
- durch einen Strohhalm blasen
- einen Luftballon aufblasen
- Eisblumen am Fenster auftauen
- auf einer Flöte spielen
- eine Pusteblume anblasen

**Wellenreiten** (Hort)
Die Kinder liegen entspannt auf dem Rücken und stellen sich vor, sie sind mit einer Luftmatratze auf dem Meer und spüren die Wellen, wie sie langsam auf- und abwogen. Gehen die Wellen hoch, wird tief eingeatmet, gehen diese runter, wird ausgeatmet.
Varianten: andere Liegepositionen ausprobieren

**Lippenflattern** (Hort)
Der Mund ist geschlossen, die Lippen liegen locker aufeinander. Durch kurze, aber intensive Ausatmung werden die Lippen zum Flattern gebracht. Die Schüler stellen sich vor, sie wären ein wieherndes Pferd und verbinden die kurzen Atemstöße auch mit Tönen.
Variante: In ihrer Vorstellung beobachten die Kinder ein Motorrad, das in der Ferne auf einer hügeligen Straße unterwegs ist. Mit der Hand zeichnen sie in der Luft diesen Weg nach. Dabei versuchen sie Geräusche eines Motorrades nachzuahmen. (Ideen: Naumann, Rutke & Ryk)

**Tigeratmung** (Hort)
Gemeinsam wird beim Heben der Arme eingeatmet, dann mit gekrallten Fingern dreimal auf „krrr…" ausgeatmet. Nach dem vierten Einatmen wird die Ausatmung auf „uhhh…" beendet. Zum Abschluss dieser Übung stößt jedes Kind den „Zauberschrei" aus. Es ist ein stimmloser Schrei, der aufgestaute Erregungen, Ärger und Gefühle zum Ausdruck bringen soll. Danach kann es an die Arbeit oder das Spielen gehen. (Idee: Schmalz)

**Gerade aufgestanden** (Hort)
Die Schüler liegen entspannt auf dem Boden. Sie stellen sich vor, sie hätten gerade geschlafen und die Nacht ist vorbei. Nun stehen sie auf. Dazu räkeln und strecken sie sich kräftig. Sie gehen auf die Zehenspitzen und strecken die Arme weit nach oben. Hierbei gähnen sie ausgiebig (mit Geräusch), sodass sich ihre Lungen mit Luft füllen und der Brustkorb sich vergrößert. Beim Ausatmen ziehen sich die Lungen zusammen.

## 2.4 Entspannungsphasen

**Tanzende Seifenblasen** (Hort)
Die Kinder pusten Seifenblasen in die Luft und versuchen, diese durch Anpusten fortzubewegen. Um die Schwierigkeit zu steigern, kann probiert werden, die Seifenblasen durch einen Reifen zu blasen. Dabei müssen die Kinder verschiedene Bewegungspositionen einnehmen, damit ihre Seifenblase nicht vorschnell auf dem Boden landet.
Varianten: Die Kinder versuchen möglichst schnell alle Seifenblasen zu zerstupsen, zerklatschen oder mit der flachen Hand aufzufangen. (Ideen: Naumann, Rutke & Ryk)

### Spiele zur Anspannung – Entspannung

Die Grundlage für wirkliches Wohlbefinden ist ein ausgewogenes Verhältnis zwischen Anspannung und Entspannung auf motorischer und psychischer Ebene. Mit den nachfolgenden Übungs- und Spielformen sollen die Kinder lernen, einzelne Muskelgruppen gezielt anzuspannen und wieder zu lockern sowie diese unterschiedlichen Spannungszustände zu erspüren.

Die Märchen zur An- und Entspannung bereiten eine klassische Entspannungsmethode – die Progressive Muskelentspannung – vor. Sie entstanden in Kursen zur Aus- und Weiterbildung von Erzieherinnen (Volkmer, 2007).

*Methodisch-organisatorische Hinweise:*
- Bei den Märchen zur An- und Entspannung sollten die Kinder bequem auf ihren Stühlen sitzen oder sich auf Liegen bzw. Matten ausstrecken.
- Die Muskeln werden etwa 5 bis 7 Sekunden angespannt, dann ca. 15 Sekunden entspannt. Die Geschichte ist entsprechend sprachlich zu gestalten.
- Beim Anspannen einatmen, beim Entspannen ausatmen.
- Der Einsatz könnte z. B. vor dem Mittagsschlaf erfolgen.

**Muskeln anspannen** (Kiga, Hort)
Einem Kind in Bauch- oder Rückenlage legt der Partner kleine Materialien auf verschiedene Muskeln. Diese sollen angespannt, nach dem Entfernen wieder entspannt werden.

**Einfrieren (Stopptanz)** (Kiga, Hort)
Die Kinder bewegen sich nach Musik oder einem Rhythmusinstrument frei im Raum. Bei Musikstopp „frieren" sie ihre momentanen Bewegungen ein. Wer schafft das?

**Pudding oder Eis** (Kiga, Hort)
Ein Kind befindet sich in einer entspannten Lage. Der Partner prüft durch Schütteln verschiedene Körperteile, ob diese wie „Pudding" (entspannt und locker) sind. Dann werden diese Körperteile „vereist" (angespannt). Varianten:
rechter Arm aus „Pudding", linker aus „Eis" usw. (Unfallkasse Rheinland-Pfalz, 2005, S. 110)

**Fotomodell** (Hort)
Paare finden sich. Ein Kind ist der Fotograf, der verschiedene Anweisungen gibt. Das „Modell" folgt den Anweisungen und nimmt die entsprechenden Positionen ein. Eine Position wird jeweils 5 Sekunden gehalten.

**Der gestiefelte Kater** (Kiga)
Es war einmal ein Müller, der hatte drei Söhne. Als der Müller starb, vererbte er sein ganzes Hab und Gut seinen Söhnen. Der älteste Sohn sprach zum Jüngsten: „Ich habe die Mühle geerbt!" Als das der Jüngste hörte,

*ballte er vor Wut seine rechte Hand zur Faust und hielt sie angespannt.*

Dann dachte er: „Vielleicht bekomme ich ja das Pferd" und

*entspannte seine rechte Hand wieder.*

Der zweite Bruder aber sagte: „Ich bekomme das Pferd" und der Jüngste

*ballte vor Wut die linke Hand zur Faust und drückte sie ganz fest und lang.*

Aber er dachte: „Irgendetwas wird auch für mich übrig bleiben" und er

*entspannte die linke Hand wieder.*

Doch es blieb ihm nur der alte Kater. Als der Kater den jungen Müllersohn sah,

*zog er die Augenbrauen hoch, rümpfte die Nase und spannte den Mund an.*

Dann sagte er: „Mit dir muss etwas passieren! Besorge mir rote Stiefel und einen grünen Umhang und einen blauen Hut!" Als der Müller endlich loszog

*entspannte sich der Kater wieder.*

Der Müllersohn brachte dem Kater die gewünschten Dinge.
Der Kater fing statt Mäusen im Wald Rebhühner und brachte sie dem König mit einer Empfehlung von seinem jungen Herrn, den der König nun aber auch unbedingt kennen lernen wollte. Denn Rebhühner waren seine Lieblingsspeise! Da lud der Kater den König mit seiner Tochter in das Reich des Herrn ein. Der Kater schickte seinen Herrn in den See zum Baden und versteckte seine Kleider. Als der König und seine Tochter mit der Kutsche vorbeifuhren, erschrak die Tochter so sehr, als sie den nackten Herrn im Wasser stehen sah, dass sie

*ihren Rücken streckte, den Bauch einzog, zwischendurch noch Luft holte*

und sagte: „Was macht er hier im See?"
Der Kater antwortete: "Meinem Herrn wurden beim Baden im See alle Kleider gestohlen!" Da ließ der König aus seinem Schloss Kleider für den jungen Herrn holen und lud ihn in seine Kutsche ein. Danach

*entspannte sich die Königstochter wieder.*

Der Kater lief voraus und sagte allen Leuten, sie sollen antworten „Das ist der Wald unseres Herrn!". Als sie durch den Wald fuhren, holperte es so sehr, dass die Königstochter

*ihren Po mit all ihren Kräften zusammen kneifen musste*

und am Ende des Waldes konnte

*sie sich endlich entspannen.*

Danach kamen die Felder des Herrn. Als der König die Bauern bei der Kornernte sah, fragte er, wem denn die großen Felder gehören und die Bauern sagten: „Die Felder gehören unserem Herrn."

*Vor Staunen drückte der König die Oberschenkel zusammen und freute sich, dass er einen so reichen Herrn kennengelernt hatte.*

Der Kater hatte im Schloss den bösen Zauberer überlistet und ihn gefressen, als der sich in eine Maus verwandelt hatte. Nun kam die Kutsche. Alle stiegen aus und

*reckten sich und streckten sich nach Herzenslust.*

Der König staunte über das riesige, prunkvolle Schloss und gab dem Müllersohn gern seine Tochter zur Frau. (Volkmer, 2007)

## Die Geschichte von der Rübe (Kiga)

Es war einmal ein Großvater. Der lebte mit seiner Frau, dem Enkelsohn und den Tieren auf einem Bauernhof. Die drei wollten Rüben säen und gingen hinaus aufs Feld.

*Der Großvater hielt den Rübensamen fest in der rechten Hand und spannte den Unterarm an.*

Kurze Zeit später kam er auf dem Feld an und der Großvater

*löste die Faust, lockerte den Unterarm und ließ den Rübensamen auf die Erde fallen.*

*Die Großmutter nahm die Gießkanne in die rechte Hand und spannte den rechten Oberarm dabei an.*

Nun hatte die Großmutter die Gießkanne entleert

*und sie konnte ihren Arm wieder entspannen.*

Die Rübe wuchs und das Unkraut mit ihr. Der Großvater sprach: „Es muss entfernt werden, damit die Rüben Platz haben zum Wachsen!".

Also machten sich alle drei an die Arbeit und befreiten die Rüben von dem Unkraut.

*Mit der linken Hand entfernten sie das Unkraut und hielten es in der linken Faust ganz fest.*

Sie gingen zum Komposthaufen, um das Unkraut wegzuwerfen.

*Dort ließen sie es fallen und lockerten ihre linke Hand.*

Das Rübchen wuchs und wuchs, die Großeltern und der Enkel

*zogen erstaunt ihre Stirn nach oben.*

Sie schauten sich an

*und freuten sich entspannt über das wachsende Rübchen.*

Eines Tages sagte der Großvater: „Jetzt kann ich das Rübchen ernten".

*Er bückte sich, Nacken und Hals spannte er fest an, um seine ganze Kraft einzusetzen.*

Er packte die Rübe, zog und zog daran, aber die Rübe ließ sich nicht herausziehen.

*Also richtete er sich auf und lockerte seine Muskeln.*

Kurze Zeit später rief er: „Großmutter, hilf mir bitte!". Und Großmutter half. Der Großvater packte die Rübe an, die Großmutter packte den Großvater an und beide wollten die Rübe herausziehen.

*Dabei spannten beide den Bauch fest an.*

Sie zogen und zogen und schafften es doch nicht, die Rübe herauszuziehen.

*Sie ließen die Rübe los, atmeten tief durch und ruhen sich aus. Und der Bauch entspannte sich.*

Sie riefen: „Enkel, hilf uns bitte!" Und der Enkel half den beiden. Der Großvater packte die Rübe an, die Großmutter packte den Großvater an, der Enkel packte die Großmutter an und alle drei wollten die Rübe herausziehen.

*Sie spannten den Po dabei ganz fest an.*

Sie zogen und zogen und konnten die Rübe nicht herausziehen.

*Sie ließen die Rübe los, um neue Kraft zu sammeln. Und der Po entspannte sich.*

Sie riefen: „Katze, hilf uns bitte!" Und die Katze half. Der Großvater packte die Rübe an, die Großmutter packte den Großvater an, der Enkel packte die Großmutter an, die Katze packte den Enkel an und alle vier wollten die Rübe herausziehen.

*Mit aller Kraft stemmten sie ihr linkes Bein in die Erde.*

Dabei zogen und zogen sie und konnten die Rübe nicht herausziehen.

*Sie ließen los und das linke Bein entspannte sich.*

Alle atmeten tief durch und überlegten, wer jetzt noch helfen konnte. Da riefen sie die Maus aus der Vorratskammer.

Der Großvater packte die Rübe an, die Großmutter packte den Großvater an, der Enkel packte die Großmutter an, die Katze packte den Enkel an, die Maus packte die Katze an und alle fünf wollten die Rübe herausziehen.

*Alle drückten das rechte Bein fest auf den Boden.*

Sie zogen und zogen und konnten die Rübe herausziehen.

*Nach dem Ernten der Rübe, entspannten sich alle reckten und streckten sich noch einmal.*

Vor Freude fassten sich alle an den Händen und tanzten um das Rübchen herum. (Volkmer, 2007)

**Obst und Gemüse ernten** (Hort)
Die Schüler stellen sich vor, in einem Garten zu stehen. An den Bäumen und Sträuchern wachsen zahlreiche Früchte, auf den Beeten gedeiht das Gemüse. Der Spielleiter sagt nun eine Obst- oder Gemüsesorte, die die Schüler ernten sollen. Bei Früchten, die an Bäumen wachsen, müssen sich die Schüler ganz groß machen, d. h. auf die Zehenspitzen stellen und die Arme soweit wie möglich nach oben strecken, um auch die höchste Frucht zu erlangen. Bei Früchten, die an Büschen wachsen, müssen die Kinder die Arme soweit wie möglich nach vorn und zur Seite strecken. Wird ein Obst und Gemüse genannt, das auf den Beeten wächst, beugen sich alle nach vorn und versuchen den Boden zu berühren. Nach jeder Ernte ruhen sich die fleißigen Gärtner von der Anstrengung aus, indem sie Arme und Beine lockern. (Idee: Naumann, Rutke & Ryk)
Varianten: Themen vielseitig gestalten,
z. B. „Putzen" (Fenster, Boden etc. „putzen")

### Schlenkerpuppe (Hort)

Zur Übung finden sich jeweils zwei Partner zusammen, die sich nebeneinanderstellen. Einer der Schüler ist die Schlenkerpuppe. Dazu beugt er den Oberkörper zunächst nach vorn und lässt die Arme ganz locker nach unten hängen. Der Partner kontrolliert nun, ob die Arme der Puppe auch wirklich locker sind, indem er vorsichtig an ihnen wackelt und diese leicht anhebt und wieder fallen lässt. Danach richtet sich die Schlenkerpuppe ganz langsam auf, die Arme bleiben jedoch noch entspannt. Der Partner kontrolliert erneut, ob dies der Fall ist. Anschließend dreht die Schlenkerpuppe ihren Oberkörper hin und her, so dass die Arme ungesteuert hin und her schlenkern. Danach findet ein Rollentausch statt.
Varianten: Der Partner bringt die Schlenkerpuppe in verschiedene Positionen (Arme verschränken, Beine anheben, Verbeugen). Die Puppe muss diese Position eine bestimmte Zeitspanne beibehalten. (Idee: Naumann, Rutke & Ryk)

### Muskeln entspannen (Hort)

Die Muskeln an- und dann wieder entspannen soll Energien für anstehende Aufgaben bringen. Die Erzieherin liest den Kindern folgenden Text mit ruhiger Stimme langsam vor, wobei die Kinder entsprechende Bewegungen ausführen:
Lege dich bequem hin und schließe deine Augen. Überlege zunächst, wo genau deine Arme liegen, deine Ellbogen, deine Hände. Stell dir nun vor, du hättest in deiner rechten Hand einen nassen Schwamm, den du gleich ausdrücken willst. Versuche jetzt, deine rechte Hand ganz fest um den gedachten Schwamm zu schließen und fest zu drücken. Spanne auch deine Armmuskeln fest an. Halte die Spannung. Lass nun deinen Schwamm los, entspanne die Hand. (2 x rechte Hand, 2 x linke Hand)
Stell dir nun vor, dir würde jemand ein Gewicht auf den Bauch stellen und du müsstest deinen Bauch ganz hart machen. Spanne jetzt deine Bauchmuskeln an und spüre deinen Rücken am Boden. Halte deinen Bauch fest angespannt. Das Gewicht wird nun plötzlich von deinem Bauch heruntergenommen. Spüre nun in deinen leichten und weichen Bauch hinein. (2 x Bauchspannung)
Stell dir vor, ein großer Stein würde an deinen Fußsohlen liegen. Ziehe nun deine Zehen an und stemme dich fest gegen den schweren Stein. Deine Beine sind ganz durchgespannt. Schiebe nun mit aller Kraft diesen Stein von dir weg und strecke deine Zehen. Halte die Spannung. Lass nun den Stein liegen und entspanne deine Beine. Lass sie ganz locker liegen. (2x Beinspannung)
Nun genieß deine lockeren und leichten Muskeln. Die Entspannung ist nun überall in deinem Körper. Ich zähle jetzt von 1 bis 5 und dann fühlst du dich gelöst und voller neuer Energien. (Schmalz, 2009)

### Fahrt ins Spiegelkabinett (Hort)

Alle Kinder legen sich auf den Boden. Die Kinder fahren mit dem Auto zum Spiegelkabinett, wo sie einen Freund treffen. Auf der Fahrt werden verschiedene Bewegungen ausgeführt (Anspannung und Entspannung der Arme und Beine). Im Spiegelkabinett muss ein Teil der Kinder Grimassen von Karten ablesen und der andere Teil macht es dem Kind nach.

*1. Teil: Spannung und Entspannung der Arme:*
Wir nehmen die Autoschlüssel in die Hand und halten sie ganz fest.
*Hände zu Fäusten ballen*
Den anderen Kindern zeigen wir an, dass wir losfahren wollen und sie warten müssen.
*Arme liegen auf dem Boden, Finger werden Richtung Gesicht aufgestellt.*

Wir müssen uns noch anschnallen.
*Den rechten Arm langsam zur linken Schulter ziehen*
Den anderen Kindern zeigen, wie „stark" das Auto ist.
*Beide Hände auf die Schultern legen, Oberarme bleiben auf dem Boden liegen.*

Wir starten das Auto.
*Hände auf den Boden drücken*
Im Auto ist eine Fliege, die uns beim Fahren stört.
*Arme anwinkeln und Ellbogen aneinanderdrücken*

2. Teil: *Spannung und Entspannung der Beine:*
Wir müssen Gas geben, aber nicht zu viel, und die Geschwindigkeit halten.
*Fußspitzen nach unten und oben strecken, beide Beine anspannen*

Wir haben das Ziel erreicht.
*Ferse in den Boden drücken*
Nun steigen wir aus.
*Füße leicht vom Boden heben.*

3. Teil im Spiegelkabinett: *Spannung und Entspannung des Gesichts:*
Je zwei Kinder sitzen sich im Spiegelkabinett gegenüber. Hinter einer Gruppe steht die Erzieherin und hält Karten mit Grimassen nach oben. Die gegenübersitzenden Kinder machen diese Grimassen nach und die Gruppe, die die Karten nicht sehen kann, wiederholt, z. B.:
- Augenbrauen hochziehen
- Stirn runzeln
- Augen fest schließen und wieder öffnen
- Augen nach oben, unten, rechts, links und im Kreis bewegen
- Lippen spitzen und auseinanderziehen
- Zunge gegen vorderen Gaumen drücken
- Zähne zusammendrücken

(Eckert, 2009)

**Kinder-Yoga** (Hort)
Yoga-Übungen dienen zur Entspannung sowie zur Entwicklung eines verbesserten Körpergefühls und einer bewussten, vertieften Atmung. Die Kinder können dabei zur Ruhe kommen und erfahren ihren Körper, was offensichtlich gern angenommen wird. Kinder-Yoga trägt zur Steigerung der Konzentrationsfähigkeit bei, ebenso zum Nachempfinden von Erscheinungen aus der Natur (Tiere, Pflanzen u. a.).

*Methodisch-organisatorische Hinweise:*
- Für die Durchführung von Angeboten zur Kinder-Yoga sollte mindestens eine Erzieherin der Einrichtung einen speziellen Kurs besucht haben, denn Yoga erfordert qualifizierte Anleitung bei eigenen Erfahrungen (Augenstein, 2003, S. 23).
- Es sollte eine Atmosphäre des Einfühlungsvermögens und der gegenseitigen Achtung geschaffen werden.
- Es wird auf Decken oder Matten sowie barfuß geübt.
- Die Übungen sind langsam und ohne Ruck auszuführen.
- Durch bildhafte Sprache, Sprechverse oder kleine Geschichten sollte die Fantasie der Kinder angeregt und der kindliche Charakter der Yoga-Übungen betont werden.
- Die Teilnahme der Kinder ist freiwillig. Das Einverständnis der Eltern ist einzuholen.

Inhaltliche Anregungen werden in entsprechenden Kursen für Erzieherinnen weitergegeben oder sind in folgender Literatur zu finden:

Carr, R. (1987). *Bewegungsspiele und Yoga mit Kindern* (2. Aufl.). München: Kössel.
Proßowsky, P. (2009). Yoga in der Schule. *Praxis der Psychomotorik 34*(1), S. 40–44.

2.4 Entspannungsphasen                                                                                         143

## Massagegeschichten

Durch Massageformen können innere Anspannungen gelöst und die Muskulatur entspannt werden. Diese wohltuenden Wirkungen sollen die Kinder genießen und körperliche Kontakte annehmen.

Für Krippe und Kindergarten bieten sich vor allem Massagegeschichten an.

*Methodisch-organisatorische Hinweise:*
- Massageformen sollten langsam aufgebaut und regelmäßig durchgeführt werden.
- Die Teilnahme an Massageformen ist freiwillig.
- Die Erzieherin zeigt den Kindern, dass neben der Wirbelsäule massiert wird. Sie achtet dann darauf.
- Leise Hintergrundmusik kann die angenehme Atmosphäre unterstützen.
- Es sollte, wenn möglich, an aktuelle Gegebenheiten angeknüpft werden, z. B. beim „Regenwetter".
- Massagegeschichten können als Anregung in Elternveranstaltungen vorgestellt werden.
- Die Kinder können auch hintereinander sitzen und den Rücken des Vordermannes massieren. Sie sollten zu eigenen Ideen angeregt werden.
- Die aufgeführten Massagegeschichten sind nur mögliche Beispiele. Der Fantasie sind keine Grenzen gesetzt.

**Marienkäferlied** (Krippe)

| | |
|---|---|
| Erst kommt der Marienkäferpapa, | *mit Zeigefinger und Mittelfinger auf dem Rücken krabbeln* |
| dann kommt die Marienkäfermama und hintendrein, ganz klitzeklein, die Marienkäferkinderlein. | *nur mit den Zeigefingern schneller krabbeln alle Finger ganz schnell* |
| Sie laufen alle ganz geschwind durch den Sommerwind. (Ullmann, 2010) | *mit den Fingern noch schneller tippeln mit den Handflächen über den Rücken streichen* |

**Blümchen pflanzen** (Krippe)
Möglichst nach der realistischen Handlung im Garten spielen die Kinder das Pflanzen als Massagegeschichte nach, z. B. mit folgenden Handlungen:

| | |
|---|---|
| Beet umgraben | *drücken* |
| eine Vertiefung ausheben | *kräftig drücken* |
| Blümchen hineinsetzen | *leicht andrücken* |
| Boden glätten | *streichen* |
| die Pflanzen gießen | *tippen* |
| Blümchen im Sonnenschein beschauen usw. | *leicht ausstreichen* |

Varianten:
- Kekse, Pizza, Kuchen backen
- Tiere im Wald/auf dem Bauernhof usw.

**Regenwetter** (Krippe)

| | |
|---|---|
| Es regnet ganz fein. | *mit einem Finger auf den Rücken tippen* |
| Der Regen wird stärker | *mit allen Fingern kräftiger tippen* |
| und es hagelt. | *mit allen Fingern kräftig den Rücken berühren* |
| Dann lässt der Regen nach | *mit einer Hand tippen* |
| und die Sonne schaut hervor. | *mit den Handflächen über den Rücken streichen* |

**Der Wetterfrosch** (Krippe)
Am Nachmittag wird auf dem Rücken des Vordermannes (Kreis) das Wetter des Tages nachgezeichnet. Beispiele:

| | |
|---|---|
| Sonnenschein | *tupfen mit zwei gespreizten Fingern* |
| Wolken | *streichen mit gesamter Handfläche* |
| Regen | *trommeln mit Fingerspitzen* |
| Schnee | *tippen mit Fingerspitzen* |
| Wind | *ziehen mit Handflächen* |
| Gewitter | *trommeln mit Fäusten* |
| Eis | *schlittern mit Handflächen* |
| Nebel | *kreisen mit Handflächen usw.* |

(Domsgen, 2010)

**Selbstmassage** (Krippe, **Kiga**)
Die Kinder sitzen und führen bei sich selbst eine Klopfmassage aus. Sie klopfen leicht auf Arme, Beine und Oberkörper. Varianten:
- streichen, kneten, drücken, zupfen oder mit den Fingern über den Körper krabbeln
- einen Partner massieren
- mit einer Tiergeschichte verbinden

**Fußmassage** (Krippe, Kiga)
Die Socken werden ausgezogen und die Kinder entdecken ihre Füße. Dann können die Füße gestreichelt, an den Zehen gezogen (und gezählt) werden. Mit Daumen und Zeigefinger (Pinzettengriff) wird an der Sohle und dem Fußrücken gezupft. (Domsgen, 2010)
Variante: mit dem Fußgewölbe auf einem Gegenstand (z. B. Überraschungsei, Baustein) hin und her rollen

**Massage mit allerlei Materialien** (Krippe, Kiga)
Mit Materialien wie Watte, Feder, Pinsel, Tuch, Igelball, Tennisball, Waschlappen, Bürste, „Kopfkralle", Creme u. Ä. wird vorsichtig über Körperteile gestrichen bzw. gekreist.
Varianten:
- als Selbst- oder Partnermassage (Erzieherin mit den jüngeren Kindern)
- Gesicht beim Eincremen massieren

## 2.4 Entspannungsphasen

**Im Reich der Erde** (Krippe, Kiga)

Ein Kind liegt entspannt auf dem Bauch. Der Partner kniet oder sitzt neben ihm und führt die Rückenmassage durch.

| | |
|---|---|
| Oh, war das ein aufregender Frühlingstag. Gut, dass nun ein warmer Regen die Blumen und Gräser erfrischt. | *mit den Fingerspitzen Regen imitieren: erst leicht, dann stärker, dann wieder leicht* |
| Nach dem lauwarmen Frühlingsregen bohrt sich ein kleiner Maulwurf mit seiner Nase ins tiefe Erdreich hinab. | *mehrere Finger „bohren" sich auf dem Rücken einen Weg* |
| Seine großen Schaufeln helfen kräftig mit. | *mit den Fingern an beiden Seiten der Wirbelsäule kräftig „graben"* |
| Er ist ganz fleißig und häuft einen großen Berg Erde an. | *mit den Handkanten Erde zusammenschieben* |
| Auf einmal kommt ein kleiner Regenwurm vorbei geschlängelt und begrüßt den Maulwurf herzlich. | *mit den Fingern von Po bis zu den Schultern schlängelnde Bewegung imitieren* |
| Auch einige Marienkäfer genießen den frischen Frühlingsduft und krabbeln ganz leise über das grüne Gras. | *mit Fingern über den ganzen Rücken krabbeln* |
| Alles ist ganz still, sogar die Vögel hören für einen kurzen Moment auf zu singen. | *Hände still auf dem Rücken legen* |

(Ullmann, 2010)

**Auf einer Wiese** (Kiga)
Ein Kind liegt auf der Decke und stellt sich eine Sommerwiese vor. Es sind Tiere zu sehen oder zu hören, die der Partner durch Massage auf dem Rücken nachahmt.

| | |
|---|---|
| Die Sonne scheint auf den Rücken, | *langsam über den Rücken streichen* |
| Bienen summen und fliegen von Blume zu Blume. | *Tippbewegung* |
| Eine Raupe kriecht durch die Wiese. | *Raupenbewegung* |
| Flink tippelt eine Maus zu ihrem Loch. | *flinkes Tippeln mit Zeige- und Mittelfinger* |
| In der Ferne quakt ein Frosch. | *rhythmische Sprünge mit vier Fingerspitzen* |
| Variante: Welche Tiere sind noch auf der Wiese? | |

**Kekse backen** (Kiga, Hort)
Ein Partner legt sich auf den Bauch. Der andere backt nun auf dem Rücken des liegenden Kindes Kekse. Eine Zusammenarbeit mit den „backenden" Kindern, wie sie beim Kekse backen vorgehen, wäre wünschenswert. Hierzu einige Anregungen, welche Tätigkeiten mit den Händen imitiert werden können.

| | |
|---|---|
| Blech säubern: Wasser über das Blech laufen lassen | *alle Finger imitieren fließendes Wasser* |
| Blech trocken rubbeln | *Hände flach auflegen und hin und her rubbeln* |
| Teig kneten | *mit beiden Händen kräftig kneten/massieren* |
| Teig ausrollen | *Unterarm rollt mit leichtem Druck den Teig aus* |
| Kekse ausstechen | *die Fingerspitzen einer Hand drücken vorsichtig in den „Teig" hinein* |
| Kekse mit Mandeln oder Nüsse belegen | *auf ausgewählten Stellen des Körpers kurz mit einem Finger drücken* |
| Blech in den Ofen schieben | *beide Hände aneinander reiben bis sie warm werden und sie dann auf den Rücken des Partners legen* |
| und Kekse backen | |
| Kekse vom Blech schieben | *Partner von den Schultern bis zu den Füßen ausstreichen* (Arl, 2007) |
| Varianten: Kuchen oder Pizza backen | |

**Igelballmassage** (Kiga, **Hort**)
Zwei Kinder massieren sich gegenseitig mit den Noppenbällen. Sie sollen sich selbst ausdenken, was ihr Igel alles erleben könnte. Die Erzieherin gibt evtl. erste Anregungen.

| | |
|---|---|
| Ein Igel spaziert vorsichtig durch den Garten. | *über den Rücken nach oben und unten reiben* |
| Er schnüffelt an den Pflanzen und sucht nach Würmern. | *spiralförmige Bewegung* |
| Plötzlich hat er etwas entdeckt – einen großen Apfel. | *schnellere Bewegungen* |
| Er spießt den schweren Apfel auf den Rücken und setzt seinen Rundgang fort. | *Kreise* |
| Was erlebt der Igel noch? | *etwas stärker aufdrücken und über den Rücken nach oben und unten massieren* |

Varianten:
- Geschichte fortsetzen
- eigene Geschichten erfinden
- zur Massage Nudelholz, Pezziball u. a. einsetzen

**Strandmassage** (Hort)
Die Kinder liegen paarweise auf einer Gymnastikmatte oder mit dem Oberkörper auf dem Tisch. Die Erzieherin liest das Gedicht mit ruhiger Stimme langsam vor und lässt nach jedem Abschnitt etwas Zeit, damit die Kinder die Übungsaufgaben individuell erfüllen können. Im Hintergrund könnte Entspannungsmusik mit Meeresklängen laufen.

| | |
|---|---|
| Ein sonniger Tag, am schönen Strand, | |
| legt euch hin, schließt die Augen, im warmen Sand. | |
| Seid ganz locker, lasst euch darauf ein, | |
| dann sollt ihr nachher auch ganz entspannt sein. | |
| Wie die Wellen im weiten Meer, | *Druckmassage* |
| streicht der Partner auf dem Rücken hin und her. | |
| Gebt dabei auf die Wirbelsäule acht, | |
| damit ihr nicht zu dolle macht. | |
| Ganz sanft und doch mit etwas Druck, | |
| ja, das klappt schon, rucki zuck. | |
| Um zu lockern den schönen Sand, | *Knetmassage* |
| müssen wir nun kneten mit der Hand. | |
| Damit wird locker der ganze Rücken, | |
| und der Partner kann sich wieder bücken. | |

## 2.4 Entspannungsphasen

| | |
|---|---|
| Mit den Fingern umher krabbeln, ab und auf, als ob einzelner Sand fällt drauf. | *Krabbelmassage* |
| Bauen eine Kleckerburg am Strand, drücken dabei kräftig mit der Hand. | *Druckmassage* |
| Jetzt klopfen wir den Sand vorsichtig fest, nicht, dass ihr nun Kräfte messt. | *Klopfmassage* |
| Nun sind zwei Finger zu benutzen, unser Partner wird wohl stutzen, neben der Wirbelsäule sollen sie gleiten, als würden wir auf einer Welle reiten. | *Zwei-Finger-Massage* |
| Schließlich streichen wir den Rücken ganz sanft aus, und die wohltuende Massage ist nun aus. | *Ausstreichen des Rückens* |
| | (Pötzsch, 2009) |

**Bei der Feldarbeit** (Hort)
Ein Kind liegt auf einer Decke und stellt sich einen Acker vor. Das Feld soll bearbeitet werden. Die Arbeit ahmt der Partner durch Massage auf dem Rücken nach.

| | |
|---|---|
| Überprüfen, wie hart die Erde des Ackers ist. Feststellen, dass etwas getan werden muss, damit wieder Pflanzen darauf wachsen. | *Rücken abtasten* |
| Erde umgraben | *in den Rücken kneifen* |
| glatt harken | *mit Fingerspitzen Harke nachahmen* |
| Samen einpflanzen, vorher müssen Bahnen gezogen werden | *langsam mit einem Finger Bahnen ziehen* |
| Samen in regelmäßigen Abständen einstecken | *auf der Bahn mit Finger tippen* |
| Erde festdrücken | *mit zwei Hände festdrücken* |
| ganzen Acker gießen | *Regen mit Fingern nachahmen* |
| Pflanzen wachsen aus Boden | *kribbeln auf dem Rücken* |
| Pflanzen ernten | *rauszupfen* |
| Erde wieder glatt streichen | *über Rücken streichen* |

Varianten:
- keine Bewegungsanweisung geben, Kinder sollen selbst Bewegungen erfinden
- andere Geschichte (z. B. Urwald), (Eckert, 2009)

**Im Urwald** (Hort)
Ein Kind liegt auf einer Decke und stellt sich vor, im Urwald zu sein. Die Tiere dort ahmt der Partner durch Massage auf dem Rücken nach.

| | |
|---|---|
| Auf dem Boden entdecken wir zunächst viele, viele kleine Ameisen, die umher wuseln. | *leicht mit den Fingern über den Rücken krabbeln* |
| Hinterher kommen die Zebras, die kraftvoll zur nächsten Wasserquelle galoppieren. | *mit Zeige- und Mittelfinger galoppieren* |
| Ooh, seht ihr, da ist eine Schlange. Wohin die wohl will? | *mit einem Zeigefinger über Rücken streichen* |
| Die Affen, die jetzt wild umherspringen, spielen total verrückt. | *kreuz und quer auf den Rücken tippen* |
| Jetzt sind die Affen schnell auf den Bäumen verschwunden, weil als nächstes die großen Elefanten kommen. | *langsam aber kräftig auf den Rücken drücken* |
| Unten am Boden erkennen wir einen kleinen Frosch, der munter quakt und umherspringt. | *Zeige- und Mittelfinger „springen"* |
| Das Känguru, wer weiß wie es hiergerkommen ist, kann mit seinen kräftigen Beinen viel weiter springen als der Frosch. | *Zeige- und Mittelfinger „springen" weiter und kräftiger* |
| Und wer gräbt sich da durch die Erde? Ein Maulwurf lässt sich kurz sehen! | *Finger einer Hand abwechselnd öffnen und schließen, dabei nach vorn graben* |
| Als letztes kommt noch eine kleine Maus vorbei, die weiß wohl nicht, wohin sie will? Jedenfalls irrt sie scheinbar ziellos durch den Urwald. | *ganz leicht über den Rücken wuseln (Maus spürt man kaum)* |

Varianten:
- Erzieherin sagt die Tiere nicht vor, sondern Kinder sollen sich selbst Tiere ausdenken, liegendes Kind errät aufgrund der Bewegungen auf dem Rücken.
- ähnliche Geschichte, die im Zoo spielt (Eckert, 2009)

Entspannungsgeschichten

Entspannungsgeschichten sind in unserem Verständnis kurze (3 bis 5 Minuten) vorgetragene Erzählungen von meist fiktiven Ereignissen (Fantasiegeschichten) oder die Anregung, an etwas Schönes zu denken, z. B. Erinnerungen an den Urlaub, ein Erlebnis mit dem Lieblingstier.

*Methodisch-organisatorische Hinweise:*
- An Entspannungsgeschichten müssen die Kinder langsam herangeführt und gewöhnt werden (mit kürzeren Geschichten beginnen).
- Entspannungsgeschichten sollten regelmäßig in den Tagesablauf eingebaut werden, z. B. vor der Mittagspause.
- Für das Vortragen von Entspannungsgeschichten evtl. geeignete Räumlichkeiten aufsuchen (Kuschelecken, Raum der Ruhe – s. Abschnitt 2.1).
- Die Kinder schließen die Augen und nehmen eine Entspannungs- oder Entlastungshaltung ein, z. B. Kopf auf die verschränkten Arme auf die Tischplatte (Kissen) legen, Schneidersitz mit gesenktem Kopf, auf der Liege/einer Matte bequem liegen o. Ä. Mit einer Ruhetönung wird begonnen „Liegt ganz entspannt".
- Mit der Thematik sollte möglichst an das Alltägliche angeknüpft werden und der Inhalt auf die Bedürfnisse sowie die aktuelle Situation und Interessen der Kinder zugeschnitten sein. Die Geschichten können häufig wiederholt werden.
- Bei einer entsprechenden sprachlichen Gestaltung können auch jüngere Kinder zur Entspannung und zum Wohlfühlen geführt werden, selbst wenn sie die Geschichte noch nicht verstehen.
- Beim Vortragen der Geschichte sollte die Erzieherin selbst versuchen Entspannung zu finden. Sie muss ruhig und langsam mit einer sanften Stimme sprechen, um den Kindern Zeit für eigene Vorstellungen einzuräumen. Bei Reaktionen der Kinder (lachen u. a.) die Geschichte nicht unterbrechen. Unterstützend können für die Einstimmung ruhige Musik oder ein Bild genutzt werden.
- Nach der Geschichte ist es wichtig, die Kinder behutsam in die Wirklichkeit zurückzuholen und den Kreislauf wieder anzuregen. Diese „Rücknahme" ist in die Geschichte einzubauen oder z. B. folgendermaßen durchzuführen: „Atmet tief, bewegt eure Hände, streckt die Arme und öffnet die Augen." Nach der Entspannungsgeschichte kann über die inneren Erlebnisse gesprochen oder evtl. ein Bild gemalt werden. Jede Bewertung durch die Erzieherin sollte aber unterbleiben.
- Entspannungsgeschichten können auch nur als Ausgangssituation vorgestellt werden, z. B. ein schönes Erlebnis mit Freunden, Erinnerungen an den Urlaub, ein Erlebnis mit dem Lieblingstier. (Müller, 2010a, S. 167)

**Im Regentropfenland** (Krippe)
Die Kinder liegen auf Matten/Decken. Sie sehen an einem (Dach-)Fenster die Regentropfen perlen. Die Geschichte kann mit einem „Regenmacher" oder durch Musik (langsames Wasserrauschen, Regentropfenklänge oder Walzer) unterstützt werden.
Beispielsweise: Frederic Chopin: Regentropfen, Prelude op.28 nr. 15

Es ist ein regnerischer Tag und du liegst ganz entspannt auf deinem Bett. Du schaust aus dem Fenster und atmest ruhig ein und aus. Siehst du die Regentropfen fröhlich und ausgelassen tanzen? – Hörst du sie, wie sie ganz leise an dein Fenster trommeln? Es klingt wie die Musik, nach der sie sich sanft im Wind bewegen. Pssst! Jetzt stimmen sie den Regenwalzer an. – Sie schwanken nach links und nach rechts und du atmest weiter ganz ruhig ein und aus. Und dort oben an deinem Fenster bilden ein paar Regentropfen eine ganz lange Schlange. Sie schlängelt sich an deinem Fenster ganz langsam nach unten und taucht dort in eine große Pfütze ein.

Du treibst auf dem Rücken liegend ganz entspannt in dieser Pfütze und siehst überall die vielen kleinen Regentropfenkinder in die Pfütze springen. Du siehst, wie sie neben dir kreuz und quer auf und ab schwimmen. Es werden immer weniger Regentropfenkinder. Schließlich schwimmt nur noch der kleine Piet neben dir und sagt leise „Atme tief durch!"

Dann springt er auf deinen Bauch und treibt mit dir entspannt durch die Pfütze. Bewege ruhig deine Hände, um dich fortzubewegen, strecke die Ärmchen nach Piet aus und öffne ganz langsam deine Augen. (Seifert, 2010)

**Die kleinen Spatzen** (Krippe)
Die Kinder liegen ganz dicht nebeneinander (und schließen ihre Augen). Die Geschichte kann durch Musik und Bilder unterstützt werden oder durch das Streicheln mit einer Feder.
Du bist Franz, ein kleiner Spatz. Und neben dir sitzt dein Bruder Hans. Ihr sitzt im Nestchen. Dort ist es schön warm, denn draußen schneit es und ist bitterkalt. „Ich habe Langeweile", sagt dein Bruder Hans. Und dir ist auch so langweilig. Da kommt dein Bruder auf die Idee: „Komm, lass uns einen Ausflug machen!" Begeistert von der Idee wollt ihr beide gerade aus dem Nestchen hopsen. „Bleibt nicht zu lange draußen!" ruft euch eure Mutter noch hinterher. Doch ihr beide flattert längst schon um die Wette, hüpft hier herum und dort herum.
Aber der Schnee ist schwer auf eurem Federkleid. Eure Flügel sind schwer, so sehr habt ihr herumgetobt. Sie werden immer schwerer. Spürt ihr, wie schwer eure Arme und Beine werden? Nun fliegt ihr immer langsamer zurück zum Nestchen. Es wird dunkel und wieder bitterkalt. Endlich landet ihr beide in eurem sicheren Nestchen, rutscht ganz dicht an eure Mama und kuschelt euch zusammen. Sie deckt euch mit ihren Flügeln behutsam zu. Euch wird ganz warm. Alles wird schön wohlig warm. Die Flügel werden warm, die Beinchen werden warm und auch das Bäuchlein wird warm. Euch wird ganz warm ums Herz. Hört ihr es pochen? Bum. Bum. Bum. 1 … 2 … 3 … Nun reckt und streckt eure Glieder. (Seifert, 2010)

**Die kleinen Sternchen** (Krippe)
Die Kinder liegen entspannt im abgedunkelten (Schlaf-)Raum. Die Geschichte kann durch Musik und Bilder unterstützt werden sowie durch den Einsatz von zwei Taschenlampen.
Du bist eines der vielen kleinen Sternchen hoch oben am Himmel hinter der dicken Wolke. Der alte Mond liest dir und all den anderen Sternchen wieder eine Geschichte aus dem dicken Sternenbuch vor. Du liegst mit all den anderen zusammen auf der weichen kuscheligen Wolke und lauschst der spannenden Geschichte des Mondes. Du liegst ganz still und atmest ruhig und tief.

Nur zwei neben dir albern herum. Stern „Perlenweiß" und Stern „Silberschein" (Taschenlampen anschalten) tuscheln und kichern. Der Mond hustet und prustet und oh je, oh Schreck – plumps – „Perlenweiß" und „Silberschein" fallen vom Himmel hinab. Sie landen direkt auf einer Schaukel im Garten. Nun sitzen sie da, mit ganz schweren Beinchen und Zacken, denn hier unten auf der Erde ist es kalt und nass. Spürst du wie die Beinchen und Zacken ganz schwer geworden sind und wie schwer und tief sie atmen?

Auf einmal bewegt sich die Schaukel (Taschenlampe gleichmäßig bewegen), denn der Mond fasst sie mit zwei Strahlen an den Seiten an und schiebt sie hin und her ... hin und her. Spürst du, wie sie schwingt? Hin und her ... hin und her! „Perlenweiß" und „Silberschein" schwingen kräftig mit ... hin und her ... hin und her. Und ihre Zacken werden schwer und schwerer.

Da gibt der Mond der Schaukel einen Ruck und schwupp – die wupp sind die kleinen Sternchen wieder auf deiner Wolke. Sie landen ganz sanft. Nach diesem Abenteuer sind die Zacken immer noch ganz schwer und müde. Die Wolke deckt die beiden zu und so atmen sie tief und ruhig. Der Mond schaukelt ganz sanft die Wolke. Spürst du es? Atme tief und ruhig!

Am Morgen kitzelt dich die Sonne am Näschen, nun reck und streck dich. (Seifert, 2010)

**Mein Kuscheltier** (Krippe, Kiga)
Du liegst mit deinem Kuscheltier auf einer Decke. Es kuschelt sich ganz eng an dich. Dir wird es schön warm. Dein Kuscheltier streicht dir über den Kopf und die Arme. Es flüstert dir etwas ins Ohr (Erzieherin kann etwas flüstern).Du drückst dein Kuscheltier fest an und genießt das weiche Fell.
Zum Abschluss hebst du es über deinen Kopf und streckst und reckst dich.
Varianten: an ein Haustier denken

**Elfentraum** (Krippe, Kiga)
Die Kinder liegen entspannt auf einer Matte/Decke (und schließen ihre Augen). Die Geschichte kann durch Musik unterstützt werden.
Du sitzt gerade auf einem Wäscheberg, darin sind all deine Sockenpaare. Doch was ist da, nur eine einzelne Socke. Du wunderst dich. Wo ist nur die andere? Du durchwühlst den ganzen Haufen, doch sie bleibt verschwunden. Gerade willst du den Wäscheberg in die Wäschetruhe werfen, da hörst du ein ganz leises Geräusch, das aus ihr kommt. Kannst du es hören?
Es hört sich so komisch an, doch wo kommt es genau her? Ist das nicht ein gleichmäßiges schnarchen? Ein ... aus ... ein ... aus ... Du atmest in diesem Rhythmus eine Weile mit.
Ein ... aus ... ein ... aus ... ganz ruhig atmest du jetzt – genau wie dieses unbekannte Geräusch. Die einzelne Socke hebt und senkt sich im Rhythmus des Geräusches. Du schaust ganz vorsichtig in die Socke und entdeckst ein klitzekleines Geschöpf, das seelenruhig in deiner Socke schläft – eine kleine Elfe. Sie kuschelt sich in deine Socke ein, wie du in deine flauschige Decke. Dich umgibt eine wohlige Wärme. Dein ganzer Körper ist entspannt und warm.

Einzelne Socken sind Betten für Elfen, sie kuscheln sich in sie, wie du in deine Decke. Zusammen legt ihr euch ins Bett, du mit deiner Decke und sie mit deiner Socke. Beide lauscht ihr den Geräuschen im Zimmer und atmet ruhig und entspannt.
Ganz leise schleicht deine Mutti ins Zimmer und will deine Wäsche aus der Wäschetruhe holen um sie in die Waschmaschine zu stecken und zu waschen. Dabei stößt sie gegen deinen Tisch und du erwachst aus deinem Traum von der Elfe. Du reckst dich und streckst dich.
Ob wohl alle Socken in der Waschmaschine sind? (Seifert, 2010)

**Flug zu den Dinos** (Krippe, Kiga)
Die Kinder liegen entspannt auf einer Matte/Decke und halten ihr Lieblingskuscheltier im Arm. Die Geschichte kann durch Musik (z. B. sanfte Windklänge) unterstützt werden. Im Vorfeld sollte mit Dinos gespielt werden.
Du liegst ganz entspannt auf einem Teppich und hältst dein Lieblingskuscheltier ganz fest in deinen Armen. Ihr beide atmet ganz ruhig ein und aus und lauscht den Geräuschen im Zimmer. Plötzlich fängt ganz sanft der Boden an sich zu bewegen an. Vorsichtig schaust du über den Rand des Teppichs hinaus. Oh! Du fliegst! Na dann bleib lieber ganz ruhig liegen und schaue nur ganz vorsichtig über den Teppichrand hinaus.
Von soweit oben sieht alles ganz winzig aus. Sieh nur, was dein Kuscheltier entdeckt hat. Unter euch sind ganz viel Dinos. Große und kleine, dicke und dünne, grüne und braune und noch viele mehr. Dort drüben ist der große Dino Rolf und neben ihm läuft sein kleiner Baby-Dino Rolfy. Sie wollen zum See baden. Schau nur, was all die anderen Dinos machen!
Neben euch beiden fliegt der liebe Flugdino Hugo mit seinen riesigen Flügeln. Und er gleitet so sanft neben euch her, dass ihr ihn kaum hören könnt. Siehst du, wie er dir zu zwinkert? Du brauchst keine Angst zu haben, steig ganz vorsichtig mit deinem Kuscheltier auf seinen Rücken und er bringt euch wieder sicher nach Hause.
Nur noch fünf Flügelschläge und ihr seid wieder zu Hause. Sieh, dort unten winkt schon dein bester Freund Winke ihm ruhig mit beiden Armen zurück. Ich zähle die letzten Flügelschläge, bis ihr sicher gelandet seid: 3 – 2 – 1 – gelandet, richtet euch langsam auf. (Seifert, 2010)

**Matrosen träumen auf hoher See** (Kiga)
Die Kinder falten sich ein Schiffchen. Nun begeben sie sich in der Rückenlage. Die Arme liegen entspannt neben dem Körper, die Beine sind ebenfalls entspannt und gestreckt, die Füße fallen locker nach außen. Die Augen sind geschlossen. Das gefaltete Schiffchen haben sich die Kinder auf den Bauch gesetzt.

Es ist ganz still. – Dein Schiffchen schwimmt im Wasser. – Du bist das Wasser. – Heute ist kein Wind. – Das Wasser ist ganz ruhig. – Dein Schiffchen bewegt sich leise auf und ab. – Dein Atem bewegt das Schiffchen. – Fühle, wie es sich sanft bewegt. Auf und ab und auf und ab. – Du bist das Wasser. (kleine Pause)
Der Wind ist weg, da schaukelt das Heck ganz ruhig vor sich hin. Die Matrosen an Bord, sagen kein Wort, weil ich das Wasser bin. Sie liegen ausgestreckt auf Deck und träumen vor sich hin. Das Schiff geht sachte auf und nieder. Und das immer wieder. (kleine Pause: tief ein- und ausatmen)
Langsam werden die Matrosen munter und schauen auf das Wasser hinunter. Die Wellen gehen nun wieder schneller auf und ab, da sind die Matrosen langsam wieder auf Zack.
Öffnet die Augen wieder und schaut eurem Schiffchen noch eine Weile zu. Dann reckt und streckt ihr euch. Setzt euch langsam wieder auf.
Vielleicht wollen die Kinder anschließend über ihre Erfahrungen sprechen? (Posmyk, 2008)

**Im Frühling** (Kiga)
Stell dir vor, es ist Frühling. Du spielst zusammen mit einem guten Freund oder einer Freundin auf einer Wiese. Die Blumen blühen in allen Farben.
Am Rande der Wiese stehen ein paar Oberstbäume. Dorthin lauft ihr jetzt gemeinsam. Bei den Bäumen angekommen, setzt ihr euch auf das weiche Gras. Die Sonne scheint und streichelt mit ihren Strahlen eure Haut. Die Obstbäume, unter denen ihr sitzt, stehen in voller Blüte. Während ihr euch ausruht, schnuppert ihr in der Luft. Die Blüten duften herrlich. Ihr könnt das Zwitschern von vielen verschiedenen Vögeln hören, die den Frühling begrüßen. Ihr seid ganz still, um sie nicht zu verscheuchen.
Nun hört ihr auch noch ein anderes Geräusch. Es ist das Summen der Bienen, die ausgeschwärmt sind um Nektar zu sammeln. An den unteren Zweigen der Bäume könnt ihr die Bienen beobachten, die von einer Blüte in die nächste schlüpfen. Ihr bewegt euch nur ganz langsam, um die Tiere nicht zu stören.
Während ihr gemeinsam unter dem Baum sitzt, fühlt ihr euch sehr wohl. An diesen schönen Frühlingstag werdet ihr euch bestimmt noch lange erinnern. Öffnet die Augen, reckt und streckt euch in Richtung der Bäume. (Lang, 1997)

**Im Märchenwald** (Kiga)
Stell dir vor, du spazierst durch einen wunderschönen Wald. Es ist ein verzauberter Wald, der Märchenwald.
Während du also über Stock und Stein läufst, begegnet dir ein kleines Mädchen. Es hat ein rotes Käppchen auf und einen Korb mit Wein und Kuchen in der Hand. Das Mädchen stellt sich als das Rotkäppchen vor und fragt dich, ob ihr ein Stück des Weges gemeinsam gehen wollt. Es erzählt dir, dass es die kranke Großmutter besuchen möchte. Zusammen lauft ihr weiter. Da das Wetter so schön ist, hilfst du dem Rotkäppchen ein paar Blumen für die Großmutter zu pflücken. Die Blumen duften so herrlich und die Sonne scheint dir auf die Haut. An einer Weggabelung verabschiedest du dich von dem Mädchen.
Du gehst weiter durch den Wald. Dann kommst du an eine Wiese, auf der ein altes Schloss steht. Das Schloss ist ganz von Dornenbüschen umgeben, aber du findest ein kleines Schlupfloch. Nun siehst du dir das Schloss von innen an. Es ist alles ganz still. Das Einzige, was du hörst, ist dein eigener Atem. Du atmest ganz langsam ein und aus, ein und aus. Alle Menschen, die du im Schloss siehst, sind eingeschlafen und atmen wie du ein und aus.
Du verlässt das Schloss wieder und gehst weiter. Du wanderst über Berge und durch Täler und stehst plötzlich vor einem kleinen Haus. Dort gehst du hinein. Im Haus sind sieben lustige Zwerge, die gerade das Haus säubern. Sie erzählen dir, dass sie die ganze Hausarbeit allein machen müssen, seit Schneewittchen zu ihrem Prinzen ins Schloss gezogen ist. Die sieben Zwerge fragen dich, ob du nicht Lust hast, bei ihnen zu bleiben und dich um den Haushalt zu kümmern. Doch du möchtest dich lieber noch etwas im Wald umsehen. Das können die Zwerge gut verstehen. Du winkst ihnen froh zum Abschied nach. Du reckst und streckst dich und fühlst dich wohl. (Lang, 1997)

## 2.4 Entspannungsphasen

**Wasserspiele** (Kiga)
Stell dir vor, du bist auf einer großen Wiese. Es hat gerade geregnet und jetzt scheint langsam wieder die Sonne. Das Gras auf der Wiese ist noch ganz nass und überall kannst du kleine Pfützen sehen. Du gehst daran vorbei und beobachtest dein Spiegelbild an der Wasseroberfläche.
Nach einiger Zeit erreichst du einen Bach. Das Wasser ist ganz klar und strömt über die Steine. Du ziehst deine Gummistiefel aus und stellst dich hinein. Das Wasser ist ganz kalt … brrrrr … an deinen Füßen merkst du die Steine. Sie massieren deine Fußsohlen. Mhhh … das tut gut. Dann hockst du dich hin und machst dich ganz, ganz klein. Du stellst die vor, du wärst ein Wassertropfen. Als kleiner Tropfen springst du in dem Bach über die einzelnen Steine. Der Bach wird immer schneller und schneller … uhhh … ist das aufregend. Nun gelangst du an einen Wasserfall und springst als kleiner Wassertropfen hinunter. Es kribbelt ganz doll in deinem Bauch. Dann platschst du in einen großen See. Dort sind ganz viele andere Wassertropfen, mit denen du spielst und die Fische im Wasser beobachtest.
Es kommen auch ab und zu Vögel, die ganz tief über dem Wasser fliegen und etwas davon trinken. Ein wunderschöner blauer Vogel nippt von dem Wasser und nimmt dich als kleinen Wassertropfen mit in die Luft. Kurz darauf lässt er dich wieder fallen und du landest wieder in einem Gewässer. Als du dich umschaust merkst du, dass dies der Bach ist in dem du vorhin fröhlich über die Steine gesprungen bist. Du verwandelst dich zurück und hockst nun wieder mit deinen nackten Füßen in dem Wasser. Langsam stehst du auf, streckst dich und genießt noch einmal das frische Gefühl. Vorsichtig gehst du an das Ufer.
Dieses tolle Erlebnis wirst du sicher nicht so schnell wieder vergessen. (Siebenhüner, 2007)

**Urlaub** (Kiga, Hort)
Stell dir vor, du bist im Urlaub. Du liegst mit deinen Eltern am Meer. Der Strand ist aus feinem Sand. Die frische Meeresluft streicht wie ein sanfter Wind über deinen Bauch. An den Rücken merkst du, wie dich die kleinen Sandkörner kitzeln. Ab und zu kommen die Wellen bis an deine Füße und das kalte Wasser krabbelt bis zu den Knien und zieht sich dann wieder zurück. Du kannst die Wellen auch leise rauschen hören … schsch … schsch … schsch … macht es immer, wenn eine am Strand ankommt.
Weiter weg kannst du Schiffe sehen, die bestimmt ganz groß sind, für dich aber winzig klein erscheinen auf dem großen blauen Meer. Dann hörst du eine Möwe. Als du an den Himmel schaust, siehst du mehrere von ihnen und nur ganz kleine Wolken. Sonst ist alles blau und die Strahlen der Sonne sind ganz warm auf deiner Haut.
Jetzt schaust du nach rechts und siehst Muscheln, die von den Wellen angespült worden sind. Dann drehst du den Kopf nach links und siehst Spuren in dem weichen Sand, die die Wellen hinterlassen haben.
Du überlegst auch ein Muster in den Sand zu machen und bewegst deine ausgestreckten Arme auf und ab. Dabei kitzelt dich der Sand. Dann öffnest und schließt du deine Beine. Nachdem du aufgestanden bist, siehst du den schönen „Strandengel" der entstanden ist.
(Siebenhüner, 2007)

**Unterwasserwelt** (Kiga, Hort)
Stell dir vor, du bist zusammen mit deinem besten Freund oder deiner besten Freundin tauchen. Ihr taucht ganz tief in einem großen weiten Meer.
Unter Wasser ist es sehr still. Du kannst nichts hören, nur dich selbst wie du leise atmest. Ganz langsam und tief atmest du ein … und wieder aus … ein … und aus.
Neben dir taucht dein Freund. Ihr seid fast auf dem Meeresgrund. Ab und zu siehst du einen bunten Fisch an dir vorbei schwimmen. Noch immer ist es still. Auf dem Grund siehst du Muscheln, ganz viele Muscheln, in verschiedenen Formen und Farben. Sogar einen Seestern kannst du erkennen.

Du tauchst mit deinem Freund langsam weiter. Auf dem Meeresboden erscheinen ein paar Felsen. Ihr seht Meerespflanzen und Korallen in vielen bunten Farben. Dazwischen ein paar Fische. Rot, blau, gelb, orange, grün ... alle Farben findest du auf den bunten Steinen. Auch dein Freund ist glücklich über eure Entdeckung. Langsam nehmt ihr die Arme über den Kopf und öffnet und schließt sie um wieder aufzutauchen. Ihr schaut nach oben und könnt schon sehen wie die Sonnenstrahlen im Wasser glitzern. Gleich taucht ihr auf. Als ihr mit dem Kopf über Wasser seid, holt ihr tief Luft und erzählt euch dann, was ihr unter Wasser noch alles sehen konntet. (Siebenhüher, 2007)

**Ballonfahrt** (Kiga, Hort)
Stell dir vor, du sitzt mit deinen Eltern in einem Heißluftballon. Der Korb erscheint dir groß und im Sitzen kannst du gerade über den Rand schauen. Noch steht ihr auf einer großen Wiese. Du kannst viele Blumen sehen. Zum Glück ist schönes Wetter. Die Sonne scheint warm und es sind wenige Wolken zu sehen. Ein leichter Wind streicht über dein Gesicht. Gleich startet die Reise in den Himmel. Du bist schon etwas aufgeregt. Merkst du wie es in deinem Bauch kribbelt?
Jetzt geht es los. Das Feuer über eurem Korb geht an. Es wird ganz warm – fast sogar heiß – der Ballon richtet sich auf. Langsam hebt ihr ab. Du kuschelst dich zu deinen Eltern, weil du ein bisschen ängstlich bist. Nach ein paar Minuten hast du dich an die Höhe gewöhnt und schaust mutig über den Rand des Korbes.
Ganz klein siehst du Häuser am Boden und die Autos. Alles scheint ganz weit weg und die Menschen sehen aus wie kleine Ameisen. Du fühlst dich pudelwohl so hoch in der Luft. Ab und zu kannst du einen Vogel sehen und hören, wie er direkt an deinem Ballon vorbei zwitschert. Durch die Wolkendecke hindurch streicheln die warmen Sonnenstrahlen deine Haut. Ihr seid schon sehr nah an den Wolken. Sie sehen aus wie Watte. Ihr kommt immer näher – und näher – und näher.
Du kuschelst dich wieder zu deinen Eltern und bist gespannt, was dich über den Wolken erwartet. Als ihr mit dem Ballon in den Wolken seid, fühlt es sich an wie ein warmer Nebel und du merkst sogar, wie dein Gesicht ein bisschen feucht wird.
Dann seid ihr hindurch. Alles ist still. Du kannst nichts hören. Du traust deinen Augen kaum. Die Sonne strahlt und der Himmel über dir ist wunderschön blau. Die Wolkendecke unter dir glitzert. Sie sieht aus, wie ein unendliches Meer aus Watte. Du schaust dich um. Nach einer Weile kletterst du aus dem Korb auf die Wolkendecke. Schritt für Schritt. Es ist wie ein Paradies. Dann entdeckst du einen Regenbogen. Zu dem springst du fröhlich von Wolke zu Wolke. Du kletterst auf den Regenbogen und rutscht zurück zur Erde. Deine Eltern folgen dir. Als ihr ankommt, umarmst du deine Eltern. Dieser Ausflug wird dir immer in Erinnerung bleiben. (Siebenhüner, 2007)

**Stell dir vor ...** (Kiga, Hort)
Setze dich bequem hin, schließe die Augen und stelle dir vor, dass ...
- du langsam über einen wunderschönen Regenbogen gehst
- du in deinem warmen, weichen Bett liegst
- du im Sandkasten spielst
- du dein Lieblingstier beobachtest
- du dich an Mutti oder Vati kuschelst und gestreichelt wirst
- du an einer Stelle im Garten sitzt, die du besonders magst
- du eine Blume bist, die sich leicht im Wind bewegt

**Fantasiereise** (Hort)
Die Gruppe von Kindern begibt sich in einen Ruheraum (mit Matten oder Kissen ausgestattet). Jedes Kind legt sich bequem hin und schließt die Augen. Bei Entspannungsmusik wird das Kind durch eine Geschichte der Erzieherin in seinen Vorstellungen an einen Ort in der Natur geführt – die Kinder betreten in Fantasie ein Baumhaus.

Stell dir vor, du sitzt in einem geheimen Baumhaus im Wald. Die Vögel zwitschern und die Bäume wiegen sich im Wind. Du beobachtest eine Familie von Rehen, die an einem Bächlein entlang gehen. Bunte Blumen und lange Gräser wachsen am Ufer des Baches. Gelegentlich siehst du auch kleine Hasen durch das weiche Gras hüpfen. Immer wieder schaust du in die Natur. Es ist ein wenig dunkler geworden und an den Blättern perlen einzelne Regentropfen ab. Du spürst die Ruhe und Kühle des Waldes. Am Himmel siehst du die ersten Sterne und das Pfeifen der Waldvögel verstummt allmählich. Du bist nun da und ruhst dich aus, um neue Energie zu schöpfen. (Idee: Naumann, Rutke & Ryk)
Varianten: durch Geräusche erwachen

**Der fliegende Teppich – eine Fantasiereise** (Hort)
Du legst dich bequem hin, so dass du dich ganz wohl fühlst. Du sinkst tief auf deine Unterlage herab. Beobachte, welche Körperteile ganz am Boden liegen. Sicher berührt dein Hinterkopf die Matte, spüre das vielleicht freie Stück am Nacken. Beide Schultern liegen sicher tief auf der Unterlage und deine Ellenbogen und Arme fühlst du schwer aufliegen. Auch Teile des Rückens sind am Boden, das Gesäß liegt locker auf und die Beine berühren breit am Ober- und Unterschenkel den Boden. Lass dich nun noch schwerer und tiefer nach unten sinken.
Stell dir jetzt vor, deine Unterlage könnte sich etwas vom Boden abheben und du beginnst zu schweben. Tatsächlich, deine Unterlage kann fliegen, sie ist ein fliegender Teppich. Da du es so schön findest, fliegst du hinaus aus diesem Raum auf den Platz davor. Dann geht es noch höher und weiter. Du siehst Häuser, Felder und Straßen unter dir. Vielleicht siehst du auch dein Haus von oben. Du genießt dieses freie Schweben, die Leichtigkeit und den frischen Wind. Du schwebst immer höher und weiter und gelangst schließlich über das Meer mit dem dunkelblauen Wasser und den Schaumkronen.
Dort siehst du eine kleine grüne Insel mit breitem Sandstrand. Du hast Lust, dort ganz sanft zu landen. Unter dir ist schon der Strand und du setzt weich auf. Vielleicht möchtest du jetzt die Insel erkunden oder dich einfach in den warmen Sand legen und die Sonne auf deine Haut scheinen lassen. (kurze Pause)
Du hast nun genug geschaut und steigst wieder auf deinen Zauberteppich. Mach es dir wieder ganz bequem, entspanne dich und schwebe hier zurück in diesen Raum. Deine Unterlage ist sanft wieder gelandet. Spüre, wie du schwer und gelöst auf deiner Unterlage liegst.
Du fühlst dich ganz erholt und erfrischt. Bewege nun deine Finger und Füße. Räkele dich und strecke dich, als würdest du morgens aufstehen, und jetzt bist du ganz wach und richtest dich zum Sitzen auf. (Schmalz, 2009)

**Schatzsuche** (Hort)
Die Kinder sitzen auf Teppichfliesen im Kreis. Sie werden animiert und können mitsprechen. Im Hintergrund könnte leise Entspannungsmusik mit Naturgeräuschen laufen.

Leise, Kinder, seid ganz still,
weil ich euch was erzählen will:
Holt die Teppichfliesen, ohne euch zu rammen,
und kommt dann in einem Kreis zusammen!
Setzt euch nun auf euren Platz,
schließt die Augen, dann suchen wir den Schatz.

| | |
|---|---|
| Mit der Fantasiereise werden wir jetzt beginnen, | *Wolkenflug* |
| auf einer Wolke fliegen wir von hinnen. | |
| Stellt sie euch ganz flauschig vor, | |
| leise summen wir nun im Chor: pf, pf, pf, pf | |
| Die Arme werden locker an die Seite genommen | |
| und dann wird mit dem Wiegen begonnen: | |
| Hin und her und her und hin, | *Wiegen des Oberkörpers* |
| ja, jetzt sind wir richtig drin. | |
| Jetzt kommen wir wieder zur Ruh' | |
| und hören alle aufmerksam zu. | |
| Denn unsere Reise setzt sich fort | |
| und bringt uns an einen anderen Ort. | |
| Wir befinden uns auf einer Wiese, saftig und grün, | *auf den Rücken legen* |
| machen uns klein und legen uns hin. | |
| Dem Zirpen der Grillen lauschen wir, | |
| und nun machen wir das hier: zirp, zirp, zirp, zirp | |
| Geatmet wird jetzt tief in den Bauch, | *Hände auf den Bauch legen, tief ein-* |
| legt die Hand drauf, dann merkt ihr's auch. | *und ausatmen* |
| Ein und aus und ein und aus, | |
| ja genau, ihr habt es raus. | |
| Ein und aus und aus und ein, | |
| ja, so sollte es richtig sein. | |
| So, nun noch mal volle Konzentration, | |
| denn es geht jetzt weiter schon. | |
| Schließlich befinden wir uns in einem dunklen Wald, | *auf den Bauch legen* |
| drum dreht euch schützend auf den Bauch ganz bald. | |
| Wir wollen uns doch vor Feinden verstecken, | |
| um möglichst schnell den Schatz zu entdecken. | |
| Wir alle müssen leise sein | |
| und stimmen nun zusammen ein: Sch, sch, sch, sch | |
| Und schon beginnt die Erde zu beben, | *Oberkörper auf und ab bewegen* |
| um was zu sehen, müssen wir die Oberkörper heben. | |
| Auf und ab und ab und auf, | |
| ja, jetzt haben's alle drauf. | |
| Jeder kann den Schatz nun sehen | |
| und in Gedanken zu ihm gehen. | |
| Damit sind wir mit der Reise am Ende | |
| und alles nahm eine gute Wende. | |
| Langsam setzen wir uns wieder | *langsam aufsetzen und Augen öffnen* |
| und öffnen unsere Augenlider. (Pötzsch, 2009) | |

# 3 Bewegungsräume und -möglichkeiten draußen

## 3.1 Außengelände gestalten und sich erschließen

Der Schwerpunkt des Buches wurde bewusst auf mehr Begegnungsmöglichkeiten in den Innenräumen gelegt, da bei Untersuchungen (Göpfert & Klimsch, 2006, s. auch Abschnitt 1.2) Reserven deutlich wurden. Um einen Einblick in das Gesamtkonzept der bewegten Kita geben zu können, wird das Außengelände in diesem Kapitel zumindest skizzenhaft behandelt. Bei der Gestaltung sind die Wünsche der Kinder zu berücksichtigen. Gemeinsam mit ihnen und den Eltern ist die Realisierung vorzunehmen. Das Außengelände sollte möglichst naturnah belassen und Hügel, Mulden, Bäume, Sträucher, große Steine, Wiesenflächen einbezogen werden. Eine Gliederung in Flächen für unterschiedliche Bewegungsaktivitäten (s. unten) entzerrt und entschärft unfallträchtige Situationen. Dennoch sollte eine variable Nutzung durch die Kinder möglich sein.

Das Freigelände der Einrichtung muss nicht nur bewegungsfreundlich, sondern auch sicher sein (s. Hinweis auf entsprechende Regeln und Informationen der DGUV bei den Medienempfehlungen). Auch bei schlechterem Wetter sollten sich die Kinder draußen bewegen können. Bewegungsbedürfnisse unterschiedlicher Altersgruppen sind zu berücksichtigen. Ebenso ist das Außengelände so zu gestalten, dass alle Kinder an Bewegung, Spiel und Sport selbstbestimmt und aktiv teilhaben können (konkrete Hinweise Dinter & Müller, 2011, S. 44–46, Hinweise zur Sicherheit S. 46–50).

An folgende Maßnahmen sollte bei der Gestaltung des Außengeländes gedacht werden:
- Bereitstellen von Spielgeräten (in Spielkisten oder -containern, in einem Schuppen: unterschiedliche Bälle, Springseile, Reifen, Kreiselspiele, Ringtennis, Murmeln, Klammern, Straßenkreide, Roll- und Fahrgeräte u. a.
- Gestalten einer Spielfläche durch Aufmalen von Hüpfspielen, Bemalen einer Wand für Zielwurfübungen, Einebnen einer kleinen Fläche für Murmelspiele
- Markieren einer Ballspielfläche, Aufstellen von kleinen Toren, einer Torwand, von Minibasketballkörben
- Befestigen einer Rundstrecke für Dreiräder, Laufräder, Rutschautos, Roller und Kinderfahrräder (Helme!), Rollschuhe, Rollbretter, Pedalos, Kids-Cars und mit Verkehrszeichen
- Ausstattung einer Abenteuerfläche zum Verstecken, Kriechen, Klettern, Balancieren, Bauen, Schaukeln, Rutschen mit folgenden möglichen Geräten: Weidentunnel, Weidenhütte, Abenteuerhütte, Baumstämme und Baumabschnitte, Röhren, Balancierbalken, Schaukel, Rutsche, Kletter- bzw. Spielhaus, Zelte, Autoreifen, Bretter, Baumaterialien, Hangelseile, Wackelbalken, Abenteuerbrücke, Balancier-Klettergeräte, Klettertürme, seitlich angebundene Natursteine, senkrecht eingebaute Naturhölzer, Boulderwand, Minitrampolin/Hupping, Hüpfsteine
- Separieren einer Laufstrecke und Ausgestaltung als Slalomstrecke oder einfachen Parcours (mit Hindernissen zum Überspringen, Umlaufen, Balancieren u. a.)
- Kennzeichnung von Barfußflächen mit unterschiedlichem Untergrund (Gras, Sand, Kies, Holz, Rindenmulch, Fichtenzapfen, Rinde, Querhölzer, Holzschnitzel, Natursteine u. a.)
- Abtrennen eines Ruhebereiches als „Insel der Ruhe", z. B. mit einer Hängematte, einer Wiese zum Hinlegen, einer Sitzecke, kleinen Nischen als Rückzugsraum oder zum Kommunizieren, Weidenverstecke, Anregungen für Wahrnehmungsspiele
- Gestalten eines Sand- und Wasserbereiches, z. B. mit Sandkästen, einem Sandsee, Sandspielzeug, Sandsäckchen, Gartenwerkzeug, einem „Flussbett" mit Steinen, Matschanlage, Wasserschlauch, Pumpe, Wassermühle, evtl. aufblasbares Wasserbecken
- Ausgestaltung eines Bereiches für Sinneserfahrungen und Umweltbildung, z. B. mit einem Insektenhotel, Blumen- oder Gemüsebeeten, Tiere anziehende Naturecken

Werden die vorgeschlagenen Maßnahmen zumindest teilweise realisiert, so entsteht ein Außengelände, das sich die Kinder selbstständig erschließen können und auf dem großräumigere und schnellere Bewegungen als im Innenbereich möglich sind. Die einzelnen Bereiche des Bildungsraumes Garten regen zum Erkunden, zum Spielen, zum Variieren und zum Erfinden neuer Bewegungsmöglichkeiten an. Dafür müssen die Kinder neben den Räumen auch Zeit erhalten, um sich mit Bewegungsproblemen auseinanderzusetzen. Eine vertrauensvolle Atmosphäre ist notwendig, auch um Ängste abzubauen und das Selbstbewusstsein zu stärken.

Sich das Außengelände selbstständig zu erschließen, erfordert aber auch für die Kinder zu lernen, Verantwortung für sich und die anderen sowie für das Material und die Umwelt zu übernehmen. Ebenso wie beim freien Spiel im Innenraum sind auch im Außengelände Sicherheitsregeln erforderlich, die mit den Kindern zusammen erarbeitet und regelmäßig besprochen werden. Diese Regeln sollten Aktivitäten wenig einschränken, können sich je nach den konkreten Bedingungen beziehen auf:

Nicht das Spielen der anderen stören! (vor allem nicht jüngerer Kinder)

Abgesperrte Geländeteile, Schuppen u. a. nicht betreten!

Spielgeräte säubern und wieder aufräumen!

Mit Pflanzen sorgsam umgehen!

### Ergänzungen für Krippen

Es wurde bereits an anderen Stellen betont, dass wir von einer Krippe ausgehen, die in einer größeren Kindertageseinrichtung integriert ist. Kleinkinder sind sicher überfordert, wenn ein größeres Außengelände gleich in vollem Umfang zum Erkunden zur Verfügung steht. Deshalb sollte in folgenden Schritten vorgegangen werden:

- *Die Umwelt erst einmal in einem für die Krippenkinder geschützten Außenraum erfahren*
  In den Einrichtungen, mit denen wir arbeiten, ist es in der Regel so, dass für die Krippe ein abgetrennter und damit geschützter Außenraum existiert. Ausgestattet sind diese Räume mit Sandkästen, einer Rasenfläche, einem Stück befestigten Gehweg, Balanciermöglichkeiten, Spielhaus, Minirutsche, Babyschaukel, Naturmaterialien, Spielzeugkiste, Holzpfähle (über die eine Decke gelegt werden kann und so Höhlen und Tunnel entstehen) u. a.
  Die Kinder können hier im Sand bauen, kleine Rollgeräte ausprobieren, auf der Rasenfläche sitzen, liegen, spielen u. a. An Haltegriffen und -tauen können sich die Krabbler hochziehen.

- *Das gesamte Außengelände nach und nach erkunden*
  Als Krippengruppe sollte gemeinsam mit der Erzieherin nach und nach das gesamte Außengelände erkundet werden. Dies ist natürlich abhängig von der Größe. Es können dafür auch Zeiten genutzt werden, in denen die Kindergartenkinder nicht im Außengelände sind.
  Vorschläge für Erkundungsgänge könnten sein:
  Wo führt der Plattenweg hin?
  Finden wir Schleichpfade?
  An welchen Stellen können wir einen Ball hinunterrollen?
  Gibt es Röhren, Tunnel .... zum Durchkriechen?
  Mit welchen Naturmaterialien können wir spielen?
  Welche Rollgeräte gibt es und wie fährt man damit?
  Beim Erkunden des Außengeländes können bei entsprechenden Bedingungen auch Spielformen einbezogen werden, die im Abschnitt 4.1 im Zusammenhang mit Spaziergängen vorgestellt werden.

- *Im Außengelände mit Kindergartenkindern spielen*
  Differenziert entsprechend des Alters kann das Außengelände zum gemeinsamen Spielen mit den Kindergartenkindern geöffnet werden. Dies sollte vor allem für die Kinder von 2 bis 3 Jahren geschehen. Neugierig werden sie Anregungen der älteren Kinder aufnehmen und ihnen beim Spielen nachahmen. Dadurch werden vielfältige neue Erfahrungen möglich.

In Zusammenarbeit zwischen den Erzieherinnen von Krippe und Kindergarten sollten die älteren Kinder zur Hilfe und Unterstützung befähigt werden.

**Ergänzungen für Horte** (Dinter & Müller, 2011, S. 42–43)

Die Horte befinden sich häufig im Schulgelände, dessen Gestaltung als Bewegungsraum unbedingt in gemeinsamer Absprache mit den Lehrkräften sowie dem Schulträger erfolgen sollte. Zu klären ist, welche Materialien und Geräte gemeinsam genutzt und welche Projekte zusammen realisiert werden, z. B. Bau einer Boulderwand oder eines Niedrigseilgartens.

Ergänzende Vorschläge für Geräte und Materialien im Außenbereich von Horten:
- Freizeit- und Sportspiele für 6- bis 10-Jährige, z. B. Netz/Leine für Ballspiele, Fußballtore, Basketballkörbe, Tischtennisplatten; Anlagen für Federball/Badminton, Kindertennis, Kegeln, Boccia, Minigolf, Frisbee, Unihockey, Rückschlagspiele-Set, Quick-Ball, Ballschlag-Spiel
- Gesellschafts-/Gruppenspiele in Großformat, wie Riesenmikado, Softdomino, Kubb („Wikingerschach"), Bodenvarianten für Schach, „Mensch-ärgere-dich-nicht", Halma
- koordinativ anspruchsvolle Bewegungsmaterialien, wie Schwungseil, Springseile, Gummihopse, kleines Trampolin, „Elefantenski", Rasenski, Kooperationsband, Balltrampolin, Klettergeräte, Recks, Laufdosen, Stelzen, Balancierbalken, Boulderwand, Niedrigseilgarten, Kletterbäume bis zu einer festgelegten Höhe u. a.
- Verkehrsgarten sowie Parcours mit Möglichkeiten zum Überfahren von Wellen oder Hügeln, Umfahren von Hindernissen, Durchfahren einer engen Fahrgasse und einer Slalomstrecke u. a. für Kinderräder, Roller, Skateboards, Inline-Skates, Kickboards, Pedalos, Rollbretter, Gokarts
- Erweiterung eines Bereiches für Sinneserfahrungen und Umweltbildung, z. B. (überdachte) Werkstätten und Gestaltungsplätze im Freien für Arbeiten mit Holz, Ton, Lehm, Steinen, Naturecken zur Tier- oder Pflanzenbeobachtung, Feuerstelle

## 3.2 Zum Nutzen der Bewegungsmöglichkeiten im Außengelände anregen

Das mit diesem Buch vorgestellte Konzept für bewegte Kindertageseinrichtungen basiert auf einem vermittelnden Ansatz (s. Abschnitt 1.4). Das heißt, dass zum einen den Kindern viele Freiräume für das selbstständige Entdecken und Erschließen des Außengeländes gegeben werden. Entwicklungsfördernde Wirkungen können und müssen zum anderen aber auch durch die Erzieherin angeregt werden. Sie motiviert und ermutigt, sie setzt Impulse für Neues und unterstützt die Kinder, sie arrangiert gemeinsam mit den Kindern Bewegungsanlässe. Dabei werden die Anregungen basierend auf den Beobachtungen jedes einzelnen Kindes oft individuellen Charakter tragen, sollten sich aber auch auf Gruppen von Kindern richten und eine Balance zwischen Individuum und Gruppe anstreben.

### 3.2.1 Zum Bewegen motivieren und ermutigen

- Die Erzieherin regt an, die vorhandenen Bewegungsmöglichkeiten im Außengelände zu nutzen. Kindern, die eher anderen beim Bewegen nur zuschauen, gibt sie „Anschubmotivation" zur Aktivierung. Die Hinweise können sich auf das Mitspielen oder das Aufgreifen der Ideen und eigenem Ausprobieren beziehen.
- Die Erzieherin sollte auch Neugier wecken und ermutigen, neue oder ungewohnte Situationen auszuprobieren. Dabei ist das Vertrauen in die eigenen Möglichkeiten zu stärken.
- Sie gibt Impulse für Spielformen oder Veränderungen von bekannten Spielen.

### Spielformen im Außengelände (Übergang Krippe – Kindergarten)

Beim Bewegen im Außengelände sollten oft Spiele einbezogen werden. Das könnten auch Spiel- und Bewegungsformen sein, die vom Innenraum bei evtl. Modifizierungen auf das Außengelände übertragen werden, z. B. aus den Bereichen Spiel- und Bewegungsformen mit Alltagsmaterialen bzw. mit einem Partner, Bewegungsgeschichten oder Nachahmungsspiele (s. Abschnitt 2.3). Überlegungen zu Spielen im Außengelände sollten vor allem den im Vergleich zu drinnen größeren Raum nutzen, Naturmaterialien einbeziehen (nicht unnötig abreißen) und einen Alltagsbezug zu Tätigkeiten im Freien aufweisen. (Idee: John, 2019)

| Spielidee | Varianten |
|---|---|
| **Achtung Pferde!** Ein Kind spielt das Pferd und bekommt einen Gymnastikreifen um den Bauch Der Partner hält diesen von hinten fest. Auf einen Signalton gehen die Pferde langsam los und die Reiter/Kutscher passen sich an die vorgegebene Geschwindigkeit an oder ziehen an dem Reifen, um das Pferd zu verlangsamen. | ■ Tempo variieren<br>■ die Kommandos „Hüh" und „Brrr" geben und entsprechend reagieren<br>■ Hindernisse umgehen<br>■ mit zwei Pferden eine Kutschfahrt simulieren |
| **Welches Fahrzeug?** Vor drei markierten Feldern liegt jeweils eine Bildkarte und die Kinder befinden sich anfangs außerhalb der Felder. Sobald ein Geräusch erklingt, gehen die Kinder in das Feld, von dem sie denken, das dazugehörige Fahrzeug gehört zu haben. | ■ Tonträger mit Fahrzeuggeräuschen, laminierte Bildkarten von Fahrzeugen (Feuerwehr, Motorrad, Hubschrauber u. a.) verwenden<br>■ die Geräusche nachahmen<br>■ zusätzliche Fahrzeuggeräusche (Auto, Krankenwagen, Traktor u. a.) imitieren<br>■ die herausgehörten Fahrzeuge benennen |
| **Schaufelt geschwind!** Die Kinder bekommen die Aufgabe, gemeinsam mit einem Partner zwei Eimer mit Sand bis zur Markierung zu befüllen. Wer fertig ist, setzt sich neben die Eimer. | ■ bei den Eimern die Füllhöhe deutlich markieren<br>■ Eimer mit Naturmaterialien befüllen<br>■ „Sandschipp-Wettbewerb": So viele Eimer wie möglich in zwei Minuten füllen |
| **Die Saat** Die Kinder pflanzen Gemüsesorten an. Dazu werden die Beete durch verschiedenfarbige Reifen voneinander abgegrenzt. Farbige Kreise (als Saat) werden auf das passende Beet verteilt (die rote Tomaten-Saat in den roten Reifen, ebenso grün für Gurke und gelb für Kartoffel). | ■ in einem Korb angesagte Gemüsesorten ernten (z. B. „Du erntest alle roten Tomaten.")<br>■ mit einem Farbwürfel die zu erntende Sorte festlegen |
| **Erntezeit** Material: Schuhkartons mit einer daran befestigten Schnur, farbige Kreise (s. oben) oder Naturmaterialien<br>Jedes Kind hat die Aufgabe, Obst und Gemüse zu ernten und zu transportieren. Dafür wird jeweils nur ein Gegenstand in den Karton gelegt und behutsam zu einem anderen Ort gezogen. | ■ Hindernisse umgehen<br>■ Fortbewegungsart ändern (hüpfen, rückwärtsgehen, laufen)<br>■ einen Markt simulieren, auf dem die Kinder die Ernte ver- oder einkaufen können |

| Spielidee | Varianten |
|---|---|
| **Kastanie, Stock oder Rinde**<br>Jedes Kind entnimmt der Kiste ein Naturmaterial und bewegt sich frei im Raum. Die Erzieherin benennt einen Gegenstand, hält diesen hoch und gibt einen Auftrag, z. B. „Kastanie! Alle Kinder, die eine Kastanie haben, laufen zu mir." Die Kinder überlegen, ob sie den Gegenstand in den Händen halten, und erfüllen ggf. die Aufgabe. | ▪ zwei Gegenstände mit unterschiedlichen Aufgaben benennen<br>▪ mehr Naturmaterialien zur Wahl stellen (Steine, Grashalme, Blätter u. a.) |
| **Barfußpfad**<br>Die Erzieherinnen legen einen Pfad für die Füße an. Die Kinder dürfen diesen barfuß begehen.<br>Materialien: Naturmaterialien (Kastanien, Eicheln, Zapfen, Sand, Steine, Gras, Blätter, Zweige, Rundhölzer, Reißig, Rinde, Erde u. a.), verschiedene Untergründe im Außengelände (Wiese, Sand, Kies, Matschkuhle, Platten u. a.) | ▪ mit geschlossenen Augen an der Hand eines Helfers gehen, das Naturmaterial erraten und benennen<br>▪ nach weiteren Naturmaterialien suchen und den Pfad gemeinsam erweitern<br>▪ die Naturmaterialen mit den Händen befühlen, auch mal daran riechen<br>▪ an warmen Tagen Wasser, nassen Sand, Matsch einbeziehen |

**Veränderung von bekannten Spielen** (Hort, einfache Variationen bereits im Kiga) (Zuarbeit: Petzold, 2007)

Mögliche Impulse für die Variation von **Haschespielen**

*Spielgedanke:*
„… einen anderen Spieler zu verfolgen, um ihn abzuschlagen oder zu fangen" (Döbler & Döbler, 2018, S. 138)

*Variation der Spielhandlung:*
- abschlagen oder fangen
- Fortbewegungsart verändern (hüpfen, kriechen)
- Fangart/Abschlagen verändern (nur an bestimmten Körperteilen abschlagen)
- dem Läufer ein Band/Strick (steckt im Hosenbund) wegnehmen (Schwanz ab!) oder eine Klammer (Klammerhasche)
- Hasche mit Freimal, z. B. in Reifen, auf Teppichfliesen
- den Läufer mit einem Gegenstand fangen, z. B. mit einem Reifen

*Variation der Wertung:*
- abgeschlagener Läufer wird zum Häscher
- abgeschlagener Läufer unterstützt den Häscher
- abgeschlagener Läufer scheidet aus, erfüllt eine Bewegungsaufgabe und spielt dann wieder mit
- abgeschlagener Läufer scheidet aus und kann erlöst werden
- haschen mit Zeitbegrenzung

*Variation der Bedingungen:*
- Spielfeld vergrößern oder verkleinern
- mit zwei Häschern spielen

- Anzahl der Mitspieler verändern (einer fängt einen oder mehrere Läufer, jeder fängt jeden)
- Hindernisse einbeziehen

### Impulse für die Variation von Platzsuchspielen (Döbler & Döbler, 2018, S. 126–138)

*Spielgedanke:*
Die Spieler versuchen einen Platz zu bekommen, die jedoch zahlenmäßig weniger sind als die Spieler.

*Variation der Spielhandlung:*
- alle Spieler tauschen auf einmal die Plätze oder nur benannte Spielergruppen (z. B. alle Mädchen bzw. Jungen)
- Ball transportieren und nach Ballarten zusammenfinden oder mit angesteckter Klammer o. Ä. laufen und nach Farben treffen
- Partnersuchspiele (Freunde suchen)
- Art und Weise des Treffens bestimmen (z. B. zu viert mit Handfassung)

*Variation der Wertung:*
- Spieler, der als Letzter seinen Platz gefunden hat, bestimmt beim nächsten Durchgang den Zeitpunkt der Aufgabenerfüllung
- Zeit stoppen vom Kommando bis zur Aufgabenerfüllung durch den Letzten und mit weiteren Durchgängen vergleichen
- Punkte für die, die als Erste gewechselt haben

*Variation der Bedingungen:*
- Plätze sind Geräte (Reifen, Kreidekreuze, Teppichfliesen, natürliche Bäume u. a.)
- Plätze werden von Kindern gebildet (Hundehütte)
- Aufstellungsformen verändern (Kreis, Viereck)
- Spielfeldgröße vergrößern oder verkleinern

### Mögliche Impulse für die Variation des Spieles Ballprobe (Döbler & Döbler 2018, 204–205)

*Spielgedanke:*
Jedes Kind wirft seinen Ball gegen eine Wand und fängt ihn wieder.

*Variation der Spielhandlung:*
- beidhändig werfen und fangen
- Wurfart verändert (Überkopfwurf, Schockwurf)
- indirekt (Ball kann vor dem Fangen den Boden berühren)
- vor dem Fangen in die Hände klatschen oder sich drehen
- mit dem Rücken zur Wand oder durch die gegrätschten Beine werfen
- ein Kind wirft, der Partner fängt

*Variation der Wertung:*
- Wer schafft 5-mal oder mehr?
- Wenn der Ball nicht gefangen wird, bei 1 wieder anfangen zu zählen.
- Welches Paar schafft 5-mal oder mehr?
- Anzahl der Fehler bei 5 Versuchen zählen, beim 2. Versuch möglichst verbessern
- Gruppenwertung

*Variation der Bedingungen:*
- unterschiedliche Bälle einsetzen
- Abstand von der Wand verändern
- Zielfelder an der Wand treffen

Viele weitere Spiele, für den Hortbereich, teilweise auch für das Kindergartenalter, können nachgelesen/heruntergeladen werden bei: SMK (Hrsg.). (2014). *Spiel & Spaß. Eine Sammlung für die Hosentasche*. Ebenso bei SMS (Hrsg.). (2016)

### 3.2.2 Impulse für Neues setzen

- Die Bewegungszeit im Freien sollte auch dafür genutzt werden, dass die Kinder neue Bewegungsformen und -spiele kennen lernen. Das könnten kleine Spiele sein, wie einfache Haschespiele mit Abwandlungen, Platzsuchspiele, Ballspiele.
- Mitunter wird es auch sinnvoll sein, Bewegungsformen zu zeigen, wie z. B. das Kreiseln und damit das Bewegungsrepertoire zu bereichern.
- Wenn die Erzieherin zur Mitspielerin wird, können mehr indirekt verschiedene Bewegungsmöglichkeiten angeboten werden, z. B. Varianten bei der Ballprobe.
- Finden Kinder nach längerem Probieren Lösungen nicht selbst, ist die Anregung zur Übertragung von bekannten Bewegungserfahrungen sinnvoll, z. B. beim Steigen/Klettern.
- Unterstützung kann auch erfolgen durch Helfen und Sichern, z. B. beim Klettern oder Balancieren.
- Das erfolgreiche Bewältigen von Bewegungssituationen kann auch unterstützt werden durch Impulse, die die Aufmerksamkeit lenken, einschließlich bildhafter Sprache („Ohne Anzustoßen kannst du durch den Weidentunnel kriechen, wenn du dich klein machst, wie eine Maus.")
- Als Impulse für Neues können auch aktuellere Trends aufgegriffen werden.

| | |
|---|---|
| **Slackline** (Kiga, Hort)<br>Erfolgreich bewältigen auch bereits Kindergartenkinder eine Slackline (mit Sicherungsseil). (AWO Kita Lößnitz II/Leipzig) |  |
| **Vier gelingt!** (Kiga, Hort)<br>Das klassische Strategiespiel wurde von einem Erzieher mit Unterstützung von Eltern aus Holz selbst gebaut. Die Scheiben wurden rot bzw. gelb bemalt. Werden die Scheiben weiter weg vom Spiel abgelegt, dann ergibt sich ein zusätzlicher Laufweg. Auf der Rückseite des Spieles kann mit Kreide gemalt werden. (Kita „Schwalbennest", Rodewisch) |  |

| | |
|---|---|
| **Rope Skipping** (Hort)<br>Zuerst wird das Seilspringen einzeln geübt. Dann suchen die Kinder nach Varianten miteinander zu springen. Beispiele:<br>■ zu zweit nebeneinander mit einem Seil oder mit zwei Seilen (gekreuzt gefasst)<br>■ zu zweit hintereinander bzw. gegenüber jeweils mit einem Seil<br>■ zwei Schüler stehen sich gegenüber und schwingen ein Seil, in der Mitte springt ein dritter<br>■ Sprungart variieren (Schluss-Sprünge mit und ohne Zwischenhupf, Einbeinsprünge) |    |
| **Kick-Ball** (Hort)<br>Ein Kick-Ball (Hackysack) kann in Paaren oder Gruppen zugespielt und dies mit kleinen Kunststücken verbunden werden. |  <br> |
| **Spielformen an der Boulderwand** (Hort)<br>Die Boulderwand wird in der gesamten Breite mit Erschwernissen durchklettert, z. B. im Zeitlupentempo.<br>(weitere Spiele und Hinweise zum Bau einer Boulderwand s. Unfallkasse Sachsen, 2005, 2015) | ■ Klettern mit Handschuhen, einem Rucksack, einer ins Gesicht gezogenen Schirmmütze<br>■ seitlich (eine Hüfte an der Wand) oder mit Längsdrehungen<br>■ mit Ausweichen vor einem Softball, mit dem der Partner versucht abzuwerfen<br>■ an dem Partner vorbeiklettern, der von der anderen Seite beginnt |

### 3.2.3 Bewegungsanlässe gemeinsam arrangieren

■ Gemeinsam mit den Kindern und Eltern sollte überlegt werden, wie das Außengelände und die Geräte zu verändern und ergänzen sind, damit neue Erfahrungen und Erlebnisse möglich sind.

■ Obwohl es widersprüchlich erscheinen mag, kann mehr Initiative der Kinder erreicht werden, wenn auch einmal die Bewegungsräume und Spielgeräte eingeschränkt werden oder wenn eine Konzentration auf ein bestimmtes Thema erfolgt, z. B. Unser Fuhrpark. Weniger ist oft mehr, da eine intensivere Auseinandersetzung mit den reduzierten Möglichkeiten angeregt wird.

■ Mit den Kindern gemeinsam kann die Erzieherin ein Spiel ausprobieren und verändern, so dass die aktive Teilhabe aller unter den gegebenen Umständen (Wind und Nässe, das Spielen in kleineren Gruppen, Bälle rollen in andere Funktionsflächen usw.) besser gegeben ist.

- Die Erzieherin hat auch die Möglichkeit anzuregen und mit den Kindern gemeinsam zu überlegen, wie zeitnah durchgeführte Bewegungstätigkeiten von innen nach außen übertragen werden können, ggf. bei Modifizierung. Beispiele, bei denen sich dies u. a. anbietet, sind als Varianten im Kapitel 2 benannt, so z. B. im mathematischen Bildungsbereich beim Erlangen von Vorstellungen zu Zahlen und Größen.
- Erzieherin und Kinder können sich auch gemeinsam auf ein Bewegungsthema verständigen und nach Realisierungsmöglichkeiten im Außengelände suchen, z. B. Laufen und Springen.
- Der Blick über den Gartenzaun (oder aus dem Fenster) kann auf die nähere Umgebung neugierig machen. Bewegungsräume sollten auch außerhalb der Einrichtung besucht und genutzt werden (s. Abschnitt 4.1).

## Medienempfehlungen:

Anderfuhren, T. (2007). *Das Spielplatzbuch. Wege zu Trauminseln der Kindheit*. Baden und München: AT Verlag.

Biermann, I. (2006). *Kleinkinder entdecken ihre Umgebung* (3. Aufl.). Freiburg: Herder.

Dinter, A. & Müller, Chr. (2011). *Bewegungsräume für Kindertageseinrichtungen*. Meißen: Unfallkasse Sachsen.

Döbler, H. & Döbler, E. (2018*). Kleine Spiele* (23. Aufl.) Mühlheim an der Ruhr: Verlag an der Ruhr.

Dt. Institut für Normung DIN). (2012–08). *DIN 79400: Slacklinesysteme – allgemeine und sicherheitstechnische Anforderungen und Prüfverfahren*. Berlin: Beuth.

DGUV (Hrsg.). (2006). *Giftpflanzen – Beschauen, nicht kauen*. DGUV Information 202–023. Berlin: GUV.

DGUV (Hrsg.). (2009). *Kindertageseinrichtungen*. DGUV Regeln 102–002. Berlin: DGUV.

DGUV (Hrsg.). (2017). *Die Jüngsten in Kindertageseinrichtungen sicher bilden und betreuen*. DGUV Information 202–093. Berlin: DGUV.

DGUV (Hrsg.). (2018). *Trampoline in Kindertageseinrichtungen und Schulen*. DGUV Informationen 202–081. Berlin: DGUV.

DGUV (Hrsg.). (2020b*). Außenspielplätze und Spielplatzgeräte*. DGUV Information 202–022. Berlin: DGUV.

DGUV (Hrsg.). (2020c). *Seilgärten in Kindertageseinrichtungen und Schulen*. DGUV Information 202–072. Berlin: DGUV.

Kindervereinigung Sachsen e. V. (Hrsg.). (2009). *Bildung und Freiraumqualität. Ein Leitfaden*. Chemnitz: Landesgeschäftsstelle.

Kleeberg, J. (1999). *Spielräume für Kinder planen und realisieren*. Stuttgart: Ulmer Verlag.

Lange, U. & Stadelmann, T. (2002). *Sand – Wasser – Steine. Spiel-Platz ist überall*. Weinheim: Beltz.

Oberholzer, A. & Lässer, L. (2003). *Gärten für Kinder. Naturnahe Kindergärten und Schulanlagen. Hausgärten und Spielplätze* (4. Aufl.). Stuttgart. Ulmer.

Österreicher, H. & Prokop, E. (2018). *Kinder wollen draußen sein* (3. Aufl.). Hannover. Friedrich.

Pappler, M. & Witt, R. (2001). *Naturerlebnisräume. Neue Wege für Schulhöfe, Kindergärten und Spielplätze*. Seelze-Velber: Kallmeyer.

SMK (Sächsisches Staatsministerium für Kultus). (Hrsg.). (2014). *Spiel & Spaß. Eine Sammlung für die Hosentasche*. Dresden: SMK. Zugriff am 03. März 2021 unter https://publikationen.sachsen.de/bdb/artikel/22796

SMK & Sächsische Landesvereinigung für Gesundheitsförderung e. V. (Hrsg.). (2018). *Bildungsraum Garten. Naturnahe Außenräume in Kindertageseinrichtungen und Kindertagespflege*. Dresden: Initial Werbung und Verlag.

SMS (Staatsministerium für Soziales und Verbraucherschutz). (2018). *Fachliche Empfehlung für eine bildungsfördernde Freiraumgestaltung in Kindertagesstätten*. Chemnitz: Landesjugendhilfeausschuss. Zugriff am 18, April 2021 unter https://www.slfg.de/files/2018/07/2018_lja_Empfehlungen Freiraumgestaltung pdf.

*SMS (Staatsministerium für Soziales und Verbraucherschutz). (2016). Spiele vor der Haustür. (6. Aufl.). Zugriff am 17. April 2021 unter* https://publikationen. sachsen.de/bdb/artikel/11338

Unfallkasse Sachsen (Hrsg.). (2005, 2015). *Klettern in der Pause – Eine Boulderwand für unsere Schule*. GUV-SI 8465. Meißen: Unfallkasse Sachsen. Zugriff am 26. Januar 2021 unter https://www.uksachsen.de/fileadmin/user_upload/Download/UK-Sachsen-Publikationen/ UK_Sachsen_02-12_Klettern-in-der-Pause-eine-Boulderwand-fuer-unsere-Schule.pdf

Wagner, R. (2001). *Naturspielräume gestalten und erleben*. Münster: Ökotopia.

Deutsche Gesetzliche Unfallversicherung (DGUV): Weitere Vorschriften, Regeln und Informationen bzw. die jeweils aktuellen Fassung sind auf der Homepage zu finden.
https://publikationen.dguv.de/regelwerk/publikationen-nach-fachbereich/bildungseinrichtungen/

# 4 Öffnung nach außerhalb

Mit der Öffnung nach außerhalb kann die unmittelbare Lebensumwelt der Kinder in die Arbeit einbezogen und die Möglichkeiten und Kräfte des kommunalen Umfeldes genutzt werden, denn das stellt wesentliche Bedingungen für das Bewegungsverhalten der Kinder dar. In erster Linie ist dabei die Familie zu nennen. Kooperationen mit Grundschulen, Sportvereinen und weiteren Institutionen sind des Weiteren von großer Bedeutung und eröffnen für Entwicklungen der Motorik und des Bewegungsverhaltens vielfältige Chancen. Gleichzeitig können dadurch auch neue Möglichkeiten von den Kindern erschlossen werden. (Hinweise zur Öffnung nach außerhalb sind auch zu finden im Sächsischen Bildungsplan, 2011, unter Kontexte S. 149–176.) Die Öffnung kann in zweifacher Hinsicht erfolgen: Die Kita öffnet selbst ihre Türen für andere Kinder und Erwachsene aus dem Umfeld. Zum anderen überschreitet die Einrichtung ihre räumlichen Grenzen, geht als Institution nach außen und kooperiert mit Partnern. Das ermöglicht eine größere Vielfalt an Erfahrungen sowie neue Bewegungs- und Lernsituationen, die Präsentation der pädagogischen Arbeit in der Öffentlichkeit und ein sichtbares quantitatives und qualitatives Mehr an Bewegungsaktivitäten durch Kooperation mit den Elternhäusern und entsprechenden Institutionen.

Der Anfang muss bereits bei Spaziergängen im Umfeld der Einrichtung oder Ausflügen in die Natur gemacht werden. Deshalb beginnt das Kapitel 4 mit dieser Thematik, um sich danach der Zusammenarbeit mit den Familien und den Schulen sowie der gesellschaftlichen Integration zu widmen (Übersicht s. unten in gekürzter Form).

Hinweise zur Sicherheit sowie zur Inklusion in Dinter & Müller (2011, S. 53–56)

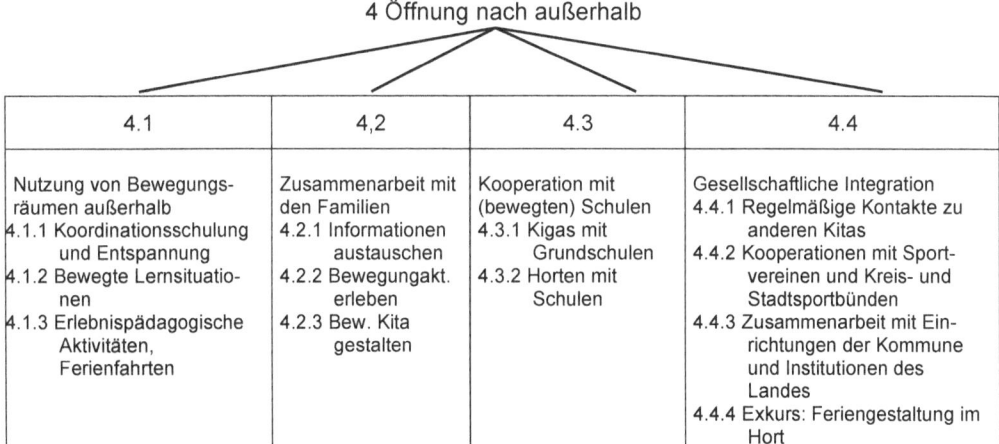

## Medienempfehlungen:

Brandt, P. (2001). *Erlebnispädagogik – Abenteuer für Kinder*. Freiburg: Herder.
DGUV (2014). Ausflüge mit Kita-Kindern. Themenheft. *Die Zeitschrift für Sicherheit und Gesundheit in Kindertageseinrichtungen*. Ausgabe 2014.
DGUV (Hrsg.). (2006). *Giftpflanzen – Beschauen, nicht kauen*. DGUV Information 202–023. Berlin: GUV.
DGUV (Hrsg.). (2009). *Kindertageseinrichtungen*. DGUV Regeln 102–002. Berlin: DGUV.
DGUV (Hrsg.) (2015). *Erste Hilfe in Kindertageseinrichtungen*. DGUV Information 202–089. Berlin: DGUV.
DGUV (Hrsg.). (2017). *Die Jüngsten in Kindertageseinrichtungen sicher bilden und betreuen*. DGUV Information 202–093. Berlin: DGUV.
DGUV (Hrsg.). (2020a). *Mit Kindern in den Wald*. DGUV Information 202–074. Berlin: DGUV.

DGUV (Hrsg.). (2020b). *Außenspielplätze und Spielplatzgeräte*. DGUV Information 202–022. Berlin: DGUV.
Dinter, A. & Müller, Chr. (2011). *Bewegungsräume für Kindertageseinrichtungen*. Meißen: Unfallkasse Sachsen.
Döbler, H. & Döbler, E. (2018). *Kleine Spiele* (23. Aufl.). Mühlheim an der Ruhr: Verlag an der Ruhr.
Deutsche Olympische Akademie (Hrsg.). (2017). *Olympia ruft: Mach mit! Arbeitsmaterialien für Kindertagesstätten*. Zugriff am 12. April 2021 unter https://www.doa-info.de/
Deutsche Olympische Akademie (Hrsg.). (2020). *Olympia ruft: Mach mit! Unterrichtsmaterialien Primarstufe*. Zugriff am 12. April 2021 unter https://www.doa-info.de/
Kindervereinigung Sachsen e. V. (Hrsg.). (2009). *Bildung und Freiraumqualität. Ein Leitfaden*. Chemnitz: Landesgeschäftsstelle.
Landessportbund Sachsen (Hrsg.). (o. J.). *Handreichung zur Zusammenarbeit von Schulen und Sportvereinen beim Auf- und Ausbau von Ganztagsangeboten im Freistaat Sachsen*. Leipzig: LSB.
Markert, T. & Wierre, A. (2008). *Baustelle Ganztag. Eine empirische Studie zur Kooperation von Horten und Grundschulen mit Ganztagsangeboten in Dresden*. Dresden: Servicestelle Ganztagsangebote Sachsen.
Markert, T. & Weinhold, K. (2009). *Ganztagsangebote im ländlichen Raum. Eine empirische Studie zur Kooperation von Horten und Grundschulen mit Ganztagsangeboten in Sachsen*. Dresden: Servicestelle Ganztagsangebote Sachsen.
SMK (Sächsisches Staatsministerium für Kultus) & SMS (Sächsisches Staatsministerium für Soziales). (2007). *Empfehlung zur Kooperation von Schule und Hort. Eine Handreichung für Kindertageseinrichtungen und Schulen*. Zugriff am 20. Februar 2021 unter https://tu-dresden.de/gsw/ew/ibbd/sp/ressourcen/dateien/forschung/online-archiv/Schule-Hort.pdf
SMK (Sächsisches Staatsministerium für Kultus). (2020). *Gesetz über Kindertageseinrichtungen* vom 15. März 2009. Fassung vom 30.12.2020. Zugriff am 4. April 2021 unter https://www.revosax.sachsen.de
Scholz, M. (2005). *Erlebnis – Wagnis – Abenteuer*. Schorndorf: Hofmann.
Unfallkasse Sachsen (o. J.). *Bewegung bringt's! 100 kleine Spielideen*. Meißen: Unfallkasse Sachsen. Zugriff am 3. März 2021 unter https://www.uksachsen.de/kita.

## 4.1 Nutzung von Bewegungsräumen außerhalb

Regelmäßige Spaziergänge gehören zum Alltag jeder Kita. Bewegungsräume und -anlässe sollten dabei bewusst wahrgenommen und gezielt aufgesucht werden – und das gilt natürlich besonders für Einrichtungen, die ein bewegungsorientiertes Konzept gestalten. Denn es bieten sich viele Möglichkeiten, Teilzielstellungen eines solchen Konzeptes (s. Abschnitt 1.4) anzuvisieren. Dabei ergeben sich häufig Verbindungen zu Teilbereichen einer bewegten Kita, z. B. bezogen auf Spielformen zur Auflockerung und besonders zur Koordinationsschulung (s. Abschnitt 2.3), zu Entspannungsphasen (s. Abschnitt 2.4), zu bewegten Lernsituationen in den Bildungsbereichen (s. Abschnitt 2.2) und zu den bereichsübergreifenden Bewegungsprojekten (Abschnitt 2.2.4).

Für die im Abschnitt 4.1 aufgeführten Bewegungsmöglichkeiten in der Natur ist es sehr sinnvoll, wenn über Spaziergänge hinaus regelmäßige Waldtage (oder Tage im Park u. a.) durchgeführt werden. Nahezu ideal sind für die Umsetzung bei Ferienfahrten des Hortes (s. Abschnitt 4.1.3). In unserem Projekt schafften es sogar einige Kindergärten, mit ihren (Vorschul-)Kindern in ein Schullandheim zu fahren.

Die vorgeschlagenen Beispiele erfordern eine verantwortungsvolle und kritische Prüfung unter den jeweiligen konkreten Bedingungen. Die Sicherheit der Kinder, die Witterung und der Schutz der Umwelt stellen wesentliche Auswahlkriterien dar. Bei Ausflügen und Wanderungen Erstes-Hilfe-Material mitnehmen (s. DGUV Information 202–089).

### 4.1.1. Koordinationsschulung und Entspannung

Spielformen zur Koordinationsschulung

Wichtig für die Koordinationsschulung ist, dass die Bewegungssituationen variiert werden (siehe dazu Abschnitt 1.5). Die nachfolgende Ideensammlung orientiert sich vor allem auf das Krippen- und Kindergartenalter. Anspruchsvollere Varianten sind auch im Hort einsetzbar.

*Spielformen zur Koordinationsschulung bei Spaziergängen durch Wald, Wiesen und Parkanlagen im Umfeld* (**Krippe,** Kiga)
- auf schmalen oder unebenen (bergauf, bergab) Waldwegen und Pfaden gehen/laufen
- mit und gegen den Wind gehen/laufen
- auf einer gezogenen Linie im Wald gehen, Pfützen oder Bäume umlaufen
- auf kleine Erhöhungen, Mauern, Steintreppen und festliegende Baumstämme steigen
- über kleine Hindernisse (Stöcke, Äste, Wurzeln, Pfützen) springen
- auf niedrigen Kanten balancieren
- Bewegungen nachmachen (in die Hocke gehen, Klatschen, durch die Beine schauen)
- kleine Steine in Gewässer werfen
- Eicheln, Bucheckern, Kastanien auf verschiedene Ziele werfen (in eine Pfütze bzw. Vertiefung oder in eine aufgemalte Form, gegen Bäume, über Sträucher), Entfernung variieren
- Kastanien oder Walnüsse rollen (zu einem Ziel)
- Tiere (Eichhörnchen, Vögel, Frösche, Hasen, Grashüpfer u. a.) beobachten und Bewegungen nachahmen
- Laubschlacht durchführen (mit Laubblättern werfen, sich auf Laubhaufen legen)
- Schneespuren legen und ihnen folgen
- Schneebälle formen und werfen (Ideen: Heuschmidt, 2010)

*Spielformen zur Koordinationsschulung bei Ausflügen in die Natur* (**Kiga,** Hort)
- auf schmalen Pfaden oder im unebenen Gelände laufen – auch rückwärts oder als Hopserlauf
- kurze Strecken um die Wette laufen
- mit „Riesenschritten oder Zwergenschritten" eine Strecke zurücklegen
- beim Gehen ein Herbstblatt oder eine Kastanie auf dem Kopf balancieren
- einem Partner als Schatten alle Bewegungen nachmachen
- bergauf und bergab laufen, ebenso mit und gegen den Wind
- auf den Gehwegplatten gehen, laufen, hüpfen, ohne die Fugen zu betreten
- um Bäume u. a. im Slalom laufen
- über kleine Pfützen springen, um Pfützen laufen
- Bewegungsparcours mit Ästen und Stöcken legen und dann absolvieren
- einen breiteren Weg balancierend auf Stöckchen/Steinen überwinden
- durch Hindernisse kriechen oder diese überwinden
- ein kleines Dickicht erkunden
- auf festliegenden Baumstämmen, auf Begrenzungssteinen oder kleinen Mauern balancieren
- Zapfen in ein Ziel kicken, mit Zapfen einen bereits geworfenen Zapfen treffen, einen Zapfen auf zwei Stöckchen über eine Strecke tragen
- flache Steine so auf das Wasser werfen, dass sie einige Sprünge ausführen
- Eicheln, Kastanien, Schneebälle u. a. nach verschiedenen Zielen (z. B. nach Bäumen) und aus unterschiedlichen Entfernungen werfen
- von kleinen Erhöhungen (mit Hilfe) in unterschiedliche Ziele (z. B. aufgemalte Kreise) springen
- Tiere beobachten und nachahmen
- Bewegungsmöglichkeiten an den Geräten auf öffentlichen Spielplätzen erkunden und das Bewegungsrepertoire erweitern
- unterschiedliche Bälle rollen, werfen, fangen

- einen Hang hinaufsteigen, sich dabei evtl. an einem Seil hochziehen
- einen großen Haufen von Herbstblättern zusammentragen, hineinspringen, darin toben, sich gegenseitig bewerfen
- Spuren im Schnee legen und nachgehen

### Entspannung in der Natur

*Entspannungsphasen bei Spaziergängen* (**Krippe**, Kiga)
- ins Gras oder auf Sand legen und Tieren (Frösche, Grashüpfer, Vögel) zuhören
- Tierstimmen nachahmen
- Geräusche der Natur erraten (Wind, Tiere, das Knacken der Stöcke, Wasser)
- Naturmaterialien erfühlen (Kastanien, Blätter, Rinde, Früchte)
- die Wolken beobachten und Formen von Tieren und Gegenständen darin finden
- Düfte riechen (Früchte, Blumen)
- die Stille der Natur genießen (Atemübungen unbewusst einfließen lassen)
- Naturreize in Worte fassen (es ist warm/kalt, hell/dunkel)
- Lieder vorsingen und miteinander singen oder summen
- Verstecke finden, sich in Höhlen, Hügel o. Ä. verkriechen
- barfuß gehen und unterschiedliche Untergründe spüren (Gras kitzelt die Fußsohlen, Sand reibt zwischen den Zehen, Steine sind warm in der Sonne und im Schatten kalt)

*In der Natur entspannen* (**Kiga**, Hort)
- leise durch die Natur gehen (s. Beispiel Seil der Stille) und auf Stimmen in der Natur lauschen (Vogelgezwitscher, Windgeräusche u. a.)
- am Ende eines Baumstammes klopfen, am anderen Ende das Ohr an den Stamm halten und das Geräusch hören (Tubus, 2013, S. 119)
- sich von einem Partner bei geschlossenen Augen ein Wegstück führen lassen und dabei auf Geräusche hören
- sich auf die Wiese/auf Bänke legen und die Wolken beobachten
- barfuß unterschiedliche Untergründe erfühlen
- mit geschlossenen Augen einen Baum abtasten, sich zum Ausgangspunkt zurückführen lassen und dann mit geöffneten Augen den Baum wieder finden (Kempf & Pfänder, 2006, S. 151)
- Naturmaterialien erfühlen auch welche, die dem Partner auf den Rücken, die Arme und Beine aufgelegt werden
- an Früchten, Blumen und anderen Pflanzen riechen
- unterschiedliche Gerüche beim Spaziergang wahrnehmen (Laub, Erde, Pilze, Heu, Autos u. a.), (Portmann, 2011, S. 57)

### Seil der Stille
Ein Teilstück des Spazierganges haben die Kinder die Möglichkeit, sich am „Seil der Stille" festzuhalten und schweigend die Umwelt/Natur zu beobachten. (Woll et al., 2002, S. 49)
Varianten: nach dem Spaziergang über die eigenen Beobachtungen berichten

### 4.1.2 Bewegte Lernsituationen in Verbindung mit den Bildungsbereichen

*Die nahe Umgebung entdecken, dabei Unbekanntes finden* (**Krippe**, Kiga)
- Pflanzen wachsen sehen
- Jahreszeiten erschließen (am Wetter, an Früchten, Pflanzen, Bäumen)
- Muster (Kreise, Linien) mit Naturmaterialien legen, in Sand / Waldboden malen
- Naturmaterialien sortieren (nach Gewicht, Größe, Farbe)
- Bilder mitnehmen und das abgebildete Objekt in der Natur finden

- mit einem Strohhalm Blätter oder Federn vorwärts pusten
- Luftballons mitnehmen, vom Wind tragen lassen und wieder einfangen
- eine Laubschlacht machen, sich ins Laub fallen lassen
- Schnee- oder Sandfiguren formen
- alltägliche Situationen nachspielen (Einkaufen, Mutter-Vater-Kind)
- Wind und Wetter spüren
  Beispiel: *Wenn ich mich bewege, wird mir warm, auch wenn der Wind kalt ist. Bleibe ich stehen, wird mir kalt und ich friere.*
- Kastanien sammeln
- Formen, Farben und Materialeigenschaften wahrnehmen
- Verwendungsmöglichkeiten entdecken
  Beispiel: *Die Früchte des Spitzahorns kann man halbieren und sich auf die Nase kleben. Sie kreiseln zu Boden, wenn man sie fallen lässt. Weidenzweige kann man biegen.*
- sich in der Umgebung orientieren
  Beispiel: *Wo sind wir gerade, was seht ihr hier? Sind wir weit entfernt von der Krippe?*
- Naturgesetze/-erscheinungen erfahren (Hitze, Kälte, Schwerkraft, Oberflächen- und Objektveränderungen)
- physikalische Kraft erfahren
  Beispiel: *Einige Steine lassen sich viel schwerer transportieren als andere. Manche lassen sich überhaupt nicht anheben.* (Ideen: Heuschmidt, 2010)

*Die Natur erkunden und sich Kenntnis von etwas Unbekanntem verschaffen* (**Kiga**, Hort)
- Naturmaterialien sammeln und damit Muster, Gesichter, Bilder, Mandalas legen oder Figuren (Waldgeist, Tiere o. Ä.) bauen
- Erscheinungen in der Natur in den unterschiedlichen Jahreszeiten beobachten und mit allen Sinnen erleben
- als „Wind" die Blätter vorwärts blasen
- Sandburgen oder Schneefiguren bauen
- das Verhalten im Straßenverkehr üben, sich in der Stadt zurechtfinden
- sich im Gelände orientieren (Lauft bis zum 5. Baum! Stellt euch vor/hinter bzw. rechts/links neben den Baum!)
- Figuren (Viereck, Kreis u. a.) in den Schnee treten/mit einem Stöckchen in den Sand malen
- regelmäßige Formen (symmetrische) in der Natur finden
- Gegenstände am Wegesrand zählen (Laternen, Zaunfelder u. a.)
- Entfernungen mit Schritten messen
- Entfernungen schätzen, die in einer bestimmten Zeit zurückgelegt werden (s. Abschnitt 2.2.1 Beispiel 5-Minuten-Wandern)
- Alltagssituationen beobachten und später nachspielen (z. B. Auf dem Markt)
- Farben wahrnehmen (Ich sehe was, was du nicht siehst ...)
- Kleine Spiele anpassen (s. Erlebniswanderungen)
- rhythmisches Gehen (s. Beispiel Ein Hut ...)
- sich im Umfeld des Kindergartens/der Wohnungen orientieren (s. Beispiel Wo wohnt Paul?)

**Ein Hut, ein Stock, ein Regenschirm ...**
Die (Vorschul-)Kinder sprechen den folgenden Vers und führen rhythmische Bewegungen aus:
und 1 und 2 und 3 und 4 und 5 und 6   *Gehschritte mitzählen*

und 7 und 8 und 9 und 10
ein Hut, ein Stock, ein Regenschirm   *stoppen, evtl. die genannten Gegenstände imitieren*
und vor, zurück, zur Seite, ran!   *rechtes Bein in die entsprechende Richtung bewegen*
(überliefert)   *(nächster Durchgang linkes Bein)*

**Wo wohnt Paul?**
In Verbindung mit den täglichen Spaziergängen werden über einen längeren Zeitraum nacheinander die Straßen und Häuser aufgesucht, in denen die einzelnen Kinder wohnen. Nach der Rückkehr in den Kindergarten wird auf dem (Stadt-)Plan vom Wohngebiet jeweils ein kleines Fähnchen positioniert. Neben der Orientierung im Wohngebiet können auch neue soziale Erfahrungen gesammelt werden. (Feststellung in einem Kindergarten: Manche Kinder wussten nicht, dass sie nur wenige Häuser auseinander wohnen.) Varianten:
- wenn der Wunsch und die Möglichkeit bestehen, die Familien besuchen
- andere markante Punkte (Verkaufseinrichtungen, Spielplätze, Haltestellen u. a.) aufsuchen und sich dadurch im Wohngebiet orientieren lernen (Krüger, 2008)

### 4.1.3 Erlebnispädagogische Aktivitäten

In Spaziergänge im Kindergarten oder bei Ausflügen und Wanderungen können erlebnispädagogische Aktivitäten eingebunden werden, die mit sozialen Lernzielen sowie persönlichkeitsfördernden Aspekten verbunden sind. Die Aktivitäten sollten im Naturraum durchgeführt werden, sind aber auch bei kleinen Veränderungen im Innenraum der Einrichtung möglich. Wichtig ist die unmittelbare Reflexion nach der Aktivität durch z. B. folgende Fragen: Wie fühlt ihr euch, wenn ihr nichts sehen könnt? Was hat euch besonders geholfen? Was würdest du das nächste Mal anders machen?

**Erlebnispädagogische Spielformen (Kiga)**
(in Anlehnung an Kruppe, B., 2014 und 2015)
Die folgenden Spielformen sollten in eine kleine Geschichte eingekleidet werden, die konkret mit dem regionalen Umfeld und aktuellen oder historischen Ereignissen, die dort spielen könnten bzw. stattgefunden haben, oder mit Geschichten aus vorgelesenen Büchern u. a. verbunden sind. (Beispiel für eine Geschichte s. Abschnitt 4.4.4 Auf Schatzsuche)

*Ideensammlung:*

**Auf der Brücke**
Auf einem Baumstamm, auf Begrenzungssteinen o. Ä. sortieren sich die Kinder nach bestimmten Kriterien (Größe, Alter, Hausnummer, Haar- oder Kleiderfarbe u. a.), ohne den Boden zu berühren.

**Flussüberquerung**
Ein „Bach" wird markiert und Steine darin platziert. Wer schafft den Weg über die Steine, ohne das „Wasser" zu berühren. Ein Partner kann dabei Hilfe geben.
Variante: Beide Partner balancieren mit Handfassung über die Steine.

**Durch eine Höhle**
Die Kinder tasten sich mit verbundenen/geschlossenen Augen an einem Seil durch das Gelände.
Variante: Hindernisse einbauen

**Im Dunklen**
Ein Kind schließt die Augen und der Partner führt es vorsichtig durch das Gelände.

**Im Sturm**
Ein Kind steht zwischen zwei Mitspielern und wird vorsichtig – wie ein Pendel – hin und her geschoben.
Variante: Das Kind in der Mitte schließt die Augen.

**Auf einem Felsen**
Ein Kreis wird markiert/mit einem Seil gelegt, in dem alle Kinder Platz finden. Sie imitieren das Klettern auf einen Felsen. Auf einem „Felsvorsprung" wird Pause gemacht. Alle müssen in einen kleineren Kreis passen. Gelingt dies auch in einem noch kleineren Kreis auf dem gedachten Gipfel?

**Erlebniswanderungen** (Hort)
Aus unterschiedlichen Horten wurde uns berichtet, dass Wanderungen oft aufwendig durch die Erzieherinnen vorbereitet werden, dann aber an solchen Tagen etwa ein Viertel der Kinder mit Entschuldigungen der Eltern fehlen. Offensichtlich ist das Wandern für Grundschüler nicht unbedingt attraktiv und motivierend. Dann machen wir doch Wanderungen zu wirklichen Erlebnissen!
Bereits im ersten Kapitel wurde darauf verwiesen, dass nur wer die Natur erwandert, sie auch richtig kennen lernt (Grupe 1982, S. 90). Die Verbindung von Bewegungs- und Naturerlebnissen bringt wertvolle Erfahrungen hervor und hat einen speziellen Erlebniswert.

*Didaktisch-methodische Hinweise:*
- In der Ferienzeit geplante Wanderungen sollten unbedingt mit den Kindern gemeinsam vorbereitet werden und deren Interessen aufgreifen. Jeder muss eine Aufgabe haben, dann fällt das Identifizieren leichter.
- Aufgaben für Kleingruppen erhöhen noch das Verantwortungsgefühl.
- Das Wandern sollte attraktiv und erlebnisversprechend „verpackt" werden. In Verbindung mit Kleinen Spielen, mit Orientieren und Suchen, mit sportlichen Wettbewerbsformen u. a. ist das Wandern längst nicht mehr so anstrengend und monoton. Diese „Verpackung" sollte sich auch im Thema in der Ferienplanung widerspiegeln.
- Wenn von der Wanderung etwas mit nach Hause gebracht wird (Karten, Prospekt, Zeichnungen, Fotos, gefundene „Schätze" wie Steine u. a.), wirkt das motivierend und kann Transfereffekte für die Familienfreizeit haben.
- Nach der Wanderung sollten Erlebnisse auf Postern, auf der Homepage oder auf einem Faltblatt für die Familien präsentiert werden.
- Mit den Kindern sind Verhaltensregeln im Wald abzusprechen (s. DGUV Information 202–074).

*Einsatzmöglichkeiten:*
- vor allem in der Feriengestaltung im Hort
- bei Verkürzung des zeitlichen Umfanges als Nachmittagsveranstaltung
- an einem Sonnabend gemeinsam mit den Familien
- in Verbindung mit schulischen Veranstaltungen
- als Projekt zur Erweiterung des Unterrichtsstoffs

*Wanderungen zu wirklichen Erlebnissen werden zu lassen, ist möglich durch:*
- Einbeziehung abgewandelter Kleiner Spiele, Wahrnehmungsspiele, kooperative Spiele
- Durchführung von Geländespielen, Varianten des Orientierungslaufes
- Orientierung mit Karte und Kompass bzw. einem GPS-Gerät
- das Versetzen in andere Rollen (Indianer)
- eine thematische Suche nach Tieren, Pflanzen u. a.
- Stationen mit besonderen Aktivitäten, z. B. Ostereier suchen oder rollen
- Sammeln von Gegenständen (Kastanien u. a.) zum Basteln
- Wiederfinden von auf Fotos dargestellten Landschaften/Gegenständen
- die Verbindung mit kleinen Festen, z. B. Waldsportfest, Herbstfest
- Wanderung in Begleitung mit einem Förster

- der Besuch besonderer Ziele, z. B. Höhlen, Reiterhof, Kletterwald, Wildpark, Hallen- bzw. Freibad (Erlaubnis der Eltern)
- Verbindung mit einer organisierten Bootsfahrt (Sicherheitsbestimmungen beachten)

*Ideensammlung:*

### Kleine Spiele im Wald

Vorbereitend überlegen sich Kleingruppen Abwandlungen von aus dem Sportunterricht bekannten Spielen für die Bedingungen im Wald/Park. Die Wanderung wird dann in gewissen Abständen unterbrochen, damit jeweils eine Gruppe ihr Spiel mit den anderen durchführen kann.

Beispiele (s. Döbler & Döbler, 2018): Haschespiele, Platzsuchspiele wie Wechselt das Bäumelein!, Wahrnehmungsspiele wie Die Stange fällt! (mit Stöcken spielen), Treffball mit Zapfen nach aufgesteckten kleinen Stöckchen, Wettwanderball mit Naturmaterialen, Staffelspiele mit Ästen als Staffelstab, Ball über die Schnur mit Naturmaterialien (Kastanien, Eicheln u. Ä.), Riesenmikado mit Stöckchen

Viele weitere Spiele wie Anschleichen, Fangspiele können so verändert werden, dass Tiere des Waldes/von Wiesen und Feldern zu den Fängern und den Gejagten und damit zu Räubern und deren Beute werden, z. B. Bussard und Mäuse.

Auch Freizeitspiele können mit Naturmaterialien gespielt werden, z. B. Stein-Boccia, Domino mit bemalten Steinen, einen Parcours um Hindernisse im Gelände legen.

### Schatzsuche

(Idee aus dem Hort der 71. Grundschule in Leipzig)

An einer markierten Strecke (Sägespäne, Stöcke, Zapfen, bunte Fäden, Luftballons etc.) werden Tafeln mit Bewegungsaufgaben verteilt, deren Lösungen zum Versteck der „Schatzkiste" führen.

„Hüpfe bis zur großen Tanne auf der rechten Seite des Weges. Dort findest du den nächsten Hinweis."

„Balanciere über den liegenden Baumstamm ..." usw.

„Nun seid ihr in Schatznähe. Lauscht den Geräuschen der wiegenden Bäume, schaut euch genau um – und versucht euer Glück."

Der gefundene Schatz in der Kiste wird unter den Kindern geteilt.

### Schnitzeljagd/Fuchsjagd

Gewandert wird bis zum Ausgangspunkt der Jagd und dann in zwei Gruppen gespielt. Die Kinder der ersten Gruppe (Füchse) legen in einem größeren Geländeabschnitt (Begrenzung absprechen) mit Sägespänen eine Spur. Nach etwa 10 Minuten folgen auf dieser Spur die Jäger. Sie haben die Aufgabe, die Füchse einzuholen und abzuschlagen (Wollfäden abreißen). Es kann mit Zeitbegrenzung gespielt werden.

### Diebe fangen

Eine Kindergruppe hat Spielsachen aus dem Hort geklaut. Mit zeitlichem Vorsprung verstecken sie sich im Zielgelände der Wanderung. Wenn die größere Gruppe der Kinder (Polizei) ankommt, gilt es, die Diebe zu fangen und ihnen das Spielzeug abzunehmen.

### Orientierungswanderung

Wie beim Orientierungslauf sind auf einer Karte der Wanderstrecke Punkte eingezeichnet, die in vorgegebener Reihenfolge angelaufen werden müssen. An den Posten sind Karten mit sportlichen Aufgaben zu finden, z. B. auf einem Baumstamm balancieren, einen Graben mehrmals überspringen, mit Zapfen ein Ziel treffen. Auch kann an den Posten die Weiterführung der Wanderung beschr mit und lesen ihnen die jeweilige Notiz vor.

*Beispiel für Hinweise:*
- Lauft geradeaus, dann um den großen Stein bis zur hohen Eiche!
- (an der Eiche): Verbindet eurem Partner die Augen und führt ihn zur Sandgrube usw.!

Ihr habt den Schatz gefunden! Schaut zwischen den zwei Birken unter dem hohen Gras! (Kleinigkeit verstecken)

### Finden wir das Ziel?

Vorbereitete Kleingruppen übernehmen bestimmte Streckenabschnitte und führen nach Karte und Kompass die anderen Hortkinder (Verbindung mit „Bewegtem Lernen" Klasse 3/4 – Thema Orientierung in der Karte). Ist ein Teilabschnitt geschafft, wechseln die Gruppen. An den Teilzielen können Auflockerungen mit Bewegungs- und Wissensaufgaben eingebaut und am Ziel ein (Such-)Spiel durchgeführt werden (bemalte Steine oder Holzstückchen, kleine Luftballons u. a.)

### Geocaching

Voraussetzung ist, dass ein GPS-Gerät ausgeliehen werden kann und dass sich im Wandergebiet ein Schatzversteck befindet. Dann kann die moderne Schatzsuche beginnen. Ist der Schatz/ Cache gefunden, kann aus dem Behälter etwas herausgenommen werden, ist aber mit einem mitgebrachten „Schatz" zu ergänzen. Wenn kein GSP vorhanden ist, kann z. B. über Rätsel, die zum Ziel führen, ein „Geocaching" selbst kreiert werden.
(s. https://www.ndr.de/ratgeber/reise/Wie-funktioniert-Geocaching,geocaching376.html)

### Unterstand bauen

Auf der Wanderung können bereits Stöcke gesammelt werden, die für einen Unterstand/ Hütte/Tipi Verwendung finden können. Nachdem der größere Teil der Wanderung absolviert ist, werden in einer längeren Pause gruppenweise Unterstände o. Ä. gebaut. Es kann eine Prämierung vorgenommen werden. (s. auch 2.2.4 Hütten bauen)

### Indianer ziehen durch die Prärie

Die im Zusammenhang mit dem Indianerprojekt (Abschnitt 2.2.4) angefertigten Utensilien werden zur Wanderung mitgenommen. Die Kinder sprechen sich mit indianertypischen Namen an. Sie folgen einer Fährte, die mit Pfeilen und Stöckchen markiert ist. Dabei haben sie an bestimmten Punkten Aufgaben zu erfüllen:
- Namen der anderen Indianer wiederholen
- mit einem Speer (Stock) aus etwa 5 m Entfernung ein Ziel (Büffel) treffen
- mit Pfeil und Bogen schießen
- Lasso werfen
- sich an einen Mitspieler, der einen Baum bewacht, anschleichen (Baum mit Zapfen treffen)
- mit einem „Stockpferd" durch einen Hindernisparcours reiten

Als Belohnung erhalten die Kinder an jeder Station eine Perle, die sie auf ihre Halskette auffädeln. Zum Abschluss wird Feuerholz gesammelt (nur was am Boden liegt) sowie „Büffelfleisch" und Brot an langen Spießen gegrillt (auf einem Grillplatz). (Dörschel, 2009)

Wanderungen können ebenfalls mit anderen Bewegungsaktivitäten verbunden werden, wie den Projekten Wasserentdeckungstour, Den Wald mit allen Sinnen erleben (s. Abschnitt 2.2.4) oder einem Wintersporttag bzw. einem Herbstsportfest (s. Abschnitt 4.4 Exkurs). Sie sind vor allem auch ein wichtiger Bestandteil von Ferienfahrten.

### Ferienfahrten

Gute Erfahrungen gibt es mit Ferienfahrten, die durch den Hort organisiert und mit den Kindern gemeinsam vorbereitet werden. Zum Beispiel Fahrten mit vor allem Kindern der Klassen 2 bis 4 in eine Jugendherberge, ein Schullandheim, ein Kindercamp u. a. Diese Ferienfahrten sind oft Höhepunkte im Hortjahr. Die Kinder lernen sich untereinander, aber auch die Erzieherinnen die Kinder in anderen Situationen kennen. Mehrere Tage werden gemeinsam verlebt, d. h. nach Erfahrungen der Erzieherinnen des Hortes der 89. Grundschule Dresden (Projektbericht): Miteinander sprechen, sich gegenseitig zuhören, verschiedene Meinungen akzeptieren, abgesprochene Regeln und Höflichkeitsformen einhalten, sich gegenseitig motivieren und helfen, Selbstständigkeit zeigen, Mitgefühl und Freude teilen, Gemeinschafts- und Zusammengehörigkeitsgefühl entwickeln.

Es bestehen umfangreiche Möglichkeiten, in den Tagesablauf vielfältige Bewegungsaktivitäten zu integrieren, z. B. Wanderungen, Geländespiele, touristische Inhalte, Schatzsuche, Austoben im großen Freigelände, Tierfütterungen, Baden und Schwimmen, Zirkuscamp, Indianer- oder Neptunfest, Nachtwanderung, Grillen und Knüppelkuchen backen, Disco mit eigenem Programm u. a.

Das Schlafen in einem Zeltcamp kann zu einer für viele Kinder völlig neuen Erfahrung werden. Eine „abgespeckte", aber kaum weniger spannende Variante ist das Schlafen in Zelten, die mit Unterstützung der Eltern im Hortgelände aufgebaut werden.

## 4.2 Zusammenarbeit mit den Familien

Für die Kinder ist es wichtig, dass trotz aller Unterschiede ihre „Welten" in der Kita und in der Familie zusammenpassen. Bereits im Abschnitt 1.2 wurde herausgestellt, dass das Verhalten der Erwachsenen, also vor allem der Familienangehörigen, zu entscheidenden Bedingungen für das Bewegungsverhalten der Kinder wird. In welchen Konflikt gerät ein Kind, wenn es im Kindergarten und später in der Schule und im Hort beim Spielen und Lernen zum Bewegen angeregt wird, zuhause aber Ermahnungen hört, wie „Sitz doch endlich still!". Bereits im Abschnitt 1.2 wurde auf Untersuchungen hingewiesen, die weniger Bewegungsaktivitäten der Kinder an den Wochenenden im Vergleich zu Werktagen aufzeigen (Vorwerg, 2014, S. 19–20).

Familien, in denen das Thema Bewegung im Alltag nur eine unbedeutende Rolle einnimmt, werden mit der Zeit auch bewegungsfreudige Kinder negativ beeinflussen. Eltern, Großeltern, Geschwister, die regelmäßige Bewegungsaktivitäten in ihr Lebensregime einbeziehen, sind dagegen das beste Beispiel für Erhalt und Vertiefung der Bewegungsfreude ihrer Kinder. Denn die Familien prägen entscheidend Denkweisen, Einstellungen, Gefühle und Handlungsaktivitäten – auch bezogen auf den Körper und dessen Bewegungen. Deshalb ist eine enge Zusammenarbeit mit den Eltern, aber wenn möglich auch den Großeltern und weiteren Familienmitgliedern, für Kindertageseinrichtungen allgemein wichtig, für bewegte Kitas unbedingt notwendig. Dadurch kann auch eine bessere Identifikation mit der Einrichtung erreicht werden, was die Kooperation unterstützt.

Es besteht die Möglichkeit, gemeinsame Bewegungsaktivitäten sowohl für den gesamten Kita als auch mit einzelnen Gruppen zu planen und durchzuführen. Schwerpunkte der Zusammenarbeit mit den Familien können im Austausch von Informationen, im Erleben gemeinsamer Bewegungsaktivitäten sowie in der gemeinsamen Gestaltung des bewegten Kindergartens liegen.

### 4.2.1 Informationen zur Bewegungsthematik austauschen

Diese Informationen müssen vor allem der Sensibilisierung der Eltern für die Bedeutung der Bewegung bei der kindlichen Entwicklung (s. Elternabend) dienen. Darüber hinaus sollten konkrete Anregungen für Bewegungsmöglichkeiten in der Familienfreizeit sowie Informationen zu Bewegungsaktivitäten in der Kita ausgetauscht werden und zwar zwischen Erzieherinnen und Familien, ebenso aber auch von Eltern zu Eltern. Bewegung geht dabei über den Kulturbereich Sport hinaus und bezieht sich auch auf Alltagsmotorik.

Die sonst üblichen Kommunikationsformen können dafür natürlich genutzt werden. Die nachfolgenden Konkretisierungen betrachten konzentriert Aspekte der Bewegungsorientierung und klammern alle anderen ebenfalls notwendigen Informationen aus.

- Mündliche Informationen („Tür- und Angelgespräch")
  zum Austausch geplanter Vorhaben und die Mitwirkung einzelner Familienmitglieder. Im täglichen Gespräch besteht auch die Möglichkeit, motorische Fortschritte oder eventuellen Förderbedarf des einzelnen Kindes sowie dessen Bewegungsverhalten kurz zu besprechen. Dies erfordert aber häufig ein intensiveres Gespräch, z. B. in der Elternsprechstunde.
- Aushänge zu Bewegungsaktivitäten im Wochenplan, zur Vorbereitung von Vorhaben (Ideen der Eltern und deren Mitwirkungsmöglichkeiten aufnehmen), Angebote für Spiel, Sport, Bewegung von Sportvereinen und anderen Institutionen Beispiel:
- Tag der offenen Tür, Elternsprechstunden, Elterncafé u. a.
  mit Hinweisen zu Bewegungsaktivitäten im Alltag der Kita, zur Vorbereitung von Vorhaben (Ideen der Eltern und deren Mitwirkungsmöglichkeiten aufnehmen), Angebote für Spiel, Sport, Bewegung von Sportvereinen und anderen Institutionen.
- Elternbriefe
  mit Argumenten für die Notwendigkeit von mehr Bewegung im Familienleben und mit inhaltlichen Vorschlägen (s. Anlage 5).
- Hinweise auf die Internetpräsentation,
  die einen guten Einblick in das Konzept der bewegten Schule sowie der bewegten Kita gewährt. (http://www.bewegte-schule-und-kita.de)

**Baum der Bewegung**
Die Eltern sollten Informationen zu Bewegungsräumen und -möglichkeiten erhalten. Um etwas mehr Übersichtlichkeit in die Aushänge an den Pinnwänden zu bringen, wurde in der Kita „Mäuseburg" ein Baum gestaltet. Darin finden sich mit je unterschiedlichen Blätterfarben:

- (Sport-)Vereine für Kinder
- Bewegte Ausflugsziele in der Umgebung
- Sportliche Veranstaltungen in der Region
- Spiel des Monats

Durch Zuarbeiten der Eltern können die Informationen regelmäßig erneuert werden. Ein ähnlicher Baum, bestückt mit Täschchen (verschließbar mit Reiß- oder Klettverschlüssen), hatte als Spendenbaum erfolgreich zur Erweiterung der Bewegungsspielgeräte beigetragen.
(Projektbericht Kita „Mäuseburg", Annaberg-Buchholz, 2014)

**Bewegungsmarkt (in Verbindung mit o. g. Formen oder Elternabenden)**
mit zur Einsicht ausliegenden Büchern und Materialien zur Bewegungsthematik, mit einer „Ideenwand", an der in unkomplizierter Form Ideen für Bewegungsspiele am Wochenende, zu Kindergeburtstagen u. a. Familienfeiern von Eltern für Eltern weitergegeben werden, oder mit Spiel- und Sportgeräten als Anregungen für Geschenke zu Weihnachten, Ostern, Geburtstagen – auch eine Tauschbörse für Spiel- und Sportgeräte wäre denkbar. Je nach der Raumsituation sollte für den Bewegungsmarkt ein kleines Zimmer oder eine (nicht ungemütliche) Ecke evtl. im Eingangsbereich gefunden werden. Die Organisation und ständige Aktualisierung könnten sich die Elternvertreter zur Aufgabe machen.

## 4.2.2 Bewegungsaktivitäten gemeinsam erleben

Es sollte nach Möglichkeiten gesucht werden, bei denen sich Kita-Kinder und Familienmitglieder (aber auch Freunde und Bekannte) einmal gemeinsam bewegen. Wesentliche Ziele solcher Veranstaltungen liegen in dem Erkennen des Bewegungsbedürfnisses der Kinder, im Erleben der Freude an gemeinsamen Bewegungsaktivitäten und in der Kommunikation (besonders der Erwachsenen untereinander). Außerdem werden Transfereffekte auf das Familienleben erhofft. Deshalb sollten Spiele und Spielformen ausgewählt werden, die von den Kindern gemeinsam mit anderen Familienmitgliedern ausgeführt werden können (hin und wieder dürfen die Kinder durchaus im Vorteil sein) und die als Idee für die Familienfreizeiten dienen können.

**Familien-Spieltag** (Kiga)
Anfang und Abschluss sollten gemeinsam durchgeführt werden, z. B. mit dem Schwungtuch (s. u.), mit kleinen Spielen, lustigen Staffelspielen, Bewegungsliedern oder mit Massageformen. Es könnte sich eine gemütliche Runde (z. B. am Grill oder am Lagerfeuer mit Knüppelbrot) anschließen. Dort wäre auch Gelegenheit zur Kommunikation der Teilnehmer untereinander.
Spielformen mit Schwungtuch

| | |
|---|---|
| Platzwechsel: | Schwungtuch hochhalten und nach Aufforderung des Spielleiters wechseln alle die Plätze, die ..... (einen Hund zu Hause haben ..., im Oberdorf wohnen ..., ein rotes ... Hemd tragen usw.) |
| Ballspiel: | Gemeinsam wird ein Ball mit dem Schwungtuch in die Höhe geschleudert und wieder aufgefangen bzw. von rechts nach links gerollt. |
| Zeltbau: | Nach dem Hochziehen des Schwungtuches treten alle nach innen, ziehen das Tuch hinter sich und setzen sich auf die Kante. Alle knien und bewegen das Schwungtuch. |
| Katze und Maus: | Eine Katze kriecht über das Schwungtuch und versucht die Maus, die unter dem Tuch krabbelt, zu fangen. (Woll et al., 1988, S. 46–47) |

Der Hauptteil der Veranstaltung könnte mit Spielstationen gestaltet werden, die für die Familien frei wählbar sind bzw. die Eltern für andere Familien durchführen:

Ideensplitter für Spielsituationen:
- Spiele und „Kunststücke" mit Alltagsmaterialien: sich einen Luftballon oder unterschiedliche Bälle zuspielen (Erwachsene mit Grill-Handschuhen), einen kleinen Ball in einem Joghurtbecher auffangen, auf der Handfläche oder einem Federballschläger verschiedene Gegenstände transportieren, sich durch einen Kriechtunnel vor- oder rückwärts bewegen, Pappdeckel (wie Bierdeckel) sich zurollen, zuwerfen oder diese zwirbeln, mit Klammern, Knöpfen, Sandsäckchen o. Ä. nach Zielen werfen
- „Alte Spiele", die möglichst von den Eltern oder Großeltern weitergegeben werden: Murmeln, Kreiseln, Ballprobe, Gummihopse, Sackhüpfen, Hüpfkästchen, Reifentreiben, Eierlaufen, Schulterreiten, Rollerrennen, Seifenblasenwettfangen, Büchsenzielwurf, Huckepacktragen, Schubkarrenrennen u. a.
- Wahrnehmungsspiele: Fußtaststraße, Gegenstände unter einem Tuch ertasten, von „Stein zu Stein" balancieren u. a.
- Freizeitspiele und -geräte ausprobieren: Softwurfscheiben, Catchball, Ballfangspiel (mit Klettbändern am Fangbrett), Ringwurfspiel, Bälle mit Zielwurfwand und weitere Geräte, mit denen im Kindergarten gespielt wird
- Bewährt hat sich auch, wenn statt der oben vorgeschlagenen Stationen unterschiedliche (Kleine) Spiele gleichzeitig stattfinden, z. B. Fußball: Kinder gegen Väter (Mütter), Ball über die Schnur, 2-Felder-Ball, Staffeln mit Sackhüpfen u. a.

## 4.2 Zusammenarbeit mit den Familien

Die genannte Veranstaltung könnte aber auch unter einem konkreten Thema stehen, wie zum Teil unter bereichsübergreifende Bewegungsprojekte (s. Abschnitt 2.2.4) vorgestellt. Eine Reihe von Ideen stammt aus unseren zertifizierten Kitas.
- Lauf in den Frühling, Sponsorenlauf, Sportnachmittag quer durchs Dorf (s. unten)
- Kindergartenolympiade, Sportolympiade
- Drachenfest
- Familiensportfest, Oma-Opa-Tag (s. unten)
- Spiele als Familien miteinander (s. unten)

**Spiele miteinander** (Kiga), (nach Ideen von Mackowiak, 2008)
- *Parcours der Sinne:* Vater oder Mutter und Kind absolvieren einen Parcours mit Tast- und Geruchserlebnissen. Zwei beschreiben dem Dritten pantomimisch die einzelnen erfühlten Dinge.
- *Schollenspiel:* Jede Familie hat zwei Schollen (Matten) um von A nach B zu gelangen (Matten schieben, verlegen u. a.). Der Boden darf mit den Füßen nicht berührt werden (auch als Wettbewerb möglich).
- *Safari:* Mehrere Eltern und Kinder stellen nach Abbildungen das entsprechende Tier/die Tiergruppe dar. Ein Außenstehender (wird ständig gewechselt) soll das Tier erraten.
- *Pyramidenbau:* Mehrere Eltern mit Kindern sollen ein Gebäude (Pyramide, Haus, Schloss o. Ä.) nachbauen.
- *Bezwinger der Alpen:* Ein Kletterparcours wird von den Familien bei gegenseitiger Hilfe bewältigt.
- *Blinder Passagier:* Ein Familienmitglied führt die anderen (Augen verbunden) von A nach B. Auf dem Weg sind Hindernisse zu überwinden.
- *Weg des Pharaos:* Die Eltern tragen ihr Kind (Pharao) von A nach B. Das Kind darf nicht den Boden berühren. Es können auch Hilfsmittel (Matten, Decken u. a.) eingesetzt werden.
- *Flug der Vögel:* Ein Papierflieger soll von A nach B gebracht werden. Er wird geworfen und vor der Landung von einem Familienmitglied aufgefangen. Von dieser Stelle aus erfolgt der nächste Start. Bei Bodenberührung muss die Familie zurück.

**Piratenfest** (Krippe, Kiga)
Für die Kinder und Eltern fand ein Familienfest und dem Thema „Die Piraten sind los!" statt. Es galt mithilfe einer Schatzkarte fünf Abenteuer zu bestehen, um am Ende einen Schatz zu finden. Ziel des Festes war, dass Kinder und Eltern an verschiedenen Stationen Spaß und Freude an der Bewegung hatten.

| | |
|---|---|
| Kanonenweitwurf | mit Bällen auf als Schiffrumpf aufgebaute Büchsen werfen |
| Rum-Transport | aus einem Wasserfass mit kleinen Eimern „Rum" über eine Hindernisstrecke in ein anderes Fass transportieren |
| Wilde Schiffsfahrt | ein „Schiffrumpf" (Karton) über eine Hindernisstrecke segeln |
| Fässer rollen | Holz- oder Plastefass schnell über eine Strecke mit breiter Wippe rollen |
| Deck schrubben | Piratenunrat mit einem kleinen und einem großen Besen von A nach B kehren, dabei darf nichts von der Linoleumbahn herunter gekehrt werden; Schwierigkeitssteigerung: mit Augenklappe |

Auf einer Schatzinsel bildeten ein gemeinsamer Luftballonweitwurf und das Aussieben von Goldnuggets durch die Kinder den Abschluss der Piratenparty.
(Projektbericht Kita „Regenbogen", Gehringswalde, 2014)

**Oma-Opa-Tag** (Kiga)
In der Kita in Trebendorf fand gemeinsam mit den Großeltern ein Tanznachmittag statt, geleitet von einer Tanzlehrerin.
In Olbernhau wurden die Großeltern zu einem Nachmittag mit Bewegungsspielen rund um das Thema Märchen eingeladen. Gemeinsam mit den Enkeln absolvierten sie verschiedene Stationen und wurden am Ende mit einem „Goldtaler" aus der Schatzkiste belohnt.

| Station: | Aktion: |
|---|---|
| Hänsel und Gretel | Hexenbesenweitwurf |
| Hase und Igel | Wettlauf |
| Rapunzel | Flechten |
| König Drosselbart | Büchsenwerfen |
| Gestiefelter Kater | Rebhuhnfangen |
| Rotkäppchen | Korb nach Vorlage füllen |
| Hans im Glück | Wettspiel: Tauschen des Goldklumpens gegen ein Pferd – Kuh – Schwein – Gans – Stein, den in einen Wassereimer werfen |
| | Wer ist am schnellsten zuhause? |

(Projektbericht Kita „Sonnenblume", Olbernhau, 2013)

**Sportolympiade** (Kiga, Hort)
Das Ziel bestand in der Motivierung von Eltern und Kindern zu mehr Bewegung. Deshalb standen Spaß und das gemeinsame Erleben im Vordergrund, nicht der „Siegerpreis". Im Vorfeld musste gedacht werden an: Aushänge, Medaillen, Familienkarten, Getränke und Verpflegung, Geschirr, Fotodokumentation.
- Folgende Stationen waren zu absolvieren:
- Schubkarrenlauf – Kanthölzer transportieren
- Weitwurf mit verschiedenen Materialien
- Hindernislauf (Erlebnispädagogikstrecke)
- Wasser umschaufeln
- Schneeschuh-Partnerlauf
- Zielwerfen mit großen und kleinen Zapfen
- Balancieren auf Slackline
- Blechbüchsen in die Höhe stapeln (auf Zeit)
- Spaßstationen: Jogurtbecher stapeln (schönste Gebilde), Eierlauf, Sackhüpfen, Strohsackkampf beim Balancieren auf einem Balken, Hüpfburg

An jeder Station gab es für jeden Teilnehmer der Familie (Kinder, Eltern, Großeltern) einen Stempel auf die Karte. Dadurch war die gesamte Familie gefordert. Jede teilnehmende Familie erhielt am Ende eine selbstgebastelte Medaille mit dem Slogan „Top Sport-Familie".
(Projektbericht Kita „Spielhaus Groß und Klein", Flöha, 2014)

**Sportnachmittag quer durchs Dorf** (Kiga, Hort)
Die Kita „Lutki" führte mit großer Unterstützung durch den Elternbeirat ein Sportfest mit ihren Kindern, den Eltern und Großeltern durch. Die zehn Stationen waren dabei durch das gesamte Dorf verteilt. Da musste so mancher Kilometer bewältigt werden. Schließlich ging es ja rund um die Welt: In „Australien" hüpften die Papas mit dem Kind am Bauch wie ein Känguru, in „Norwegen" musste auf Laufskiern mit der Mama eine Strecke bewältigt werden oder auf „Hawaii" gab es viel Spaß beim Hula-Hoop. In „Italien" wurde Boccia und in „Kanada" Hockey gespielt. In der „USA" musste ein Basketballkorb und in „Deutschland" die Torwand getroffen werden. Der krönende Abschluss war durch das Vorfahren von vier Trucks und der Feuerwehr gegeben. (Projektbericht Kita „Lutki", Trebendorf, 2014)

*Thematische Feste und Feiern in der Kita unter Einbeziehung von Bewegungssituationen*

Auch bei anderen Festen und Feiern, zu denen die Familien eingeladen werden, dürfen bewegungsorientierte Mitmachangebote nicht fehlen.

Ideensplitter:
- Faschingsfeier: gemeinsame Tänze
- Osterfest: Eiertrudeln, Eierlauf, Hüpfspiele, Sackhüpfen u. a.
- Muttertag: Partnermassage (Mutter, Kind), Fantasiegeschichten, langsame Bewegungsgeschichten

    Muttertag mal anders ... (s. unten)
- Sommerfest: Spiele an, im, mit Wasser u. a.
- Zuckertütenfest: kleine Kunststücke
- Herbstfest/ Spiele mit Naturmaterialien (s. Abschnitt 4.1), Lampionumzug und Halloweenparty: Lagerfeuer
- Weihnachtsfeier: Bewegungsgeschichte (vom weiten und schweren Weg, den der Weihnachtsmann zurücklegen muss usw.)

    Lieder, zu denen alle Bewegungen ausführen („Schneeflöckchen")

**Bewegter Mutter-Vater-Kind Tag** (Kiga, Hort)
*Wir wollen in diesem Jahr die Zertifizierung „Bewegte KITA – Partner für Sicherheit" erreichen und nun auch Bewegung als wichtigste Grundlage für die gesunde Entwicklung von Kindern verstärkt in den Alltag von unserer Kindereinrichtung integrieren. Uns Erzieherinnen ist der Aspekt der Bewegung sehr wichtig und nun wollen wir im nächsten Schritt auch die Eltern davon überzeugen. Deshalb planten wir den Muttertag mal anders.*
*Am 14.05.2014 fand auf dem Außengelände der Einrichtung „Pfiffikus" der Mutter-Vater-Kind-Tag statt. Nachdem es den ganzen Tag geregnet und gehagelt hatte, meinte es das Wetter ab 15 Uhr gut mit uns und schickte uns viele warme Sonnenstrahlen. Im Garten warteten viele sportliche Stationen auf die Kinder und deren Eltern. Es war ein Wettkampf zwischen Eltern und Kinder aber auch zwischen Familien, denn jeder wollte gute Ergebnisse erzielen. Mit viel Elan, Freude und Ehrgeiz absolvierten die Familien 10 anspruchsvolle Stationen. Unter anderem einen Hindernisparcours, der uns vom Kreissportbund zur Verfügung gestellt wurde, Sackhüpfen, Zielwerfen, Huckepackbahn, Kegelbahn des Skiclubs Oppach und vieles mehr. Für das leibliche Wohl war mit Oppacher Getränken, Tee und selbstgebackenem Brot mit gesunden Aufstrichen von Frau Bieler gesorgt. Jede Familie erhielt am Ende eine Urkunde und ein mit Helium gefülltes Luftballonherz. Als Symbol für Liebe und Geborgenheit.*
*Alle freuten sich sehr darüber und sprachen ein positives Feedback über den gelungenen Nachmittag aus. Das Team der Einrichtung „Pfiffikus" bedankt sich für die Teilnahme der*

*Eltern und Kinder. Schön, dass Sie sich Zeit für uns genommen und uns bei unserem Projekt „Bewegte Kita" unterstützt haben.* (Amtsblatt der Gemeinde Oppach, Juni 2014, Zugriff am 7. April 2021 unter www. Amtsblatt Oppach.de)

**Gemeinsame Wanderungen: Nordic Walking in Familie** (Kiga, Hort)
*Fleißig hatten die „Vorschulmäuse" schon in spielerischer Form mit den Walkingstöcken geübt. An einem Sonnabend wurden die Familien eingeladen. Eine Mutti hatte als Physiotherapeutin die Möglichkeit, den Gebrauch der Stöcke zu erklären (Stöcke über ein Projekt „Nordic Walking in Kindertagesstätten" finanziert vom Landratsamt). Nach Spielen zur Erwärmung absolvierten die Vorschulkinder mit den Eltern eine etwa zweistündige Strecke durch Wiesen und Wälder. Dabei konnten die Kinder zeigen, was sie schon können. Alle lernten sich in einem ungezwungenen Rahmen besser kennen. Beim Walken konnte sich gut unterhalten werden und alle hatten viel Spaß dabei.* (Projektbericht Kita „Schwalbennest", Rodewisch, 2014)

**Familienwandertag** (Krippe, Kiga, Hort)
Ein Wandertag (oder Halbtagsausflug) dient der Kommunikation und kann helfen, dass die Kinder (vielleicht auch mancher Erwachsene) sich Bewegungsräume und -möglichkeiten erschließen können, die den zeitlichen und personellen Rahmen des Kindergartens überschreiten. Je nach den konkreten örtlichen Gegebenheiten wären folgende Ziele denkbar: Wald, große Parkanlagen, eine Auenlandschaft, Abenteuer-Spielplätze oder Bewegungslandschaften, Freibäder, Kinderbauern- oder Handwerkerhof, Wildgehege oder andere regionale Wanderattraktionen. Damit sich ggf. alle Gruppen der Kita (Krippe bis Hort) beteiligen können, ist eine Gruppenbildung (Wanderer, Radfahrer, Bus-/Zugfahrer) mit einem gemeinsamen Ziel möglich. Der Wandertag könnte aufgelockert werden durch Spiele in der Natur und mit Naturmaterialien.

Ideensplitter für *Spiele in der Natur*:
Versteckspiele, Haschespiele, Ballspiel, kleine Staffeln (mit Stöckchen) u. a.
Hinweis: Klare Vereinbarungen über Spielfeldgrenzen treffen, Schutz von Tieren und Pflanzen beachten!

Ideensplitter für *Spiele mit Naturmaterialien*:
- mit Tannzapfen, Kastanien, Eicheln u. a. nach unterschiedlichen Zielen werfen
- Bewegungsparcours mit Unterstützung der Eltern absolvieren (Bäume umlaufen, durch Hindernisse kriechen, kleine Gräben überspringen, über Baumstämme balancieren, an Ästen sich hochziehen, hangeln, ein kleines Stück auf einen Baum klettern …

- Laubhütte oder Schneehütte bauen
- weitere Beispiele im Abschnitt 4.1

**Regelmäßige Familientage** (Krippe, Kiga, Hort)
(Erfahrungen aus der Kindertagesstätte „Zwergenland" in Dittmannsdorf)
Die Kita „Zwergenland" ist eine Einrichtung für Kinder von 1 bis 10 Jahre. Dadurch sind häufig Geschwister gemeinsam in der Kita, was den Familienzusammenhalt und das Interesse von Eltern/Großeltern sehr positiv beeinflusst. Gemeinsam mit den Eltern wird eine Jahresübersicht erstellt und Familientage monatlich geplant (Freitagnachmittag nach 15.00 Uhr oder am Sonnabend). Die Veranstaltungen werden teilweise auf Foto bzw. Video aufgenommen, wodurch die Motivation stark unterstützt wird.

Beispiele für Themen und Inhalte der Familientage:

| Herbstsportfest: | Stationen mit Zapfenweitwurf, Kartoffelwettrennen, Kartoffelsackhüpfen u. a. |
|---|---|
| Drachenfest: | im zusätzlichen Garten der Kita die eigenen Ernteerträge ausstellen und kosten, anschließend die mitgebrachten Drachen steigen lassen |
| Martinsfest: | mit Umzug |
| Rodelnachmittag: | Eltern/Großeltern und Kinder rodeln gemeinsam! |
| Frühjahrsputz: | Säubern des Kita-Geländes, Bau eines Weidentunnels, Tipis u. a. |
| Mutti-Vati-Tag: | - Sehenswürdigkeiten in der Umgebung des Ortes gemeinsam erwandern<br>- Spiel- und Sportfest im Gelände rund um die Kita<br>- Schnitzeljagd<br>- Besuch eines Reiterhofes |
| Spiel – Sport – Spaß: | Staffeln und andere Kleine Spiele |
| Spielmobil: | (über Landessportbund) |
| Märchenaufführung: | Eltern spielen für die Kinder (!), anschließend Kuchenbuffet und Erproben von Sport- und Spielgeräten |

Weitere Ideen unter https://www.bewegte-schule-und-kita.de/konzept/html/elternarbeit.html

### 4.2.3 Bewegte Kita gemeinsam gestalten

Familienmitglieder können und sollten sich aktiv in die Planung und Durchführung der bisher vorgestellten Bewegungsveranstaltungen einbringen, z. B. Betreuung von Stationen, Initiativen für einen geselligen Abschluss, Durchführung eigener Veranstaltungen als Bewegungsexperte (s. o.)

Eltern haben ein Recht auf Mitwirkung (SächsKitaG 2009, § 6). Sie sollten von sich aus zu mehr Bewegung im Kindergarten anregen, dies einfordern und sich für die nachhaltige Verwirklichung einsetzen. Die Eltern könnten nach Verbindungen und damit Verbündeten suchen, so z. B. in Sportvereinen und anderen Vereinigungen, bei Krankenkassen, bei Vertretern der Kreise, Städte und Gemeinden, in weiteren Institutionen usw. (s. Abschnitt 4.4). Dadurch können sie entscheidend bei der Verbesserung von Verhältnissen und Verhaltensweisen für Bewegung mitwirken.

*Gemeinsam Bewegungsräume verändern*

Bei der Veränderung von Bewegungsräumen in der Einrichtung oder im Außengelände sollten die Eltern und evtl. Großeltern von der Planungsphase an unbedingt einbezogen werden. Einerseits haben sie aus dem Blickwinkel ihrer Sprösslinge Kenntnis darüber, was die eigenen Kinder interessiert und was diese sich wünschen. Andererseits können sie mit ihren beruflichen Kompetenzen, ihren betrieblichen Verbindungen und damit Möglichkeiten und ihren Eigenleistungen entscheidenden Anteil an der Realisierung haben. Was verändert werden kann, wird in den Kapiteln 2 und 3 angedeutet, ist aber immer abhängig von den konkreten Bedingungen. Weitere Ideen sind gefragt. So entstanden in den Projektkindergärten u. a. ein Fußfühlpfad oder das Spiel Vier gelingt! (s. Abschnitt 3.2)

Bei den Arbeitseinsätzen sollte ebenso wie bei den Festen die Gemütlichkeit und Kommunikation nicht zu kurz kommen. Bei einem Schluck zu trinken und der Bratwurst vom Grill entsteht erfahrungsgemäß so manche gute Idee („Wir müssten ...").

Um allen Eltern die Ergebnisse zu präsentieren, könnten die Wege in und aus der Einrichtung nach getaner Arbeit durch Pfeile oder Absperrbänder so gelenkt werden, dass die Eltern die neuen Bewegungsmöglichkeiten kennen lernen, animiert durch ihre Kinder diese ausprobieren und dadurch hoffentlich zur aktiven Mitgestaltung angeregt werden.

Eine entscheidende Frage ist immer die nach entsprechenden Finanzierungsmöglichkeiten. In der Kita „Pfiffikus" in Oppach wurde geschickt ein gemeinsames Sommerfest mit vielen Bewegungsmöglichkeiten auch mit der Werbung um Sponsoren verbunden. (Kita „Pfiffikus", Oppach, 2015)

*Eltern als Bewegungsexperten* (Kiga, Hort)

Einmalig oder besser in regelmäßigen Abständen bieten fachkompetente Eltern für die Kinder oder/und Eltern sowie die Erzieherinnen Bewegungsveranstaltungen an.

Themen könnten sein:
- allgemeine Bewegungsspiele
- Yoga (für die Erwachsenen)
- Rückenschule (für Kinder, für Erwachsene)
- kleine Spiele, Ballspiele
- Rhythmusspiele und Tänze
- Märchenspiele (s. unten)

**Bewegtes Weihnachtsmärchen (Kita, Hort)**
*Seit vielen Jahren besteht in unserer Einrichtung die Tradition, dass der Elternbeirat ein Weihnachtsmärchen einstudiert und am Tag der Gruppenweihnachtsfeiern für die Kinder und Erzieherinnen aufführt. In einer bewegten Kita sollte es in diesem Jahr ein bewegtes Weihnachtsmärchen sein.*
*Flizzy, die Rennmaus (Symbol des Sächsischen Kindersportabzeichens, s. Abschnitt 4.4), hat sich im Märchenwald verirrt. Sie ist schon lange unterwegs und kann den Weg zum Weihnachtsmann einfach nicht finden. Dieser hat Flizzy gebeten, ihm beim Verteilen der Geschenke zu helfen. Und die Zeit bis zum Weihnachtsabend wird langsam knapp. Die Rennmaus begegnet im Verlauf der weiteren Handlung mehreren Märchenfiguren (Rumpelstilzchen, Rotkäppchen, Frau Holle usw.) und fragt diese nach dem Weg zum Weihnachtsmann. Sie helfen Flizzy aber nur, wenn diese ihnen bei der Erledigung der Aufgaben im Märchenwald Unterstützung gibt. Deshalb geht die kleine Maus gleich ans Werk: Sie greift sich die Wolken am Himmel, stampft den Schnee fest, fängt die Schneeflocken ein und hüpft zwischen den Bäumen hindurch. Unterstützung erhält sie von allen Zuschauern, denn alle helfen mit und führen die gleichen Bewegungen wie Flizzy aus. Alle veranstalten am Ende mit zusammen geknülltem Pa-*

*pier eine Schneeballschlacht. Durch den Spaß, die Freude und das Spiel wird der Weihnachtsmann angelockt, gibt Flizzy die Pakete und beschenkt alle Kinder ...*
(Projektbericht Kita „Spielhaus Groß und Klein", Flöha, 2014)

**Exkurs: Bewegter Elternabend**

Der bewegte Elternabend nimmt eine Zwischenstellung zwischen austauschen, erleben, gestalten ein. Deshalb erfolgen Ausführungen erst an dieser Stelle, auch wenn der bewegte Elternabend am Anfang stehen muss. Die Hauptzielstellung ist, die Eltern für die Bedeutung der Bewegung zu sensibilisieren (s. Abschnitt 1.1). Wenn dies gelingt, sind sie sicher bereit, sich in die Gestaltung des bewegten Kindergartens mit einzubringen. Elternabende können so wie andere Veranstaltungen auch für den gesamten Kindergarten oder für die einzelnen Gruppen durchgeführt werden. Unterstützend sollte auf alle Fälle sein, wenn Elternabende zu wirklich bewegten Veranstaltungen werden – sowohl in den Köpfen als auch mit der gesamten Person.

Vorschläge für den Ablauf von Elternveranstaltungen mit der Zielstellung, die Eltern erst einmal an die Bewegungsthematik heranzuführen.

*1. Variante: Bewegter Elternabend (nur für die Eltern)*
- Überqueren eines Gleichgewichtsparcours von der Eingangstür bis zum Veranstaltungsraum
- Spiel zur Auflockerung und Kontaktaufnahme:
- einen oder mehrere Luftballons sich im Raum zuspielen, so dass kein Ballon auf den Boden fällt, unterschiedliche Körperteile beim Zuspielen verwenden
- Bedeutung der Bewegung für die kindliche Entwicklung (s. Abschnitt 1.1 und Anhang 1)
- Unterbrechungen:
  - bei Schwerpunkt Entspannung durch gegenseitige Massage mit Noppenbällen o. a. nach leiser Musik
  - bei einem Schwerpunkt zur Erklärung der Bedeutung von *Überkreuzbewegung* durch folgende Rhythmusübung:

> **Knie – Schulter**
>
> In einem gemeinsamen Rhythmus klatschen:
>
> 1 – linke Hand auf rechtes Knie
> 2 – rechte Hand auf linkes Knie
> 3 – linke Hand auf linke Schulter
> 4 – rechte Hand auf linke Schulter
>
> auf Zählzeiten 5 – 8 erweitern
> Eltern suchen nach weiteren Bewegungen

- Austausch über die Bedeutung und evtl. Materialien einsehen
- Ausprobieren von Bewegungsbeispielen aus verschiedenen Bildungsbereichen
- zum Abschluss sich mit den Eltern durch das Gebäude und über das Außengelände bewegen, Bedingungen und Möglichkeiten zum Bewegen betrachten, ggf. ausprobieren sowie Veränderungsvorschläge besprechen

*2. Variante: Bewegter Elternnachmittag o. Ä. (für Eltern und mit Kindern)*
Gute Erfahrungen werden in der Praxis gesammelt, wenn nicht nur die Eltern angesprochen, sondern die Kinder mit einbezogen werden. Inhalte könnten dann z. B. sein:
- Bewegungslieder von den Kindern, die zum Mitmachen animieren
- kurze Ausführungen zur Bedeutung der Bewegung für die kindliche Entwicklung (Kinder bereiten sich inzwischen auf das weitere Programm vor)
- Tänze, Projektaufführungen (spätestens am Ende die Eltern wieder aktiv mit einbeziehen)

- Erkunden von Bewegungsmöglichkeiten mit Alltagsmaterialien (Joghurtbecher, Wäscheklammern, Luftballons, Pappdeckel u. a.)
- Entspannungsphasen, bei denen die Eltern ihre Kinder massieren und umgekehrt (Nach Berichten aus der Praxis bilden Entspannungsformen einen günstigen Einstieg in die Bewegungsthematik. Offensichtlich fällt einigen Eltern das Mitmachen dabei einfacher als bei anderen Formen des gemeinsamen Bewegens, bei denen eigene Unsicherheit auftreten kann.)
- zum Abschluss gemeinsame Bewegungsaktivitäten, z. B. mit dem Schwungtuch

In weiteren Elternveranstaltungen könnten die Informationen detailliert und weitere Bewegungsspiele (z. B. aus diesem Buch) einbezogen werden. Wenn die Elternveranstaltungen am Nachmittag oder in Verbindung mit den vorgeschlagenen Bewegungsaktivitäten stattfinden, besteht die Möglichkeit zur Information (bei Absicherung der Betreuung der Kinder) und zum anschließenden gemeinsamen Bewegen.
(Ideen auch unter Bewegungselternabend s. https://bewegte-schule-und-kita.de)

**Bewegung kostet fast nichts**
Bei Elternnachmittagen in den Gruppen wurden Anregungen dafür gegeben, einmal das Kinder- oder Wohnzimmer aus dem Bewegungsblickwinkel zu betrachten. Kissen und Decken sind ein idealer Untergrund für das barfuß Gehen, durch Stühle und Tische können die Kinder kriechen oder diese überwinden.
Eine weitere Anregung bezieht sich auf den Weg zwischen der Wohnstätte und der Einrichtung (s. dazu auch die Ergebnisse im Abschnitt 1.2). Zumindest am Nachmittag kann der Weg nach Hause auch ohne Auto zurückgelegt werden. Ein Spaziergang durch eine Gartenanlage mit Beobachten von Tieren und Pflanzen oder ein Aufenthalt mit dem Kind auf einem Spielplatz können für die Eltern und den Nachwuchs gleichermaßen bedeutungsvoll sein.
Auch können diese Wege mit einem Laufrad oder anderen Fahrzeugen der Kinder begleitet von Eltern auf dem Fahrrad zurückgelegt werden–nicht unbedingt im Auto der Eltern.
(Idee aus dem Projektbericht der AWO-Kita „Menschenskinder" Pirna/Sonnenstein, 2013)

**Was wir schon können**
Auf dem Außengelände oder einem Spielplatz in der Nähe der Einrichtung zeigen die Kinder ihren Eltern, was sie schon können. Eine solche Veranstaltung sollte die Eltern zum Besuch von Spielplätzen in der Familienfreizeit anregen und evtl. auch übertriebender Ängstlichkeit entgegenwirken.

**Bewegte Kita**
Während die Kinder sich an den einzelnen Stationen noch vorbereiten, wird den Eltern die Bedeutung der Bewegung für die Entwicklung ihrer Kinder an einem Poster o. Ä. erläutert. Dann werden einzelne Teilbereiche des bewegten Kindergartens vorgestellt. Gemeinsam begonnen werden könnte mit einer Bewegungsgeschichte oder einem -lied. An verschiedenen Stationen führen die Eltern unter Anleitung ihrer Kinder Inhalte aus Bildungsbereichen oder Spielformen zur Auflockerung/Koordinationsschulung durch, etwa so wie diese im vorderen Teil des Buches beschrieben sind. Eine Entspannungsgeschichte könnte für alle dann den Abschluss bilden. (nach einer Idee aus dem Projektbericht der Kita in Schöpstal, 2013)

## 4.3 Kooperation mit (bewegten) Schulen

Übergänge in neue Lebensabschnitte, wie dem Schulanfang oder dem Wechsel zu weiterführenden Schulen, sind gravierende Einschnitte in die Biographie des Kindes und können somit als kritische Lebensereignisse gesehen werden. Den Kindern bei einer erfolgreichen Bewältigung zu helfen, liegt in der Verantwortung der abgebenden sowie der aufnehmenden Institution (s. auch Abschnitt 1.4). Dazu ist es notwendig, die neuen Lebensabschnitte so zu gestalten, dass sich die Kinder wohl fühlen. Andererseits müssen sie befähigt werden, sich in den veränderten Bedingungen zurechtzufinden (Jürgens et al., 1997). So hat sich das einzelne Kind auf neue Bezugspersonen (Lehrkräfte, Mitschüler) einzustellen und sich deren Anerkennung zu sichern.

Es muss sich neue Lern- und Lebensräume erschließen und in ungewohnte organisatorische Bedingungen einleben sowie mit neuen Lern- und Verhaltensformen zurechtkommen.

Das Kind steht in der Zweispaltigkeit zwischen Gespanntsein auf Neues und dem Gefühl der Unsicherheit. Deshalb kann als Grundorientierung für die Schaffung von Geborgenheit und neuer Herausforderung gelten: „Stützen und stärken je nach Erfordernis, Struktur geben für Sicherheit und freien Raum schaffen für Selbsterprobung, Anbindung an Bekanntes vornehmen und Neugier reizendes Neues in erreichbare Aussicht stellen" (Speck-Hamdan, 1992, S. 19).

Nachfolgend wird entsprechend dem Titel des Buches der Fokus auf die Bewegungsorientierung gelegt. Es werden die Institutionen Kindergarten und Hort genauer betrachtet. Da die Krippen sich häufig in einer Einrichtung mit den Kindergärten befinden, könnten sinnvoll ausgewählte Hinweise aus dem Abschnitt 4.3.1 Anwendung finden.

### 4.3.1 Kooperation von Kindergärten mit Grundschulen

Der Schulanfang stellt nicht nur an die Kinder neue Herausforderungen, sondern ebenfalls an die Eltern. Die Übernahme einer 1. Klasse ist auch eine Herausforderung für die entsprechenden Lehrkräfte. Grundvoraussetzung ist, dass sich die Pädagogen beider Institutionen gleichermaßen für die erfolgreiche Gestaltung der Übergangsphase verantwortlich fühlen und eng mit den Eltern zusammenarbeiten. Der Sächsische Bildungsplan (2011) fordert zu Recht, dass das Schulvorbereitungsjahr (in Verantwortung der Kindertageseinrichtung) und die Schuleingangsphase (in Verantwortung der Schule bei besonderer Rolle des Beratungslehrers) zeitlich parallel und auf einander bezogen verlaufen.

Kooperationsvereinbarungen sollten dafür die Grundlage bilden. Darin sind u. a. Formen der Zusammenarbeit von Erzieherinnen und Lehrerinnen festzulegen.

Bezogen auf die Bewegungsorientierung könnten das sein:
- gemeinsame Fortbildungen zur Bedeutung der Bewegung für die kindliche Entwicklung
- wechselseitige Hospitationen, vor allem um den Bewegungsalltag in der abgebenden bzw. aufnehmenden Institution genauer kennen zu lernen, ebenso um motorischen Förderbedarf zu erkennen
- Gesprächsrunden zur Realisierung von mehr Bewegungsmöglichkeiten im Tagesablauf beider Einrichtungen und zur Gestaltung gleitender Übergänge (auch bei Einbeziehung der Elternvertreter und der Hortleitung)

Als Ergebnis sollten gemeinsame Vorhaben stehen, die sich sowohl auf Bewegungsbedingungen als auch -möglichkeiten (s. Balance von Verhältnisse und Verhalten im Abschnitt 1.4) richten, Maßnahmen, die neue soziale Kontakte ermöglichen und die die Eltern mit einbeziehen. Realisierungsmöglichkeiten für einen pädagogisch sinnvollen Übergang von möglichst bewegten Kindergärten zu (bewegten) Grundschulen sind allerdings nach unseren Erfahrungen in überschaubaren Standorten (Kinder aus einen, zwei oder auch drei Kindergärten gehen in die eine Grundschule im Einzugsgebiet) eher umzusetzen als in großen Städten.

#### Neue Bewegungsräume und Geräte erschließen

Unbekannte räumliche Bedingungen mit größeren Ausdehnungen als im Kindergarten, neue Geräte und Materialien rufen evtl. das Gefühl der Unsicherheit hervor. Diese Ängste können abgebaut werden oder entstehen erst gar nicht, wenn schulische Bewegungsräume in das Kindergartenleben einbezogen werden.
- *Bewegungsräume der Schule erkunden*
  Die Kinder erkunden Sporthalle, Sportplatz, Pausenhof, Hortspielplatz sowie weitere Bewegungsräume und probieren Bewegungsmöglichkeiten aus. Da diese Bewegungsräume häufig

größer als im Kindergarten sind, dürfen sich die Kinder auf diesen Flächen auch einmal richtig „auslaufen und austoben".
- *Bewegungsstunden regelmäßig in der Sporthalle oder auf dem Sportplatz der Schule durchführen*
Schwerpunkte sollten die Koordinationsschulung und das Erkunden und Anwenden elementarer motorischer Fertigkeiten wie Rollen, Wälzen, Balancieren, Springen, Steigen, Klettern u. a. sein. Das Beibehalten von Gewohnheiten oder entsprechend der anderen Bedingungen die Herausbildung von neuen Verhaltensweisen helfen den Kindern Sicherheit zu finden. Gedacht ist dabei an Gewohnheiten wie zügiges und selbstständiges Umziehen, ordentliche Kleiderablage, gegenseitige Hilfe, gemeinsamer Beginn und Abschluss an einem gewohnten Platz, Unterstützung beim Auf- und Abbau von Geräten, das Waschen (mindestens der Hände) nach dem Abschluss. Mit den Bewegungsstunden sollte aber auch die Neugier auf neue Inhalte im schulischen Sportunterricht und in Arbeitsgemeinschaften geweckt werden (s. auch Abschnitt 1.5).

### Die (bewegte) Grundschule kennen lernen

Sicherheit geben und Neugier wecken kann auch erreicht werden, wenn die Vorschüler bereits einen Einblick in schulische Lern- und Verhaltensformen erhalten.

Sehr erfolgreich haben sich in der Praxis Lern- und Spielstunden bewährt. Diese können im Kindergarten „Wir spielen Schule in der Kita" und vor allem im letzten halben Jahr in der Schule stattfinden und sollten von den zukünftigen Klassenlehrern geleitet werden. Eine weitere Möglichkeit sind Besuche im Unterricht und in der Pause der 1. Klasse in den letzten Wochen vor den Sommerferien. Schüler und Schulanfänger könnten gemeinsam an Lernstationen arbeiten.

Bei allen diesen Formen ist es bei der Gestaltung des Überganges unter bewegungspädagogischen Aspekten wichtig, dass bewegte Lernsituationen, Auflockerungen und Entspannungen einbezogen werden. Das Kapitel 2 gibt dafür viele Anregungen. Damit kann den Kindern die Angst vor dem Stillsitzen („Warte nur, wenn du in die Schule kommst, lernst du das Stillsitzen!") genommen und die Freude auf die Schule vertieft werden.

### Gemeinsam Bewegungsanlässe erleben

Eine Schwierigkeit bei Übergängen ist für die Kinder, dass sie sich auf neue Bezugspersonen (Lehrer, Mitschüler) einstellen und neue soziale Kontakte knüpfen müssen. Bewegungssituationen sind dafür verhältnismäßig unkomplizierte Gelegenheiten.
- Spiel- und Sportfeste oder andere Höhepunkte im Kindergarten bzw. an der Grundschule, zu denen gegenseitig eingeladen wird
- gemeinsame Sportstunde mit der 1. Klasse
- das Spielen mit den Hortkindern
- evtl. Spielvormittage mit den Vorschülern anderer Kindergärten, aus denen die zukünftigen Mitschüler kommen werden
- gemeinsame Projekt (auch mit Patenschaften) von Schulklassen für Kindergartengruppen, z. B. Indianerfest

### Neue Lebens- und Lernräume gemeinsam mit den Eltern erfahren

Eine erfolgreiche Gestaltung der Übergangsphase erfordert natürlich die Zusammenarbeit mit den Eltern. An Schnuppertagen oder einem Tag der offenen Tür in der Schule sollten auch Bewegungsstationen zum gemeinsamen Handeln anregen. Werden die zuvor besprochenen Vorhaben realisiert, dann können die Kinder stolz ihren Eltern Bewegungsräume und -möglichkeiten in ihrer zukünftigen Schule bereits selbst zeigen. Bei einem Abendsportfest könnten gemeinsam mit den Schulkindern und deren Eltern Bewegungsspiele durchgeführt werden.

Bei Elternabenden im Kindergarten sollten für die Teilnehmer Erfahrungssituationen bezogen auf das Sitzverhalten u. a. geschaffen werden.

*Beispiele:*
- Sitzbälle, Sitzkissen u. a. ausprobieren
- Sitzvarianten einnehmen (s. Anhang 5)
- Ranzen packen – in einen Ranzen Gewichte packen, so dass das Gesamtgewicht 10 % des Körpergewichtes entspricht und diesen Ranzen tragen, evtl. damit eine Treppe steigen
- kleine Mitmachangebote und Informationen von Sportvereinen und anderen Anbietern für Bewegung, Spiel und Sport sowie außerunterrichtliche Sportmöglichkeiten als AGs bzw. im Rahmen von Ganztagsangeboten aufnehmen

Abschließend muss unbedingt darauf hingewiesen werden, dass sich die dargestellten Vorhaben dem Thema des Buches entsprechend an die Zielgruppe Erzieherinnen richten. Natürlich müssen sich die Lehrerinnen am Anfang der Grundschulzeit ebenso in den Prozess einbringen (Vorschläge dafür in Müller 2010a, S. 245–246). Sie sollten vor allem Bewegungsaktivitäten, an die die Kinder gewöhnt sind, aus dem Kindergarten aufgreifen. Brücken zwischen (bewegten) Kindergärten und (bewegten) Grundschulen zu bauen, darf nicht zur Einbahnstraße werden.

Es sollte auch nicht aus dem Blick geraten, dass ebenfalls Verbindungen schon vom Kindergarten zu weiterführenden Schulen gesucht werden. Dadurch kann sich eine gute Unterstützung für die Kindergärten ergeben, z. B. bei Spiel- und Sportfesten und Projekten, beim Bau und der Reparatur von Spielgeräten oder bei der Gestaltung der Homepage. Gute Erfahrungen haben einige unserer Projektkindergärten gemacht, wenn Schüler der weiterführenden Schulen ihr Praktikum in einer Kindertageseinrichtung absolvieren. Im Einzelfall kann diese Tätigkeit bis zu einem Freiwilligen Sozialen Jahr ausgebaut werden.

### 4.3.2 Kooperation von (bewegten) Horten mit Schulen

Schulen und Horte sind Lebens- und Lernorte für Kinder und „tragen im Zusammenwirken mit den Eltern gemeinsam Verantwortung für die Bildung und Erziehung der Kinder" (SMK & SMS, 2007, S. 3–4). Auch wenn sich Ziele und Aufgaben sowie Bedingungen (s. Abschnitt 1.3) unterscheiden, stehen doch die gleichen Kinder im Mittelpunkt allen pädagogischen Bemühens. Deshalb sind Kooperationen unerlässlich und sollten schriftlich in Vereinbarungen fixiert werden. Darin sind Formen der Zusammenarbeit von Erzieherinnen und Lehrerinnen festzulegen. Bezogen auf die Bewegungsorientierung könnten dies sein:
- gemeinsame Steuergruppen (vor allem zur Planung, Koordinierung und Auswertung) sowie thematische Arbeitsgruppen (zur Vorbereitung und Durchführung einzelner bewegungsorientierter Vorhaben, zur Kooperation mit anderen Einrichtungen, zur Öffentlichkeitsarbeit u. a.)
- gemeinsame Fortbildungen zu bewegungspädagogischen Themen, gemeinsame Dienstberatungen zu inhaltlichen und organisatorischen Fragen der Durchführung, zur Weitergabe von Erfahrungen bei der Gestaltung des bewegten Hortes und der bewegten Schule
- Absprachen zwischen einzelnen Erzieherinnen und Lehrerinnen, ergänzt durch wechselseitige Hospitationen, z. B. zur Umsetzung des bewegten Lernens, zur bewegten Hausaufgabengestaltung, zu Impulsen von Sportlehrkräften für Bewegungsspiele
- Realisierung gemeinsamer Vorhaben wie Projekte und Feste
- Bewegungsaktivitäten gemeinsam von Erzieherinnen und Lehrerinnen, z. B. Entspannungsübungen, Bewegungsspiele, Tänze

Das Schaffen solcher Kooperationsstrukturen ist eine wesentliche Voraussetzung für das Funktionieren der Zusammenarbeit. Besonders wichtig ist, dass sich Erzieherinnen und Lehrerinnen gegenseitig anerkennen und auf „gleicher Augenhöhe" begegnen. Bei Bewahrung der Eigenständigkeit beider Einrichtungen ist ein harmonisches ganzheitliches Konzept von Bildung, Erziehung und Betreuung zu schaffen, in dem Hort und Schule gleichwertige Mitgestalter zum Wohle der Kinder sind. (Markert & Wiere, 2008, S. 15–19)

Soll mehr Bewegung in den Hort und die Schule gebracht werden, dann könnten folgende Ziele anvisiert werden:
a) gemeinsame Gestaltung und Nutzung von Bewegungsräumen und Geräten
b) Abstimmung von bewegten Bildungsprozessen
c) Durchführung gemeinsamer Bewegungserlebnisse
d) Ganztagesangebote für Bewegung, Spiel und Sport

### a) Gemeinsame Gestaltung und Nutzung von Bewegungsräumen und Geräten

Die Horte befinden sich oft im Schulgelände, teilweise mit separaten Räumen. Das Außengelände wird häufig am Vormittag durch die Schule (Pause, Sportunterricht) und am Nachmittag durch den Hort genutzt. Demzufolge ist eine gemeinsame Konzipierung der Bewegungsräume unbedingt notwendig. Organisatorische Schwierigkeiten gilt es in Absprachen zu überwinden. Für das Raumkonzept können die Vorschläge im Kapitel 5 eine Grundlage bilden und es sollten folgende Überlegungen einbezogen werden:
- Welche Räume (drinnen und draußen) sollten unter dem Bewegungsaspekt verändert werden? Wie kann das geschehen?
- Welche Wünsche haben die Kinder?
- Wie können unterschiedliche Altersgruppen und Interessen Berücksichtigung finden?
- Welche Doppelnutzungen sind möglich? (Ruheraum des Hortes am Vormittag für Leseübungen, Entspannungsphasen u. a.; Bewegungsraum des Hortes für bewegte Pause; Klassenzimmer für Hausaufgabenerledigung usw.)
- Welche Materialien und Geräte können gemeinsam genutzt werden? Wo werden diese Geräte aufbewahrt?
- Welche Projekte können von Hort und Schule zusammen realisiert werden, z. B. Bau einer Boulderwand (s. Unfallkasse Sachsen, 2005, 2015) oder eines Niedrigseilgartens DGUV. (2020c). DGUV Information 202–072.
- Wer übernimmt welche Kosten? Welche Sponsoren können gewonnen werden?
- Wie können die Eltern informiert und in die Planung einbezogen werden? Welche Aufgaben könnten sie übernehmen?
- Wie können die Schüler zur vielseitigen Nutzung der Bewegungsräume befähigt werden?

Wenn sich der Hort außerhalb des Schulgeländes befindet, wird die gemeinsame Nutzung nur in geringerem Maße möglich sein. Absprachen sollten trotzdem getroffen werden, z. B. um sich sinnvoll ergänzende Geräte anzuschaffen.

### b) Abstimmung von bewegten Bildungsprozessen

Wenn sich die Horte nicht auf eine Betreuungsfunktion beschränken lassen wollen, sind Abstimmungen in den Bildungs- und Erziehungsprozessen mit den Grundschulen notwendig, vor allem auch zu bewegten Lernsituationen. Dabei darf der Hort nicht die Fortführung des Schulunterrichts sein. Unterschiede in den zeitlichen, räumlichen, materialen und personalen Bedingungen (s. Abschnitt 1.3) ermöglichen vor allem durch vielfältige und komplexe Anwendung des Unterrichtsstoffes erweiterte und neue Lern- und Entwicklungschancen für die Kinder. Der Teilbereich des bewegten Hortes „Bewegte Lernsituationen" bietet zahlreiche Anknüpfungspunkte:

*Bewegtes Lernen*

Inhalte aus den unterschiedlichen Lernbereichen der Grundschule können im Hort in vielfältigen Alltagssituationen angewandt werden. Formen mit spielerischem Charakter, durchführbar in Paaren und Kleingruppen sowie im Freien, sollten einen Schwerpunkt bilden (Beispiele s. Abschnitte 2.2.1 bis 2.2.3).

*Bewegungsorientierte Projekte*

Projekte bzw. das Herstellen fachübergreifender und fächerverbindender Bezüge können in Abstimmung zwischen Schule und Hort zu sinnvollen Bildungsprozessen werden, die den Kindern ein deutliches Mehr bringen als es nur einer Institution möglich ist. Das betrifft vor allem Erkundungsprojekte, in denen die Natur über Bewegung erlebt wird (z. B. Den Wald mit allen Sinnen erkunden), Veränderungsprojekte mit der Suche und Gestaltung neuer Bewegungsmöglichkeiten (z. B. Bau einer Frisbee-Golf-Anlage) oder der Thematik Ernährung – Bewegung sowie Erlebnisprojekte wie die Durchführung einer Fahrradtour (Konkretisierungen im Abschnitt 2.2.4).

*Hausaufgabenbetreuung*

Hausaufgaben stellen eine besonders enge Verbindung zwischen Schule und Hort, aber auch zu den Eltern, dar. Im Interesse eines bewegungsorientierten Konzeptes ist es, dass bewegte Lernformen aus dem Unterricht in die Hausaufgabenerledigung einfließen und selbstständig von den Kindern angewandt werden (s. Abschnitt 2.2.5). Die pädagogischen Fachkräfte im Hort sollten sich aber auch als Bewahrer der Kinderfreizeit (Markert & Wierre, 2008, S. 23) verstehen, damit Hausaufgaben sinnvoll und wohldosiert gestellt werden und genügend Zeit zum geplanten oder freien Bewegen und Spielen bleibt.

*Individuelle Förderung*

Die in den Abschnitten 2.2.1 bis 2.2.3 vorgeschlagenen bewegten Lernformen enthalten auch viele Möglichkeiten zur individuellen Förderung. Erzieherinnen können in Absprache mit den unterrichtenden Lehrerinnen zu unterstützenden Lern- und Spielformen animieren, die Weitergabe des Gelernten unter den Kindern anregen u. a.

*Abstimmung zwischen Grundschulen und Horten mit den Kindergärten sowie den weiterführenden Schulen*

Übergänge in neue Lebensabschnitte, wie der Schulanfang oder der Wechsel zu den weiterführenden Schulen, sind kritische Lebensereignisse. Den Kindern bei einer erfolgreichen Bewältigung zu helfen, liegt in der Verantwortung der abgebenden sowie der aufnehmenden Institution. Dazu ist es notwendig, die neuen Lebensabschnitte so zu gestalten, dass sich die Kinder wohl fühlen. Die Anbindung an Bekanntes kann dabei unterstützen. Idealer Weise sollten bewegungspädagogische Konzepte vom Kindergarten – über die Grundschule, einschließlich des Hortes – bis zu den weiterführenden Schulen verfolgt werden.

Grundschulen und Horte sollten Ideen von bewegten Lernformen in die Kindergärten hineintragen. Ebenso müssten aber die Vorschulkinder schulvorbereitend Bewegungsräume im Hort kennen lernen und bei Besuchen Bewegungsspiele gemeinsam mit den Schulkindern durchführen. Die Eltern sollten für den bewegten Hort und die bewegte Schule sensibilisiert werden.

Auch bei dem Wechsel zu den weiterführenden Schulen ist der Bewegungsaspekt zu thematisieren. Erfahrungen mit bewegtem Lernen, bewegten Hausaufgaben, Entspannungsphasen, bewegten Pausen, des freien Bewegens in offenen Turnhallen, mit der Integration von Ganztagsangeboten u. a. sollten unbedingt von den Grundschulen und Horten weitergegeben werden. Die Lehrkräfte sind für die Bedeutung der Bewegung auch für Kinder ab der 5. Klasse zu sensibilisieren. Nach unseren Erfahrungen stehen sie der Thematik zunehmend offen gegenüber, da durch die GTA-Programme bedingt Zwischen- und Hausaufgabenzeiten, veränderte Unterrichts- und Pausenzeiten entstehen und damit eine ähnliche, wenn auch differenzierte, Problematik wie im Hort und der Grundschule auftritt. Denn auch im Gymnasium können die Schüler die 90 Minuten im Blockunterricht nicht ohne Auflockerungen und Phasen des bewegten Lernens konzentriert durcharbeiten.

### c) Durchführung gemeinsamer Bewegungserlebnisse

Es gibt viele gute Erfahrungen hinsichtlich der Planung und Durchführung von Bewegungserlebnissen in der Gemeinsamkeit von Hort und Schule. Vorteile liegen vor allem in günstigeren zeitlichen und personalen Bedingungen sowie einer breiteren Aufgabenverteilung. Die bereits besprochenen Bewegungsprojekte gehören ebenso dazu wie die im Exkurs Abschnitt 4.4 vorgestellten Feste und Hortsporttage oder die Anregungen aus diesem Kapitel. Weitere Beispiele könnten sein: Indianerfest, Olympische Woche, Sportfest, Abschiedsfest von den Viertklässlern oder die nachfolgenden Vorschläge:

**Begrüßung der Neuen**
Am Ende der ersten Schulwoche könnten sich über die Mittagszeit alle Schüler im Hortgelände treffen und die neuen Schüler der 1. Klasse begrüßen. Diese sollten an der Mütze, der Bekleidung oder an einem Luftballon ihren Vornamen tragen. Nach einem Begrüßungsspiel (z. B. bei Musikstopp Handklatsch mit einem Partner und seinen Namen nennen) bilden sich bei jedem neuen Schüler Kleingruppen, die dessen Namen übernehmen. Die Gruppen wechseln von Station zu Station, an denen sich über das gesamte Gelände verteilt Spiel- und Sportgeräte aus der Schule und dem Hort befinden. Die Gruppen überlegen sich Bewegungsmöglichkeiten mit diesen Geräten. Die älteren Kinder können eine Art Patenfunktion übernehmen. Zum Abschluss führen alle kleine Tanzspiele/ Tanzlieder aus z. B. 1, 2, 3 im Sauseschritt oder Wer rechts und links nicht unterscheiden kann

**Sporttag durch das gesamte Dorf**
(nach einer Idee der Grundschule Mockrehna, in Dinter & Müller, 2008, S. 61–62)
Als Schulsportfest laufen die Gruppen nach einem Wegeplan wie beim Orientierungslauf zu den einzelnen Stationen im Ort. Dafür werden gefahrlose Stellen ausgewählt. An den einzelnen Stationen (Betreuung und Wegbegleitung durch Erzieherinnen, Lehrerinnen, Eltern) gilt es sportliche Anforderungen zu erfüllen, z. B. Torwandschießen, Rollerrennen, Pedalostaffel, Gruppenschnelllauf, Balltransport, Risikowurf, Kriechtunnel, Zielwerfen u. a. Die Erfüllung wird auf dem Wegeplan vermerkt und ausgewertet. Ein abschließender gemeinsamer Lauf durch Teile des Dorfes (mit Luftballons) könnte den Sporttag beenden.

**Tierisch wild**
(nach einer Idee der 85. Grundschule Leipzig, in Dinter & Müller, 2008, S. 52–53)
Hort und Schule bereiten gemeinsam mit Unterstützung der Eltern ein Fest unter dem Motto „Tierisch wild" vor. In den Klassen/Gruppen werden kleine Programmteile zum Thema vorbereitet und zu Beginn aufgeführt (Tänze, Sketche, Witze, akrobatische Übungen, Bewegen nach Rhythmusinstrumenten u. a.). Anschließend werden die Fortbewegungsmöglichkeiten einzelner Tiergruppen geschickt an verschiedenen Stationen umgesetzt (s. u.). Zum Abschluss können alle nach dem bekannten „Schnappi-Krokodil"-Hit o. Ä. kräftig rocken. Beispiele für Stationen:

- Affen: Kletterwettbewerb am Klettergerüst
- Fische: Wasserstaffeln im Freigelände
- Schnecken: Tasten und Fühlen von Naturmaterial
- Bären: bärenstark Medizinball stoßen
- Pferde: Kutschfahrt (Verbindung „Pferd – Mitfahrer" durch Seile oder Reifen)
- Krebse: Krebsgang (um Hindernisse) im Freigelände
- Quiz: über verschiedene Tierarten

- Tombola: mit „tierischen" Preisen
- Futterstelle: mit Speisen und Getränken

### d) Ganztagsangebote für Bewegung, Spiel und Sport

Der Terminus „Ganztagsangebote" suggeriert Angebote für Bewegung, Spiel und Sport über den gesamten Tag verteilt. Ein solch anstrebenswerter Zustand wird erreicht, wenn dies in enger Zusammenarbeit von Hort und Schule geplant wird, wohldosiert und rhythmisiert geschieht. Erzieherinnen und Lehrerinnen sollten teilweise überschneidende Präsenzzeiten zu gemeinsamen Absprachen haben und die Kinder müssen im Zentrum aller Bemühungen stehen.

In der Realität ergeben sich Hindernisse unter anderem durch fehlende gegenseitige Akzeptanz, unterschiedliche Arbeitszeiten und Bezahlung von Erzieherinnen und Lehrerinnen, angespannte Raumsituationen, Unsicherheiten in rechtlichen Rahmenbedingungen sowie bestehenden Ängsten, dass kostenlose Ganztagsangebote der Schule eine Konkurrenz für den kostenpflichtigen Hort darstellen. Dabei hat der Hort einen ganzheitlichen Bildungs- und Erziehungsauftrag zu erfüllen, bietet ein verlässliches Angebot (auch in den Ferienzeiten und fällt bei Krankheit des Personals nicht aus), schließt Zwischenzeiten sowie Früh- und Späthortzeiten ein und hat eine Betreuungsfunktion für alle angemeldeten Kinder (Markert & Wierre, 2008, S. 20–29).

Die Hindernisse zu überwinden, muss sowohl von Schule als auch Hort als Herausforderung angesehen werden, denn Ganztagsangebote bieten besondere Chancen, die im Interesse der Kinder unbedingt genutzt werden sollten.

Natürlich gibt es inhaltlich sehr verschiedene Ganztagsangebote. Der Thematik des Buches entsprechend wird nachfolgend nur auf den Bewegungs- und Sportbereich eingegangen.

Ganztagsangebote für Bewegung, Spiel und Sport können den bewegten Hort vor allem im Bereich der Freizeitangebote sinnvoll ergänzen durch regelmäßige Übungsstunden, Projekte o. Ä. mit Zielstellungen wie:
- Kinder an das Sporttreiben als regelmäßige Freizeittätigkeit (im Verein) heranzuführen
  Angebote in bestimmten Sportarten (meist durch Vereine in Bezug zum Hortstandort) auf breitensportlicher Basis
- Kinder für Bewegung, Spiel und Sport zu motivieren
  Angebote mit allgemeinem und sportartübergreifendem Charakter, bei denen das emotionale Erleben von Freude, Spaß, Gemeinsamkeit, der Zuwachs an Können im Mittelpunkt stehen
- Kinder mit Gesundheits- oder Leistungsproblemen zu fördern
  Angebote für Kinder mit Übergewicht, mangelnder Bewegungserfahrung, Haltungsproblemen u. a. häufig als Sportförderunterricht von dafür ausgebildeten Lehrerinnen (wenn auch eigentlich als Ganztagsangebot so nicht gedacht) oder mit Leistungsdefiziten (ergänzende Schwimmlernkurse u. a.), (Landessportbund Sachsen, o. J.)

Diese Angebote sprechen nur einen Teil der Kinder an und sollten sinnvoll in den Tagesablauf des Hortes integriert werden. Dafür haben Horte je nach Standortbedingungen unterschiedliche Modelle für die zeitliche Platzierung von Ganztagsangeboten gefunden:
- am Nachmittag nach 15.00 oder 15.30 Uhr
- über die Hortzeit hinaus (z. B. werden Kinder vom Verein in die Schwimmhalle gebracht und von dort durch die Eltern abgeholt)
- nur an drei Nachmittagen in der Woche

- durch ein bis zwei hausaufgabenfreie Tage bzw. mit mündlichen Aufgaben (z. B. Leseübungen), die zu Hause mit den Eltern erfüllt werden
- durch das zeitweise Herauslösen aus dem Hortalltag von Kindern, die Ganztagesangebote besuchen (auf Elternwunsch)

(Weitere Lösungsempfehlungen in den Standortbestimmungen bei Markert & Wierre, 2008 und Markert & Weinhold, 2009)

Abschließend muss aber betont werden, dass die Ganztagsangebote für Bewegung, Spiel und Sport das Bewegungsbedürfnis der Grundschulkinder nicht erschöpfend bedienen können und deshalb unbedingt entsprechende Freizeitangebote durch den Hort sowie der traditionelle Hortsport und Bewegungsaktivitäten über den gesamten Horttag notwendig sind.

## 4.4 Gesellschaftliche Integration

Die Öffnung nach außerhalb bezieht sich nicht nur auf eine räumliche Dimension (s. Abschnitt 4.1) und eine enge Zusammenarbeit mit den Familien (s. Abschnitt 4.2), sondern beinhaltet auch die Integration der Kita in das Gemeinwesen. Diese Integration ist ein entscheidendes Merkmal der pädagogischen Praxis (Sächsischer Bildungsplan, 2011). Denn jedes Teil, also jede einzelne Einrichtung, kann im sozialen Netzwerk als Ganzes Leistungen vollbringen, die qualitativ die Einzelmöglichkeiten überschreiten. Diese Aussage gilt für jede Kindertageseinrichtung allgemein. Für bewegte Kitas sind natürlich Bezüge zu öffentlichen Einrichtungen mit verstärktem Interesse an Bewegung, Spiel, Sport und an der Gesundheitsförderung, verbunden mit entsprechenden Angeboten, von besonderer Bedeutung. Diese werden nachfolgend herausgestellt. Viele andere Möglichkeiten der Zusammenarbeit dürfen natürlich nicht vergessen werden.

Die Kooperation mit Schulen wurde wegen der besonderen Bedeutung bereits im Abschnitt 4.3 behandelt. Unter gesellschaftlicher Integration sollten folgende weitere Formen und Vorschläge je nach den konkreten Bedingungen in die Überlegungen einfließen:

### 4.4.1 Regelmäßige Kontakte zu anderen Kindertageseinrichtungen

*Zusammenführung von Krippe und Kindergarten in einer Einrichtung*

Krippe und Kindergarten sind in der Regel in gemeinschaftlichen Einrichtungen zusammengeführt, teilweise bei altersentsprechender sowie räumlicher Trennung (z. B. Räume in verschiedenen Etagen). Diese räumliche Nähe muss aber auch bei Bewegungsanlässen mit Leben erfüllt werden, was aufgrund der großen Differenzierung vor allem in der motorischen Entwicklung keine leichte Aufgabe ist. Deshalb ist bei gemeinsamen Veranstaltungen immer nach geeigneten Ideen für die Krippenkinder zu suchen.

Ideen aus Kindertageseinrichtungen:
- Zu Besuch in einer Kindergartengruppe
- Wir gratulieren im Kindergarten zu Geburtstagen
- Gemeinsame Feste (Hexenfest, Wasserfest, Tanzfest u. a.)
- Sporttag in der Kita (oder an einer Sportstätte im Wohnort)
- Fasching in der gesamten Kita (mit Vorstellen der Kostüme)
- Kindergarten-Rallye
- Gemeinsame Bewegungsstunden (Krippenkinder mit Paten aus dem Vorschulbereich)

Darüber hinaus werden die Kinder aus der Krippe und dem Kindergarten beim Spielen auf den Fluren oder vor allem während des Früh- und Spätdienstes häufig zusammengeführt.

## 4.4 Gesellschaftliche Integration

*Kommunikation zwischen Krippe/Kindergarten und Kindertagespflege*

Im Buch werden meist die Krippen angesprochen, Tagesmütter bzw. Tagesväter können aber bei Anpassung an die anderen Bedingungen (vor allem durch die eigenen heimischen Räumlichkeiten der Tagespflegepersonen) bestimmt viele Ideen übertragen. Deshalb soll an dieser Stelle explizit auf die Verbindungen eingegangen werden. Durch Kommunikation zwischen Krippe/Kindergarten und den Tagespflegepersonen kann der Übergang in eine Kindertageseinrichtung für die etwa Dreijährigen gut vorbereitet und damit erleichtert werden. Diese Zielstellung sollte alle eventuellen Konkurrenzgedanken überlagern. Der teilweise sogar gemeinsamen Trägerschaft kommt bei dem Aufbau von Verbindungen zwischen den Einrichtungen und der Kindertagespflege eine wichtige Rolle zu.

Ideensammlung für Kommunikationsmöglichkeiten:
- Besuch einer Kindertageseinrichtung und gemeinsames Spielen mit den älteren Krippenkindern sowie den Jüngeren im Kindergarten, Erproben der Bewegungsräume und -geräte
- Teilnahme an einem Spielfest o. Ä. in der Kindertageseinrichtung
- Treffen auf einem räumlich nahegelegenen Kleinkinderspielplatz und gemeinsames Spielen
- kurz vor dem Wechsel Besuch der Einrichtung als Gastkind für einen Tag pro Woche (extra Vertrag)
- Wichtig sind Gespräche zwischen Erzieherinnen und Tagespflegepersonen über die persönliche Entwicklung der Kinder, die in die Einrichtung kommen werden und natürlich über das Thema Bewegung – Gemeinsamkeiten verbinden und helfen, Abgrenzungen zu überwinden.

Regelmäßige Kontakte sollten zu anderen Kindertageseinrichtungen, besonders zu anderen (bewegten) Horten und Kindergärten, hergestellt werden, aber auch zu Freizeiteinrichtungen wie Jugendfreizeitheime, Freizeitzentren und -treffs
- Erfahrungsaustausch
- gemeinsame Fortbildungen
- gemeinsame Spiel- und Sportveranstaltungen
- im Einzugsgebiet der gleichen Grundschule Veranstaltungen zum Kennen lernen der Schulanfänger untereinander
- Kopplung der Zusammenarbeit mit Vereinen u. a.

### Hortfest
Bei einem Hortfest (z. B. im September/Oktober) könnten gemeinsam mit Kindern, die den Hort im Sommer verlassen haben, viele kleine Spiele durchgeführt werden (z. B. Staffelspiele, Ballspiele, Freizeitspiele)
Es sollte aber auch Zeit eingeplant werden, dass die ehemaligen Hortkinder (bei einem Becher Tee o. a.) kurz über ihre neue Schule erzählen.

### Sportwettbewerbe der Horte
Die Kinder von räumlich naheliegenden Horten kennen sich teilweise aus der Freizeit bzw. durch sich ergänzende Ferienangebote, da Kinder während der Urlaubszeit des eigenen Hortes in eine Partnereinrichtung (Bedarfshort) gehen. Damit liegt es nahe, sich darüber hinaus auch einmal zu treffen und sportliche Wettbewerbe durchzuführen, z. B. ein Fußballturnier, Wettbewerbe im 2-Felder-Ball, Ball über die Schnur u. a. Die Wettbewerbe sollten nicht nur zwischen den Horten ausgetragen werden, sondern in gemischten Mannschaften auch miteinander. (Idee aus dem Hort der 85. Grundschule in Leipzig)

### 4.4.2 Kooperation mit Sportvereinen sowie Kreis- und Stadtsportbünden

#### Kooperation mit Sportvereinen

Durch die Kooperation mit Sportvereinen kann einerseits das Bewegungsangebot für die Kinder von Kigas und Horten bereichert, andererseits können die Kinder an den Vereinssport herangeführt werden. Das wird dann erfolgreich sein, wenn die Vereine ihre Angebote auf das besondere Klientel dieser Altersgruppe ausrichten, so z. B. durch Sportangebote speziell für Kindergartenkinder, evtl. gemeinsam mit den Eltern.

Bei einer schriftlichen Befragung von 46 in Sachsen zertifizierten Kindertageseinrichtungen (Dunkel & Köhler, 2012) wurden folgende Möglichkeiten erfasst:
- Nutzung der Sportstätten und der Sportgeräte der Vereine
- Information zu den Vereinsangeboten über Flyer bzw. Werbeprospekte, die in den Kindertagesstätten ausgehängt oder an die Eltern verteilt werden
- Vorstellen von Vereinsangeboten in der Einrichtung, z. B. bei (bewegten) Elternabenden oder Informationsveranstaltungen, bei Sportfesten oder in Bewegungsstunden, bei Schnupperkursen
- zusätzliche Bewegungsangebote durch Vereinsübungsleiter in den Kindergärten bzw. Durchführung von Spiel- und Übungsstunden in den Vereinsanlagen (bei Organisation des Transportes) – in den befragen Einrichtungen meist als allgemeiner Kindersport
- Kursangebote, z. B. Schwimmlernkurse
- Aussprechen von Empfehlungen für die Teilnahme am Kindersport im Verein durch die Erzieherinnen

Dunkel & Köhler (2012, S. 89–90) unterbreiten auch unter Einbeziehung eigener Erfahrungen weitere Vorschläge für eine Zusammenarbeit zwischen Kitas und Sportvereinen. Dabei differenzieren sie (in Anlehnung an Fessler, 2002) in einmalige und kontinuierliche Kooperationsvorschläge:

*Einmalige Kooperationsvorschläge:* Darunter zählen Aktivitäten, die innerhalb eines Jahres oder einer Saison einmalig durchgeführt werden. Diese sind eher einfacher zu organisieren und können der Einstieg in eine längerfristige Zusammenarbeit sein.
- Schnuppertage
- Gemeinsame Sportfeste, Olympiaden u. a.
- „Tag der offenen Tür" im Verein
- (freizeit-)sportliche Ferienangebote
- Themenwochen in der Kita, z. B. zu Bewegung und Sport im Allgemeinen oder zu Ballspielen oder zu gesundheitsorientierten Angeboten (evtl. Eltern einbeziehen)
- Integration der Kindergartenkinder ins Vereinsleben, z. B. durch Teilnahme an Sportfesten

*Kontinuierliche/regelmäßige Kooperationsvorschläge:* Aktivitäten, die wöchentlich, monatlich oder über einen längeren Zeitraum andauern, sollten das Ziel der Zusammenarbeit sein.
- Kurse mit anschließendem Ablegen eines Abzeichens, z. B. Schwimmkurs mit Ablegen des Seepferdabzeichens
- Beschäftigung von externen Übungsleitern in der Kita
- Sportstunden mit Übungsleitern in den Räumlichkeiten der Sportvereine, z. B. als Nachmittagsangebote direkt im Anschluss an die Kita mit Transfer seitens des Vereins
- regelmäßige Talentsichtung in den Bewegungsstunden im Kindergarten
- außersportliche Aktivitäten gemeinsam unternehmen, z. B. Wanderungen
(Dunkel & Köhler, 2012, S. 90)

Die Nachhaltigkeit kann durch das Abschließen einer Kooperationsvereinbarung unterstützt werden. Musterkooperationsvereinbarungen sind z. B. über die Stadt- und Kreissportbünde (KSB/SSB) und den Landessportbund (Sachsen) erhältlich.

Wie eine Kooperation mit Sportvereinen – trotz Hürden – gelingen und im Detail aussehen kann, zeigt nachfolgender Beitrag aus einer zertifizierten Einrichtung:

**Gemeinsam für eine bewegte Kindheit** (Auszüge aus einem Interview mit Frau Hennig, Leiterin der DRK-Kita „Abenteuerland" des Kreisverbandes Leipzig-Stadt e. V.)
*Unsere Kita kooperiert seit 2007 mit der „Sportgemeinschaft Leipziger Verkehrsbetriebe e. V." (SG LVB), die auch eine Sportstätte in unmittelbarer Nähe unserer Einrichtung besitzt. Die Idee zur Kooperation entstand im Rahmen von Überlegungen zu unserer Profilentwicklung in Richtung „Bewegung & Natur". Die Erweiterung des Bewegungsangebotes durch die Nutzung der Sportstätte sahen wir als einen Weg zur Unterstützung dieses Profils. Bis 2011 beschränkte sich unsere Kooperationsvereinbarung damit zunächst auf den 14-tägigen Besuch des Sportplatzes mit den Kindern der Vorschulgruppe. Im Jahr 2011 haben wir dann eine erweiterte Kooperationsvereinbarung abgeschlossen, die eine Vielzahl gemeinsamer Aktivitäten umfasst. Neben der kostenfreien Nutzung der Sportstätte werden mittlerweile durch die SG LVB wöchentliche Kurse in der Kita sowie ein Sportartenmix im Verein angeboten, bei dem die Kinder Sportarten, wie Fußball, Handball, Tennis, Kanu und Rugby kennen lernen. Darüber hinaus erhalten wir organisatorische Unterstützung und fachliche Beratung des Vereins bei verschiedenen Festen, Veranstaltungen oder auch Elternabenden zum Thema Bewegung. Neben der regelmäßigen Abnahme des Sächsischen Kindersportabzeichens, die immer ein Erlebnis ist, organisierten wir zum Beispiel zur WM 2014 ein Fußballturnier mit den Eltern und viele andere Aktivitäten rund um das Thema Fußball. [...] Die Strukturen der Zusammenarbeit sind über die Jahre gewachsen. Anfangs hatten wir aufgrund fehlenden Personals im Verein stets wechselnde Ansprechpartner, was für beide Seiten auf Dauer nicht zufriedenstellend war und eine kontinuierliche Kooperation erschwert hat. Daraufhin wurde nach Lösungen gesucht und mit der SG LVB die Vereinbarung getroffen, dass all unsere Vorschulkinder für die Nutzung der beschriebenen Angebote eine Vereinsmitgliedschaft abschließen. Auch viele weitere Kinder unserer Kita und deren Eltern sind sehr sportbegeistert und deshalb Mitglieder bei der SG LVB. Die so eingenommenen Mitgliedsbeiträge ermöglichen die Festanstellung eines Diplom-Sportlehrers und lizenzierten Übungsleiters. [...]*
*Sowohl unsere Kita als auch der Verein haben das Ziel, Kinder zu sportlicher Betätigung zu motivieren. Dieses gemeinsame Ziel können wir als Partner besser umsetzen und unsere Angebote ergänzen. So haben wir in der Kita beispielsweise nur beschränkte Möglichkeiten, um den Kindern einen Einblick in verschiedenste Sportarten zu geben–diese praktizieren sie dann am Nachmittag im Verein. Darüber hinaus sind für uns auch die fachkompetente Beratung und organisatorische Unterstützung eine große Hilfe, um den Kindern vielfältige Bewegungsangebote unterbreiten zu können. Der Verein hingegen profitiert meiner Meinung nach von der Gewinnung von Vereinsmitgliedern aus unserer Kita, aber auch aus Erfahrungen in der Zusammenarbeit mit einer Kita und Kindern dieses Alters.* (Dinter, 2015, S. 8)

### Kooperation mit Kreis- und Stadtsportbünden (KSB/SSB)

Durch die Zusammenarbeit mit den KSB/SSB ergeben sich ebenfalls viele Ansätze für zusätzliche Bewegungs- und Sportangebote, aber auch fachliche Unterstützung – je nach den individuellen Möglichkeiten vor Ort.

- Beratung zu Vereinsangeboten im Kindersport und zu Möglichkeiten der Kooperation mit Sportvereinen
- Teilnahme an Fortbildungsveranstaltungen im Handlungsfeld Bewegungserziehung und -förderung im Elementarbereich, zum Teil Ausbildung von Erzieherinnen zum Übungsleiter C für Breitensport
- unmittelbare Unterstützung für die bewegten Kitas, z. B. durch konzeptorientierte Schulung für Erzieherinnen, Hilfe bei Spiel- und Sportfesten für Kinder und deren Eltern, Ausleihe von Geräten, Durchführung von bewegten Elternabenden, Information auf der Homepage zum Projekt
- fachliche Beratung, z. B. für die Konzepterarbeitung, wenn der Träger ein Sportverein ist
- Bereitstellen von unterstützenden Materialien, wie die Lehrhefte:

- In Sachsen ist in Kooperation zwischen Sportvereinen und/oder KSB/SSB die Abnahme des Sächsischen Kindersportabzeichens Sportmaus „Flizzy" möglich – Übungsbeschreibung und Bewertung (Zugriff am 10. April 2021 unter https://www.sport-fuer-sachsen.de/de/breitensport/kinder-und-jugendsport/flizzy-kindersportabzeichen/)

- Darüber hinaus ist z. B. in Sachsen die Teilnahme an traditionellen Vorschulkindersportfesten der KSB/SSB, wie z. B.: Teddy-Cup, Bummi-Pokal, Kita Team Cup, KITA-Meisterschaft (Konkretisierungen auf der Homepage des jeweiligen KSB/SSB).
(Zuarbeit B. Haine & l. Kirst, Landessportbund Sachsen, 2021)

Es gibt auch gelungene Beispiele, bei denen SSB/KSB direkt in den bewegten Kitas aktiv werden:

**Vater-Kind-Tag: Auf Schatzsuche** (mit Unterstützung des Kreissportbundes Mittelsachsen)
*Zum ersten Mal wurde eine Eltern-Kind-Veranstaltung den Papas vorbehalten. Bei der Eröffnung durch die Leiterin der Einrichtung erfahren alle, dass es im Ort einen großen Schatz geben sollte. Vor vielen, vielen Jahren gehörte er den Zwergen, aber sie wurden zu gierig und so versteckte ein Zauberer den Schatz und riss die Schatzkarte in viele Stücke. Gruppenweise machten sich Papas und Kinder auf die Suche.*
*Schon im Kindergarten waren Geschicklichkeit und Mut gefragt. Gemeinsam mit ihrem Papa sollten die Kinder verschiedene Dinge balancieren, z. B. kleine Bälle auf einem Pappteller und einen Becher mit Wasser. Es ging im Slalom um Bäume, über einen großen Hügel, durch „Höhlen" und über einen Balken – dann war der erste Teil der Schatzkarte gesichert. An einer weiteren Station sollte ein Ebereschenbaum von seiner schweren Last befreit werden. Die Vatis stiegen auf die Leitern und pflückten die Früchte, während die Kinder die Beeren einsammelten. Vor dem Birkenwäldchen musste durch ein schwingendes Seil hindurch gelaufen werden, um in den „Magischen Zauberwald" zu gelangen. Geschafft! Ein weiteres Teil der Schatzkarte kam in den Besitz der Kinder.*
*Im Wald winkte ein Zwerg mit einer roten Mütze. Der Teil der Schatzkarte musste durch die Papas aus der Höhe heruntergeholt werden. Tiefer im Wald saß plötzlich der Zauberer und wartete mit einer weiteren Aufgabe. Die Kinder sollten über die Slackline balancieren. Auch einige Papas versuchten das. Nach bestandener Prüfung konnte der letzte Teil der Schatzkarte in Empfang genommen werden. Anschließend wurden die Puzzleteile zusammengefügt und mithilfe des Lösungswortes wurde die Schatztruhe gefunden. Der Inhalt schmeckte allen gut.*
(Projektbericht VdK-Kita „Amelie Dietrich", Siebenlehn, 2014)

Vereine oder KSB/SSB können auch selbst Träger von Sportkindergärten sein (Beispiele in Sachsen u. a. in Riesa und Kamenz). Dann sind Bewegungsangebote weit über die in diesem Buch aufgezeigten Vorschläge möglich (Schwimmausbildung u. a.). Günstige personelle Kopplungen ergeben sich, wenn die Erzieherinnen gleichzeitig als Übungsleiter (Breitensport) allgemeine Kindergruppen im Verein leiten.

### 4.4.3 Enge Zusammenarbeit mit Einrichtungen der Kommune und Institutionen des Landes

- Der *Träger* der Einrichtung hat entsprechende räumliche, personelle und materielle Ausstattungen, Mittel sowie Qualifikationsangebote zu sichern. Weiterhin sollte er den Schwerpunkt Bewegungsförderung in der Öffentlichkeitsarbeit besonders herausstellen.
- Das *Jugendamt* hat die Fachaufsicht und sollte vor allem Unterstützung bei der Konzepterarbeitung geben.
- Der *Öffentliche Gesundheitsdienst/Gesundheitsamt* kann Beratungsfunktionen übernehmen. In Sachsen werden im 4. Lebensjahr Kindergarten-Untersuchungen durchgeführt, bei denen auch der Motorikstatus erfasst wird. Ableitend werden neben Therapieverschreibungen auch individuelle Förderhinweise gegeben, die im Kindergarten umgesetzt werden müssten. Auch sollte die Verbindung zu den (Kinder-)Ärzten im Ort gesucht werden.
- In Zusammenarbeit mit den *Vertretern in Gemeinden und Städten* können vielfältige Initiativen für mehr Bewegung entstehen, z. B. Sporttag im ganzen Dorf, Bewegungsaktionen bei Festen (z. B. Kirmes) für Kinder, aber auch Präsentationen durch die Kinder, Öffnung des Kindergartens für die Kinder des Stadtteils.
- Der Ausbau der Kontakte zur (lokalen) *Presse* und weiteren Massenmedien (Hörfunk, Fernsehen, Internet) kann für die Öffentlichkeitsarbeit sehr hilfreich sein (Einladung zu Veranstaltungen, schriftliche Informationsweitergabe zu aktuellen Ereignissen, Erstellen von Informationsflyern und Videos, Gestaltung der Internetseite der Einrichtung u. a.)
- Die *Sächsische Landesvereinigung für Gesundheitsförderung* kann in Sachsen besonders über ihre Koordinierungsstelle „Gesund aufwachsen in Kitas" regionale Ansprechpartner vermitteln oder Beratung bei der Antragstellung für Projektmittel geben.

(Beispiele unter https://www.bewegte-schule-und-kita.de/konzept/html/zusammenarbeit)

Die Zusammenarbeit in Sachen Bewegung ist mit vielen *weiteren Institutionen* möglich, z. B. Krankenkassen, Volkshochschulen, Musikschulen, Familienbildungsstätten der Volkssolidarität, Berufsfachschule für Physiotherapie, Freiwillige Feuerwehr, Soziale Dienste, private Initiatoren u. a. Organisiert werden könnten: Rückenschule, Sauna-Besuch, Benutzung von Kneipp-Anlagen, Sponsorenlauf, Bewegungsstunden mit Physiotherapeuten, Tanzen mit Tanzpädagogen, Bau von Bewegungsräumen (z. B. Fußfühlpfad)

Auch die Teilnahme an Aktivitäten wie JolinchenKids (AOK) oder Gesunde KiTa (Sächsische Landesvereinigung für Gesundheitsförderung e. V.) u. a. wird in Sachsen praktiziert (Stand 2019).

Unterstützung sollte vor allem für die Qualitätsentwicklung gesucht werden bei *Forschungseinrichtungen, Beratungsinstituten, sozialpädagogischen Aus- und Fortbildungseinrichtungen und bei den Universitäten* (in Sachsen vor allem Universität Leipzig).

### Zertifikat „Bewegte Kita – Partner für Sicherheit" – Projekt an der Universität Leipzig

Die Universität Leipzig unterstützt seit Jahren die Verbreitung der Ideen zur bewegten Kita durch eine Zertifizierung. Von 2008 bis 2016 wurde in Abstimmung mit der Unfallkasse Sachsen ein Zertifikat „Bewegte Kita – Partner für Sicherheit" vergeben (gegenwärtig leider nur noch im Schulbereich als Projekt „Bewegte Schule"). Diese Zertifizierung verlief sehr erfolgreich und soll deshalb näher beschrieben werden.

Als Zielgruppe wurden alle Kindertageseinrichtungen angesprochen. Anliegen war es, Bewegung als wichtige Grundlage für die gesunde Entwicklung von Kindern verstärkt in den Alltag von Kitas zu integrieren Das Zertifikat konnten Einrichtungen erwerben, die Bewegung und Sicherheit nachhaltig in ihr pädagogisches Konzept integrieren. Teilnahmeberechtigt waren alle Kindertageseinrichtungen im Freistaat Sachsen, unabhängig von der Trägerschaft. Für die Zertifizierung mussten folgende Punkte erfüllt sein:

- Bewegung ist ein wichtiger Bestandteil des Kita-Alltags.
- Ein Großteil der selbst formulierten Ziele wurde erreicht.
- Die Fortbildungen wurden besucht.
- Ein thematischer Elternabend hat stattgefunden.
- Mindestens eine Veranstaltung mit Eltern und Kindern wurde durchgeführt.
- An der Beseitigung evtl. bestehender Sicherheitsmängel wurde systematisch gearbeitet.

Die Kindertageseinrichtungen setzten im Verlauf des Kalenderjahres mit Unterstützung der Berater aus der Forschungsgruppe der Universität Leipzig sowie der Unfallkasse Sachsen ihr Konzept zur Bewegung und Sicherheit um und dokumentierten die Ergebnisse. Dies geschah in Form eines Projektberichtes und von Kriterienkatalogen, der den erreichten Stand erfasst. Bei Verleihung des Zertifikats erhielten die Kindertageseinrichtungen eine Urkunde und eine Plakette sowie eine materielle Anerkennung. Auch wenn es gegenwärtig diese Zertifizierung für Kitas nicht mehr stattfindet, kann der Kriterienkatalog (s. Anhang 6) eine Orientierung geben, welche ausgewählte Schwerpunkte sich eine Kita stellen kann, um das Konzept der bewegten Kita anzuvisieren. (http://www.bewegte-schule-und-kita.de)

Die Erfahrungen aus dem Schulbereich und Eindrücke aus Kindertageseinrichtungen zeigen, dass Bewegung in die Köpfe und Institutionen gekommen ist. Viele gute Ideen und Realisierungen sind bereits jetzt vorhanden und sollten weitere Verbreitung finden. Diesem Anliegen dient auch dieses Buch, verbunden mit der Hoffnung auf Weiterführung der Zertifizierung.

### 4.4.4 Exkurs: Feriengestaltung im Hort

Eine Besonderheit des Hortes ist die Feriengestaltung mit einer Sonderstellung zwischen Bewegten Hort und der Öffnung nach außerhalb (s. Abschnitt 1.4), die für Bewegungsaktivitäten vielfältige Möglichkeiten bietet. An einigen Einrichtungen (zumindest in Sachsen) ist diese Zeitspanne deckungsgleich mit den gesamten Schulferien, an anderen nimmt sie einen langfristig festgelegten Zeitabschnitt der Schulferien ein. Für die inhaltliche Gestaltung der Ferienzeiten gibt es viele Erfahrungen an den einzelnen Einrichtungen. Bewegungsaktivitäten gehören selbstverständlich dazu. In einem Buch zur bewegten Kita kann einerseits die Feriengestaltung als ein wichtiges Verbindungsglied zwischen Hort und den Kontexten, besonders der Integration in das Gemeinwesen, nicht fehlen. Andererseits ist aber gerade durch diese verbindende Funktion eine Abgrenzung zu den anderen Teilbereichen problematisch – im Sinne eines ganzheitlichen Bildungs- und Erziehungsprozesses auch nicht notwendig. Nachfolgend wird auf *Feste und Feiern* sowie *Hortsporttage* eingegangen, da sich in den Ferien besonders günstige zeitliche Möglichkeiten ergeben. Ausflüge und Erlebniswanderungen flossen bereits in den Abschnitt 4.1.1 ein.

Natürlich können auch Anregungen für den Kindergarten entnommen werden.

### Feste und Feiern

Ein Fest ist stets ein freudiger Anlass, wo Spiele, heitere Geselligkeit und Unterhaltung dominieren. Es lebt vom Mittun aller, lässt viel Freiraum, Gelegenheit und Zeit für spontanes und kreatives Handeln, wobei alle Sinne angesprochen werden (Kraft, 1979, 9). Feste sind ein „nicht austauschbares Feld sozialen Handelns, sozialer Erfahrungen und sozialen Lernens" (Brodtmann, 1985, S. 8).

*Methodisch-organisatorische Hinweise:*
- Ein Fest muss zur Sache aller werden und jeder seinen Beitrag zum Gelingen leisten.
- Bereits in die Vorbereitung sollten alle, auch die Eltern, einbezogen werden. Langfristig sollten Ideen gesammelt und Absprachen zur Aufgabenverteilung getroffen werden.

- Ein Fest sollte alle Sinne ansprechen, z. B. durch farbenfrohes und fantasievolles Schmücken des Festortes, selbstangefertigte Kopfbedeckungen und Kostüme, Musik und Gesang, vielfältige Bewegungsaktionen, entsprechende Speisen und Getränke.
- Bei Festen im Freien eine Schlechtwettervariante einplanen.
- Es sollten Wahlmöglichkeiten und vom Anspruchsniveau her differenzierte Angebote erfolgen.
- Das Miteinander hat den Vorrang vor dem Gegeneinander und das Erlebnis muss vor dem Ergebnis stehen.
- Der Aufbau von Traditionen sollte angestrebt werden.

*Einsatzmöglichkeiten:*
- in der Feriengestaltung
- im Jahresablauf des Hortes entsprechend der Jahreszeiten oder im Zusammenhang mit Feiertagen
- in Verbindung mit schulischen Veranstaltungen
- als Höhepunkte von Projekten
- an einem Sonnabend oder nach 16.00 Uhr gemeinsam mit den Familien
- in Verbindung mit Veranstaltungen in der Gemeinde/der Stadt

*Ideensplitter:*
- Feste im Jahresablauf: Fasching, Sommerfest, Herbstfest, Weihnachtsfeier
- Feste in Verbindung mit anderen Künsten: Liederfest, Talentefest
- Weiterhin können Feste in Verbindung mit Projekten (s. Abschnitt 2.2.4) gestaltet werden: Waldfest, Indianerfest, Zirkusfest u. a.

**Faschingsfeier**
Im Vorfeld könnten vor allem die älteren Kinder mit Unterstützung von Erzieherinnen eine Faschingsrat bilden, der ein Motto festlegt, Ideen sammelt und für die Organisation verantwortlich ist. An dem Ausgestalten der Räume sollten alle beteiligt werden.
Das Faschingsfest beginnt mit einer gemeinsamen „Sitzung". Denkbare Bestandteile sind lustige Bewegungslieder, kleine Darbietungen von Hortkindern, wie Funkengarde oder Sketche. Dafür könnte ein Faschingsorden verliehen werden. Alle Einlagen werden mit dem „Zünden einer Rakete" bejubelt (Zählzeiten 1 bis 3: alle trampeln, springen zum Abschluss in die Luft und klatschen). Eine Polonäse durch das gesamte Hortgebäude gehört ebenso zu einer Faschingsfeier wie gemeinsame Bewegungslieder und Tänze (Stopptanz, Zeitungstanz, Luftballontanz, s. Abschnitt 2.3.4 oder auch Laurentia u. a.). Immer von „Raketenstarts" begleitet, könnten Scharaden (s. Abschnitt 2.3.5) zum Thema Fasching folgen und natürlich lustige Bewegungslieder (s. Abschnitt 2.3.4) oder Spiele mit Luftballons. Eine Disco mit Kinderbowle könnte den Abschluss bilden. (Spohn, 2009)

*Spiele mit Luftballons*

| Bleib in der Luft! | Kleingruppen spielen sich je einen Luftballon zu, ohne dass dieser den Boden berührt. Zum Abschluss spielen alle mit mehreren Ballons. |
| --- | --- |
| Flieg, Luftballon, flieg | Jedes Kind treibt seinen Luftballon durch den Raum. Auf ein Zeichen stoßen sie ihren Ballon stark ab und suchen sich einen anderen. |
| Ballonkissen | Einige Kissenbezüge werden prall mit kopfgroß aufgeblasenen Luftballons gefüllt. Zugeknüpft ergeben sie tolle Wurfgeräte für verschiedene Spielvarianten, z. B. Zuspiel im Kreis oder Wettwanderball. |

| Luftballon treiben | Jeder treibt seinen Luftballon in oder über ein oder mehrere Ziele. Dazu eignen sich Federball-, oder Tischtennisschläger bzw. einfach die flache Hand. |
|---|---|
| Partnerspiel | Jeweils zwei Kinder geben sich eine Hand. Mit der anderen wird der eigene Luftballon ständig angetippt und sollte nicht den Boden berühren. (Müller et al., 2005, S. 179–180) |
| Geh aufs Ganze! | Die Gruppe sitzt in einem Kreis zusammen und ein aufgeblasener Luftballon mit einem darin liegenden Aufgabenzettel wird von Kind zu Kind weitergegeben. Jeder muss sich 5 Sekunden auf den Ballon setzen. Wenn der Ballon platzt, dann muss derjenige die darin befindliche Bewegungsaufgabe lösen, z. B. einmal um den Kreis laufen. (Idee: Schulze) |

**Sommerfest**
Beim Sommerfest sollten Spielformen im Mittelpunkt stehen, die im Familienurlaub angewandt werden können und natürlich auch Spiele mit Wasser. Wenn das Sommerfest in einem Freibad stattfindet, dann ergänzen Spiele im Wasser (s. Hortsporttage) das Angebot.

*Spiele mit aufblasbaren Wasserbällen*
- sich ohne Bodenkontakt den Ball möglichst oft zu spielen
- einen Sandturm oder eine Vertiefung treffen
- um eine Slalomstrecke mit den Händen bzw. Füßen rollen
- den Ball mit Pritschen möglichst lange in der Luft halten
- (Volley-)Ball über die Schnur
- Fußballtennis

*Bewegungsmarkt mit Freizeitgeräten*
Freizeitgeräte für den Sommerurlaub sowie Alltagsmaterialien sind an Ständen aufgebaut. Die älteren Hortkinder können als Experten helfen.
Freizeitgeräte: Soft-Wurfscheiben, Federballspiele, Tischtennisspiele, Springseile, Boccia, Klettballspiele, Mini-Golf, Federfußball, Moonhopper, Kickboard, Pedalo, Riesenmikado
Alltagsmaterialien: Joghurtbecher oder Steinchen/Korken zum Zielwerfen, Wäscheklammern zum Klammerhaschen, Bierdeckel zum Rollen und Zielwerfen

*Wassertransport*
Gruppen von etwa fünf Spielern stehen an einem mit Wasser gefüllten Behältnis und haben verschiedene Behältnisse und Gegenstände, die mit Wasser befüllt werden können, z. B.: kleiner Eimer, Schwamm, Becher (eventuell auch mit Loch). Ertönt das Startsignal, befüllen die Kinder die Gefäße und laufen so schnell wie möglich mit ihnen zum ca. fünf Meter entfernten, noch leeren Zielbehältnis. Danach laufen sie zurück, befüllen ihr Gefäß erneut, um sich dann wieder so schnell wie möglich zum Zielbehältnis zu bewegen. Nach etwa zwei bis drei Minuten wird das Spiel gestoppt und der Wasserstand im Zielbehältnis gemessen.
Varianten:
- Kinder können selbst Wasserstand messen und so gelernte Maßeinheiten festigen.
- als Slalomparcours oder Staffelwettbewerb
- Jede Gruppe bildet eine „Wasserschlange" indem sich alle Kinder hintereinander aufstellen und das Transportgefäß weitergeben bzw. jeder Spieler einen eigenen Becher in der Hand hat und nur das Wasser wird umgefüllt. (Idee: Herzog & Vollstädt

*Flutschi – der Luftballon*
Es wird ein kleiner Luftballon in einen großen gesteckt (Ende schaut heraus). Den kleinen Ballon füllt man mit Wasser, feinen Sand o. Ä. und knotet ihn zu. Dann wird der kleine in den großen Ballon fallen gelassen und diesen bläst man auf. Es entsteht ein Wurfgeschoss, welches selten das angepeilte Ziel erreicht und unberechenbar durch die Gegend torkelt.
Varianten: Kleine Spiele damit probieren. (Idee: Schulze)

### Herbstfest/Martinsfest/Halloween
Spiele mit Naturmaterialien (s. Herbstsportfest). Weitere Ideen:
- Drachen steigen lassen
- Eicheln/Kastanien einsammeln, Hütten bauen
- Lichterlabyrinth durchlaufen
- versteckte Kartoffeln im Gelände suchen
- Folienkartoffeln (oder Bratäpfel) grillen
  (gut abgewaschene Kartoffeln etwa 10 bis 15 Minuten vorkochen, in Alufolie auf dem Grill fertig garen)
- als Gespenster sich verkleiden, tanzen, Kleine Spiele durchführen

### Weihnachtsfeier
Neben den traditionellen Inhalten einer Weihnachtsfeier könnten folgende Bewegungsaktivitäten einfließen (Ideen: Herrmann):

*Weihnachtspantomime*
Material: Aufgabenkarten mit Weihnachtsbegriffen, z. B. Stern, Krippe, Nussknacker, Adventskranz, Modelleisenbahn, Tannenbaum, Schnee, Weihnachtsmann, Rudolph – das Rentier, Geschenke, Heilige Drei Könige, Hirten ...
Es werden zwei Schülergruppen gebildet. Ein Kind zieht eine Karte und stellt den darauf stehenden Begriff pantomimisch dar. Seine Gruppe muss den Begriff innerhalb von 30 Sekunden erraten und erhält dann einen Punkt. Danach ist die andere Gruppe an der Reihe.

*Lebendige Geschenke*
Die Kinder finden sich paarweise zusammen. Auf ein Startzeichen des Spielleiters wird ein Kind mit der Rolle Toilettenpapier umwickelt bis nichts mehr von seinem Körper zu sehen ist. Zum Schluss wird das Geschenkband umgebunden. Sieger ist das schnellste Paar.
Varianten:
- Das „Geschenk" wählt eine beliebige Ausgangsstellung (Sitzen, Grätschstand, Pose).
- Nach dem „Verpacken" wird das schönste Geschenk ermittelt.

*Tannenbaumtreffen*
Es werden zwei Gruppen gebildet. Die Kinder stellen sich in Reihe auf und werfen nacheinander in das Loch im Papptannenbaum. Die Gruppe, die zuerst 10 Treffer erzielt, ist der Sieger.
Varianten: mehrere Löcher im Tannenbaum mit unterschiedlichen Wertungspunkten

### Liederfest
Eine Kleingruppe wählt ein ihr bekanntes Lied, welches passend zu einem thematischen Hintergrund ist (z. B. Weihnachten). Jede Gruppe hat nun 15 bis 20 Minuten Zeit, um dieses Lied durch Bewegung zu gestalten. Dazu können sie die bereit gestellten Materialien verwenden. Sind alle Gruppen fertig, werden die „Tänze" vorgeführt, während alle anderen Kinder das jeweilige Lied dazu mitsingen. Ein lustiges Liederfest wird gefeiert.
Varianten: in ähnlicher Weise Gedichte oder Geschichten gestalten (Idee: Vogel & Wolowski)

### Talentefest
Kleingruppen bereiten sich auf das Fest der (Bewegungs-)Talente vor. Tänze und Bewegungslieder werden eingeübt, das Jonglieren probiert, Pyramiden gebaut, Zielwürfe perfektioniert, Balancieren mit und über Geräte geübt usw. Zum Talentefest erfolgen die Vorführungen.
Varianten:
- als Zirkusfest
- ggf. Sportarten mit einbauen (Turnen, Karate, Fußball usw.)
- andere Künste mit einbeziehen
- Gäste einladen

## Hortsporttage

Neben den beschriebenen Ideen für Bewegungsaktivitäten, die in Feste und Feiern im Hort (nicht nur in der Ferienzeit) integriert werden sollten, werden in diesem Abschnitt Vorschläge für Sporttage und Sportfeste im Hort unterbreitet. Dieser Abschnitt ist in einem engen Zusammenhang mit dem gesamten Kapitel 4 zu sehen, dann natürlich sind Kooperationen mit der Schule, den Eltern, der Gemeinde bei solchen Sporttagen im Hort möglich und sinnvoll.

Hortsporttage stellen Höhepunkte in der Feriengestaltung dar. Über einen großen Teil eines gesamten Tages stehen Bewegung, Spiel und Sport im Mittelpunkt. In Verbindung mit Elementen eines Festes erweitert sich der Sporttag zu einem Sportfest im Hort.

*Methodisch-organisatorische Hinweise:*
- Hortsporttage und -feste sollten unbedingt gemeinsam mit den Kindern vorbereitet werden.
- Unterstützung ist bei den Sportvereinen, den Eltern u. a. zu suchen.
- Zu Regeln und zur Bewertung müssen klare Absprachen getroffen werden.
- Das positive Erleben kann durch kleine Ehrungen (nicht nur für die Besten) verstärkt werden.
- Das Wetteifern miteinander ist wichtiger als das Konkurrenzprinzip.
- Wahlmöglichkeiten können den Interessen und Voraussetzungen der Kinder differenzierter entsprechen.
- Sportfeste sollten so wie Feste allgemein alle Sinne ansprechen und können mit einem geselligen Teil enden.

*Einsatzmöglichkeiten:*
- in der Feriengestaltung
- in Verbindung mit schulischen Veranstaltungen
- in Verbindung mit Veranstaltungen in der Gemeinde/der Stadt

*Ideensplitter*

Vorgestellt werden Themen für die Hauptferienzeiten (in Sachsen), die im Winter (Wintersporttag, Winterolympiade), Frühjahr (Lauf in den Frühling, s. Abschnitt 2.2.4), Sommer (Bewegungsspiele im Wasser, Sommerolympiade, Fußball-Weltmeisterschaft), Herbst (Herbstsportfest) liegen oder übergreifenden Charakter tragen (Partnerwettbewerbe, Wetten, dass ...?).

### Wintersporttag

Bei einem Wintersporttag können eine Vielzahl kleiner Spiele als Variante im Schnee durchgeführt werden, so z. B. Laufspiele (Platzwechsel, Schwarz – Weiß, Staffelspiele, Haschespiele). Weitere Vorschläge:

*Spiele mit Schneebällen*

| | |
|---|---|
| Weitwurf | mit Schneebällen unterschiedlicher Größe<br>Wer wirft am weitesten?<br>Wer übertrifft seine Weite aus dem 1. Versuch?<br>Wer wirft genauso weit wie im 1. Versuch? |
| Zielwurf | verschiedene Trefferflächen werden markiert und entsprechende Punkte verteilt, z. B. größere Punktzahl für die weitest entfernte/die kleinste Fläche bei einem Treffer |
| Treffer! | Gegenstände treffen (Kegel, Baumstamm, Zaunpfahl, Torlatte, Schneefiguren usw.)<br>Die Treffer werden für jede Mannschaft gezählt. |
| Schneeballschlacht | Hinweis: weiche Schneebälle, nicht auf den Kopf zielen<br>Es werden zwei Zonen mit etwa 5 m Abstand eingeteilt. Jeder Spieler hat 10 Schneebälle und zählt ehrlich seine Treffer. |

Duell              Paare stehen sich etwa 5 bis 10 m gegenüber. Jeder wirft eine abgesprochene Anzahl von weichen Schneebällen nach seinem Partner. Dieser muss die Füße stehen lassen und darf nur mit Körperbewegungen ausweichen. Die Treffer werden gezählt. Es kann mit Sieger gegen Sieger weitergespielt werden. (Döbler & Döbler 2018, S. 376)

*Spiele mit Schlitten*
(statt Schlitten können bei einigen Spielen auch Plasteunterlagen/-tüten Verwendung finden)
Staffeln            Aufgaben mit Schlitten, z. B. der Partner zieht den Schlitten um ein Wendemal, dann ist das nächste Paar dran.
Schlittenslalom     den Schlitten (mit Partner) um gesteckte Zweige o. Ä ziehen oder im Slalom einen Hang herunter rodeln
Zusatzaufgaben      beim Rodeln am Hang Gegenstände transportieren oder aufheben, mit Schneebällen auf Ziele treffen bzw. durch ein Tor aus Ästen fahren
Polarhundrennen     zwei bis fünf „Polarhunde" ziehen zwei „Eskimos", die auf einem Schlitten sitzen (Döbler & Döbler 2018, S. 381)
Schlitten-Reiten    den Partner (der sich nicht festhalten darf) bis zum Wendepunkt ziehen, dann wechseln (Unfallkasse Sachsen o. J.)

*Knöpfe für den Schneemann*
Die Kinder bauen einen Schneemann oder zeichnen diesen mit einem Stock in den Schnee. Natürlich hat er einen langen Mantel an und die „Knopfleiste" besteht aus einem Strich vom Kinn bis zu den Füßen. Jeder Spieler bekommt jetzt die gleiche Zahl „Knöpfe" (Steinchen). Die Spieler begeben sich zur Abwurflinie und versuchen die „Knöpfe" so zu werfen, dass sie passen. Jeder auf der Linie sitzende Knopf ergibt einen Punkt. Varianten:
- Abwurflinie verändern
- mit Zielwerfen Augen, Mund und Nase gestalten (Idee: Schmalz)

*Konstruktionsspiele*
Bei entsprechenden Schneebedingungen können von Kleingruppen Figuren im Schnee gelaufen oder gehüpft werden. Besonders attraktiv ist das Formen von Skulpturen, z. B. Tiere wie Katze, Hase, Krokodil, Schildkröte, Schwein. Es können Schneeburgen, Schneehütten oder Iglus gebaut und darin gespielt (oder diese gegen Angreifer verteidigt) werden.

**Olympische Winterspiele**
Vorbereitend sollten sich die Kinder evtl. in Form von Projektarbeit über Wissenswertes zu Olympischen Winterspielen informieren und austauschen (welche Sportarten, wo und wann die letzten bzw. die nächsten Spiele stattfinden, aktuelles Maskottchen, Informationen zu der Stadt/dem Land, olympische Idee – bes. Fairplay). Die Broschüren von der Deutschen Olympischen Akademie (s. Medienempfehlungen) können dafür Unterstützung geben, natürlich auch das Internet. Die Olympiade wird feierlich eröffnet und mit einer Siegerehrung beendet (selbstgebastelte Medaillen).

*Vorschläge für einen olympischen Mehrkampf im Winter (in der Sporthalle):*

| | |
|---|---|
| Skispringen | auf Teppichfliesen über eine schräge Langbank (zwischen Sprossenwand und Kasten) anrutschen, beim Erreichen des Kastens beidbeinig abspringen |
| Slalom | Slalomstrecke (mit Teppichfliesen) durchlaufen |
| Biathlon | Runden laufen in Verbindung mit Zielwerfen, bei Fehlversuchen Strafrunden |
| Rennrodeln | mit Rollbrettern sich auf einer kurvenreichen Strecke fortbewegen |
| Eisschnelllauf | mit Teppichfliesen um ein Oval gleiten (Müller et al. 2005, S. 229) |

*Vorschläge für einen olympischen Mehrkampf im Winter (im Schnee):*

| | |
|---|---|
| Skispringen | von einer Erhöhung in den Schnee springen |
| Slalom | Slalomstrecke (auf Folientüten) durchlaufen |
| Biathlon | s. o. mit Schneebällen auf einen Baumstamm zielen |
| Rennrodeln | Ein Mitspieler sitzt auf dem Schlitten und wird von den anderen Kindern der Gruppe angeschoben. Welcher Schlitten kommt am weitesten? |
| Eisschnelllauf | um ein Oval laufen |

Weitere Spielformen s. Wintersporttag

**Bewegungsspiele im Wasser**

*Wer kann ...*
- auf einem Schwimmbrett sitzen, liegen, stehen, reiten?
- Rollen um die Längs- oder Querachse ausführen?
- auf dem Brett einen Joghurtbecher mit Wasser transportieren?
- beim Schwimmen eine Tauchring auf dem Kopf transportieren?
- möglichst viele Ringe ertauchen?
- durch die gegrätschten Beine des Partners/einer Gruppe tauchen?

*Springen wie ein ...*
Frosch, Affe, Krokodil usw.
Varianten:
- mit Zusatzaufgaben (Klatschen, Fußsohlen berühren)
- Partnersprünge

*Spiele mit Schwämmen*
Kleine Spiele für das Nichtschwimmerbecken abwandeln und statt Bälle Schwämme verwenden.
Beispiele: „Haltet das Feld frei!": Nichtschwimmerbecken in zwei Hälften teilen. Welche Mannschaft schafft es, alle Schwämme aus ihrem Feld auf die andere Seite zu werfen?
Varianten: Jägerschwamm (ähnlich dem Spiel Hase und Jäger), Tigerschwamm (Tigerball)

*Kleine Spiele im Flachwasser*
Haschespiele, Staffelspiele, Hahn und Henne, Schwarz – Weiß, Ball über die Schnur, Ringender Kreis, Tauchzeck, Wasserschlacht, Wassertransport usw.

*Spiele mit Schwimmkörpern*
- Jeder Spieler sitzt auf einem Schwimmkörper (z. B. Schwimmbrett). Die Gruppe bewegt sich ohne Bodenberührung durch das Wasser. Sie helfen sich gegenseitig, damit keiner die Balance verliert.
- Ein Schwimmkörper wird durch Planschen und Spritzten im Flachwasser zur anderen Seite oder durch einen Kreis getrieben.
- Eine in der Kreismitte schwimmende Plasteschüssel wir durch Spritzbewegungen voll Wasser gefüllt und dadurch versenkt.

- Bei Umkehrstaffeln paddeln zwei Schüler mit Luftmatratzen (und evtl. Paddeln) als „Rettungsboot" zur anderen Seite. Ein Spieler wird ausgewechselt.

*Abwandlung von Sportspielen*
- Beim Wasser-Volley wird ein leichter Ball im Kreis so zugespielt, dass er möglichst lange in der Luft bleibt.
- Beim Wasser-Korbball können die Körbe durch Eimer, Schläuche o. Ä. ersetzt werden oder zwei Kinder bilden mit den Armen einen „lebenden" Korb.

Als Höhepunkt der Spiele im Wasser kann Neptun erscheinen und die Taufe vornehmen.

### Olympische Sommerspiele
Die Sommerspiele sollten ähnlich wie die Winterspiele vorbereitet werden (s. Broschüren von der Deutschen Olympischen Akademie, Medienempfehlungen). Einen zusätzlichen Schwerpunkt könnten noch die Paralympics bilden (mit verbundenen Augen auf ein Ziel werfen oder geführt von einem Partner eine Strecke laufen, nur mit einem Bein springen, Ball über die Leine im Sitzen u. a.).

Natürlich gehört auch zu den Sommerspielen eine feierliche Eröffnung und ein entsprechender Abschluss, evtl. mit Tänzen aus dem Gastgeberland. Als Inhalte eignen sich Wettbewerbe ähnlich den Disziplinen der Sommerolympiade (Hürdenlauf über Pappkarton, Sprint, Mini-Marathon als Geländelauf je nach Alter über 600 bis 1000 m). Eine weitere Möglichkeit ist das Nachgestaltet der antiken Wettbewerbe (evtl. Bildmaterial einsetzen).

Vorschläge für einen olympischen Mehrkampf im Sommer in Anlehnung an die Antike:

| | |
|---|---|
| Wagenrennen | vier Schüler ziehen ein Kind auf dem Rollbrett, Teppichfliesen u. a. |
| Waffenlauf | mit Papierhelm, Stab als Waffe und Reifen als Schild |
| Stadionlauf | Lauf über ca. 130 m |
| Diskuswurf | mit Tennisring oder Frisbeescheibe, Bierdeckel |
| Weitsprung | mit Gewichten (zwei mit Sand gefüllte Plastikflaschen) |
| Speerwurf | mit Stäben oder mit Heulern |
| Allkampf | Mattenringkampf (Müller et al. 2005, S. 229) |

### Fußball-Weltmeisterschaft
Verbunden mit einem aktuellen Bezug könnten die Fußball-Weltmeisterschaften oder Europameisterschaften (evtl. Pokalspiele) im Mittelpunkt stehen. Die Spieler können sich Mannschaftsnamen geben und dies auch optisch kennzeichnen. Ein Spielfeld und zwei Tore werden markiert. Gespielt wird jeder gegen jeden, zuerst auf das eine Tor (ohne Tormann), bei Treffer dann auf das gegenüberliegende usw. Wer ein Tor erzielt, verlässt das Spielfeld und wird zum Zuschauer. Diese jubeln, feuern an oder machen eine La-Ola-Welle. Wenn keine Spieler mehr auf dem Feld sind oder nach einer festgelegten Zeit, pfeift der Schiedsrichter ein neues Spiel an. Bei einer großen Anzahl an Mitspielern kann ein Turnier in Gruppen ausgespielt werden. (Spohn, 2009)

### Herbstsportfest
In den Herbstferien bietet sich ein Sportfest im Wald oder Park an. Ein zügiges Wandern oder Joggen zum „Sportplatz" in der Natur dient gleich als Erwärmung. Nach dem Absolvieren verschiedener Stationen könnten Staffelspiele auf den Wegen oder eine Schnitzeljagd einen freudvollen Abschluss bilden.

*Mögliche Stationen für ein Herbstsportfest:*
- Weitwerfen mit Tannenzapfen, Ästen
- Zielwerfen mit Kastanien, Eicheln, Zapfen, Kastanienwettrollen
- Balancieren über Baumstämme
- Überspringen von Gräben, Hecken, Baumstämmen
- Slalomlauf um Bäume
- Hindernisparcours mit Transport von Naturmaterialien
- Kleine Kunststücke mit Kastanien u. a.
- Tast- und Fühlstrecke

### Wetten, dass ...?

Ein weiterer sportlicher Höhepunkt (nicht nur im Herbst) kann „Wetten, dass ...?" sein. In Anlehnung an die Fernsehsendung entscheidet sich jeder Mitspieler für eine von drei Schwierigkeitsstufen. Bei Erfüllung werden 1, 2 oder 3 Punkte vergeben. Der Reiz liegt in der mit einem Wagnis verbundenen Selbsteinschätzung. Inhalte können o. g. Übungsformen mit Naturmaterialien sein. Weitere Anregungen für Bewegungsaufgaben:
- aus unterschiedlichen Entfernungen mit einem indirekten Wurf ein markiertes Feld an der Wand treffen
- Bohnensäckchen aus unterschiedlichen Entfernungen in einen Ring werfen
- Ballprobe mit Handklatsch (1-mal, 2-mal, 3-mal)
- Tischtennisball ohne Unterbrecher mit Schläger nach oben spielen (4, 7 oder 10 Kontakte)
- Hackysack ohne Unterbrechung mit dem Fuß oder Bein jonglieren (s. Abschnitt 3.2)

Varianten:
- nach neuen Bewegungsaufgaben suchen
- Erwartungshaltung durch einen Partner formulieren (Müller et al., 2005, S. 198–202)

### Partnerwettbewerbe

Ein Sporttag könnte auch unter dem Thema Partnerwettbewerbe stehen. Ebenso sollten solche Formen in andere Hortsporttage einbezogen werden. Beispiele:

| | |
|---|---|
| Hocker-Federball: | auf Sprunghockern oder in Reifen stehend sich möglichst lange einen Federball zuspielen |
| „Dreibein"-Lauf: | mit den zusammen gebundenen inneren Beinen schnell eine Strecke laufen |
| „Dreibein"-Schießen: | einen Ball aus 4 m bis 5 m Entfernung auf ein (unbewachtes) Tor schießen |
| Volley-Spielen: | einen aufgeblasenen Wasserball/Luftballon sich mit Pritschen ohne Bodenberührung möglichst oft über eine Leine zuspielen |
| Jonglieren: | einen aufgeblasenen Wasserball sich mit den Füßen oder per Kopf möglichst lange ohne Bodenberührung zuspielen |
| Frisbee: | Frisbee-Scheiben ebenfalls ohne Bodenberührung dem Partner zuspielen (mit Zeitbegrenzung, sich zwei Scheiben zeitgleich) |
| Additionskegeln: | beim Kegeln (in die Vollen) die gefallenen Kegel als Paar addieren |
| Versenken: | einen Ball (mit Schläger) in den vom Partner aufgehaltenen Eimer/Korb/Schüssel versenken |
| Büchsenlauf: | als Paar sich auf drei Büchsen mit Halteschnur (Laufdollies, Mini-„Stelzen", Halbkugeln) fortbewegen |
| Sprintlauf: | Start mit Rücken zur Laufrichtung, eine Strecke von ca. 20 m rückwärts als Paar mit Handfassung absolvieren |

Einige dieser Wettbewerbe können bei kleinen Veränderungen sowohl paarweise miteinander als auch gegen andere Paare ausgeführt werden, z. B. Standweitsprung:
- A 1 springt von einer Ausgangsstellung in die eine Richtung, von dessen Landestelle anschließend A 2 wieder zurück; an dessen Landestelle beginnt wieder A 1
- fünf Durchgänge von A 1 plus A 2 gegen das Paar B 1 plus B 2

Variante: Werfen mit Schweifbällen, Stoßen mit Medizinbällen, Strohhalmweitwurf

## Literatur

Anderfuhren, T. (2007). *Das Spielplatzbuch. Wege zu Trauminseln der Kindheit. Mit praktischen Anleitungen und Beispielen.* Baden und München: AT Verlag.
Antonovsky, A. (1979). *Health, Stress and Coping.* San Francisco: Jossey-Bass.
Antonovsky, A. (1987). *Unraveling the Mystery of Health.* San Francisco: Jossey-Bass.
Arl, Chr. (2007). *Beispiele für Bewegung im Gruppenraum.* Manuskript. Leipzig: Sportwissenschaftliche Fakultät.
Arndt, M. & Singer, W. (1981). *Fingerspiele und Rätsel für Vorschulkinder.* Berlin: Volk und Wissen.
Augenstein, S. (2003). *Yoga und Konzentration.* Kassel: Prolog Verlag.
Bach, K. (2009). *Anregungen für mehr Bewegung in Kindertagesstätten.* Manuskript. Leipzig: Sportwissenschaftliche Fakultät.
Bachmann, F. (Hrsg.). (1976). *Teddy, Teddy, tanze. Ein Liederbuch für die Musikerziehung in der Kinderkrippe* (5. Aufl.). Leipzig: Friedrich Hofmeister Musikverlag.
Bäcker-Braun, K. (2009). *Die 50 besten Spiele für Unter-Dreijährige.* München: Don Bosco Verlag.
Bahr, S. (2020). Den Übergang von der Kita in die Schule bewegt unterstützen. In C. Andrä & M. Macedonia (Hrsg.), *Bewegtes Lernen* (S. 168–184). Berlin: Lehmanns Media.
Bareis, A. (1995). *Mit Kindern werken und gestalten.* Donauwörth: Auer.
Baur, J. (1993). Motorische Entwicklung: Konzeptionen und Trends. In J. Baur, Kl. Bös & R. Singer (Hrsg.), *Motorische Entwicklung: Ein Handbuch.* (S. 27–48). Schorndorf: Hofmann.
Bart, K. & Maak, A. (2007). *Deutsch mit dem ganzen Körper.* Mühlheim an der Ruhr: Verlag an der Ruhr.
Beins, J. & Cox, S. (2002). *Die spielen ja nur!* (2. Aufl.). Dortmund: Borgmann.
Beins, H. J. & Klee, T. (2020). *Bauen ist lustvolles Lernen!* (2. überarb. Aufl.). Basel, Dortmund: Borgmann.
Benham-Deal, T. (2005). Preschool children's accumulated and sustained physical activity. *Perceptual and motor skills* (100) 2, 443–450.
Bergmann, B. (2008). *Bewegung von Anfang an.* Berlin: Cornelsen Scriptor.
BertelsmannStiftung (2020). *Ländermonitoring. Frühkindlicher Bildungssysteme 2020.* Zugriff 10. Dezember 2020 unter https://www.laendermonitor.de/de/report-profile-der-bundeslaender/bundeslaender/sachsen
Bieligk, M. (2013). *160 Spiel- und Übungsideen zur Förderung der Sinneswahrnehmung bei Kindern und Jugendlichen.* Wiebelsheim: Limpert.
Biermann, I. (2006). *Kleinkinder entdecken ihre Umgebung* (3. Aufl.). Freiburg: Herder.
Biermann, I. (2010). *Spiele zur Wahrnehmungsförderung* (14. neu bearb. Aufl.). Freiburg im Breisgau: Herder.
Bläsius, J. (2007). *3-Minuten Bewegung.* München: Don Bosco Verlag.
Blucha, U. & Schuler, M. (2009). *Geschichten zur Förderung der Grob- und Feinmotorik.* Freiburg: Herder.
Bochmann, S. (2009). *Bewegungsverhalten von Kindern im Vorschulalter.* Magisterarbeit. Chemnitz: Philosophische Fakultät.
Brandt, P. (2001). *Erlebnispädagogik – Abenteuer für Kinder.* Freiburg: Herder.
Brodtmann, D. (1985), Schulsportfeste. *Sportpädagogik*, 10(3), 11–14.
Bundeszentrale für gesundheitliche Aufklärung (2002). *Lied & Bewegung* (mit CD). Köln: BzfA.
Bunk, H.-D. (1990). *Zehn Projekte zum Sachunterricht.* Frankfurt/Main: AK Grundschule e. V.
Cardon, G.M. (2008). *Are preschool children active enough? Objectively measured physical activity levels.* [Elektronische Version]. Zugriff am 17. Oktober 2008 unter http://findarticles.com/p/articles/mi_hb3397/is_3_79/ai_n28572833/print?tag=artBody;col1
Carr, R. (1987). *Bewegungsspiele und Yoga mit Kindern* (2. Aufl.). München Kössel.
Clauss, G. (Hrsg.). (1995). *Fachlexikon ABC Psychologie.* Frankfurt: Hari Deutsch.
Deister, M. & Horn, R. (2011). *Streichelwiese: Ganzheitliche Körpererfahrung für Kinder. Geschichten, die mit den Fingern erzählt werden* (28. Aufl.). Lippstadt: Kontakte Musikverlag.
Dennison, P.E. & Dennison, G. (1991). *Lehrerhandbuch Brain Gym.* Freiburg: VAK-Verlag für Angewandte Kinesiologie GmbH.
Deutsche Olympische Akademie (Hrsg.). (2017). *Olympia ruft: Mach mit! Arbeitsmaterialien für Kindertagesstätten.* Zugriff am 12. April 2021 unter https://www.doa-info.de/
Deutsche Olympische Akademie (Hrsg.). (2020). *Olympia ruft: Mach mit! Unterrichtsmaterialien Primarstufe.* Zugriff am 12. April 2021 unter https://www.doa-info.de/

DGfE: Glaser, E.; Koller, H.-C.; Thole, W. & Krumme, S. (Hrsg.). (2018). *Räume für Bildung – Räume der Bildung*. Beiträge zum 25. Kongress der Deutschen Gesellschaft für Erziehungswissenschaft. Opladen, Berlin, Toronto: Verlag Barbara Budrich.
DGUV (Hrsg.). (2004). *Wahrnehmungs- und Bewegungsförderung in Kindertageseinrichtungen*. DGUV Information 202–062. Berlin: DGUV.
DGUV (Hrsg.). (2006). *Giftpflanzen – Beschauen, nicht kauen*. DGUV Information 202–023. Berlin: DGUV.
DGUV (Hrsg.). (2009). *Kindertageseinrichtungen*. DGUV Regeln 102–002. Berlin: DGUV.
DGUV (Hrsg.). (2017). *Die Jüngsten in Kindertageseinrichtungen sicher bilden und betreuen*. DGUV Information 202–093. Berlin: DGUV.
DGUV (Hrsg.). (2018). *Trampoline in Kindertageseinrichtungen und Schulen*. DGUV Information 202–081. Berlin: DGUV.
DGUV. (Hrsg.). (2020a). *Mit Kindern in den Wald*. DGUV Information 202–074. Berlin: DGUV.
DGUV. (Hrsg.). (2020b). *Außenspielplätze und Spielplatzgeräte*. DGUV Information 202–022. Berlin: DGUV.
DGUV. (Hrsg.). (2020c). *Seilgärten in Kindertageseinrichtungen und Schulen*. DGUV Information 202–072. Berlin: DGUV.
Dickreiter, B. (1997). Bewegung und Gehirn. In Chr. Müller (Hrsg.), *Symposium Bewegte Grundschule*. Konferenzbericht (S. 12–17). Dresden: TU Dresden, Sportpädagogik.
Dickreiter, B. (2000). Bewegung zur Förderung der geistigen Entwicklung im Kindes- und Jugendalter mit dem Ziel des stressfreien Lernens. In Chr. Müller (Hrsg.), *Symposium: Von bewegten Grundschulen zu bewegten Schulen*. Konferenzbericht (S. 14–17). Dresden: TU Dresden, Sportpädagogik.
Deutsches Institut für Normung (DIN). (2012-08). *DIN 79400: Slacklinesysteme – allgemeine und sicherheitstechnische Anforderungen und Prüfverfahren*. Berlin: Beuth.
Dinter, A. & Müller, Chr. (2008). *Bewegte Schule gestalten*. Meißen: Unfallkasse Sachsen.
Dinter, A. & Müller, Chr. (2011). *Bewegungsräume für Kindertageseinrichtungen*. Meißen: Unfallkasse Sachsen.
Dinter, A. (2013). *Didaktisch-methodische Aspekte und Modifikationen eines Konzeptes der bewegten Schule für Schülerinnen und Schüler mit sonderpädagogischem Förderbedarf der geistigen Entwicklung*. Manuskript (Dissertation). Leipzig: Sportwissenschaftliche Fakultät. Fassung vom 21. Juni 2013.
Dinter, A. (2015). Gemeinsam für eine bewegte Kindheit. *Sachsensport* 250, August/ September, 8.
Döbler, H. & Döbler, E. (2018). *Kleine Spiele* (23. Aufl.). Mühlheim an der Ruhr: Verlag an der Ruhr.
Domsgen, P. (2010). *Modifizierungen des Konzeptes Bewegte Grundschule. Bewegungsförderung für Kinder von 0 bis 4 Jahren*. Leipzig: Sportwissenschaftliche Fakultät.
Dordel, S. & Welsch, M. (2000). Zur motorischen Förderung im Vorschul- und Grundschulalter. *Praxis der Psychomotorik*, 24(4), 196–211.
Dörschel, J. (2009). *Wie gestalte ich Wandertage interessant?* Wissenschaftliche Arbeit. Leipzig: Sportwissenschaftliche Fakultät.
Drescher, S (2015). *Alte Kinderspiele – Neu entdeckt*. Manuskript. Dresden: Erzieherinnentag.
Dummer-Smoch, L. (o. J.). *Laute – Silben – Wörter*. Übungsbuch zum Leselernen mit Lautgebärden. Kiel: Veris Verlag. (www.veris-direct.de).
Dunkel, K. & Köhler, T. (2012). *Bewegte Kita – Partner für Sicherheit – Kooperationen zwischen Kindertageseinrichtungen und Sportvereinen. Untersuchungsergebnisse und Möglichkeiten zur Umsetzung einer erfolgreichen Zusammenarbeit*. Bachelorarbeit. Leipzig: Sportwissenschaftliche Fakultät.
Dunker, L. & Popp, W. (Hrsg.). (1994). *Kind und Sache*. München, Weinheim: Beltz.
Dunker, L. & Götz, B. (1984). *Projektunterricht als Beitrag zur inneren Schulreform*. Langenau-Ulm: Vaas.
Erkert, A. (2004). *Bewegungsspiele für Kinder. Körpererfahrung und Bewegungsförderung für jeden Tag* (2. Aufl). München: Don Bosco Verlag.
Erkert, A. (2007). *Lernen mit Bewegungsspielen*. Freiburg, Basel, Wien: Herder.
Ferber, D. & Steffe, S. (2010). *Sing, klatsch & spring*. Münster: Ökotopia.
Fessler, L. (2002). *Evaluation von Sportförderprogrammen. Ein differenzierter theoretischer Ansatz mit empirischen Ausführungen am Beispiel der Kooperationsprogramme Schule und Sportverein*. Schorndorf: Hofmann.
Finger, J.G., Varnaccia, G.,Bormann, A., Lange, C. & Mensink, GBM (2018). Körperliche Aktivität von Kindern und Jugendlichen in Deutschland – Querschnittsergebnisse aus KiGGS Welle 2 und Trends. *Journal of Health Monitoring* 3(1), S. 24–31. Zugriff am 18. Dezember 2020 unter https://www.rki.de/DE/Content/Gesundheitsmonitoring/ Gesundheitsberichterstattung/GBEDownloadsJ/FactSheets/JoHM_01_2018_koerperliche_Aktivitaet_KiGGS-Welle2.pdf?__blob=publicationFile

Fischer-Olm, A. (2003). *Mit schöner Sprache durch das Jahr*. Dortmund: Borgmann.
Gaß-Tutt, A. (1995) *Tanzspiele für Kinderpartys*. Boppard am Rhein: Fidula.
Gaß-Tutt, A. (1981.) *Kinderparty – Kinderspaß. 70 leichte Tänze, Tanzspiele & Tanzideen für Kindergeburtstage, Sommerfeste & Kinderfastnacht*. Salzburg: Fidula.
Gesundheitsamt der Stadt Leipzig (2015). *Ergebnisse Kita-Untersuchung*. Information vom 31.8.2015. Leipzig: Gesundheitsamt.
Göpfert, M. & Klimsch. S. (2006). *Analyse des Bewegungsverhaltens von Vorschulkindern in der Stadt Leipzig*. Diplomarbeit. Leipzig: Sportwissenschaftliche Fakultät.
Griebel, W. & Niesel, R. (2011). *Übergänge verstehen und begleiten. Transition in der Bildungslaufbahn von Kindern*. Berlin: Cornelsen.
Große-Jäger, H. (1988). Tanzen in der Grundschule. In *Musikpraxis extra, Bd. 1*. Boppard: Fidula.
Größing, St. (1993). *Bewegungskultur und Bewegungserziehung*. Schorndorf: Hofmann.
Grüger, C. & Horn, R. (2008). *Turnzwerge ganz groß*. Lippstadt: Kontakte Musikverlag.
Grüger, C. & Endres, S. (2007). *Phantasievolle Spiel- und Bewegungsideen*. Wiebelstein: Limpert.
Grüger, C. & Weyhe, S. (2007). *Kinder in Bewegung mit NaturMotorik*. Münster: Ökotopia.
Grupe, O. (1982). *Bewegung, Spiel und Leistung im Sport*. Schorndorf: Hofmann.
Grupe, O. (1992). Zur Bedeutung von Körper-, Bewegungs- und Spiel-Erfahrungen für die kindliche Entwicklung. In H. Altenberger & F. Maurer (Hrsg.), *Kindliche Welterfahrungen in Spiel und Bewegung* (S. 9–38). Bad Heilbrunn: Klinkhardt.
Grupe, O. & Mieth, D. (1998). *Lexikon der Ethik im Sport*. Schorndorf: Hofmann.
Haine, B. & Kirst, I. (2021). Kooperation mit Kreis- und Stadtsportbünden. Zuarbeit. Leipzig: LSB.
Hanssen-Doose, A. & Niessner, C (2020). *Factsheets – Ergebnisse kurz und knapp. Ergebnisse zur Koordination über 12 Jahre*. Zugriff am 18. Dezember 2020 unter http://www.sport.kit.edu/MoMo/fuer_Medien_und_Experten_Ergebnisse.php
Haupt, B. (1996). Was tun Kinder am Nachmittag? – Analyse und Vergleich. In W. Schmidt (Hrsg.), *Kindheit und Sport – gestern und heute* (S. 85–98). Hamburg: Czwalina.
Hepp, H. (o. J.) *Tänze im Kreis 1–5 (6 und 7)*. Boppard am Rhein: Fidula.
Hepp, H. & Hepp, M. (o. J.) *Mitmachtänze 1–4*. Boppard am Rhein: Fidula.
Hering, W. & Jekic, A. (2003). *Musik mit den ganz Kleinen*. Reinbek: Rowohlt.
Hering, W. (2010). *Kunterbunte Bewegungshits*. Münster: Ökotopia.
Hering, B., Hering, W. & Meyerholz, B. (o. J.). *Trio Kunterbunt Hits*. Lippstadt: Kontakte.
Herm, S. (2006). *Psychomotorische Spiele für Kinder in Krippen und Kindergärten* (12. Auf.). Berlin: Cornelsen Scriptor.
Herrmann, U. (Hrsg.). (2006). *Neurodidaktik*. Weinheim, Basel: Beltz.
Heuschmidt, L. (2010). *Bewegte Kinderkrippe – Spaziergänge*. Hausarbeit. Leipzig: Sportwissenschaftliche Fakultät.
Hirtler, S. (2006). *Musik und Spiel für Kleinkinder. Ein Praxisbuch für die musikalische Früherziehung in Krippe, Tagespflege und Eltern-Kind-Gruppen*. Weinheim, Basel: Beltz.
Hirtz, P. (1985). *Koordinative Fähigkeiten im Schulsport*. Berlin: Volk und Wissen.
Hofmann, S. (2008). *Wahrnehmungsförderung durch Bewegung*. Manuskript. Leipzig: Sportwissenschaftliche Fakultät.
Hollmann, W. et al. (2003). Körperliche Aktivität fördert Gehirngesundheit und -leistungsfähigkeit. *Nervenheilkunde, 22*(9), 467–474.
Hollmann, W. et al. (2005). Gehirn und körperliche Aktivität. *Sportwissenschaft, 35*(1), 3–14.
Holm-Grünberg, B. (2014). *Warum die Wippe kippt? Das Naturgesetze-Forscher-Buch*. Freiburg, Basel, Wien: Herder.
Hönig, C. (2010). *Bewegte Kinderkrippe. Möglichkeiten bewegter Lernsituationen für Kinder im Alter von 2 bis 4 Jahren*. Leipzig: Sportwissenschaftliche Fakultät.
Horn, R. (2015a). *Meine Jahreszeiten-Hits*. Lippstadt: Kontakte Musikverlag.
Horn, R. (2015b). *WolkenTräumeZeit*. Lippstadt: Kontakte Musikverlag.
Hubalek, A. (2007). *Bewegung ist Bildung – Lösungsbeispiele für die Förderung mathematischer Vorschulfähigkeiten über „Bewegtes Lernen"*. Facharbeit. Dresden: Berufliches Schulzentrum für Gesundheit und Sozialwesen.
ITPS (1987). *Tägliche Bewegungszeit in der Grundschule*. Kiel: ITPS.
ITPS (1988). *Tägliche Bewegungszeit in der Grundschule. Teil 2*. Kiel: ITPS.
Jahn, U. & Senf, G. (2010). *Warum Kinder Bewegung brauchen* (2. Aufl.). Stuttgart: Hampp Media GmbH.
Jöcker, D. (o. J.). *Singen & Bewegen* (CD/DVD mit Begleittext). Teil 1 und Teil 2. Münster: Menschenkinder Verlag.

Jöcker, D. & Fuhrig, H.-J. (o. J.). *Start English with a Song* (CD/DVD). Münster: Menschenkinder Verlag.
Jöcker, D. (o. J.) *Für die Kleinsten. Eine Sammlung der schönsten Lieder von Detlev Jöcker „Für die Kleinsten"* (CD mit Begleitbuch). Münster: Menschenkinder Verlag.
Jöcker, D. (o. J.). *Im Kribbel Krabbel Mäusehaus. Lern-, Spiel- und Spaßlieder.* (CD mit Begleitbuch). Menschenkinder Verlag.
Jöcker, D. (o. J.). *Si-Sa-Singemaus. Spiel- und Lernlieder.* (CD mit Begleitbuch). Münster: Menschenkinder Verlag.
Jöcker, D. (o. J.). *Ein kleiner Käfer geht spazieren. Spiel- und Lernlieder.* (CD mit Begleitbuch). Münster: Menschenkinder Verlag.
Jöcker, D. (o. J.). *Viele kleine Streichelhände. Finger- und Körperspiellieder zum Entspannen und Träumen.* (CD mit Begleitbuch). Münster: Menschenkinder Verlag.
John, W. (2019). *Konzept der bewegten Schule. Vorbereitende Bewegungsangebote unter dem Aspekt der frühkindlichen Bildung.* Wissenschaftliche Arbeit. Leipzig: Sportwissenschaftliche Fakultät.
Jürgens, E., Hocker, H., Hänkel, P. & Lersch, R. (1997). *Die Grundschule, Zeitströmungen und aktuelle Entwicklungen.* Hohengehren: Schneider.
Kaiser, J. (2010). *Bewegte Kinderkrippe (1–3 Jahre).* Hausarbeit. Leipzig: Sportwissenschaftliche Fakultät.
Keck, R. W. (1994). Hausaufgaben. In R. W. Keck & U. Sandfuchs (Hrsg.), *Wörterbuch Schulpädagogik* (S. 147–149). Bad Heilbrunn: Klinkhardt.
Kempf, H.-D. & Pfänder, B. (2006). *Kindergarten in Bewegung.* Dortmund: Borgmann Media.
Kindervereinigung Sachsen e. V. (Hrsg.). (2009). *Bildung und Freiraumqualität. Ein Leitfaden.* Chemnitz: Landesgeschäftsstelle.
Klaus, I. (2007). *Ideen für bewegten Kindergarten. Naturwissenschaftlicher Bereich.* Belegarbeit. Leipzig: Sportwissenschaftliche Fakultät.
Kleeberg, J. (1999). *Spielräume für Kinder planen und realisieren.* Stuttgart: Ulmer Verlag.
Kleikamp, L. & Jöcker, D. (o. J.). *1, 2, 3 im Sauseschritt* (mit CD/MC). Münster: Menschenkinder Verlag.
Klein, M., Höfele, M.E. & Hirtler, S. (2010). *Sanfte Klänge für Babys und Kleinkinder.* Münster: Ökotopia.
Kleine, W. (Hrsg.). (1998). *Bewegung im Kinderzimmer. Bd. 2.* Achen: Meyer & Meyer.
Kirchmayer, A. (1947). *Komm, spiel und tanz mit uns.* Wien: Jugend und Volk.
KMK (2017). *Kompetenzorientiertes Qualifikationsprofil für die Ausbildung von Erzieherinnen und Erzieher an Fachschulen und Fachakademien.* (Beschluss der Kultusministerkonferenz vom 01.12.2011 i. d.F. vom 24.11.2017). Zugriff am 02. Januar 2019 unter http://www.kmk.org/fileadmin/Dateien/veroeffentlichungen_beschluesse /2011/2011_12_01-ErzieherInnen-QualiProfil.pdf
Knauf, T. (2017). *Reggio-Pädagogik.* Zugriff am 8. Februar 2019 unter http://KiTaFT_Knauf_2017_Reggio_Paedagogik.de
Köckenberg, H. (2007). *Bewegungsräume* (3. Aufl.). Dortmund: borgmann.
Kraft, P. (1979). *Feste und Geselligkeiten in der Schule.* Braunschweig: Westermann.
Kretschmer, J. (1981). *Sport- und Bewegungsunterricht 1–4.* München, Wien, Baltimore: Urban & Schwarzenberg.
Kreusch-Jacob, D. (1997). *Mit Liedern in die Stille* (2. Aufl.). Düsseldorf: Patmos-Verlag.
Kreusch-Jacob, D. (1999). *Musikerziehung* (3. Aufl.). München: Don-Bosco-Verlag.
Kreusch-Jacob, D. (2001). *Das Musikbuch für Kinder* (11. Aufl.). Mainz u. a.: Schott.
Kreusch-Jacob, D. (2009). *Krabbelmaus und Zappelzwerg.* Mannheim: Patmos audio.
Krippner, S. (2010). *Bewegte Kinderkrippe.* Manuskript zur Magisterarbeit. Leipzig: Sportwissenschaftliche Fakultät.
Krüger, A. (2008). *Ideen für bewegten Kindergarten.* Manuskript. Leipzig: Sportwissenschaftliche Fakultät.
Kruppa, B. (2014) *Konzept einer erlebnispädagogischen Intervention im Kindergarten zur Förderung der Kooperationsfähigkeit bei Vier- bis Fünfjährigen.* Bachelorarbeit. Leipzig: Sportwissenschaftliche Fakultät.
Kruppa, B. (2015). *Eine Untersuchung zum Konzept einer erlebnispädagogischen Intervention im Kindergarten zur Förderung der Kooperationsfähigkeit bei Vier- bis Fünfjährigen.* Projektarbeit. Leipzig: Sportwissenschaftliche Fakultät.
Kunz, T. (1993a). 15 Minuten Bewegung reichen schon. *Pluspunkt, 4,* 4–6.
Kunz, T. (1993b). *Weniger Unfälle durch Bewegung.* Schorndorf: Hofmann.

Landessportbund Sachsen & Sächsisches Staatsministerium für Kultus (Hrsg.). (o. J.). *Handreichung zur Zusammenarbeit von Schulen und Sportvereinen beim Auf- und Ausbau von Ganztagsangeboten im Freistaat Sachsen*. Leipzig: Messedruck.
Lang, S. (1997). *Entspannungsgeschichten*. Belegarbeit. Dresden: TU Dresden, Sportpädagogik.
Lange, U. & Stadelmann, T. (2002). *Sand – Wasser – Steine. Spiel-Platz ist überall*. Weinheim: Beltz.
Lehrl, S. & Fischer, B. (1994). *Gehirn-Jogging: Selber denken macht fit* (4. Aufl.). Ebersberg: Vless-Verl.
Lensing-Conrady, R. (2015). *Mathe bewegt!* Dortmund: verlag modernes lernen.
Liebig, J. (2007). *Ideen für bewegten Kindergarten. Kommunikativer Bereich.* Belegarbeit. Leipzig: Sportwissenschaftliche Fakultät.
Lorenz, J.H. (2015). *Kinder begreifen Mathematik. Frühe mathematische Bildung und Förderung* (2. Aufl.). Stuttgart: Kohlhammer.
Lück, G. (2018). *Handbuch der naturwissenschaftlichen Bildung in der Kita.* Freiburg: Herder.
Lustig, I. & Ruzocka, R. (Hrsg.). (1976). *Der Kinderbaum*. München: Beltz.
Mackowiak, S. (2008). *Bewegungsprogramme in der Kita für die Familien*. Belegarbeit. Leipzig: Sportwissenschaftliche Fakultät.
Markert, T. & Wierre, A. (2008). *Baustelle Ganztag. Eine empirische Studie zur Kooperation von Horten und Grundschulen mit Ganztagsangeboten in Dresden*. Dresden: Servicestelle Ganztagsangebote Sachsen.
Markert, T. & Weinhold, K. (2009). *Ganztagsangebote im ländlichen Raum. Eine empirische Studie zur Kooperation von Hort und Grundschule mit Ganztagsangeboten in Sachsen*. Dresden: Servicestelle Ganztagsangebote Sachsen.
Moritz, S. (2014). *Bewegte Kita – Ergänzungen zu Bewegungsmöglichkeiten im Kindergarten.* Bachelorarbeit. Leipzig: Sportwissenschaftliche Fakultät.
Müller, Chr. & Petzold, R. (2002). *Längsschnittstudie bewegte Grundschule. Ergebnisse einer vierjährigen Erprobung eines pädagogischen Konzeptes zur bewegten Grundschule*. St. Augustin: Academia.
Müller, Chr., Ciecinski, A. & Schlöffel, R. (2016). *Bewegtes Lernen in Englisch. Anfangsunterricht in der Grundschule* (2. neu bearb. und erweit. Aufl.). St. Augustin: Academia.
Müller, Chr. (2003a). *Bewegtes Lernen in Ethik. Klassen 1 bis 4.* St. Augustin: Academia.
Müller, Chr. & Engemann, M. (2003b). *Bewegtes Lernen in Kunst. Klassen 1 bis 4.* St. Augustin: Academia.
Müller, Chr., Petzold, R., Hofmann, S. & Volkmer, M. (2005). *Sportunterricht gestalten*. Berlin: Cornelsen.
Müller, Chr. (Hrsg.). (2006). *Gesamtausgabe Bewegtes Lernen Klasse 1 bis 4. Didaktisch-methodische Anregungen für die Fächer Mathematik, Deutsch und Sachunterricht.* (3. Aufl.). St. Augustin: Academia.
Müller, Chr. (2009). *Bewegter Hort*. Meißen: Unfallkasse Sachsen.
Müller, Chr. & Mende, J. (2009). *Bewegtes Lernen in Musik. Klassen 1 bis 4.* St. Augustin: Academia.
Müller, Chr. (2010a). *Bewegte Grundschule. Aspekte einer Didaktik der Bewegungserziehung als umfassende Aufgabe der Grundschule* (3. neu bearb. Aufl.). St. Augustin: Academia.
Müller, Chr. (2010b). *Bewegte Krippe*. Meißen: Unfallkasse Sachsen.
Müller, Chr. (2010c). *Schulsport in den Klassen 1 bis 4* (2. überarb. Aufl.). St. Augustin: Academia.
Müller, Chr. & Petzold, R. (2014). *Bewegte Schule* (2. neu bearb. und erweit. Aufl.). St. Augustin: Academia.
Müller, Chr. (2015). *Bewegter Kindergarten* (2. neu bearb. und erweit. Aufl). Meißen: Unfallkasse Sachsen.
Müller, Chr. (2019). Lernen und Bewegung verbinden – eine Querschnittsaufgabe in Kita und Schule. *Leipziger Sportwissenschaftliche Beiträge* 60(2), 151–168.
Müller, Chr. & Dinter, A. (2020). *Bewegte Schule für alle* (2. Aufl.). *St. Augustin: Academia.*
Müller, E. (1993). *Träume auf der Mondschaukel*. München: Kösel.
Münchmeier, A.-B. (1996). *Spielen mit kleinen Kindern und Babys.* Reinbeck: Rowohlt.
Oberholzer, A. & Lässer, L. (2003). *Gärten für Kinder. Naturnahe Kindergärten und Schulanlagen. Hausgärten und Spielplätze* (4. Aufl.). Stuttgart: Ulmer.
Österreicher, H. & Prokop, E. (2018). *Kinder wollen draußen sein* (3. Aufl.). Hannover: Friedrich.
Pate, R.R.; Pfeiffer, K.A.; Trost, S.G.; Ziegler, P. & Dowda, M. (2004). Physical activity among children attending preschools. *Pediatrics* (114), 1258–1263.
Petermann, U. (2007). *Entspannungstechniken für Kinder und Jugendliche* (5. Aufl.). Weinheim, Basel: Beltz.
Petillon, H. (1997). Zielkonflikte in der Grundschule. Literaturüberblick. In F. E. Weinert & A. Helmke (Hrsg.). *Entwicklung im Grundschulalter* (S. 289–298). Weinheim: Beltz.

Petzold, R. (1994). *Schulhofspiele*. Bautzen: Lausitzer Druck- und Verlagshaus.
Petzold, R. (2007). *Mögliche Veränderungen von bekannten Spielen*. Manuskript. TU Dresden.
Petzold, R. (2008). *Spielformen zur Ausdauerschulung*. Manuskript. TU Dresden.
Pirnay, L. (1993). *Kindgemäße Entspannung*. Lichtenbusch-Belgien: Eigenverlag.
Plüschke, C. (2020). *„Bewegte Schule" Entwicklung von Bewegungsangeboten für Vorschulkinder unter dem Aspekt einer erfolgreichen Transition*. Wissenschaftliche Arbeit. Leipzig: Sportwissenschaftliche Fakultät.
Portmann, R. (2011). *Die 50 besten Spiele für mehr Umweltbewusstsein*. München: Don Bosco.
Posmyk, A. (2008). *Darstellendes Spiel in bewegten Kindergärten*. Manuskript. Leipzig: Sportwissenschaftliche Fakultät.
Pötzsch, K. (2009). *Gedichte und Geschichten zum Thema Bewegter Hort*. Hausarbeit. Leipzig: Sportwissenschaftliche Fakultät.
Preußler, O., Stigloher, R. & Probst, R. (1998). *Eins, zwei, drei im Bärenschritt*. Stuttgart: Thienemann.
Proßowsky, P. (2009). Yoga in der Schule. *Praxis der Psychomotorik 34*(1), S. 40–44.
Regelein, S. (1988). *Lernspiele für die Grundschule*. München: Oldenbourg.
Rekow, A., Säbel, J.-P., Becker-Gebhard, B. & Kaplan, K. (1999). Hausaufgabenbetreuung. In K. Kaplan & B. Becker-Gebhard (Hrsg.), *Handbuch der Hortpädagogik* (2. Aufl.). (S. 269–277). Freiburg im Breisgau: Lambertus.
Reuys, E. & Viehoff, H. (2009a). *Wir klatschen, singen, tanzen* (2. Aufl.). München: Don Bosco Verlag.
Reuys, E. & Viehoff, H. (2009b). *Wir krabbeln, klettern, hüpfen*. München: Don Bosco Verlag.
Rütten, A. & Pfeifer, K. (Hrsg.). (2016). *Nationale Empfehlungen für Bewegung und Bewegungsförderung*. Erlangen-Nürnberg: FAU.
SächsKitaG – *Gesetzt über Kindertageseinrichtungen* vom 15. November 2009 in der Fassung gültig ab 30. Dezember 2020. Zugriff am 8. April 2021 unter https://www.revosax.sachsen.de/vorschrift/1079-Gesetz-ueber-Kindertageseinrichtungen#p6
Sächsischer Bildungsplan (s. SMK, 2011).
Salber, U. & Meussen, A. (2006). *Ganzheitliche Entspannungstechniken für Kinder* (4. Aufl.). Münster: Ökotopia.
Schierz, M. (1998). Weltenwechsler, Moderneopfer, Gegenbilder. *Körpererziehung, 48*(10), 323–328.
Schmalz, F. (2009). *Bewegter Hort*. Hausarbeit. Leipzig: Sportwissenschaftliche Fakultät.
Schmidt, W. (1996). Veränderte Kindheit – Veränderte Bewegungs- und Sportwelt. In W. Schmidt, *Kindheit und Sport – gestern und heute* (S. 9–30). Hamburg: Czwalina.
Schmidt, W. (2008). *Zweiter deutscher Kinder- und Jugendsportbericht*. Schorndorf: Hofmann.
Scholz, M. (2005). *Erlebnis – Wagnis – Abenteuer*. Schorndorf: Hofmann.
Schurzmann. K. (2009). *Bewegte Kinderkrippe. Anregungen für mehr Bewegung in den Kindertagesstätten – besonders in den Gruppenräumen*. Manuskript. Leipzig: Sportwissenschaftliche Fakultät.
Seele, K. (2012). *Beim Denken gehen, beim Gehen denken. Die Peripatetische Unterrichtsmethode*. Band 14 von Philosophie und Bildung. Berlin, Münster u. a.: LIT.
Seifert, J. (2010). *Bewegungs- und Entspannungsgeschichten für Kinder im Alter von 1 bis 4 Jahren*. Hausarbeit. Leipzig: Sportwissenschaftliche Fakultät.
Seiffert, S. (1997). *Viele kleine Streichelhände*. Münster: Menschenkinder Verlag.
Seyffert, S. (2010). *Von Frühlingstanz bis Schneeflockenmassage*. Berlin: Cornelsen.
Siebenhüner, K. (2007). *Entspannungsgeschichten*. Belegarbeit. Leipzig: Sportwissenschaftliche Fakultät.
Singerhoff, L. & Stiefenhofer, M. (2010). *Finger- und Bewegungsspiele für Krippenkinder*. Freiburg: Herder.
SMK (Sächsisches Staatsministerium für Kultus) & SMS (Sächsisches Staatsministerium für Soziales). (2007). *Empfehlung zur Kooperation von Schule und Hort. Eine Handreichung für Kindertageseinrichtungen und Schulen*. Zugriff am 20. Februar 2021 unter https://tu-dresden.de/gsw/ew/ibbd/sp/ressourcen/dateien/forschung/online-archiv/Schule-Hort.pdf
SMK (Sächsisches Staatsministerium für Kultus). (Hrsg.). (2011). *Der Sächsische Bildungsplan – ein Leitfaden für pädagogische Fachkräfte in Krippen, Kindergärten und Horten sowie für Kindertagespflege*. Weimar, Berlin: verlag das netz. Zugriff am 19, März 2021 unter https://www.kita.sachsen.de/download/17_11_13_ bildungsplan_leitfaden.pdf
SMK (Sächsisches Staatsministerium für Kultus). (Hrsg.). (2014). *Spiel & Spaß. Eine Sammlung für die Hosentasche*. Dresden: SMK. Zugriff am 3. März 2021 unter https://publikationen.sachsen.de/bdb/artikel/22796

SMK (Sächsisches Staatsministerium für Kultus) & SLfG (Sächsische Landesvereinigung für Gesundheitsförderung e. V.). (Hrsg.). (2018). *Bildungsraum Garten. Naturnahe Außenräume in Kindertageseinrichtungen und Kindertagespflege.* Dresden: Initial Werbung und Verlag.

SMK (Sächsisches Staatsministerium für Kultus). (2020). Gesetz über Kindertageseinrichtungen vom 15. März 2009. Fassung vom 30.12.2020. Zugriff am 4. April 2021 unter https://www.revosax.sachsen.de

SMS (Sächsisches Staatsministerium für Soziales und Gesellschaftlichen Zusammenhalt). (Hrsg.). (2015). *Motorische Leistungsfähigkeit sächsischer Kindergartenkinder (MoKiS-Studie II).* Zugriff am 18. Dezember 2020 unter https://publikationen.sachsen.de/bdb/ artikel/ 24981/lesen

SMS (Staatsministerium für Soziales und Verbraucherschutz). (2016). *Spiele vor der Haustür.* (6. Aufl.). Zugriff am 17. April 2021 unter https://publikationen. sachsen.de/bdb/artikel/11338

SMS (Staatsministerium für Soziales und Verbraucherschutz). (2018). *Fachliche Empfehlung für eine bildungsfördernde Freiraumgestaltung in Kindertagesstätten.* Chemnitz: Landesjugendhilfeausschuss. Zugriff am 17. April 2021 unter https://www.slfg.de/files/2018/07/2018_lja_Empfehlungen Freiraumgestaltung.pdf

Speck-Hamdan, A. (1992). Schulanfang: Situationen der Einführung und Neuorientierung. In G. Faust-Siehl & R. Portmann (Hrsg.), *Die ersten Wochen in der Schule* (S. 10–22). Frankfurt/Main: AK Grundschule e. V.

Spohn, Th. (2009). *Spiele für den Schulhort.* Belegarbeit. Leipzig: Sportwissenschaftliche Fakultät.

Sprenger, K. (2010). *5 Minuten Mitmachgeschichten.* München: Don Bosco Verlag.

Suhr, A. (2009). *Rollen hüpfen – Buchstaben springen* (5. Aufl.). München: Don Bosco.

Thurn, B. (1992). *Mit Kindern szenisch spielen.* Berlin: Cornelsen Verlag.

Tietze, W. & Viernickel, S. (Hrsg.). (2016). *Pädagogische Qualität in Tageseinrichtungen für Kinder. Ein Nationaler Kriterienkatalog.* (vollständig überarb. und aktualisierte Aufl.). Weimar: verlag das netz.

Tubes, G. (2016), *Spiele im Wald. 100 abwechslungsreiche Erlebnis- und Bewegungsideen für Grund- und Vorschulkinder* (2. erweit. Aufl.) Wiebelsheim: Quelle & Meyer.

Wilmes-Mielenhausen, B. (2009). *Bewegungsförderung für Kleinkinder. Ideen für Krippe, Kita und Tagesmütter* (5. Aufl.). Freiburg: Herder.

Wolf-Dickmann, S. (2010). *Zuarbeit zur bewegten Krippe.* Manuskript. Dresden: „Trachauer Spatzennest".

Ullmann, J. (2010). *Bewegungs- und Entspannungsgeschichten für Kinder im Alter (1 – 4 Jahre).* Hausarbeit. Leipzig: Sportwissenschaftliche Fakultät.

Unfallkasse Rheinland-Pfalz et al. (Hrsg.). (2011). *Bewegte Kinder. Schlaue Köpfe* (7. Aufl.). Andernach: Unfallkasse Rheinland-Pfalz.

Unfallkasse Sachsen (Hrsg.). (2005, 2015). *Klettern in der Pause – Eine Boulderwand für unsere Schule.* GUV-SI 8465. Meißen: Unfallkasse Sachsen. Zugriff am 26. Januar 2021 unter https://www.uksachsen.de/fileadmin/user_upload/Download/UK-Sachsen-Publikationen/ UK_Sachsen_02–12_Klettern-in-der-Pause-eine-Boulderwand-fuer-unsere-Schule.pdf

Unfallkasse Sachsen (o. J.). *Bewegung bringt's! 100 kleine Spielideen.* Meißen: Unfallkasse Sachsen. Zugriff am 3. März 2021 unter https://www.uksachsen.de/kita.

Vahle, F. (1996). *Hupp Tsching Pau.* Bewegungsliederbuch. Weinheim, Basel: Beltz.

Volkmer, M. (2007). *Märchen für die progressive Muskelentspannung.* Manuskript. Weinböhla.

Vopel, K.W. (1996). *Von Kopf bis Fuß. Bewegungsspiele für Kinder 1–5.* Salzhausen: Iskopress.

Vorwerg, Y. (2014). *Körperliche Aktivität im Kindergartenalter: Direkte Accelerometrie im Wochenverlauf und Assoziation zum Gewichtsstatus, dem Medienkonsum, soziodemographischen und sozioökonomischen Faktoren.* Diss. Leipzig: Medizinische Fakultät.

Weizsäcker, V. v. (1950). *Der Gestaltkreis.* Stuttgart: Hirzel Verlag.

WHO (2010). *Global Recommendations on Physical Activity für Health.* Geneva: WHO.

Wehrmann, H. (1990). *Frisbee.* München: Conpress.

Wolf-Dickmann, S. (2010). *Zuarbeit zur bewegten Krippe.* Manuskript. Leipzig: Sportwissenschaftliche Fakultät.

Woll, J. et al. (1988). *Alte Kinderspiele.* Stuttgart: Ullmer.

Woll, A., Kaucher-Eisner, A. & Bös, K. (2002). *Fitnessbausteine – alltagstaugliche Spielideen.* Stuttgart: Ministerium für Kultus, Jugend und Sport Baden-Württemberg.

Wörner, I.; Dürenfeldt, N. & Schlotter, G. (1979). *Tanzen in der Schule* (2. Aufl.). Leipzig: Zentralhaus für Kulturarbeit der DDR.

Zimmer R. (1997). *Handbuch der Sinneswahrnehmung.* Freiburg, Basel, Wien: Herder.

Zimmer, R. (2002). *Sport und Spiel im Kindergarten* (4. überarb. Aufl.). Aachen: Meyer & Meyer.

Zimmer, R. (2006). *Alles über den Bewegungskindergarten.* Freiberg, Basel, Wien: Herder.

Zimmer, R. (2009). *Handbuch Sprachförderung durch Bewegung*. Freiburg, Basel, Wien: Herder.
Zimmer, R. (2014). *Handbuch der Bewegungserziehung* (Neuausgabe). Freiburg, Basel, Wien: Herder.
Zimmer, R. (2015). *Kreative Bewegungsspiele* (überarb. Neuaufl.). Freiburg, Basel, Wien: Herder.
Zimmer, R. (2012a). *Handbuch der Sinneswahrnehmung* (1. Aufl. der überarb. Neuausgabe. 22. Gesamtaufl.). Freiburg, Basel, Wien: Herder.
Zimmer, R. (2012b). Mit dem Körper die Sprache entdecken – Lustvolle Zugänge zu Sprache und Literatur. In I. Hunger & R. Zimmer (Hrsg.), *Frühe Kindheit in Bewegung* (S. 92–104). Schorndorf: Hofmann.
Zimmer, R. (2019). *Handbuch Sprache und Bewegung*. Freiburg. Basel, Wien: Herder.

Belegarbeiten/Abschlussarbeiten von ehemaligen Studierenden an der Sportwissenschaftlichen Fakultät der Universität Leipzig, besonders von: Pia Domsgen, Katharina Schurzmann, Sarah Krippner, Josefine Seifert, Jenny Ullmann, Jonny Kaiser (Krippe),
 Isabel Klaus, Jenny Liebing, M. Walther (Kindergarten), Saskia Vogel, Maria Wolowski, Franziska Schmalz, Nicole Naumann, Sophie Rutke, Juliane Ryk, Kristin Pötzsch, Claudia Eckert, Kira Sophie Westphal, Thea Schöntaube, Mandy Herzog, Doris Vollstädt, Christina Raese, Susanne Schulze, Carolin Schulze, Kristin Herrmann (Hort)
Projektberichte aus Kitas mit dem Zertifikat „Bewegte Kita – Partner für Sicherheit" (Jahrgänge 2013–2015) wurden vor allem in den Kapiteln 3 und 4 verwendet und dort konkret ausgewiesen.

Weitere Internetadressen:
Bewegte Schule und Kita in Sachsen. Zugriff am 12. April 2021 unter https://bewegte-schule-und-kita.de
Geocaching. Zugriff am 6. April 2021 unter https://www.ndr.de/ratgeber/reise/Wie-funktioniert-Geocaching,geocaching376.html
Klatschspiele. Zugriff am 11. Februar 2021 unter https://www.klatschreime.de
Mutter-Vater-Kinder-Tag. Amtsblatt der Gemeinde Oppach, Juni 2014, Zugriff am 7. April 2021 unter www. Amtsblatt Oppach.de
Querschnittsaufgabe (2019). In Educalingo – *Wörterbuch für neugierige Menschen. Wörterbuch Deutsch*. Zugriff am 20. Februar 2019 unter https://educalingo.com/de/dic-de/querschnittsaufgabe
Sächsisches Kindersportabzeichen „Flizzi". Zugriff am 10. April.2021 unter https://www.sport-fuer-sachsen.de/de/breitensport/kinder-und-jugendsport/flizzy-kindersportabzeichen/
Sponsorenlauf. Zugriff am 22. Februar 2021 unter https://www.fundmate.com/blog/die-perfekte-organisation-fuer-den-sponsorenlauf-an-eurer-schule

## Bildnachweis

Zeichnungen:
Martin Veit, Leipzig (Umschlag)
Heide Hoeht, Berlin (Anhang 5)
Sylvia Rietz, Leipzig (2.1, Anhang 3: Tätigkeiten, 7 Geißlein, Jahreszeiten, Lebensräume, Blätter und Früchte)
Annelie Maschke, Leipzig (Anhang 3)
JennyLiebig, Leipzig (2.2.2)
Sieghart Hofmann, Leipzig (2.3.1 Tücherball, 2.3.2 Twister)
Simone Biewald, Dresden (2.2.1, 2.3.5)
René Burghardt, Leipzig (3.2 Rope Skipping)
Theresia Lehnert, Leipzig (3.2 Kick-Ball)
Landessportbund Sachsen, Bärbel Haine, Leipzig (4.4.2 Flizzi)
Jennifer Hotze, Leipzig (2.3.1 Gespenster, 2.3.4, 2.4.4 Erde, Sternchen, Elfen, Dinos)
Nicole Naumann, Leipzig (2.3.1 Füße, Decke, Kissen, 2.3.3, 2.4.1, 2.4.2, 2.4.3, 2.4.4 Aufgestanden, Obst und Gemüse, Marienkäfer, Phantasiereise)

Fotos:
Anja Dinter, Dresden/Leipzig (2.1)
AWO Kita Lößnig II/Leipzig, Rita Hubert (3.2 Slackline)
Förderschulzentrum Flöha (4.2.2 Familienwandertag)
Kita „Schwalbennest" Rodewisch, Sandra Böttcher (3.2 Vier gewinnt!)
Kita „Mäuseburg" Annaberg-Buchholz, Heike Liebig (4.2 Baum der Bewegung)
Kita Gehringswalde, Heike Reuter (4.2 Piratenfest)

## Anhang

Anhang 1: Bedeutung der Bewegung
Anhang 2: Literatur zum Projekt „Bewegte Grundschule" (in Sachsen)
Anhang 3: Bildkarten zu Beispielen aus den Bildungsbereichen
Anhang 4: Ideensammlung: Beispiele zum darstellenden Spiel
Anhang 5: Elternbrief (Beispiel für den Hort)
Anhang 6: Kriterienkatalog „Bewegte Kita"

### Anhang 1: Bedeutung der Bewegung

| Bewegung ... |
|---|
| ■ ermöglicht differenzierte Wahrnehmungen |
| ■ fördert die kognitive Entwicklung |
| ■ fördert das soziale Lernen |
| ■ regt das emotionale Erleben an |
| ■ ist die Voraussetzung für die motorische und eine gesunde körperliche Entwicklung |
| ■ unterstützt den Aufbau eines positiven Selbstkonzeptes |

**Bewegung ermöglicht differenzierte Wahrnehmungen und vielfältige Erfahrungen**
- Der eigene Körper und seine Bewegung wird selbst zum Gegenstand der Erfahrungssituation.
- Bewegung ist das Mittel, um über Mit- und Umwelt Erfahrungen und damit Erkenntnisse zu gewinnen.

**Bewegung fördert die kognitive Entwicklung, weil ...**
- die Vernetzung von Nervenzellen unterstützt wird
- mit dem „Bewegungssinn" ein zusätzlicher Informationszugang zur Verfügung steht
- durch Verbesserung der Sauerstoffversorgung die Informationsverarbeitung optimiert werden kann
- die Zusammenarbeit der linken und rechten Gehirnhälften aktiviert wird
- durch Bewegung die Sprachentwicklung gefördert wird

**Bewegung fördert das soziale Lernen, weil Bewegungssituationen ...**
- die Kontaktaufnahme und -annahme ermöglichen
- das gegenseitige Einfühlen verlangen
- oft gegenseitige Hilfe und Akzeptanz sowie Vertrauen und Verlässlichkeit erfordern
- das Bewusstsein der Zusammengehörigkeit fördern
- das Ausleben Können und -Dürfen von Gefühlen ermöglichen

**Bewegung regt das emotionale Erleben an, durch ...**
- das Ausleben des Bewegungsbedürfnisses
- Kontrasterlebnisse
- die Verbindung von Bewegungserlebnissen mit Naturerlebnissen
- Beruhigung, Stressabbau

**Bewegung ist die Voraussetzung für die motorische und gesunde körperliche Entwicklung**
- Entwicklung motorischer Fähigkeiten und Fertigkeiten
- Ausbildung leistungsfähiger Organe
- Vermeidung von Haltungsschwächen
- Verbesserung des Wohlbefindens (physisch, psychisch und sozial)

- Stärkung des Immunsystems
- Erhöhung der Bewegungssicherheit, dadurch Verringerung der Unfallrisiken

**Bewegung unterstützt den Aufbau eines positiven Selbstkonzeptes**
- Erkennen des Zusammenhanges zwischen Erfolg und Anstrengung
- Gewinnen der Überzeugung, selbst etwas bewirken zu können
- Erleben schwieriger Situationen als Herausforderung
- Übertragung positiver motorischer Könnenserfahrungen auf andere Bereiche

(Müller, 2010a, S. 19–30)

## Anhang 2: Literatur zum Projekt „Bewegte Grundschule" (in Sachsen)

Müller, Chr. (2010). *Bewegte Grundschule. Aspekte einer Didaktik der Bewegungserziehung als umfassende Aufgabe der Grundschule* (3. neu bearb. Aufl.). St. Augustin: Academia.
*Es werden grundsätzliche Positionen, eine Vielzahl von Beispielen sowie Hinweise zur methodisch-organisatorischen Gestaltung vorgestellt – über das bewegte Lernen hinaus für weitere Bereiche einer bewegten Schule, wie Auflockerungsminuten, Entspannungsphasen, bewegungsorientierte Projekte, bewegte Pausen, bewegtes Schulleben.*

Müller, Chr. & Petzold, R. (2002). *Längsschnittstudie bewegte Grundschule. Ergebnisse einer vierjährigen Erprobung eines pädagogischen Konzeptes zur bewegten Grundschule.* St. Augustin: Academia.
*Dieses Buch ist eine Weiterführung der „Bewegten Grundschule" und beinhaltet die Ergebnisdarstellung der Längsschnittstudie.*

Müller, Chr. & Dinter, A. (2020). *Bewegte Schule für alle* (2. Aufl.). St. Augustin: Academia.
*Modifizierungen eines Konzeptes der bewegten Schule für die Förderschwerpunkte Lernen, geistige motorische, emotionale und soziale Entwicklung, Sprache sowie Hören*

Einzelbände:

Müller, Chr. (Hrsg.). (2006). *Bewegtes Lernen in den Klassen 1. Didaktisch-methodische Anregungen für die Fächer Mathematik, Deutsch und Sachunterricht* (3. Aufl.). St. Augustin: Academia.

Müller, Chr. (Hrsg.). (2006). *Bewegtes Lernen in den Klassen 2. Didaktisch-methodische Anregungen für die Fächer Mathematik, Deutsch und Sachunterricht* (3. Aufl.). St. Augustin: Academia.

Müller, Chr. (Hrsg.). (2006). *Bewegtes Lernen in den Klassen 3/4. Didaktisch-methodische Anregungen für die Fächer Mathematik, Deutsch und Sachunterricht* (3. Aufl.). St. Augustin: Academia.

Müller, Chr. (2003). *Bewegtes Lernen in Ethik. Klassen 1 bis 4.* St. Augustin: Academia.

Müller, Chr., Ciecinski, A. & Schlöffel, R. (2016). *Bewegtes Lernen in Englisch (Anfangsunterricht). Klassen 1 bis 4* (2. Aufl.). St. Augustin: Academia.

Müller, Chr. & Engemann, M. (2003). *Bewegtes Lernen in Kunst. Klassen 1 bis 4.* St. Augustin: Academia.

Müller, Chr. & Mende, J. (2009). *Bewegtes Lernen in Musik. Klassen 1 bis 4.* St. Augustin: Academia.

Müller, Chr. et al. (2004, 2005, 2014, 2015, 2016, 2017, 2018, 2020). *Bewegtes Lernen für die Klassen 5 bis 10/12. Fächer: Fremdsprachen (Englisch), Gemeinschaftskunde/Recht/Wirtschaft, Evangelische Religion, Biologie, Geschichte, Mathematik, Deutsch, Kunst, Musik, Physik, Chemie, Geografie, Ethik.* St. Augustin: Academia

**Alle Bücher können bestellt werden bei: nomos-shop.de**

**Weitere Informationen zum Projekt „Bewegte Schule und Kita" unter:**

http://bewegte-schule-und-kita.de

## Anhang 3: Bildkarten zu Beispielen aus den Bildungsbereichen

Tätigkeiten

Anhang 3: Bildkarten zu Beispielen aus den Bildungsbereichen

# Der Wolf und die sieben Geißlein

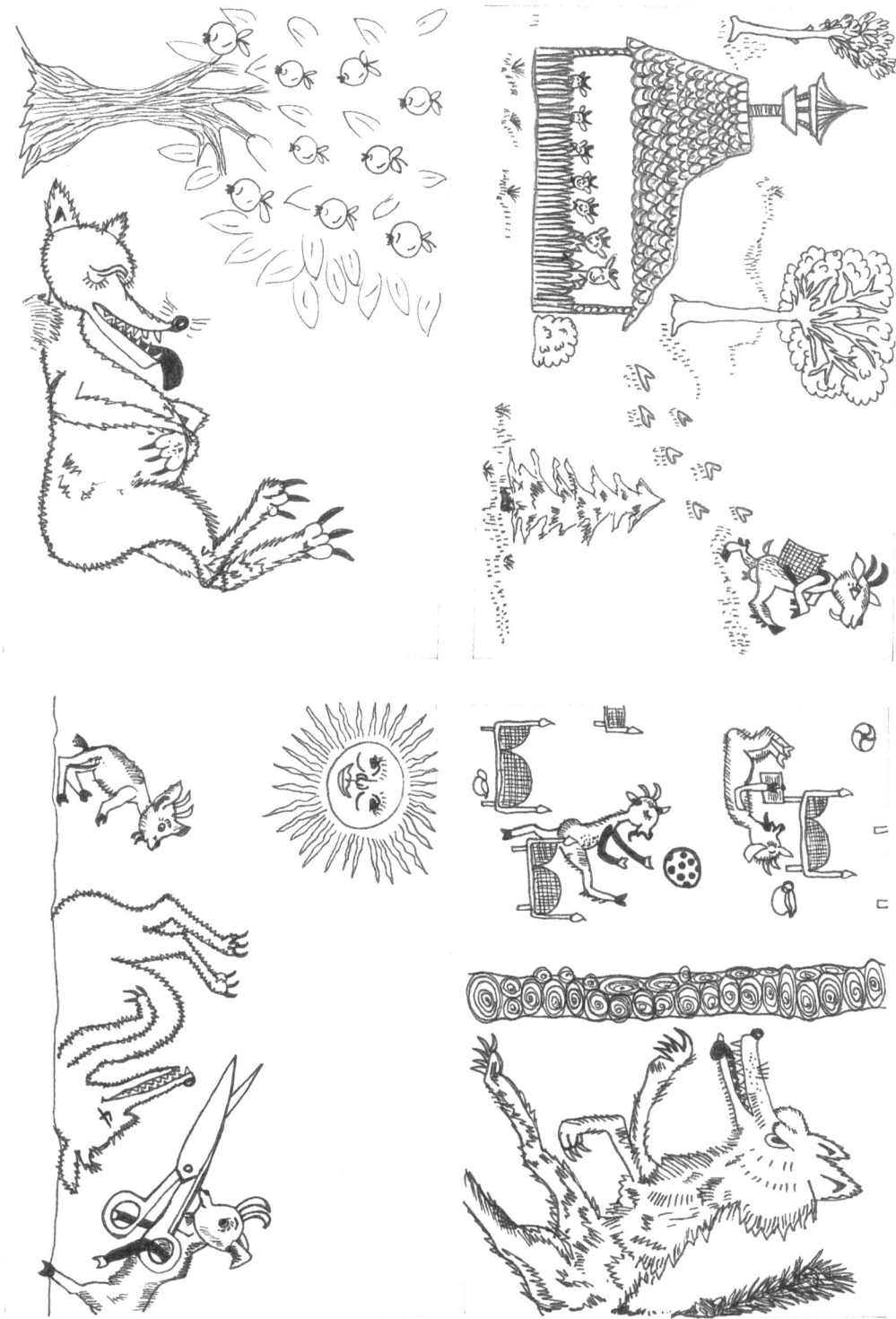

Die vier Jahreszeiten

# Anhang 3: Bildkarten zu Beispielen aus den Bildungsbereichen

## Lebensräume von Tieren

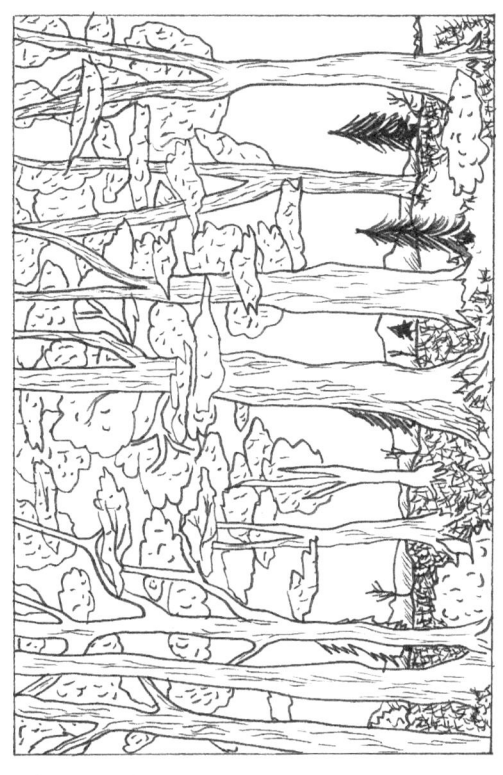
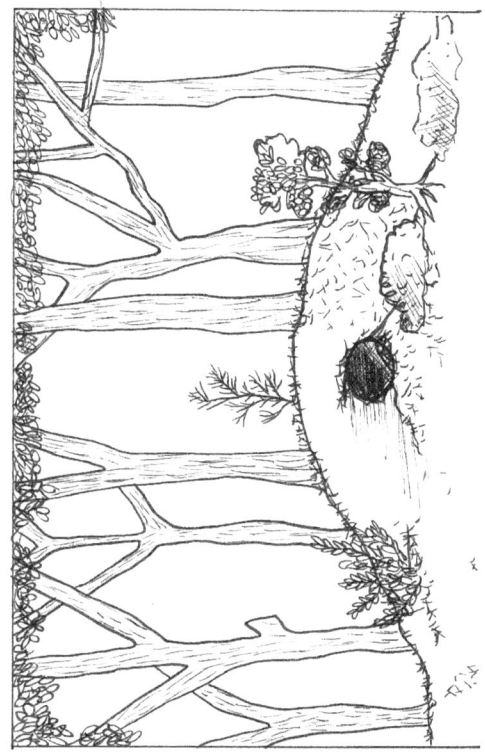
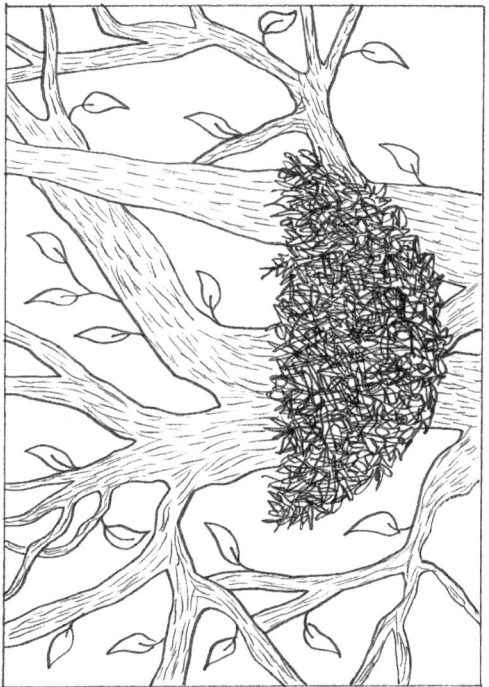
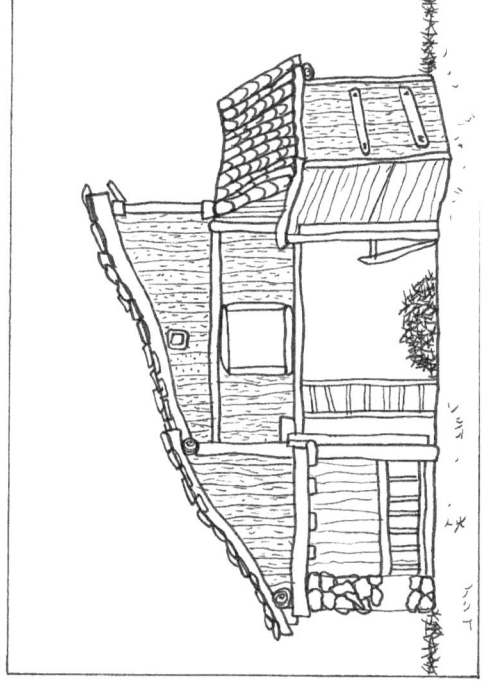

## Blätter und Früchte

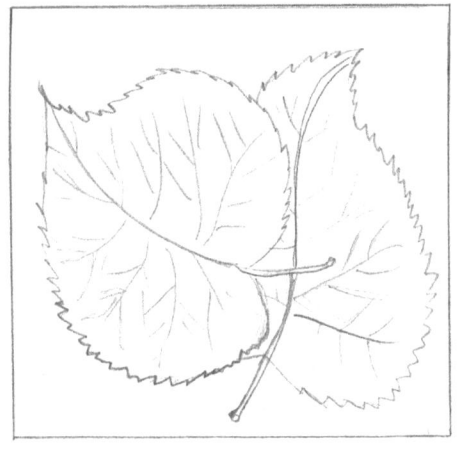
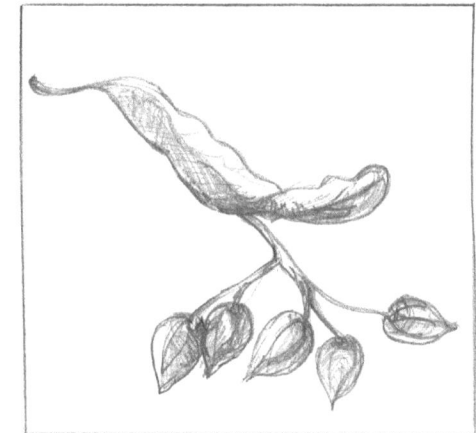
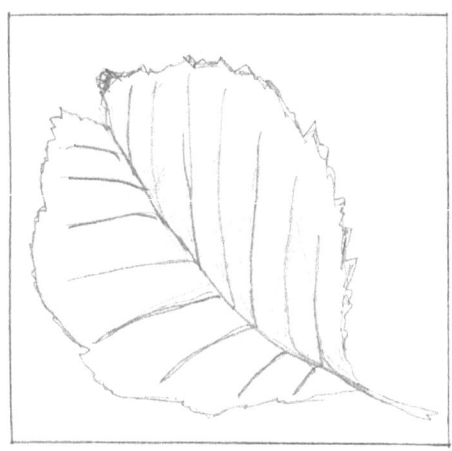
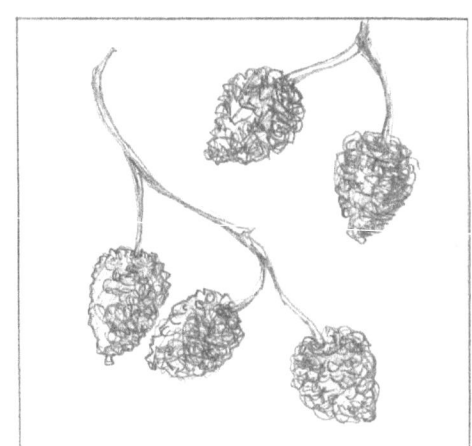
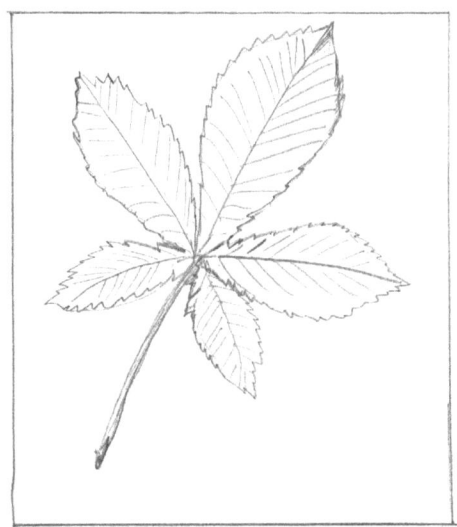
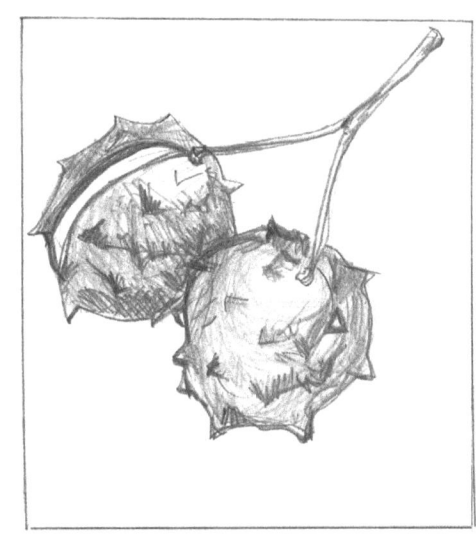

Anhang 3: Bildkarten zu Beispielen aus den Bildungsbereichen

**Anhang 4: Ideensammlung: Beispiele zum darstellenden Spiel** (s. Abschnitt 2.3.5)
(Posmyk, 2008)

Die Kinder sollten selbst Ideen finden. Die nachfolgenden Vorschläge sind nur als Grundlage für eventuell notwendige Impulse gedacht.

### Mit Willy, Kalle und Max auf Entdeckungsreise

| Handlung: | Bewegung: |
|---|---|
| über schwankendes Schiff gehen | *schwankend umhergehen bzw. auf dem Schiff stehen* |
| Deck schrubben | *imaginären Wassereimer ausgießen und schrubben* |
| Deck polieren | *im Kniestand mit den Händen ein imaginäres Tuch nutzen und vor und zurück reiben, oder mit imaginären Lappen am Fuß über das Deck bohnern – dazu fest mit den Füßen am Boden durch den Raum schlurfen* |
| Segel setzen | *wechselseitiges Greifen des Seiles vor dem Körper* |
| Takelage hinauf klettern | *stehend – die Arme über Kopf, mit Armen und Beinen Kletterbewegung ausführen* |
| im Ausguck nach anderen Schiffen oder Land Ausschau halten | *beide Hände zur Hohlfaust formen, hintereinander anordnen, ein Auge zukneifen, mit dem anderen durchschauen, Freude ausdrücken* |
| Takelage hinab klettern | *mit Armen und Beinen Kletterbewegung abwärts ausführen* |
| Küchendienst | *mit der Hand Schälbewegungen ausführen, mit beiden Händen imaginären Kochlöffel greifen und mit kreisenden Bewegungen umrühren* |
| Sauerkraut durchmengen | *mit beiden Händen kneten* |
| und essen | *löffeln und bewusst kauen* |
| Kirschkernweitspucken über Bord | *„Kirschkern" ordentlich ablutschen und mit Schwung Luft „ausspucken"* |
| Matrosen wollen schön sein | *ausziehen – duschen – abtrocknen – eincremen – Zähne putzen – kämmen – anziehen* |
| Musik machen und tanzen | *Tanzbewegungen imitieren* |
| Matrosen gehen schlafen | *kräftig gähnen, recken, strecken und hinlegen* |

### Heute gehen wir in den Zoo

| Tiere: | Bewegung: |
|---|---|
| Elefant | *eine Hand fasst die Nase, der andere Arm wird durch die entstehende Öffnung gestreckt und als Rüssel hin und her geschwenkt; mit schweren, tapsenden und großen Schritten durch den Raum stapfen* |

| Pferd | *im Raum im Nachstellschritt galoppieren, die Hände klatschen seitlich an die Oberschenkel (das Geräusch imitiert das Pferdegetrappel), Galoppsprung über einen gedachten Graben, dazu können die Kinder wiehern* |
|---|---|
| Tiger, Puma, Löwe | *Bankstellung, mit eleganten Bewegungen schleichen die Raubkatzen im Wechselschritt durchs Gehege, über eine Bank o. Ä.* |
| Affe | *sich am Kopf und unter den Armen kratzen, sich am Ohr kratzen (linkes Ohr mit rechter Hand über Kopf und andersherum), mit vorgebeugtem Oberkörper auf den Hand- und Fußflächen vorwärtslaufen (mit Affenlauten)* |
| Schlange | *am Boden liegend schlängeln, mit den Armen vorwärts ziehend, Hände seitlich neben dem Körper aufstellen, Oberkörper anheben, Kopf in den Nacken und Oberkörper nach oben strecken bzw. Schlange im Stehen darstellen, dazu die Arme über dem Kopf mit den Handflächen zusammenführen, dann im Stand den Körper schlängeln* |
| Bär | *tappst mit schwerem Schritt durch den Raum und brummt, Arme im Halbkreis offen* |
| Flamingo | *Einbeinstand, Arme als Flügel an die Nieren legen, Bein wechseln, Augen schließen (schlafen)* |
| Hüpffloh | *im Schlusssprung durch den Raum hüpfen* |
| Taube | *mit den ausgestreckten Armen schwingen und im Raum umhergehen* |

**Im Zirkus sind die Artisten und Tiere weg!**

| Akteure, Tiere: | *Bewegung:* |
|---|---|
| Clown | *durch den Raum stolpern, Rollen und Sprünge turnen* |
| Dompteur | *durch den Raum schreiten, Oberkörper aufgerichtet, Peitsche pantomimisch schlagen* |
| Seilartist | *auf einer Linie, einem Seil balancieren, vorwärts, rückwärts, mit Drehung, solo, paarweise* |
| Tänzer | *auf den Zehenspitzen laufen, halbe oder ganze Drehungen ausführen* |
| Zauberer | *pantomimisch aus einem Zylinder Dinge herausholen, pantomimisch mit dem Zauberstab auf andere zeigen und verzaubern, dabei durch den Raum schreiten* |
| Direktor | *mit würdiger Körperhaltung durch den Raum schreiten und ggf. die Kinder ankündigen* |
| Akrobaten | *von einem Podest, Bank, Tisch, Stuhl o. Ä. niederspringen, auf dem Boden „Fahne" demonstrieren (im Kniestand ein Bein nach hinten strecken, ggf. den diagonalen Arm nach vorn ausstrecken), Rolle vorwärts, auf einem Bein stehen und mit den Armen schwingen, Liegestütze* |
| Jongleur | *mit Tüchern jonglieren bzw. pantomimisch die Bewegung mit den Armen vor dem Körper nachvollziehen* |
| Pantomime | *darf alles darstellen, was einfällt* |
| Musiker | *Gitarre, Klarinette (Flöte), Geige, Trommeln, Klavier pantomimisch spielen, besonders auf die für Musiker typische gute Haltung achten* |

**Indianer machen Feuer**

| Handlung: | Bewegung: |
|---|---|
| „Feuerstelle" markieren | *mit Bauklötzern, Seilen o. Ä. einen Kreis legen* |
| Brennmaterial zusammentragen | *kriechen oder auf Zehenspitzen schleichen, Holz suchen und zur Feuerstelle tragen* |
| Feuer anmachen | *mit Händen vertikal/horizontal reiben, Streichholzbewegung imitieren, sachte anpusten* |
| Flamme zum Holz transportieren | *behutsame Bewegung der Hände zum Holz* |
| Luft zufächern | *stehend – Arme von hinten nach vorn führen, Bewegung aus dem Knie* |
| Oh – wie heiß | *Arme nach oben, Körper strecken* |
| Po wärmen | *Rücken zum Feuer drehen, Po wackeln, Po kräftig mit den Händen reiben* |
| Beschwörung „Feuer brenne" | *im Schneidersitz um das Feuer sitzen* |
| Indianertanz | *freier Tanz mit Indianergeheul um das Feuer herum* |
| Feuer soll erlöschen | *Arme gestreckt nach oben führen und vor dem Körper Luft nach unten drücken, dabei mit den Fingern wackeln, in die Knie gehen* |
| Ausritt | *um die Feuerstelle herum galoppieren, ggf. über die Feuerstelle springen, mit den Händen seitlich auf die Oberschenkel klopfen und wiehern* |
| gemeinsam das Lager abbauen | *kriechen oder auf Zehenspitzen schleichen und dabei die gebrauchten Utensilien wegräumen* |

## Anhang 5: Elternbrief (Beispiel für den Hort)

Forschungsgruppe „Bewegte Schule"
Universität Leipzig

### Elternbrief

Liebe Eltern,

die Kinder sind das große Glück in unseren Familien und bestimmt möchten wir sie nicht missen. Doch manchmal können uns die lieben Kleinen oder auch Großen ganz schön beanspruchen. Mitunter ruft es schon unser Unverständnis hervor, wenn sie ständig herumhampeln, hin- und herrennen, kippelnder Weise am Tisch sitzen oder wenn die Älteren sich mit den Ellenbogen auf dem Tisch abstützen, bäuchlings mitten im Zimmer liegen und dabei ihre Hausaufgaben erledigen. In solchen oder ähnlichen Situationen können uns doch schnell Äußerungen herausrutschen wie „Zappele nicht so!", „Sitz doch endlich still!", „Bei den Hausaufgaben wird ordentlich am Tisch gesessen!".

Bei diesen Ermahnungen ist uns Erwachsenen sicher nicht immer bewusst, dass sich Kinder naturgemäß richtiger verhalten, als uns selbst die eingeschliffenen Normen vorgeben. Denn Kinder haben ein natürliches Bedürfnis nach Bewegung, die für ihre Entwicklung von großer Bedeutung ist.

Wichtig zu wissen ist, dass:
- leichte Bewegungen, wie das Hin- und Herrutschen, das Gehen durch das Zimmer u. a. die Versorgung des Gehirns mit Sauerstoff und Zucker anregen. Dadurch ist es möglich konzentrierter zu arbeiten. So könnten unsere Kinder beispielsweise Übungswörter oder Vokabeln, die gelernt werden sollen, an unterschiedlichen Stellen im Zimmer oder in der Wohnung verteilen und danach aufsuchen, sich einprägen, zum Arbeitsplatz zurückkehren und aufschreiben.
- Ähnliche Wirkungen haben kurze Bewegungspausen während einer anstrengenden Lerntätigkeit, z. B. sich recken und strecken, durch das Zimmer hüpfen oder tanzen, einige Gymnastikübungen ausführen u. a.
- Bewegung kann des Weiteren beim Lernen helfen, indem die Informationen nicht wie meist üblich über den akustischen Analysator (das Ohr) oder den optischen Analysator (das Auge) aufgenommen werden, sondern auch über den Bewegungssinn. So kann das Kind einen neu zu lernenden Buchstaben durchaus einmal großräumig abhüpfen oder in den Schnee stampfen, einfache Rechenaufgaben mit Schritten gehen oder hüpfen u. v. a. m.
- Wechselnde Arbeitshaltungen können einseitigen Belastungen der Rückenmuskulatur und damit Rückenschmerzen in späteren Jahren vorbeugen. Das Abstützen auf der Tischplatte, das Sitzen auf dem herumgedrehten Stuhl, das Lernen in der Bauchlage sind für den Rücken wirklich besser.

Die aufgeführten Beispiele sollen helfen, die beschriebenen Bewegungstätigkeiten unserer Kinder nicht als Ungezogenheit, sondern als etwas Natürliches zu erkennen und zu akzeptieren – ja vielleicht sogar den einen oder anderen Gedanken auf seine Relevanz für uns selbst zu überprüfen.

Im Interesse unserer Kinder wäre es wichtig, dass sie weniger hören „Sitz doch endlich still!", sondern des Öfteren „Bewege dich doch mehr!". Das ist auch deshalb wichtig, weil unsere Kinder von einer bewegungsfeindlicher werdenden Welt umgeben sind, in der sich Bewegung teilweise auf die Bedienung des Computers reduziert, Schilder wie „Spielen verboten" die Bewegungsräume der Kinder einschränken u. a.

Lassen Sie sich doch einen Tagesablauf Ihres Kindes einmal durch den Kopf gehen:

Wann hat Ihr Kind wirklich ausreichend Möglichkeiten für Bewegung?

Was müsste verändert werden? Wer trägt dabei Verantwortung?

Sie sind für Ihre Kinder Vorbilder! Suchen Sie nach vielfältigen Bewegungsmöglichkeiten für Ihre gesamte Familie, z. B.:
- sich möglichst täglich gemeinsam im Freien aufhalten, z. B. Besuch von Spielplätzen, Parkanlagen, angrenzenden Wiesen- und Waldgebieten, Sportstätten
- Spiele mit Ihren Kindern „vor der Haustür" oder im Garten erleben, wie Ballprobe, Fang- und Versteckspiele, Federball, Zielwerfen, Torwandschießen, einen Ball jonglieren, Kegeln, Boccia
- gemeinsame Wanderungen (mit besonderen Erlebnissen), Ausflüge ins Schwimmbad, Radtouren, Spiele im Gelände mit Zapfen und anderen Naturmaterialien u. a. durchführen
- an Sportveranstaltungen im Ort zusammen teilnehmen
- bei Ferienreisen bereits in der Planung an mögliche Bewegungsaktivitäten für die gesamte Familie denken
- Familienfeste durch Bewegungsspiele für Jung und Alt bereichern
- „Alte Spiele" mit Oma und Opa wiederentdecken
- Bewegungsangebote in Sportvereinen oder bei anderen Institutionen (gemeinsam) nutzen (s. letzte Seite)
- einfache Spiel- und Sportgeräte den Kindern schenken (Murmeln, Sprungseil, Ball, Reifen, Wurfscheiben, Ballfangspiel mit Klettbandsystem, Kegelspiel, Boccia u. a.)
- mehr Bewegung in den Alltag einbeziehen (Treppen statt Fahrstuhl, Fahrrad statt Auto, Spaziergang statt Fernsehen ...)
- unterschiedliche Arbeitshaltungen nicht nur zulassen, sondern dazu anregen

### Kinder brauchen viel Bewegung!

Deshalb hat sich der Hort Ihres Kindes vorgenommen, mehr Bewegungsaktivitäten für die Kinder zu ermöglichen. In den Teilbereichen des bewegten Hortes sollen die Bewegungsbedingungen und die -möglichkeiten weiter verbessert werden.

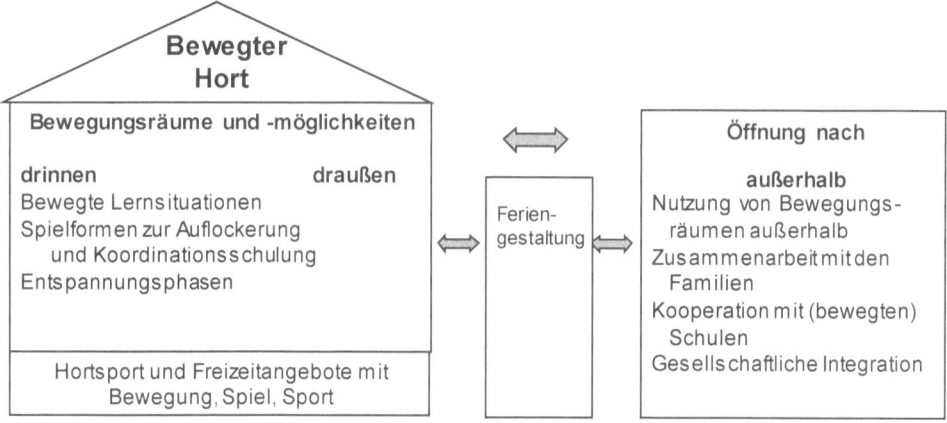

Auch Sie können dieses Anliegen entscheidend unterstützen. Bringen Sie sich bitte auch in die Vorhaben des Hortes ein.

Viel Freude beim gemeinsamen Bewegen!

Forschungsgruppe „Bewegte Schule"

Vorhaben des Hortes für mehr Bewegung in diesem Jahr sind:
- 
- 

**Angebote für Bewegung, Spiel und Sport im Gebiet um die Einrichtung**
- 
-

## Anhang 6: Kriterienkatalog „Bewegte Kita"

Anmerkung:
Die Bezeichnung Erzieher trifft sowohl auf männliche als auch auf weibliche Personen zu.

| Nr. | Kriterium | Ausgangssituation | | | | Das wollen wir erreichen |
|---|---|---|---|---|---|---|
| | | trifft zu | trifft eher zu | trifft eher nicht zu | trifft noch nicht zu | |
| 1 | Bewegung und Sicherheit sind schriftlich formulierte Bestandteile des pädagogischen Konzeptes der Kita. | | | | | |
| | **Einstellungen des pädagogischen Personals** | | | | | |
| 2 | Die Mehrzahl der Erzieher ist für die Bedeutung der Bewegung in der Entwicklung von Kindern sensibilisiert. | | | | | |
| 3 | Das Konzept einer bewegten Kita mit seinen Teilbereichen ist den Erziehern bekannt. | | | | | |
| 4 | Die Mehrzahl der Erzieher nimmt an Fortbildungsveranstaltungen zur bewegten und sicheren Kita teil. | | | | | |
| 5 | Die Erzieher geben untereinander Ideen zur Gestaltung einer bewegten und sicheren Kita weiter. | | | | | |
| 6 | Die bewegte und sichere Kita wird von der Mehrzahl der Erzieher mitgestaltet. | | | | | |
| 7 | Den Erziehern stehen didaktisch-methodische Anregungen für die Gestaltung einer bewegten Kita zur Verfügung (Bücher, Materialsammlungen u. a.). | | | | | |
| 8 | Das Konzept der bewegten Grundschule ist der Mehrzahl der Erzieher bekannt. | | | | | |
| 9 | Die Mehrzahl der Erzieher bereitet die Kinder gezielt vor bzw. kooperiert mit einer bewegten Grundschule. | | | | | |
| | **Bewegungsbedingungen im Gebäude („drinnen")** | | | | | |
| 10 | Die Gruppen- bzw. Themenräume bieten flexible Gestaltungsmöglichkeiten für Bewegungsspiele und -übungen. | | | | | |
| 11 | Die Einrichtung der Räume bietet Platz zum ganzkörperlichen Bewegen. | | | | | |
| 12 | In den Räumen stehen Kleingeräte (z. B. Seile, Softbälle) sowie Alltagsmaterialien (z. B. Luftballons, Pappdeckel, Korken, Joghurtbecher) zur Verfügung, die zum Bewegen anregen. | | | | | |
| 13 | Die Kinder nutzen die Bewegungsmöglichkeiten in den Räumen auch selbstständig. | | | | | |
| 14 | Das Mobiliar in den Räumen gewährleistet die größengerechte Nutzung von Tischen und Stühlen. | | | | | |
| 15 | Den Erziehern sind die Anforderungen für die größengerechte Ausrichtung des Mobiliars sowie eine richtige Sitzhaltung bekannt und es wird in der Kita darauf geachtet. | | | | | |
| 16 | In der Kita sind alternative Sitzgelegenheiten vorhanden (z. B. Sitzkissen, Teppichecke/-fliesen, Sitzbälle). | | | | | |

Anhang 6: Kriterienkatalog „Bewegte Kita"

| Nr. | Kriterium | Ausgangssituation | | | | Das wollen wir erreichen |
|---|---|---|---|---|---|---|
| | | trifft zu | trifft eher zu | trifft eher nicht zu | trifft noch nicht zu | |
| 17 | Alternative Sitzgelegenheiten werden durch die Kinder selbstständig und regelmäßig genutzt. | | | | | |
| 18 | Auch außerhalb der Gruppen- bzw. Themenräume gibt es im Gebäude Bewegungsecken/-räume. | | | | | |
| 19 | Im Gebäude gibt es Entspannungsnischen/Ruheecken (z. B. Sofa, Matten, Snoezelraum). | | | | | |
| 20 | Im Sport-/Mehrzweckraum stehen ausreichend Geräte und Materialien zur Verfügung. (evtl. Sporthalle bei Hort) | | | | | |
| 21 | Der Sport-/Mehrzweckraum kann von den Kindern auch außerhalb der geplanten Bewegungsstunden selbstständig genutzt werden. (evtl. Sporthalle bei Hort) | | | | | |
| | **Bewegungsmöglichkeiten in den Gruppen- bzw. Themenräumen** | | | | | |
| 22 | Die Mehrzahl der Erzieher verbindet das kognitive Lernen in den Bildungsbereichen bei geeigneten Gelegenheiten mit Bewegung. | | | | | |
| 23 | Die Mehrzahl der Erzieher nutzt Bewegung als zusätzlichen Informationszugang für das Lernen in den Bildungsbereichen (und bei den Hausaufgaben im Hort). | | | | | |
| 24 | Es werden Spiele zur Auflockerung und Koordinationsschulung eingesetzt. | | | | | |
| 25 | Es werden Entspannungsphasen eingefügt. | | | | | |
| | **Regelmäßige Bewegungsstunden/ Sportbeschäftigung (BS/SB) bzw. Hortsport** | | | | | |
| 26 | Die BS/SB bzw. der Hortsport sind fester Bestandteil im Wochenprogramm. | | | | | |
| 27 | Die BS/SB werden von Erziehern geleitet, die eine Qualifizierung auf dem Gebiet der Bewegungserziehung bzw. -förderung (im Elementarbereich) haben (z. B. Psychomotorik, Übungsleiterlizenz). | | | | | |
| 28 | Es werden Anregungen für selbstständiges Bewegen und Sporttreiben gegeben (Spiele in der Natur, Spiele mit der Familie u. a.). | | | | | |
| 29 | Für die Koordinationsschulung wird variiert geübt. | | | | | |
| 30 | Die Kinder können vielfältige Bewegungserfahrungen sammeln. | | | | | |
| 31 | Das Bewegungsrepertoire der Kinder (Laufen, Hüpfen, Springen, Werfen, Fangen, Wälzen, Rollen, Balancieren, Klettern u. a.) wird zielgerichtet erweitert. | | | | | |
| 32 | Auf motorische Stärken und Schwächen der Kinder wird individuell eingegangen. | | | | | |
| 33 | Schwimmkursangebote werden von der Kita genutzt. | | | | | |

| Nr. | Kriterium | Ausgangssituation | | | | Das wollen wir erreichen |
|---|---|---|---|---|---|---|
| | | trifft zu | trifft eher zu | trifft eher nicht zu | trifft noch nicht zu | |
| | **Bewegungsbedingungen und -möglichkeiten auf dem Außengelände der Kita („draußen")** | | | | | |
| 34 | Das Gelände regt die Kinder zu vielfältigen Bewegungsaktivitäten an. | | | | | |
| 35 | Im Außengelände können die Kinder vielfältige fest installierte und frei bewegliche Spiel- und Sportgeräte nutzen. | | | | | |
| 36 | Die Kinder kennen verschiedene Spiele oder Spielformen, die sie selbstständig durchführen können. | | | | | |
| 37 | Die Kinder können altersgerecht auf die Gestaltung ihrer Spiel- und Bewegungsräume Einfluss nehmen. | | | | | |
| | **Bewegtes Kita-Leben (Öffnung der Kita nach „außerhalb")** | | | | | |
| 38 | Bewegungsmöglichkeiten werden bei der Auswahl von bereichsübergreifende Projektinhalten und bei der Feriengestaltung (Hort) berücksichtigt. | | | | | |
| 39 | Spiel- und Sportveranstaltungen gehören zum Kita-Alltag. | | | | | |
| 40 | Der Aspekt der Bewegung ist ein fester Bestandteil bei der Planung von Festen in der Kita. | | | | | |
| 41 | Der Nahbereich der Kita (Sportstätten, Wald, Park u. a.) wird als Bewegungsraum/-möglichkeit bewusst und regelmäßig in das Kita-Leben einbezogen. | | | | | |
| 42 | Bei Spaziergängen/Wanderungen werden Bewegungsräume und -möglichkeiten bewusst genutzt. | | | | | |
| 43 | Unter dem Aspekt der Bewegung wird mit der Grundschule zusammengearbeitet. | | | | | |
| 44 | Die Kita kooperiert mit einem Sportverein (z. B. Hallen- und Sportplatznutzung, Anleitung in der Kita durch externes Fachpersonal). | | | | | |
| 45 | Die materielle Ausgestaltung der bewegten Kita wird im Finanzbudget regelmäßig berücksichtigt. | | | | | |
| 46 | Der Kita-Träger unterstützt konsequent die Bewegungsförderung (Fortbildung, Materialien). | | | | | |
| | **Einbeziehung der Eltern** | | | | | |
| 47 | Die Eltern werden über die Bedeutung der Bewegung und die Gestaltung einer bewegten Kita informiert. | | | | | |
| 48 | Die Eltern erhalten durch die Kita Anregungen für eine bewegungsorientierte Freizeitgestaltung in der Familie. | | | | | |
| 49 | Es finden gemeinsame Bewegungsaktivitäten mit Eltern, Erziehern und Kindern statt. | | | | | |
| 50 | Die Eltern bringen sich in die Ausgestaltung der bewegten Kita ein (z. B. Gestaltung des Außengeländes). | | | | | |